Het gezicht van een wereldrijk

SIMON SCHAMA

Het gezicht van een wereldrijk

Groot-Brittannië in portretten

Vertaald door
Karina van Santen en Martine Vosmaer

Uitgeverij Atlas Contact
Amsterdam/Antwerpen

De vertalers ontvingen voor deze vertaling een projectsubsidie
van het Nederlands Letterenfonds.

N ederlands
letterenfonds
dutch foundation
for literature

© 2016 Nederlandse vertaling Karina van Santen en Martine Vosmaer
Oorspronkelijke titel *The Face of Britain*
Oorspronkelijke uitgeverij Penguin Viking
Omslagontwerp Suzan Beijer
Foto auteur Margherita Mirabella
Typografie binnenwerk Sander Pinkse Boekproductie
Drukkerij Wilco, Amersfoort

ISBN 978 90 450 3249 8
D/2016/0108/798
NUR 680/654

www.atlascontact.nl

MIX
Papier van
verantwoorde herkomst
FSC® C004472

Voor Jan Dalley
in liefde en vriendschap

Inhoud

'Het gelaat van de ander is niet zijn gezicht.'

Emmanuel Levinas, 'Visage et Sensibilité',
in *Totalité et infini*

Op het eerste gezicht

1

De blik

Je staat een poosje voor een portret en dan loop je door. Maar je krijgt het vreemde gevoel dat de ogen van dat geschilderde gezicht je door de zaal volgen. Het is een cliché, een grap, een mythe, zoiets waar de suppoosten om zuchten. Maar het is niet helemaal een waanidee. Ergens diep in je temporaalkwab is ongevraagd de primaire handeling ontstaan die je tot een mens maakt: de ander aankijken.

Natuurlijk was het een kunstenaar die als eerste het enige onderdeel van onze anatomie ontdekte dat ons hele leven niet van omvang verandert. In zijn *Analysis of Beauty* merkte William Hogarth op dat 'elke gelaatstrek groter en langer wordt tot de hele persoon volgroeid is, maar het aanzicht van het oog behoudt zijn oorspronkelijke omvang; ik bedoel de pupil, met zijn iris of ring, want de diameter van deze cirkel blijft hetzelfde... men ziet dat dit onderdeel van het oog bij een pasgeboren baby dikwijls even groot is als bij een man van een meter tachtig, nee, soms zelfs groter'.

Hij had gelijk. We komen met wijd open ogen ter wereld, klaar om te staren. En als we zijn uitgehuild, de ogen dichtgeknepen tegen het schelle licht, beginnen we te kijken, en dat is precies het moment waarop we in het gezelschap van mensen beginnen te leven. Onzin, kreeg ik te horen, pasgeborenen zien niets, ze zijn zo blind als een mol. Het duurt dagen, weken voor ze iets onderscheiden. Maar ik wist wel beter.

De eerste uren van 15 mei 1983 viel er een meedogenloze regen op Boston. De soundtrack bij de geboorte van mijn dochter was Vivaldi en schrijf-machine; een natuurlijke combo. In die tijd schreef het ziekenhuisper-soneel nog geen rapporten op computers, en elke keizersnede moest worden gedocumenteerd. Vivaldi was een ideetje van de verloskundige. Toen mijn vrouw de afdeling op werd gereden, kwam de Jerry Garcia van verloskunde aanhuppelen: gebloemd hemd, zijn haar in de war, maar niet zo erg als ik. De eerste woorden uit de mond van Jerry waren: 'Muziek, man [ik zweer het], je hebt toch wel muziek meegenomen? Dat moet echt. Wat zal het zijn?' Niet 'Sugar Magnolia', lachebekje, dacht ik, en al helemaal geen 'Truckin''. Ik schaamde me al op het moment dat ik hooghartig 'Schubert?' zei. Jerry fronste zijn wenkbrauwen. 'We hebben Vivaldi, geloof ik.' En schrijfmachine.

Maar we kregen ook een dochter. Rond twee uur 's nachts, terwijl de regen op Brookline Avenue roffelde, werd een meisje uit de vijver bloed getild, ze brulde op het juiste moment, en nadat de vernix was afgeveegd, werd ze in mijn trillende armen gelegd.

Ze hield op met huilen. Er daalde een diepe slaap neer. Maar toen, na hooguit tien minuten en waarschijnlijk minder, deed ze haar ogen open, onnatuurlijk groot in een glad open gezicht, niet gehavend door de hortende tocht door het geboortekanaal. Die pupillen waren geheel gebruiksklaar, de irissen opvallend kobaltblauw. We keken elkaar aan met omfloerste ogen – de mijne bewolkt door tranen; de hare worstelend met de optische musculatuur van de pasgeborene – en dronken elkaar in. Daar ging de algemeen aanvaarde wijsheid. Ik wist dat mijn dochter me aanstaarde, en met een intensiteit die aanvoelde als een zwijgend sollicitatiegesprek voor het vaderschap. Ze keek zorgelijk, we wisselden angsten uit. Ik betwijfelde of ik wel was aangenomen. Maar ik wist zeker dat we contact hadden gemaakt, zo zeker dat ik mijn hoofd een beetje naar rechts bewoog. En toen gebeurde het: de oceaandonkere ogen met hun grote, zwarte pupillen volgden de beweging van mijn hoofd. Ik zette het experiment voort door het bereik van mijn hoofdbeweging te vergroten: rechts en links, twee of drie keer beide kanten op. Elke keer volgden de ogen van de baby de mijne. Dit is niet wat ons is verteld, zei ik tegen mezelf. Maar het gebeurt onmiskenbaar. We keken elkaar aan. Ha, liefje.

Dertig jaar verder kent de wetenschap geen twijfel. Het eerste wat pasgeborenen doen, als alles in orde is, is brullen. Wie kan het ze kwalijk nemen? Het is een zware tocht. Maar als ze hun ogen opendoen, kunnen ze, zij het in wazige vormen, de delen van een gezicht die belangrijk zijn onderscheiden: ogen, neus, mond, haarlijn, de omtrek van het hoofd. Hun betrokkenheid bij dat gezicht is onmiddellijk en intens, de sterke contrasten tussen licht en schaduw helpen. Al snel hecht de aandacht zich aan meer dan die contrasten. Als ze foto's van vervormde gelaatstrekken of een ondersteboven gekeerd gezicht te zien krijgt, verliest een baby van slechts een paar weken alle belangstelling en besluit dat deze wirwar van lijnen en vormen op een of andere manier onbelangrijke afleiding is. Een gezicht met gesloten ogen zal een baby ook koud laten. Mensen zijn de enige primaten die zo'n groot gebied van witte harde oogrok rondom de donkere iris en pupil hebben, en dat helpt om de aandacht van de boreling te trekken. Bewegingen van de wenkbrauwen verlevendigen en omlijsten deze wederzijdse blik. Het is het enige wat de baby wil zien.

Weken worden maanden. De focus vernauwt zich, het helderste blikveld is precies de vijftien tot dertig centimeter die overeenkomt met borstvoeding of in de arm wiegen. Rond vier maanden kan een baby onderscheid maken tussen verschillende gezichten, waarbij ze een duidelijke voorkeur heeft voor de meest vertrouwde. Glimlachjes komen als reactie op de steeds weer glimlachende vader en moeder. Plotselinge verwijdering van het vertrouwde gezicht zorgt voor verdriet. Op dit punt, niet later dan zes maanden, is de baby een volleerd gezichtenlezer geworden en krijgt ze boodschappen van mond, ogen en, het opmerkelijkst, wenkbrauwen. Ze kent de gezichten die voeding, bescherming en troost bieden: de gezichten die geluk leveren.

Opvallend genoeg zijn de verstandelijke vermogens waarover ze beschikt om deze informatie te verwerken al zover ontwikkeld dat ze even volledig functioneren als ze de rest van haar leven zullen doen. En dat op een moment dat het kind nog niet in staat is andere soorten voorwerpen te onderscheiden. Neurologen zijn het er nog niet over eens of deze vroegrijpe, onderzoekende blik wordt verworven als reactie op gewone ervaring, of dat bij de geboorte de hogere corticale functie van het kinderbrein, dat gespecialiseerd is in gezichtsherkenning, al volledig ontwikkeld is en klaar om in actie te komen, net als het oog zelf. De recentste onderzoeken lijken een voorkeur te hebben voor het laatste: dat heel lokale gebieden van de hersenen die langs de ventrale baan liggen uitdrukkelijk zijn ontwikkeld voor het uitwisselen van blikken – onze allereerste en uiterst belangrijke sociale handeling. Als het naar behoren werkt, bepaalt het onze krachtigste impulsen: verwachting van vreugde, aanduiding van angst, verlangen naar verbinding, vertrouwen in beschermende autoriteit, wantrouwen jegens de wijkende blik en het afgewende oog. Onderzoek op Princeton University heeft uitgewezen dat een tiende seconde voor ons voldoende is om uit te maken of we een gezicht vertrouwen of wantrouwen, of een gelaat ons aantrekt of afstoot: één Tinder-swipe om onze band vast te leggen in een besluit dat door louter woorden niet zomaar zal veranderen. De gelaatsuitdrukkingen die we besluiten te handhaven, worden bij duizenden tegelijk opgeslagen, en de verfijning waarmee ze worden gesorteerd doet elke andere geestelijke databank in het niet verzinken. Het is in de eerste plaats door het lezen van gezichten dat we door de wereld navi-

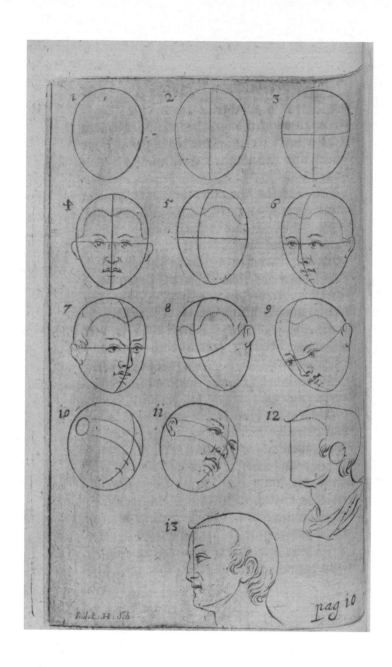

Inleydinge tot de Alghemeene Teyckenkonst, door Willem Goeree, 1668

geren, ons verankeren bij aardige mensen, afstand nemen van onaardige mensen, beslissen wat wat is.

Door deze elementaire sociale bedrading wordt de portretkunst zowel het meest elementaire als het minst onbevangen genre van de beeldende kunst. De vroegste kunsthandboeken, zoals de *Inleydinge tot de Alghemeene Teyckenkonst* uit 1668 van Willem Goeree, gingen ervan uit, in overeenstemming met de klassieke schoonheidsprincipes uit de renaissance, dat beheersing van de gestalte de voorwaarde was om schone kunst te maken. Maar nog vóór de torso, die bestudeerd werd aan de hand van antieke beelden, kwam de meest elementaire vorm, het menselijk gezicht, het eerste wat elke leerling onder de knie probeerde te krijgen: het eivormige ovaal waar ongeschoolde kinderen een cirkel van maken. De horizontale lijn die het ovaal in tweeën deelt, geeft de juiste positie aan van de ogen, terwijl de verticale lijn de plaatsing van neus en mond stuurt. Zo herhaalt de leerling wat hij in de uren na zijn geboorte zag. Als een god herschept hij het uiterlijke kenmerk van menselijkheid op zijn blaadje papier.

Maar navolging schept verplichting, want de portretkunst is het minst vrije van alle schilderkunstige genres. Geen roos zal klagen over te veel vallende blaadjes op een stilleven; geen kaas zal je kapittelen over verkeerde adering. Landschappen kunnen volledig verzonnen worden volgens de visie van de schilder, en dat is dan ook van meet af aan gebeurd in de fantastische encyclopedische composities van Joachim Patinir en Bruegel de Oudere, waar binnen dezelfde lijst bergtoppen en Vlaamse hutten en weiden voorkomen. De grootste Hollandse meesters, met name Jacob van Ruisdael, veroorloofden zich schokkende vrijheden met proporties, en niemand riep Van Ruisdael op het matje voor zijn bedenksels: misschien werden die zelfs van hem verwacht. Maar de portretkunst moet als geen ander specialisme rekenschap afleggen aan iets wat verder gaat dan de creativiteit van de kunstenaar. Dat iets is de geportretteerde die de rekening betaalt. Elk portret is onvermijdelijk het product van een drievoudige onderhandeling tussen het idee dat het onderwerp van zijn uiterlijk heeft, de onstuitbare drang van de kunstenaar om dat zelfbeeld te verstoren, en de verwachtingen van degene die met het resultaat moet leven.

En daar gaat het allemaal om. De meest levensechte vroege portretten, die in de eerste drie eeuwen n.C. werden gemaakt in Fajoem, de Romeins-Egyptische streek halverwege de Nijl, waren van doden. Net als bijna elk portret dat volgde, waren ze gemaakt als een daad van verzet tegen de sterfelijkheid. Ze hadden tot taak de aanwezigheid van de betreurden voort te zetten, lang na hun overlijden, om hun een leven na de dood te geven. Dat was lang het doel geweest van mummieportretten: de doden niet voor te stellen alsof ze waren heengegaan, maar louter alsof ze naar een ander rijk waren vertrokken, vandaar de verplichting om te zorgen voor voorraden voor onderweg. De meeste van deze klassieke mummies waren sterk gestileerd. De familie en vrienden van de overledenen die de latere Fajoemportretten bestelden wilden een levensechte afbeelding, zo bezield alsof de uitgebeelde aanwezig was in de kamer, alsof hij nooit was heengegaan.

Portretten zijn altijd gemaakt met het oog op het nageslacht, om een aanwezigheid te herscheppen waar, om wat voor reden dan ook, afwezigheid is. Erasmus stuurde een portret dat de ene vriend, Hans Holbein, van hem had gemaakt aan een andere vriend, Thomas More, zodat hij 'levendig' kon worden herinnerd, oftewel, alsof hij nog levend en nabij was.

Een portret moet een goede gelijkenis tonen, zo is de gemeenplaats. Maar die gaat voorbij aan een enorm dilemma: gelijkenis van wat precies? Welk van de ontelbare gezichten die we opzetten voor verschillende gelegenheden, sommige openbaar, sommige privé, of juist de onverwachte? Willen geportretteerden dat de kunstenaar het eens is met hun veronderstelling dat de versie van henzelf die er het beste uitziet toevallig ook de meest getrouwe is? In elk geval heeft de kunstenaar een andere prioriteit: vitaliteit – die wel of niet voortkomt uit het nauwgezet in kaart brengen van gelaatstrekken. Bezieling wordt vastgelegd in de ogen of de mond of de houding van het hoofd, en dat is niet eenvoudig, omdat bijna alle kunstenaars verwachten dat hun onderwerpen stil blijven zitten, soms uren achtereen. De uitdaging voor de kunstenaar die probeert de levensechtheid van het onderwerp te vangen, is dat een gezicht in die omstandigheden kan bevriezen tot een masker dat op het doek dreigt te worden overgebracht. De grootste portretschilders – mensen als Rembrandt of Goya – vingen hun personages alsof ze even stopten tussen iets ervoor en erna: een onderbreking van de stroom van het leven in plaats van een verstilde pose.

Het versteende gezicht versterkt juist de tweede verplichting van de kunstenaar: om het open te breken en het wezenlijke karakter dat onder het masker zit te bereiken, de persoon, die altijd meer is dan een inventaris van gelaatstrekken. De achttiende-eeuwse kunstcriticus en (middelmatige) schilder Jonathan Richardson beschreef deze taak als de 'geschiedenis' van het onderwerp vangen en zag dat als het hoofddoel van

Jonge vrouw en jonge man uit Al Fajoem, Egypte, eerste tot derde eeuw

alle portretten, als ze tenminste tot dezelfde kwaliteit kunst wilden worden gerekend als afbeeldingen van exemplarische scènes uit de Oudheid of de Schrift. Maar stel dat er geen essentie op te delven valt uit dat hele scala aan verschijningsvormen die we aannemen al naargelang de vereisten van de dag: het kantoorgezicht, het feestgezicht, het lerarengezicht, het flirtende gezicht? Of dat een van die gezichten, met een schaduw van introspectie, net zo goed het echte beeld zou kunnen zijn als het uitbundige, naar buiten getoonde tegendeel?

Wanneer kunstenaars als Gainsborough of Lucian Freud mensen hebben geschilderd die ons onbekend zijn, vertrouwen we erop dat de portretten, hoe ongrijpbaar die voor *hen* op zichzelf genomen ook kunnen zijn, erin geslaagd zijn de eigenschappen die *hen* tot *hen* maakten te vatten. (Freud stond erom bekend dat hij zijn onderwerpen gijzelde tot hij ervan overtuigd was dat hij dat precies wist, en dan alle tijd nam die hij nodig had om dat in de dikte van zijn verf uit te werken.) Maar als de 'geschiedenis' van degene die poseert wordt geportretteerd voor de geschiedenis van de wereld – of het land – waarin hij woont en op de een of andere manier zowel een voorbeeld als een individu moet zijn, wordt de uitdaging angstaanjagend. De schilder moet nu immers niet alleen voldoen aan het zelfbeeld van degene die poseert, of aan de in creatief opzicht verstorende drang van zijn muze, maar ook aan een derde partij die tevreden moet worden gesteld: de publieke verwachting.

Deze verwachtingen werden geïnstitutionaliseerd door de oprichting van de National Portrait Gallery in 1856, het eerste museum van dien aard ter wereld (hoewel Frankrijk zijn pantheon voor zijn eigen *grands hommes* (*sans femmes, cela va sans dire*) had opgericht, en de dichtershoek in Westminster Abbey min of meer hetzelfde had gedaan met de grafsculptuur die zelfs tegenwoordig soms nog verbazing wekt door een weinig begrafenisachtige levendigheid). De drijfveer hierachter was de Britten te vertellen wie ze waren aan de hand van een stoet van tweedimensionale helden. Ondanks de zelfverzekerdheid van de victorianen was het geen toeval dat die vraag werd gesteld in een tijd van onverwachte onzekerheid van het Britse rijk in India en op de Krim. Waar behoefte aan was, zowel toen als nu, was een verzameling personages die Groot-Brittannië 'vertegenwoordigden', en geen zielloze wassen beelden, maar eerder een verzameling mensen die nog zo levendig zijn in hun geschilderde incarnaties dat we ons thuis voelen in hun gezelschap.

Zo'n streven kan mislukken. Muren kunnen worden bedekt met figuren die bevroren zijn in poses van belangrijkheid die bedacht zijn door de onderwerpen zelf of door hun portrettisten, schilderijen waarin de openbare functie bijna de vonk van hun vroegere vitaliteit op hun gezicht heeft gesmoord. Maar tegen alle verwachtingen in kunnen deze figuren onder de handen van een welwillende schilder tot leven komen. Wanneer Thomas Lawrence William Wilberforce vastlegt, is de pose niet scheef op instructie van de kunstenaar, maar door de vreselijke ijzeren constructie die zijn misvormde ruggengraat moest verduren. Op het schilderij, dat onvoltooid was bij de dood van Lawrence, wordt het gezicht van de held verlicht door de vriendelijkheid die bijna iedereen van hem kende. Op dezelfde manier is de subliem verdwaasde Laurence Sterne door Joshua Reynolds gevangen in een wending van zijn wringende geest. De ogen van Harold Wilson, geschilderd door Ruskin Spear, kijken opzij door de kringelende pijprook, alsof er iets of iemand is die het model niet mag missen.

Die momenten dat echte mensen uit de verf opduiken zijn des te indrukwekkender, want als er één ding is dat we kennen van de Britten, dan is het hun eeuwige wantrouwen jegens de zelfverheerlijking van de Groten en de Aanzienlijken. Dus wat het museum documenteert, en wat het echte onderwerp van dit boek omvat, is geen parade van voorname mensen maar de strijd om uit de driehoekskrachtmeting tussen model, kunstenaar en publiek de tastbare aanwezigheid van een opmerkelijke Brit tevoorschijn te toveren.

Toch zijn er tijden waarin de drievoudige strijd het onderwerp verscheurt en er alleen betreurde resten overblijven. Een van die momenten was de herfst van 1954.

I

Het gezicht van de macht

1

Het gezicht van Groot-Brittannië

'Hoe gaat u me schilderen?' vroeg de premier aan de kunstenaar, en beperkte onmiddellijk de alternatieven: 'de buldog of de cherubijn?'

'Dat hangt helemaal af van wat u me laat zien... meneer,' antwoordde de schilder, die probeerde zich niet te laten intimideren.

De voortekens waren niet gunstig. Bij zijn eerste bezoek had hij moeten wachten tussen de boekenkasten in Churchills studeerkamer voordat er een neus om de hoek van de deur verscheen. Alleen een neus, voorafgaand aan het beroemde gezicht. Te zijner tijd volgde de rest van Churchill: ronder, roziger, schilferiger, piekhariger en met meer kinnen dan de meeste mensen – met inbegrip van de kunstenaar – zich hem voorstelden. Er werd een zachte pafferige hand uitgestoken. Pretlichtjes in de ogen van de man. Graham Sutherland probeerde zichzelf op zijn gemak te stellen en zich te concentreren op de taak die voor hem lag. Dat viel niet mee.

Sutherland was die septemberochtend van 1954 in zijn Hillman Minx naar Kent gereden, bezorgd over wat hij zich op de hals had gehaald. Hij had nauwelijks kunnen weigeren. Het was een superopdracht, iedereen met een greintje gezond verstand zou er een moord voor hebben gedaan: het portret schilderen dat het geschenk zou vormen van het parlement aan de beroemdste, levende of dode, Brit ooit, voor zijn tachtigste verjaardag. De ceremonie in Westminster Hall zou op televisie uitgezonden worden. De ogen van het land – van de hele wereld – zouden op Sutherland en zijn werk zijn gericht. En hoe succesvol Sutherland ook was geworden, een groot deel van hem hunkerde naar de zegen van de machtigen.

Hij kwam uit de binnenlanden van Groot-Brittannië, uit de gelederen van wat George Orwell, toen hij zijn eigen achtergrond beschreef, de 'upper-lower-middle class' noemde. Epsom College, niet Eton College, was zijn school geweest. Omdat de modieuze Slade School of Fine Art voor hem niet was weggelegd, had hij een kunstopleiding aan het minder prestigieuze Goldsmiths gevolgd. Graham Sutherland had echter een hoop dingen in zijn voordeel. Hij was opvallend knap, voorkomend, hoffelijk, en zijn talent met het penseel stond niet ter discussie. Bovendien had hij iets van een sociale romanticus, wat bijna verplicht was voor kunstenaars die in de jaren dertig volwassen werden. (Hij vertelde Churchill nooit dat hij Labour stemde.) Toen hij van school kwam, had hij een baan gekregen bij de treinfabriek in Derby waar zijn lunchtrommeltje glibberig werd van de smeer. Naast het ontluikende gevoel een wereld te kennen buiten het keper en de tweed van zijn sociale klasse, voelde Sutherland zich verankerd in het Engelse landschap. Het was het onderwerp van de etsen die zijn eerste werk vormden, naast de commerciële grafische ontwerpen die hij maakte om zijn brood te verdienen.

Zijn werk was zo goed dat het de aandacht trok van de hoge heren van de Britse moderne-kunst-scene: de mensen die vooruitzichten, connecties en expositieruimte boden. Hans Juda, een Joodse vluchteling uit nazi-Duitsland, had zijn kunstliefde en -smaak meegenomen van zijn oude, barbaars geworden thuis naar zijn nieuwe toevluchtsoord en begunstigde de mensen die volgens hem de top van de contemporaine Britse schilderkunst vertegenwoordigden: John Piper en Graham Sutherland. De jonge directeur van de National Gallery, Kenneth Clark, behoorde ook tot die bewonderaars, en bij het uitbreken van de oorlog was Clark, die druk bezig was meesterwerken op te slaan op veilige plekken in Wales, degene die tegen Sutherland zei dat hij zijn land het best kon dienen door zich aan te sluiten bij de gelederen van de officiële oorlogskunstenaars, een team dat ook Stanley Spencer en Henry Moore omvatte. Het had niets te maken met het ontlopen van de oorlog zelf. Clark zei tegen de oorlogskunstenaars dat het land hun werk nodig had om vast te leggen wat het doormaakte, en trouwens ook om het collectieve moreel hoog te houden, en dat zag hij niet verkeerd. Van tijd tot tijd werd hun werk tentoongesteld in de National Gallery. Dus verliet Sutherland zijn huis in Kent om zijn steentje bij te dragen in de tinmijnen van Cornwall en de staalfabrieken van Wales, maar pas toen hij tijdens de blitz naar Londen ging, viel zijn modernisme plotseling en spontaan samen met zijn patriottisme.

Net als bij de meesten van zijn generatie, waren zijn visie, zijn werkende hand, zijn leven en zijn ideeën over wat kunst geacht werd te doen onomkeerbaar veranderd door Picasso. Vooral de Picasso van de jaren dertig, toen hij zowel in zijn beeldhouwkunst als in zijn schilderijen verstrengelde en gebroken vormen opeenstapelde, werd voor Sutherland een geschikte vorm voor een tijd van verwoestende ravage. Hij voelde zich in elk geval aangetrokken tot materie die zowel oeroud en verweerd als bruut eigentijds was: boomstronken en half uitstekende botten, het arsenaal van de natuur: doornen en pieken, klauwen en pluimen: platge-walst door de moderne wereld. Er waren tijden dat de knappe Engelsman met de levendige penseelvoering en de zoetgevooisde conversatie een en al pezen en organen, spijkers en splinters was. Hij hoefde niet ver te zoe-ken naar inspiratie. In Londen, tijdens de laatste maanden van de blitz, werd hij getroffen door 'de stilte, de absolute doodse stilte, afgezien van nu en dan een ijl getinkel van vallend glas'. Tussen de platgebombardeer-de, smeulende, met roet besmeurde straten en stegen van de City rond St Paul's Cathedral, die wonderlijk genoeg nog overeind stond, begon hij vaak, zei hij, 'her en der vluchtige tekeningen te maken, en langzamer-hand drong te midden van alle verwoesting tot me door hoe bijzonder de ene vorm de andere beïnvloedde. Een liftschacht, bijvoorbeeld, het enige wat over was van wat duidelijk een heel hoog gebouw was geweest... deed denken aan een gewonde tijger op een schilderij van Delacroix.' In East End waren sommige huizen dwars doormidden gesneden: 'Alle vloeren waren weg, maar de trap stond er nog. En er waren machines waarvan de ingewanden door de vloeren heen hingen, maar die er toch opmerkelijk mooi uitzagen...' Misvorming was overal om hem heen: een verscheurde metropool, de afgestroopte huiden van Londense trots.

Een Londense *Guernica* ging zijn krachten te boven (hoewel hij dat schilderij vereerde). Het ging ieders krachten te boven. Wat de Brit-se modernisten in plaats daarvan maakten – vooral wanneer ze, net als Sutherland, in 1945 de eerste foto's uit de bevrijde concentratiekampen zagen – waren kruisigingen: Passies van Christus. De meest weergaloze, *Drie studies voor figuren aan de voet van een kruisiging*, was van Suther-lands vriend Francis Bacon, voor wie verwrongen pijniging vanzelfspre-kend was. Ook Sutherland kreeg de opdracht voor een kruisiging, voor een kerk in Northampton, en maakte hiervoor gebruik van de traditionele christelijke devotiekunst – de ingevallen ribbenkast, het vlechtwerk van de doornenkroon (gebleekt in het beeld van Sutherland) – en de frontale opstelling, maar dan overdekt met een patina van modernistische geba-ren: een pijnlijk hard ijsblauw als achtergrond.

Je kunt je niet onttrekken aan het gevoel dat Sutherland over zijn schou-der naar de koortsachtige bruutheid van Bacon keek toen hij dit deed; die twee zouden elkaar inderdaad jarenlang stalken, tot Bacon het opgaf (of mogelijk jaloers werd) omdat Graham werd ingelijfd door de wereld van kunstkenners en verzamelaars als Clark. Of hij er nu naar had gestreefd of niet, Sutherland kwam, ondanks al die scherven en breuken, uit de oor-logsjaren tevoorschijn als een schilder van een gebruikersvriendelijke versie van Brits modernisme: bruinig, lauwwarm en een beetje aangelengd, als het alomtegenwoordige kopje thee dat hij, volgens de patriarchen van de Londense kunstwereld in de jaren van herstel, eigenlijk was. Hij was niet zo cerebraal abstract als Victor Pasmore of Ben Nicholson, hij was geen gestolde, mortelachtige expressionist als Frank Auerbach en Leon Kossoff, niet zo speels als de luide jongens van de Independent Group in Whitechapel, Eduardo Paolozzi en Richard Hamilton (peetvaders van een echt nieuwe Britse kunst). Het was niet zo dat Sutherland met opzet de veilige weg koos. Als het werk om grillig en verscheurd vroeg, zoals een kruisiging, deed hij dat. Het was eerder dat hij geen heil zag in confronterende onbegrijpelijkheid.

Samen met zijn opvallend mooie vrouw, Kathleen Barry, was Sutherland een volleerd gezelschapsdier dat gemakkelijke, welbespraakte charme uitstraalde, precies in het straatje van Kenneth Clark, die samen met Juda hielp zijn eerste exposities in Londen te organiseren. Best mogelijk dat Sutherland zich op dat moment bijna verstikt voelde door de welwillendheid van Clark. Toen Graham 'kc' vertelde dat hij overwoog naar de Côte d'Azur te gaan, fronste Clark zijn wenkbrauwen bij het idee: 'Je kunt je Constable niet aan de Rivièra voorstellen.' Maar Sutherland had geen behoefte om een eigentijdse Constable te zijn. Francis Bacon was daar en leek niet echt onder een schildersblok te lijden. Sutherlands goden en helden – Picasso, Matisse, Braque en Léger – werkten allemaal in zonovergoten licht. (Hij zou de eerste drie ontmoeten.) Dus vertrok hij met Kathleen, logeerde eerst in een hotel en verhuisde toen naar een villa van de moeder van een van zijn welgestelde vrienden uit Chelsea. Clark had dan wel afkeurend gemompeld dat Sutherland zijn scherpte kwijtraakte tussen die zonnebadende gekko's, maar voorzag hem toch van introducties bij de Groten en Aanzienlijken.

Een van hen was de toonaangevende reus van de Britse letteren 'Willie' Somerset Maugham, die in een zijden kamerjas rondbanjerde tussen de gouden boeddha's van zijn Villa Mauresque. Maugham wist alles van Graham Sutherland en wat hij had gehoord stond hem wel aan. Er kwam een uitnodiging voor de lunch, en omdat Graham en Kathleen nu in Villa Fiorina woonden, konden ze hem zonder al te veel gedoe terug uitnodigen. Op een gegeven moment zou Sutherland – volgens één bron – terwijl hij naar de schilderachtige ruïne van Maughams gezicht keek, hebben opgemerkt dat de schrijver iemand was die hij graag zou schilderen, mocht hij ooit overwegen portretten te gaan maken. Maugham hoorde dit en hield hem aan zijn woord. Op dat moment had Sutherland nog geen enkele ervaring met portretschilderen, hoewel hij een gezicht van Maugham dat Kathleen op een servetje tekende zou hebben gecorrigeerd. Het was helemaal niets voor hem, zei hij tegen Maugham, maar toen de schrijver aandrong gaf Sutherland toe, op de strikte voorwaarde dat het werk behandeld moest worden als een 'experiment'. Beide partijen waren vrij om het resultaat vreselijk te vinden en te verwerpen.

Het bleek het indrukwekkendste werk dat Sutherland ooit had gemaakt. Op het brede uitspansel van Maughams gezicht had hij een air van kolossale zelfvoldaanheid getroffen, een omkrullen van de lippen dat net geen hoon was. Toen hem naar zijn stijl van portretschilderen werd gevraagd, merkte Sutherland op dat er twee benaderingen mogelijk waren. De eerste was die van Picasso, wat inhield dat er een vrije 'parafrase' van het onderwerp werd gemaakt waarin desalniettemin enige gelijkenis werd behouden, en de andere was gewoon schilderen wat je voor je zag. Zijn eigen manier was de simpelste: 'binnen je vermogen een zo helder mogelijke voorstelling maken van wat je voor je ziet. Maar,' voegde hij eraan toe, 'ik denk dat je, als je dat doet, soms weer terugkomt bij af, want als het op zichzelf intens genoeg is, wordt het een soort parafrase.'

'De eerste keer dat ik het zag,' zei Maugham, 'was ik geschokt. Echt verbijsterd. Kon dit gezicht echt het mijne zijn? En toen begon ik te beseffen dat hier veel meer van mij was dan ik ooit zelf had gezien.' Toen kwam het eerbetoon dat elke portretschilder wil horen: 'Het lijdt geen twijfel dat Graham me heeft geschilderd met een uitdrukking die ik soms heb gezien zonder me ervan bewust te zijn.'

Had Sutherland iets van zijn model getroffen dat 'echter' was dan enige mechanisch beschrijvende gelijkenis zou kunnen overbrengen? Veel mensen die meetelden in de wereld van de kunst in de jaren vijftig dachten dat, vooral toen het schilderij in Londen werd geëxposeerd. De kunstenaar kreeg nieuwe aanbiedingen, waaronder een sommatie van een van Maughams buren aan de Côte d'Azur: de Canadese krantentycoon lord Beaverbrook. Hij had zich in de stijl van een ware tycoon in Cap d'Ail gevestigd, waar zijn oude baas uit de oorlog, Winston Churchill, vaak kwam zitten met een strohoed, ezel, penselen en verf. Sutherland gaf Beaverbrook dezelfde meedogenloze aandacht: vaak poseren, zorgvuldige schetsen, zowel in potlood als in verf, in een gedetailleerd raster van die studies dat op het doek was overgebracht. Beaverbrook was, op zijn onnavolgbare manier, blij. Toen hij het resultaat onder ogen kreeg, schonk hij Kathleen een van zijn hagedissenlachjes. 'Het is een wandaad,' luidde zijn commentaar, 'maar ook een meesterwerk.' De kunstcriticus Quentin Bell nam zijn toevlucht tot amfibische in plaats van reptielachtige analogieën. Sutherland, schreef hij, was erin geslaagd Beaverbrook eruit te laten zien als een 'zieke pad op sterkwater'. Een enorm compliment. Het was grote lof.

Maugham adviseerde Sutherland om het lot niet te tarten nu hij hem en Beaverbrook had geschilderd. Geef het op, beste jongen. Dat zou niet gebeuren. Begin jaren vijftig was Sutherland op het hoogtepunt van zijn roem. Er waren exposities op de Biënnale van Venetië, in Londen en New York; opdrachten om kostuums te ontwerpen voor het Royal Ballet van Frederick Ashton en patronen voor textiel van Hans Juda; een gigantisch onbegrijpelijk werk dat *De oorsprong van het land* moest voorstellen voor het Festival of Britain in 1951. Hij troonde nu definitief tussen de machtigen van het Britse modernisme en werd in één adem genoemd met Henry Moore, Jacob Epstein, John Piper, Barbara Hepworth en het enfant terrible Francis Bacon.

Graham Sutherland was dus geknipt voor de Churchillopdracht: rechtdoorzee maar niet grof, figuratief maar geen pietlut. Toen een vriendin van hem, het Labourparlementslid Jennie Lee, hem polste uit hoofde van de uit alle partijen samengestelde commissie voor de viering van Churchills verjaardag, kon hij nauwelijks nog terug. Hij was een oorlogskunstenaar geweest, hij had zijn best gedaan voor het Festival of Britain. Dit was ook weer een taak die hij moest vervullen voor het land, want het schilderij zou na Churchills dood blijvend in het Lagerhuis worden vertoond. De plicht riep. En de roem. Waarom kon hij dan zijn bedenkingen niet afschudden?

Toen hij in Churchills studeerkamer in Chartwell zat, zag Sutherland wat hem te wachten stond. Om het schilderij voor elkaar te krijgen moest er een soort wederzijds begrip zijn. Churchill moest openstaan voor het resultaat en Sutherland moest met zelfvertrouwen gewoon schilderen wat hij voor zich zag, zonder verkrampt en verlamd te raken door het gewicht van nationale verwachtingen. Maar hij kon zich niet aan het gevoel onttrekken dat heel Groot-Brittannië een beeld wenste dat alles belichaamde wat Churchill tijdens de oorlog had betekend: de nationale redder die er met zijn vastbeslotenheid voor had gezorgd dat het land niet het lot van Frankrijk was beschoren, verpletterd onder schaamte en bezetting. Het portret dat het parlement en het volk wilden, was niet zomaar een gelijkenis van een man, het moest een apotheose zijn van Groot-Brittannië zelf: het roemrijke moment van het land in de vorm van de roemrijke man. Toen dit tot hem doordrong, wist Sutherland dat hij niet opgewassen was tegen deze cultus van nationale verlossing. Het enige wat hij kon doen, prentte hij zich in, was schilderen wat hij zag. Dan zou het grotere ding – de 'parafrase' – gebeuren. Of niet.

De rondleiding door het Lagerhuis om te verkennen waar het schilderij uiteindelijk zou komen te hangen, verlichtte de last op zijn schouders niet. Evenmin als de goedbedoelde pogingen van Churchill om Sutherland de best mogelijke werkruimte te verschaffen, namelijk zijn eigen atelier, want dat impliceerde al een soort eerbied, niet alleen voor de Grote Man maar ook voor Churchill als collega-kunstenaar! In een brief waarin de datum voor het eerste poseren werd vastgelegd, zette Churchill alle voordelen van zijn atelier uiteen: blinden om de lichtinval te regelen, het verhoginkje waar hij op zou zitten. Het was heel vriendelijk bedoeld, maar toen Sutherland Churchill over het tuinpad volgde en in het atelier kwam, waar Churchills eigen schilderijen aan de muur hingen, realiseerde hij zich met groeiende paniek dat de goede man het hele project als een samenwerking tussen collega's en gelijken beschouwde. (Omdat hij – net als iedereen – erg dol was op Kathleen, bood Churchill aan om op zijn beurt haar portret te schilderen.)

Het staat buiten kijf dat Graham Sutherland, al had hij pas een paar portretten op zijn conto, een uitzonderlijk talent had voor het genre. Latere portretten – een briljant humoristisch profiel van zijn mentor Kenneth Clark, een studie in haakneuzig zelfbehagen, een schitterend schel gekleurde Helena Rubinstein en het overvloedige lijf van Arnold Goodman – behoren tot de beste van de naoorlogse jaren. Maar voor deze bijzondere opdracht was technisch talent niet genoeg, hij had ook inzicht in de nationale psychologie van de gelegenheid nodig: wat het zou gaan betekenen, niet alleen voor Churchill en het parlement maar voor het hele land, waarvoor de op televisie vastgelegde ceremonie als een daad van collectieve dankbaarheid zou gelden. Er zou een nationale band worden gesmeed in onzekere tijden, te vergelijken met de kroning van de jonge koningin die het jaar daarvoor had plaatsgevonden. In deze omstandigheden was de puristische volharding waarmee Sutherland beweerde dat hij 'gewoon wat hij voor zich zag' zou schilderen, arrogant en naïef. Geen van de grote portrettisten – Titiaan niet, Rubens niet, Rembrandt niet, Goya niet, Reynolds niet, David niet, Sargent niet – schilderde ooit hun model alsof er geen geschiedenis aan vastzat; of zonder enig idee waar het schilderij zou komen te hangen. De aanklevende geschiedenis (zoals Jonathan Richardson had uitgelegd) kon niet worden veronachtzaamd: die wás het model, die had hem geestelijk en lichamelijk gevormd. Sutherland kon niet gewoon naar Churchill staren en zijn gezicht schetsen alsof hij een figuur was die zomaar opeens voor zijn neus zat in de herfst van 1954. Het was geen kwestie van kiezen tussen de man en de icoon. In dit stadium waren ze onlosmakelijk verbonden. Eigenlijk was er nooit een tijd geweest dat de openbare, politieke Churchill gescheiden was van de particuliere, persoonlijke Winston, en al helemaal niet op dit specifieke moment.

In het middeleeuwse denken over de monarchie werd onderscheid gemaakt tussen 'de twee lichamen van de koning'. Het natuurlijke lichaam doorstond alle plagen en krenkingen waarmee de tijd het teisterde, en aan de andere kant moest het politieke lichaam ten gunste van de staat immuun voor gebreken worden geacht. Dit was iets wat Churchill zeker in gedachten had toen hij ging poseren voor Graham Sutherland. In juli 1953, tijdens een diner voor de Italiaanse premier, waar Churchill enorm uitbundig had georeerd (over Caesar), was hij door een zware beroerte getroffen. De ramp werd geheimgehouden voor het land, en tot grote blijdschap en verbijstering van zijn vriendenkring herstelde Churchill zo snel en schijnbaar zo volledig dat er geen reden leek waarom het ooit bekendgemaakt zou moeten worden. Maar Charles Moran, Churchills dokter, was sindsdien altijd in de buurt, en tegenover hem bekende de premier dat hij dacht dat hij iets van zijn geestelijke scherpte kwijt was. Het was in feite lastig te beoordelen hoezeer de verstandelijke vermogens van de oude man waren beschadigd, omdat Churchills alertheid al lang voor de beroerte (als we de kritische dagboeken van Alan Brooke moeten geloven zelfs al tegen het eind van de oorlog) leed onder de dagelijkse doses cognac en havanna's. Mensen die zorgvuldig naar het beroemde gezicht keken, hetzij in de cherubijn- hetzij in de buldogmodus, hadden in een enigszins gezakt linkerooglid de sporen van de beroerte op het gezicht kunnen zien.

Het was niet zijn ijdelheid die Churchill nerveus maakte over het portret (hoewel, welke politicus was daar ooit helemaal vrij van?), maar de geschiedenis. Zijn beroemde spitsvondigheid dat de geschiedenis mild voor hem zou zijn omdat hij haar zelf zou schrijven, drong tot hem door toen hij nadacht over hoe de geschiedenis van zijn laatste jaren eruit zou zien voor de mensen die haar zouden optekenen nadat hij was overleden. Hij was zelf bezig de latere delen van zijn *History of the English-speaking Peoples* te schrijven. Na de ruwe schok van de afwijzing door het electoraat in 1945 kwam zijn tweede periode als premier, vanaf 1951, als een rehabilitatie. Die kwam ook in een tijd dat de verschrikkingen van de Koude Oorlog, en de ongemakkelijke positie van Groot-Brittannië tussen de Verenigde Staten en de Sovjet-Unie, alles op losse schroeven zetten. Hoewel

Churchill zich had neergelegd bij het nuchtere feit dat van nu af aan Amerika heel duidelijk de belangrijkste partner in het bondgenootschap zou zijn, geloofde hij vurig dat er niemand was in het Britse politieke leven – en al helemaal niet zijn meest waarschijnlijke opvolger, Anthony Eden – die met evenveel autoriteit en ervaren wijsheid tussen de supermachten kon navigeren als hijzelf. Dus toen een nieuw en nog apocalyptischer wapen werd getest, de waterstofbom, achtte Churchill zichzelf onmisbaar voor het lot van zijn land en, inderdaad, de wereldvrede.

Zo moest hij gezien worden, dacht hij, niet als een of andere beverige oude sukkel in een hansop die boven een neutje zit te knikkebollen. Terwijl hij erkende dat hij ooit zou moeten gaan, was hij vastbesloten dat hij niet door zijn collega's in zijn eigen kabinet en partij de deur uit gezet zou worden. Veel hing af van de timing van Churchills ontslag, omdat de volgende parlementsverkiezingen al in 1956 zouden zijn. Veel kabinetsleden – R.A. Butler en Harold Macmillan, en ook Anthony Eden – gingen ervan uit dat hoe eerder Churchill vertrok, hoe beter dat zou zijn voor de vooruitzichten van de Conservatieven. Op die manier had Eden de tijd om zijn onafhankelijke autoriteit aan de regering en het land te bewijzen, en zou de partij bij de verkiezingen klaar zijn voor de strijd. Tegen de lente van 1954 waren er tekenen die waarschuwden dat het beter was de oude man niet te laten voortmodderen. Hij was geconfronteerd met een storm van gejoel en geschreeuw van 'Aftreden!' vanuit de Labourbankjes toen hij probeerde zich groot te houden tegenover het angstaanjagende feit dat de Amerikanen, ondanks zijn vriendschap met president Eisenhower, geen gemeenschappelijke controle over de waterstofbom zouden toestaan. De prominente Tory's maakten zich niet zozeer zorgen over het standpunt van de regering hierover, als wel over de ongewone aanblik van Churchill, die zich niet verdedigde met zijn gebruikelijke pittige tegenaanvallen. In plaats van lik op stuk te geven met een grappige, snauwerige, gniffelende kwinkslag, ploegde hij gestaag door zijn toespraak heen, de ene bladzij na de andere, terwijl het rumoer uitgroeide tot oproer. De hyena's roken bloed en begonnen te lachen.

Churchill was niet zo afgestompt en van zichzelf vervuld dat hij de geldigheid van het 'hoe eerder hoe beter'-argument niet zag, hoewel hij op een gegeven moment tegen dokter Moran klaagde dat Eden ook niet echt een kwiek jong ding was en hem memo's van drieduizend woorden bleef sturen waar 'niets' in stond. Maar hij herhaalde vaak zijn overtuiging dat het, gezien de komende internationale crises – het lot van het Suezkanaal, waar de Egyptische regering begon te praten over nationalisatie, en de nucleair-bewapende Koude Oorlog – beter voor de partij zou zijn om onder zijn voortgezet leiderschap de verkiezingen in te gaan. Het hing er helemaal van af welke Churchill hem 's ochtends in de spiegel begroette: de opgewekte assertieve leider met het roze gezicht of de uitgeputte oude man.

Churchill schoof het voor zich uit. Hij vertelde zijn collega's dat hij op 18 september 1954 zou aftreden. Toen, tijdens een veeleisende reis naar de Verenigde Staten, bedacht hij zich weer. Wie kon anders onderhandelen met John Foster Dulles, of Ike, of nu we het er toch over hadden, de Sovjetleiders na Stalin?

Om al deze redenen kreeg het gezicht dat op het portret zou verschijnen een betekenis die veel verder ging dan een verjaarscadeau. Het moest het beeld worden van zijn politieke lichaam: 'de rots', zoals hij de schilder vertelde toen die begon te schetsen. Sutherland herinnerde zich later dat Churchill hem herhaaldelijk – en indiscreet – vertelde van de manoeuvres in het kabinet tegen hem en zijn partij, en de onbezonnen pogingen om hem weg te krijgen, beledigingen die hij zich zowel persoonlijk als politiek aantrok. Eigenlijk zat Churchill tijdens het poseren aan één stuk door tegen Sutherland te mopperen over de pogingen om hem uit Downing Street te verdrijven. Churchill dacht misschien: het is een slimme man, hij zal begrijpen wat hier nodig is. De schilder begreep echter weinig van politiek. Hij ging gewoon door met schetsen. Dat het portret nu een cruciaal wapen was geworden in Churchills verzet tegen zijn eigen aftreden kwam niet in hem op tot de ramp zich had voltrokken. De inzet had niet hoger kunnen zijn. Churchill wilde niet dat zijn tachtigste verjaardag een soort ceremonieel afscheid werd, en al helemaal niet dat hij er op het schilderij dat centraal stond ziekelijk uitzag. Wat hij wilde, was natuurlijk iets wat leek op de foto die Karsh in 1941 had genomen, en die bekend was in de hele wereld: de foto die *De brullende leeuw* heette.

Een autoritaire waardigheid – dat wilde hij ook, vooral omdat het geschenk zou worden aangeboden in de grote theatrale ruimte van Westminster Hall, het gemeenschappelijk bezit van het parlement en de natie, onder het kapgebinte dat Richard II had laten bouwen. Dus vond hij dat Sutherland hem moest schilderen in het gewaad van een Ridder van de Kousenband, al had de parlementscommissie gespecificeerd dat hij vastgelegd moest worden zoals hij altijd in het Lagerhuis werd gezien: gestippelde vlinderdas, gestreepte broek, vest en jasje. Toen Sutherland daarop wees, pruilde Churchill achter zijn sigaar, haalde zijn schouders op en stemde toe.

Hoewel Sutherland later zei (over de eerste opmerking van Churchill) dat hij alleen de buldog kreeg, was het onderlinge contact tussen hen tijdens het poseren niet strijdlustig. Churchill, vertelde de schilder, was charmant en vaak heel vriendelijk. En Clemmie, lady Churchill, was hoogst loyaal en bezorgd dat het schilderij haar geliefde Winston zou mishagen, maar bijna meisjesachtig ingenomen met de kunstenaar. Op 1 september schreef ze aan haar dochter Mary: 'Mr Graham Sutherland is een "Wauw". Hij is echt een heel aantrekkelijke man en je kunt nauwelijks geloven dat de woeste en wrede ontwerpen die hij exposeert van zijn penseel afkomstig zijn. Papa heeft drie keer voor hem geposeerd en niemand heeft het begin van het portret gezien behalve papa & hij is getroffen door de kracht van zijn tekeningen.'

Dit wil allemaal niet zeggen dat het poseren makkelijk ging. Churchill kwam vaak te laat, zat met zijn kolossale lijf te schuiven en te wiebelen, en na de lunch met de gebruikelijke glaasjes zakte hij vaak onderuit in een doezelige verdoving. 'Iets meer van de oude leeuw,' zei Sutherland dan, zo tactvol mogelijk. Na een aantal keren poseren begon de schilder te vrezen dat de ingekorte sessies hem niet de hoeveelheid studies zouden leveren die hij nodig had voor het schilderij. Dus vulde hij zijn schetsen en studies in olieverf aan met foto's die eerst werden genomen door Felix Man, de journalist van de *Picture Post*, en daarna door Elsbeth Juda, de vrouw van zijn vriend en patroon Hans Juda. Haar contactafdrukken zijn bewaard gebleven en vormen een waardevol document om de sfeer te proeven van die gedenkwaardige sessies in de herfst van 1954. Sommige waren geruststellend: Churchill wandelt door de tuin, houdt Kathleen en Graham beleefd gezelschap, glimlacht. Maar dan, in een groter aantal, zie je hem grimmig tobben alsof de zwarte hond van de depressie, of misschien de keffende Eden, niet kon worden afgeschud. Maar de lage hoek van waaruit de foto's door Elsbeth Juda werden genomen, op instructie van Sutherland, maakt duidelijk dat de schilder weliswaar beweerde dat hij gewoon schilderde wat hij zag, maar wel degelijk een duidelijk idee in zijn hoofd had. Hij zei later dat hij Churchill wilde schilderen 'als een rots', maar hij maakte uiteindelijk een menselijke berg van hem: verweerd, ijzig en steil. Churchills gezicht, met het vreemd half gesloten rechteroog, staarde omlaag in plaats van de toeschouwer op ooghoogte recht aan te kijken zoals in de pose die Sutherland voor Maugham en Beaverbrook had gekozen. In die hoek, moest Sutherland geweten hebben, kon Churchill moeilijk, zo niet onmogelijk, anders dan dreigend lijken. Op 17 oktober zag Churchills schoondochter June het portret en noemde het 'briljant, nogal onrustbarend gelijkend... zo levensecht dat je het gevoel hebt dat

Winston Churchill, Kathleen Sutherland and Graham Sutherland,
door Elsbeth Juda, 1954

hij plotseling van houding kan veranderen en iets kan zeggen. Maar wel tamelijk onaangenaam, vind ik. Ik wilde dat hij niet zo boos hoefde te kijken, hoewel ik weet dat hij dat vaak doet.'

Het portret kreeg al gemengde reacties. Toen hij voor het eerst het werk in wording thuis, in Saltwood Castle, zag, verklaarde Kenneth Clark dat het iets weg had van een 'late Rembrandt'. Twee weken later, eind oktober, was elke vergelijking met de grote meesters weggestorven. Clark was onrustbarend zwijgzaam en gaf alleen toe dat het het beste portret was dat Sutherland tot nu toe had gemaakt. Winstons zoon Randolph, die net zo bot was als zijn vader, wierp er één blik op en zei onmiddellijk dat zijn moeder het niet mooi zou vinden. Op 13 november reden Sutherland en Kathleen naar Chequers voor een feestelijke lunch. Sutherland had bij Churchill de indruk gewekt dat hij het schilderij zou meenemen voor een eerste bezichtiging. Toen dit niet het geval bleek, voelde Churchill zich geschoffeerd door de man die hij was gaan zien als een collega-met-het-penseel en persoonlijke vriend. Toen hij Sutherland vroeg hoe het schilderij was, vertelde de kunstenaar hem misleidend dat hij met zijn 'hoofd omhoog' zat.

Het moment van de waarheid naderde. Op 20 november, slechts tien dagen voordat het zou worden aangeboden (en veel te laat om belangrijke veranderingen aan te brengen), mocht Clemmie het schilderij zien. Sutherland was op van de zenuwen en had Somerset Maugham over laten komen om haar enthousiast te maken. Maugham bood genereus aan om haar te begeleiden bij de eerste bezichtiging en dan een teken te geven als het allemaal in orde was. Het licht was groen, leek het. 'Ik kan u niet genoeg bedanken,' zei ze tegen Sutherland door haar tranen heen, hoewel niet duidelijk was wat die tranen betekenden. In elk geval vond Clemmie het schilderij zo mooi dat ze Sutherland om een foto vroeg die ze mee kon nemen voor Winston. Die kreeg ze prompt.

De reactie van het model liet niet lang op zich wachten. De volgende middag werd die afgeleverd door een chauffeur. Handgeschreven en beleefd verpletterend.

Mijn beste Graham Sutherland. Dank voor de foto die u me stuurde.
Persoonlijk ben ik blij dat een indruk van mij door u is vastgelegd.
Toch heb ik het gevoel dat er een heftig meningsverschil zal
zijn over dit portret en dat het een zekere controverse teweeg
zal brengen bij een ceremonie die bedoeld was om de algehele
instemming te hebben van de leden van het Lagerhuis, waar ik

Winston Churchill, door Graham Sutherland, 1954

mijn leven heb geleid. Daarom ben ik van mening dat dit schilderij, hoe vaardig ook uitgevoerd, niet geschikt is als geschenk van het Hoger- en Lagerhuis.

Het was treurig, voegde hij eraan toe, dat er geen portret zou zijn bij de ceremonie in Westminster Hall, hoewel hij wist dat er een 'prachtig boek' zou worden aangeboden. Het was 'een groot genoegen' geweest Sutherland te ontmoeten en over een tijdje, 'als de spanning was afgenomen', zouden ze misschien samen over het schilderij kunnen praten?

'Het was de ergste dag van ons leven,' zei Kathleen.

Er brak paniek uit. Sutherland belde de secretaris van de opdrachtcommissie, Charles Doughty, die rechtstreeks naar Chartwell reed om Churchill over te halen of, zo nodig, de wet voor te schrijven. Er kon geen sprake van zijn dat het schilderij niet zoals gepland zou worden aangeboden, omdat het een geschenk van het parlement was, betaald door de leden. Wat Churchill er ook van vond (en kennelijk vond Doughty het best mooi), hij moest zijn ongenoegen onderdrukken en van de gelegenheid iets maken wat het land verwachtte. Hij mocht de bron van dankbaarheid niet vergiftigen. Churchill aanvaardde dat hij geen stem in het kapittel had maar was bitter onverzoenlijk, omdat hij het gevoel had dat hij vernederd zou worden voor het grootste publiek dat je je kunt voorstellen. 'Ik zie er achterlijk uit, en dat ben ik niet,' mopperde hij tegen Doughty. 'Hoe schilderen ze tegenwoordig? Zittend op de plee?'

De week erop, toen het schilderij naar Downing Street verhuisde en vervolgens naar het Ministry of Works (ministerie van Openbare Werken) en werd ingelijst in voorbereiding op de grote dag, zorgde Churchill ervoor dat hij iedereen die het wilde horen liet weten hoezeer hij de pest had aan het schilderij. Het was waarschijnlijk het ergste voor Clemmie, die radeloos aanzag hoe boos en gekwetst haar man was over een afbeelding die een 'grof en wreed monster' van hem had gemaakt. Ze was zo ontdaan dat ze vastbesloten was ervoor te zorgen dat, na het verjaardagsmoment en de bezorging van het schilderij op Chartwell, niemand, zeker Winston niet, het ooit weer te zien zou krijgen. Ze zou pictocide plegen. Voor Winston, voor Groot-Brittannië.

De dag des oordeels kwam: een stampvolle Westminster Hall, de camera's van de BBC snorden. Sutherland zat, zijn lippen op elkaar geklemd, berustend in de beproeving, achter Churchill. Het schilderij stond als een veroordeelde gevangene, een meter vijftig bij een meter twintig groot, onder een doek op een ezel. Een groter gevoel van nationale viering was nauwelijks denkbaar. Churchill werd aangekondigd door een militaire roffel die de 'V' van *Victory* in morse trommelde. Toen de premier de trap afliep naar de hem toegewezen plek op de eerste rij, zag Charles Moran tot zijn ontzetting hoe zijn rechterbeen voor hem uit schoot, maar op wondere wijze niet zo neerkwam dat het een val veroorzaakte. Er was een bloemrijke, charmante, gevoelvolle toespraak van Clement Attlee, de leider van de oppositie, die vooral inging op Churchills uitdagende vastberadenheid op een cruciaal moment in de oorlog, opmerkingen die misschien zorgvuldig waren bedacht om te rijmen met de gezichtsuitdrukking die Sutherland hem op het portret had gegeven. Churchill stond op met eerder de stoute cherubijn dan de grimmige jachthond op zijn ronde gelaat. Hij was per slot van rekening de jarige. Hij begon te spreken: 'Ik vraag me af of een van de moderne democratieën om ons heen zo'n mate van vriendelijkheid en gulheid heeft betoond aan een partijpoliticus die nog niet is afgetreden en op elk moment in een controverse betrokken kan raken.' De pauzes waren genadeloos briljant theater. Toen kwam het weloverwogen moment van wraak, nog dodelijker omdat het maar dunnetjes verhuld was als een goede grap. 'Het portret is een opmerkelijk voorbeeld van *moderne* kunst. Het verenigt ongetwijfeld kracht en eerlijkheid. Dit zijn eigenschappen die geen enkel lid van het Huis mag ontberen of zou moeten vrezen.'

Er ging een golf van uitgelaten hilariteit door de zaal. Voor heel veel mensen was 'moderne kunst' een verwensing: verbijsterend lelijk, onbegrijpelijk en verdorven onaangenaam. Hier was weer een voorbeeld van haar uitwassen, gepleegd tegen de grootste Brit die ooit had geleefd. De ongelukkige Sutherland, gevangen in zijn stoel, met Kathleen naast zich, was zwaar vernederd, een onverwacht mikpunt van spot. Terwijl het gelach in zijn oren galmde, deed hij een poging tot een sportieve glimlach. Kathleen niet. Een minuut later betrapte de BBC-camera Sutherlands ten hemel geheven ogen die oprecht geteisterd keken. Op een of andere manier, op een dag die een triomf had moeten zijn voor beiden, waren kunstenaar en model aangeschoten wild geworden. Ze zouden er beiden overheen komen, maar geen van beiden zou ooit vergeten of vergeven.

Niet iedereen deelde dit gevoel. Nye Bevan en Jennie Lee vonden het portret een meesterwerk, en over het algemeen vonden de leden van Labour het mooi, net zoals veel (maar niet alle) Tory's het lelijk vonden, waarmee Churchills voorspelling dat het schilderij eerder conflict dan eenheid zou veroorzaken bewaarheid werd. Lord Hailsham zei tegen de kranten dat het van hem in de Theems mocht worden gegooid, terwijl

Winston Churchill, door Graham Sutherland, 1954

de tabloids elkaar overtroffen in afkeurend gejoel en voorstellen om het te vernietigen. Misnoegde burgers lieten hun stem horen in ingezonden brieven. Een tijdlang ging het verdoemde ding naar Churchills huis in Londen bij Hyde Park Gate, waar een paar prominente figuren in de Britse kunst, onder wie Ben Nicholson en William Coldstream, het te zien kregen en bijna allemaal getroffen werden door de kracht die ervan uitging.

Er was iets verloren gegaan in al het gekrakeel: de kans om het portret te zien in zijn eigen waarde in plaats van in hoeverre het wel of niet overeenkwam met het publieke beeld van Churchill als uitbundig mens en formidabel politicus: de krijger die Groot-Brittannië redde met bezielende opgewektheid en onverzettelijke standvastigheid.

Dat was inderdaad niet de Churchill die Sutherland had geleverd. Maar zo had hij zijn taak ook nooit opgevat. Natuurlijk wist hij wat Churchill voor de Britse geschiedenis had betekend, dat hij een van de grootste of de grootste van alle Britten was. Toch kon hij geen icoon brouwen waarin dat allemaal samenkwam, de 'geschiedenis van een man' waar de formule van Richardson om vroeg. Hij kon alleen schilderen wat hij zag, bleef hij zichzelf voorhouden. Maar dat was ook niet helemaal eerlijk, want hij had genoeg van de magische charme van de oude man ondervonden, en van zijn recalcitrantie en aanvallen van grimmige melancholie. Wat hij in plaats daarvan produceerde was een studie in onbuigzaamheid.

Maar toch, wat een studie! Het enige wat we nog hebben aan de hand waarvan we de kwaliteit kunnen beoordelen is een dia, want Churchills loyale privésecretaresse, Grace Hamblin, nam het recht in eigen hand en verbrandde het origineel op een brandstapel in de achtertuin van haar broer een paar kilometer van Chartwell. Maar het overgebleven beeld is voldoende om pijnlijk duidelijk te maken wat er verloren is gegaan in het vuur van het verdriet en de woede van lady Churchill. Misschien met uitzondering van de schilderijen van de hertog van Wellington door Goya en Thomas Lawrence, volbracht Sutherland het krachtigste beeld van een Grote Brit dat ooit is gemaakt. Het is geen vleiend portret. De heldere kleur van Churchills persoonlijkheid komt niet over in de tinten. Kleur, daar wezen zijn critici, zoals Patrick Heron, al op, was niet Sutherlands fort. Een wrange gele oker overheerst, gevlekt met een nog minder opgewekt omber. Churchill troont, maar de majesteitelijkheid die in het schilderij wordt opgeroepen is niet de Henry V op wie de premier in zijn speech een toespeling maakte, eerder Lear, maar wel de strijdlustige Lear en niet de vorst die de kluts kwijt was. Toch vond het schilderij bewonderaars in de korte tijd dat het openbaar werd tentoongesteld, want de massa van Churchill, de strakheid van de kaken, de uitdrukking van koppige vastberadenheid, vormden allemaal samen de onwrikbare kracht die Groot-Brittannië tijdens de oorlog nodig had. Het schilderij had allure; wat het niet had was warmte: de warmte die voortkwam uit de grote liefde die Churchill voor zijn land, het parlement, en de gehele geschiedenis daarvan koesterde. Het was alsof niets van dat alles relevant of interessant was voor de schilder. Kunst, het scherpe oog, moest kennelijk boven sentiment gaan.

Charles Moran, een van degenen die gemengde gevoelens had, niet woedend en ook niet echt bewonderend, en die beter dan wie dan ook de staat en de mate van verval van Churchills oude lichaam kende, vond dat Sutherland niet goed genoeg had *gekeken*. Of liever gezegd: hij had wel gekeken en, ondanks zijn bewering dat hij alleen overbracht wat hij zag, keuzes gemaakt volgens het idee van de oude leeuw/verweerde rots dat een idee fixe was geworden. Het resultaat was een soort verstening. Het oog van de arts, dat gewend was zijn patiënt te onderzoeken, ontleedde nu, zowel anatomisch als psychologisch, wat er verkeerd was aan Sutherlands visie:

> Er is, inderdaad, heel wat kracht en energie en uitdagendheid – de ruwe trekken die Graham Sutherland heeft getekend – maar die behoren niet toe aan Winston Churchill. Kijk nog eens naar hem zoals hij in het leven is. Wend uw ogen af van de vlezige plooien van de onderkin en kijk weer naar de botstructuur van de kaak. Die is verfijnd, bijna vrouwelijk in zijn belijning; waar wenkbrauwen en schedel zwaar van vorm zijn, heeft de kunstenaar ons slechts een eierschaal gegeven. Ook de lippen, hoewel ze vaak tuiten, zijn verfijnd gevormd; kortom de ruwheid en kracht in het portret maken alleen deel uit van de romantische opvatting van de kunstenaar over een man van gramschap die met het lot worstelt. Het is niet Winston Churchill.

Maar wie kon zeggen wat het aanzien, het uiterlijk van de 'echte' Churchill was? Later, toen hij zijn wonden likte, tobde Sutherland dat hij misschien niet een opdracht had moeten aannemen die nooit aan de verwachtingen van het hele land kon voldoen (want hoezeer hij ook werd gekoesterd vanwege zijn leiderschap in de oorlog, men was niet noodzakelijkerwijs verenigd in onvoorwaardelijke aanbidding). Misschien was beeldhouwkunst een gemakkelijker medium. Bijna op de kop af een jaar na het debacle werd het beeld van Oscar Nemon voor de City of Londen onthuld in de Guildhall, waar het moest komen te staan. Iedereen vond het prachtig, vooral Churchill, die in schrille, onmiskenbare tegenstelling tot de ijselijke gebeurtenis van het vorige jaar, in zijn aanvaardingstoespraak zijn uiterste best deed om te zeggen hoezeer hij het bewonderde omdat het een 'goede gelijkenis' was. Weer werd er gelachen. Iedereen herinnerde het zich.

Het ongelukkige schilderij kwam aan zijn eind, waarschijnlijk op een brandstapel op het gazon van Chartwell, maar in elk geval in vlammen ergens daar in de buurt. Sutherland werd een van de grote portretschilders van de moderne Britse schilderkunst, maar geen van zijn studies had ooit de rauwe, meedogenloze getrouwheid van de Churchill. Het was alsof Sutherland, zwaar getekend door de ramp, besloten had niet alleen wat hij voor zich zag in termen van plooien en rimpels van de huid te bestuderen, maar ook de innerlijke perceptie die zijn modellen van hun eigen aanwezigheid hadden. Als hij ze op zijn minst halverwege tegemoet kon komen in die perceptie, zou zijn integriteit onaangetast blijven. Het was alsof zijn fraaie schilderijen van Kenneth Clark, Helena Rubinstein en Arnold Goodman het resultaat waren van hartelijke gesprekken. Churchill had inderdaad gedacht dat het contact tussen hem en Sutherland ook op die manier gelopen was, maar het enige wat de schilder had gezien was de grommende buldog.

Maar misschien was de opdracht van meet af aan een gifbeker geweest. Want hoe schilder je eigenlijk een verlosser?

2

Verlossers

Arthur Lindley ontdekte de Verlosser onder het behang in 1953. Hij stond frontaal, maakte met de rechterhand een zegenend gebaar met twee vingers en hield in de linkerhand de rijksappel met een kruis: *Salvator Mundi*, Chistus zelve in opperste majesteit.

Lindley bezat en runde een autowerkplaats naast een rij cottages die een eindje van de weg af lagen. Die kant van Herefordshire had het druk gehad in de oorlog, met de Havilland-vliegtuigfabriek in Welwyn. De bevolking was gegroeid, Londenaars die waren uitgeweken naar Knebworth (onder wie mijn ouders), Letchworth en St Albans. Maar Piccotts End was vrijwel onveranderd: velden en heggen, de All Saints-kerk, een paar vakwerk-pubs. Er waren nog schuren en hier en daar een boerderij, en dromerig vee tot de knieën in fluitenkruid en brandnetels. En er stond dat rijtje oude huizen met puntgevels waarvan iedereen wist dat ze 'historisch' waren, zij het niet om de redenen die voorlopig nog achter het behang sluimerden. Lokale historici mochten graag vertellen, in verschillende toonaarden, dat in Piccotts End de National Health Service eigenlijk was begonnen. Wat ze bedoelden was dat hier aan het begin van de negentiende eeuw het eerste plattelandsziekenhuis van Groot-Brittannië gevestigd was. In 1827 had de landheer, sir Astley Cooper, het gesticht om helemaal gratis de diensten aan te bieden van een ziekenpost en van tijd tot tijd een chirurg om gebroken botten te zetten of gevaarlijke tumoren te verwijderen. Zo nu en dan vond iemand een klauwachtig instrument of een kleine zaag tussen het stof en de gevallen pleisterkalk. Getroffen door deze sporen van liefdadigheid begon Arthur Lindley oude medische instrumenten te verzamelen en opende hij een museumpje.

Lindleys zaak liep zo goed dat hij in staat was de cottages te kopen, en hij had bedacht dat hij er, samen met het herenhuis aan de andere kant van zijn garage, een leuke serie rijtjeshuizen van kon maken. Hij zou een ervan zelf nemen, en de rest kon worden verkocht aan mensen die forensden naar hun werk in Londen via station Hemel Hempstead. Nadat hij de rij had opgekocht, begon hij naar de conditie van de cottages te kijken, te beginnen aan de oostkant. Ze waren er slecht aan toe, dacht hij, maar tij-

Muurschildering in Piccotts End, eind vijftiende eeuw

dens het afpellen van de dikke laag op linnen en doek geplakt behang dat verschoten was in de jaren van verwaarlozing, zag Arthur Lindley balken die hem, als enthousiast amateurhistoricus, veel ouder leken dan achttiende-eeuws: donker, her en der wormstekig, maar oeroud en solide. Er zat iets onder, iets wat voor iemand als hij interessant was.

Dus voordat hij de hele ondermuur in die eerste cottage had blootgelegd, ging Arthur Lindley door naar de volgende in de rij, waar in de tijd van sir Astley Cooper ziekenhuisbedden hadden gestaan. Met een scherpe beitel pelde hij de huid van vele lagen papier weg. Er vielen doorweekte flarden op de grond. Onder het papier zat een laag pleister, hier en daar gebarsten, en daar weer onder oude betimmering. Toen ook die was weggehakt, en oorwurmen over het oppervlak wegstoven, verscheen de Verlosser, zijn gewaad het helderrood van net vergoten bloed. Overal om hem heen een overvloed aan varenachtige vegetatie, alsof de dood van de Heer de grond vruchtbaar had gemaakt: de uitbundige botanie van de verlossing – trossen en ranken, stengels en bloemen, rozen en lelies, acanthus, anjelieren en fantasiebloesem. Christus stond tussen houten afscheidingsbalken, maar de geschilderde decoratie ging eroverheen en leek dwars door de vloer verder te lopen, zodat Arthur zich afvroeg of de ruimte ten tijde van de schildering misschien uit twee verdiepingen had bestaan.

Toen Arthur de muur op de begane grond blootlegde, zag hij dat zijn vermoeden juist was geweest. Oorspronkelijk was de kamer één onverdeelde ruimte geweest, helemaal tot aan het houten plafondgewelf. En hij zag daarnaast nog veel meer: één alomvattend schouwspel van christelijke vroomheid. Beneden verschenen schilderingen van twee vrouwelijke heiligen. Catharina herkende hij aan het rad waarop haar lichaam ongebroken bleef en het zwaard dat haar doodde. De andere vrouw bleek de heilige Margaretha te zijn; beiden waren in een ontluikende siertuin geplaatst.

Het British Museum werd erbij geroepen, maar voor hij dat deed, legde Arthur Lindley de rest van de levendige voorstellingen bloot die eeuwenlang onder de betimmering en het pleisterwerk hadden gezeten: een doop van Christus, met Johannes in een kameelharen jas (maar niet van het soort dat je bij Austin Reed zou kunnen kopen). Dit was het prototype, met een echte dromedaris eraan vast, de kop met de grote ogen van het dier sleepte over de grond met een blik van blijvende verbazing. Er was een gevleugelde aartsengel die het gewaad van Jezus vasthield; twee heiligen, Petrus en Clemens, die beiden de pauselijke tiara droegen. En er was een piëta, waarop de Maagd gekleed ging in hetzelfde Piccotts End-uniform van rode oker, in plaats van het gebruikelijke blauw. Op het lichaam van haar zoon, die ze in haar armen hield, waren de wonden te zien waaruit, zoals bij die stijl hoorde, kleine straaltjes bloed spoten. Arthur deed een stap naar achteren om de volledige kracht van de onthulling in zich op te nemen. Maar dat viel niet mee, omdat, behalve bij de gedoopte Christus met zijn gesloten ogen en summiere trekken, elk heilig gelaat geschonden was.

Het was niet moeilijk te reconstrueren wanneer deze vernieling had plaatsgevonden. De hoofdtooi met 'pediment' of 'gevel' van de twee vrouwelijke heiligen dateerde de schildering duidelijk in de vroege Tudortijd, waarschijnlijk eind vijftiende eeuw. De laatste decennia van katholiek Engeland kenden juist een grote bloei van afbeeldingen van het christendom op het moment dat het werd aangevallen door hervormende beeldenstormers die de 'afgoderij' veroordeelden. Maar de meeste van deze afbeeldingen – naast schilderingen ook in beeldhouwwerk en gebrandschilderd glas – waren te vinden in kerken. Piccotts End bewees dat de hang naar gewijde afbeeldingen ook op niet-kerkelijke gebouwen was overgegaan. Niet dat het losstond van de wereld van christelijke vroomheid. Het dorp lag tussen twee pelgrimsoorden: die van de eerste Engelse martelaar, Sint Albanus, in de stad die naar hem genoemd was, tien kilometer verderop; vijftien kilometer naar de andere kant, in Ashridge, stond een priorij van de Boni Homines, monniken die de strenge regels van Augustinus navolgden en een relikwie van het Heilige Bloed van Christus onder hun hoede hadden.

Die hadden ze in de dertiende eeuw gekregen van een neef van koning Henry III, Edmund, 2e graaf van Cornwall. In 1247 was de koning in processie door de straten van Londen gegaan met relikwieën die aan hem waren overgedragen door de patriarch van Jeruzalem in een uiteindelijk weinig succesvolle poging om Henry te overreden deel te nemen aan een kruistocht. De relikwieën waren in drieën verdeeld: een deel bleef in Westminster Abbey (de herbouw van de abdijkerk zou het leven van de koning beheersen); het tweede deel ging naar de cisterciënzer Hailes Abbey in Gloucestershire, en het derde naar Ashridge, waar het het middelpunt van een vurige cultus in het oosten van Hertfordshire werd. De cottage aan Piccotts End werd een gastenhuis voor pelgrims die tussen de twee heilige plaatsen reisden. De grote muurschilderingen waren aangebracht op een dunne laag pleister waarmee de muur van met leem opgevuld vlechtwerk bedekt was, en ze keken neer op het gezelschap pelgrims wanneer die aten en hun dankgebeden en completen zeiden.

Dit was voldoende om rond 1530 de vijandschap te wekken van de hervormers die druk doende waren kloosters op te heffen, vooral als ze relikwieën bevatten, die werden veracht als profane bedotterij, bewaard om de goedgelovigen te bedriegen en te onderwerpen. Gewapend met de kritiek op afbeeldingen die geschreven was door Martinus Bucer, de hervormer in Straatsburg, begonnen Hugh Latimer, de pasbenoemde bisschop van Worcester, en Thomas Granmer, de aartsbisschop van Canterbury, rond 1536 een woeste aanval op dat soort afbeeldingen. De afscheiding van Rome van Henry VIII en zijn verheffing tot hoofd van de Church of England betekenden dat dit koninklijk beleid werd. Om de uitwassen van verwoesting die in Europa hadden plaatsgevonden te vermijden, stond in de Tien Artikelen die de kern van de leer van de Church of England vormden dat sommige afbeeldingen bewaard mochten blijven, vooropgezet dat ze geen voorwerp van aanbidding en verering waren. Dit subtiele onderscheid bleek moeilijk te handhaven, vooral tegenover de hervormingsijver. De blik van Christus, de Maagd en de heiligen, waarmee hun vergevingsgezindheid en hun rechtvaardigheid werd uitgedrukt, was verdacht, want hun gezichten werden, althans in volksgeest, ook geassocieerd met het bewerkstelligen van wonderen en het kwijtschelden van zonden. In 1536 gaf Thomas Cromwell de aanzet tot een campagne tegen voorwerpen en beelden die heiligschennis zouden zijn. Dubieuze relikwieën zoals die van het Heilig Bloed in Hailes Abbey en het kruisbeeld van Boxley, dat bewegende ogen had, verlicht door kaarsen, waren de eerste doelwitten. Een propagandaballade stak de draak met de man aan het kruis: 'Hij was gemaakt om te dollen/ Met zijn ogen te rollen/ Hij trok zijn wenkbrauwen in een frons/ En knikte met zijn hoofd naar ons/ Als een jonge god.'

De figuren in het gastenhuis in Piccots End zullen vrijwel zeker ergens tijdens deze eerste aanval op de pelgrimcultus hun gezicht hebben verloren. En het kan zijn dat van alle gezichten alleen dat van de gedoopte Christus gespaard was gebleven, juist omdat de ogen van de Verlosser gesloten zijn afgebeeld en zich dus niet rechtstreeks tot de toeschouwer richten. Misschien omdat de behoudzucht van Henry VIII de radicaalste verwoesting van de Reformatie afremde, zijn de afbeeldingen, met hun verdwenen gezichten, in het zicht gebleven. Zonder de klandizie van de pelgrims had het gastenhuis zijn bestaansreden verloren, maar het kan nog een tijd hebben bestaan als een reizigersherberg. Het lijkt waarschijnlijk dat het betimmeren en pleisteren om de schilderingen te verbergen plaatsvond rond 1548, tijdens de tweede golf van hervormingen onder

Edward VI, toen overblijvende afbeeldingen het slachtoffer werden van een militantere beeldenstorm. De kwasten en het witsel, de pleisterkalk en de planken werden tevoorschijn gehaald, en een van de grote voorstellingen van voorreformatorisch christelijk Engeland begon aan haar vierhonderd jaar durende slaap.

Precies in dezelfde tijd dat de blik van deze Christus in majesteit van zijn gezicht verdween, werd een nieuwe aanblik bedacht voor de Engelse majesteit, deze keer voor de vorst die nu Gods waarnemer was in zijn koninkrijk. Er was een rechtstreekse band tussen deze twee gebeurtenissen. In de tijd dat het verwoesten van de gezichten plaatsvond, kreeg Hans Holbein de Jongere opdracht om charismatische beelden van de goddelijke koninklijke aanwezigheid te produceren. Holbein was eerder in Engeland geweest, tussen 1526 en 1528, en had zijn prachtige profiel van de geleerde Erasmus van Rotterdam meegenomen als geschenk voor hun gemeenschappelijke vriend Thomas More. Holbein had een geweldig talent om de tastbare eigenschap van stoffen en de vitaliteit van het menselijk gezicht weer te geven, en een feilloze gave om figuren in een theatrale ruimte te plaatsen. Zijn bekwaamheden waren voldoende om hem in Londen een belangrijke kring beschermheren en modellen op te leveren, van de Duitse Hanzekooplieden tussen wie hij woonde tot hoge leden van de clerus en, met name, de thesaurier van het koninklijke huishouden, Henry Guildford, en zijn vrouw.

Niets van dit alles was echter genoeg om hem op de koninklijke loonlijst te doen belanden, en teleurgesteld keerde hij terug naar Zwitserland. Toen hij in 1532 weer in Engeland kwam, was zijn oude kring van opdrachtgevers gereduceerd door de dood of (in het geval van More) door verdenkingen. Holbein had echter een onfeilbare neus voor het veranderen van de politieke wind. Een portretkop van Thomas Cromwell, in dezelfde driekwart profielpose die hij voor More had gebruikt, maar dan naar links kijkend, terwijl zijn tegenstander naar rechts keek, werd in 1534 uitgevoerd, toen Cromwell minister van Financiën was en schatbewaarder van de koning, maar voordat hij Henry's belangrijkste adviseur werd. Het schilderij is een studie in strenge waakzaamheid; Cromwells gezicht staat argwanend en ongenaakbaar. Zijn linker elleboog leunt op een tafel waarop een fraai gebonden boek en een brief van Henry VIII liggen. Zijn mantel heeft weliswaar een kostbare bontkraag, maar is zorgvuldig gekozen om bescheidenheid uit te stralen. Er ligt geen zware ambtsketen op zijn mantel, zoals bij More. Hij is het toonbeeld van plichtsbetrachting.

Holbein was de gelukkige die de opdracht had gekregen voor de houtsnede op de titelpagina van de Engelse Bijbel van Miles Coverdale, de eerste volledige vertaling van zowel het Oude als het Nieuwe Testament. (De vertaling van William Tyndale, die door Thomas More tot de vlammen was veroordeeld, omvatte alleen de evangelies en de helft van de Hebreeuwse Bijbel.) Omdat hij wist dat de Coverdale Bijbel zowel in politiek als in theologisch opzicht belangrijk was, maakte Holbein hem zo veelomvattend mogelijk, met beelden uit het Oude Testament links van de titel, en die uit het Nieuwe Testament rechts. Zo staan Adam en Eva links op dezelfde lijn als de herrezen Christus (de zondeval met verlossing) aan de rechterkant; Mozes' tafelen van de 'oude' wetten aan de linkerkant, en Christus die het nieuwe, volgende evangelie predikt rechts. Het suggestiefst is wel het beeld van Henry VIII op zijn troon onder aan de pagina die het boek – dit boek dus – overhandigt aan een trio knielende bisschoppen met mijter: het onbetwiste hoofd van zowel Kerk als Staat.

Terwijl de ontbinding van de kloosters in volle gang was, werkte Holbein aan het meest spectaculaire schilderij van Henry, een grootse viering van de Tudordynastie, ontworpen voor het geheime kabinet in Whitehall Palace. Na de val van kardinaal Wolsey had de koning zich het enorme paleis toegeëigend en was hij begonnen het om te vormen tot een huis voor koninklijke zaken en ceremonies. Het was zo ontworpen dat de koning zelf zo ontoegankelijk mogelijk was, behalve voor de uitverkorenen, zodat wanneer ambassadeurs eindelijk werden toegelaten tot het binnenste heiligdom, zij gepast ontzag zouden hebben voor de koninklijke aanwezigheid. De figuur van Christus in majesteit – die op dat moment werd weggevaagd uit kerken en herbergen als die aan Piccotts End – combineerde, zowel getroond als staand, goddelijke autoriteit met het besef van barmhartige opoffering, zoals letterlijk werd belichaamd door de gefolterde en gebroken persoon van de gekruisigde Verlosser. Het lichaam van Henry VIII, zoals het werd voorgesteld door Holbein, was een soort kruising tussen een stier en Jupiter, de benen van de koning waren verlengd en zijn borstkas opgezwollen door het schouderverbredende, opgevulde kostuum, om een aura van indrukwekkende onoverwinnelijkheid uit te stralen.

Het schilderij ging verloren bij de brand die Whitehall Palace in 1698 in de as legde en is alleen nog maar in zijn geheel bekend dankzij een kopie, gemaakt door Remigius van Leemput in opdracht van Charles II in 1667. We zien dat het schilderij in de allereerste plaats was bedoeld als een bevestiging van de legitimiteit en de voortzetting van de Tudordynastie. Achter de koning en koningin Jane Seymour, die zorgde voor de mannelijke erfgenaam naar wie Henry wanhopig verlangde, staat zijn vader, Henry VII, met diens koningin, Elizabeth van York: de verbintenis die een eind maakte aan de lange Engelse burgeroorlogen. Het portret van Henry VII was grotendeels overgenomen van de versie die geschilderd was door een onbekende Nederlandse kunstenaar in 1505: hij heeft ingevallen wangen en ziet er bedachtzaam en geleerd uit. Maar dat was een kniestuk, zoals bijna alle portretten van Engelse koningen, als het niet uitsluitend hoofd en schouders waren (met uitzondering van Richard II, wiens getroonde, goddelijke aanwezigheid een tijdlang in Westminster Abbey geplaatst was).

De schoonheid van de geportretteerde Richard II lag in zijn slanke, gotische elegantie, engelachtig en etherisch. De Henry VIII van Holbein, die bekend is uit de voorbereidende tekening van de kunstenaar, is het tegenovergestelde: een logge, vlezige massa fysieke kracht, poserend op een manier die ongekend was voor een koning of keizer. Er waren andere beroemde staande figuren geweest: de Habsburgse keizer Karel V van Titiaan, bijvoorbeeld, maar deze was waardig en gereserveerd. De pose van Henry was theatraal demonstratief, neerkijkend op de toeschouwer, handen op de heupen alsof hij een tegenstander bedreigt die hem of zijn rijk kwaadgezind zou zijn. In deze gedaante drukte hij iets uit waar alle kinderen op reageren: de onwrikbare vastberadenheid van vaderlijke bescherming.

Op dat precieze moment was Henry inderdaad vader. Hij was een eind in de veertig, al vrij gezet, en had eerder in 1536 een lelijke val gemaakt op het toernooiveld waarvan noch zijn loop noch zijn algemene gezondheid ooit helemaal waren hersteld. Maar Holbein maakte van hem het toonbeeld van viriele macht en vooral een onstuitbaar instrument voor dynastieke voortplanting. De linkerhand van de koning ligt om een dolk, maar verder zien we geen van de gebruikelijke symbolen van koninklijke autoriteit – zwaard, helm, scepter. In plaats daarvan is er iets onvergelijkbaar veel machtigers: de koninklijke broekklep, imposant en onverdroten, die het orgaan bekleedde waarmee een prins was geproduceerd. De hele compositie kan zijn geschilderd om de geboorte van Edward te vieren, of anders de vergevorderde zwangerschap van koningin Jane, die Holbein ook afbeeldde met een alledaags, tamelijk kinloos gezicht, en die hier lijkt te krimpen naast de angstaanjagende omvang van haar man.

De modeltekening toont het gezicht van de koning, met zijn kleine ogen en vernietigende blik, in Holbeins favoriete driekwart profiel. Op de kopie die Van Leemput van de voltooide compositie maakte, zien we Henry recht van voren, en er is wel gesuggereerd dat de verandering was

Koning Henry VIII en koning Henry VII, door Hans Holbein de Jongere,
ca. 1536–1537

gemaakt om aan de wensen van de koning tegemoet te komen, want hij had een veeleisende belangstelling voor elk aspect van de verbouwing en nieuwe decoratie van zijn paleizen. Er moest hier wel sprake zijn van machtsvertoon: de blik die binnenkomende ambassadeurs en hovelingen zou doen beven als rietstengels, en die zelfs in de dagen van de informele en meestal innemende Charles II bij iedereen die de geheime kamer binnenkwam de koude rillingen over de rug zou doen lopen. Het was het soort blik dat geheel zelfstandig je moed kon onthoofden. Aanschouw mijn broekklep en bereid je voor op de dood.

De broekklep bleek optimistisch. Geen van de drie kinderen die Henry opvolgden slaagde erin erfgenamen voort te brengen. Zijn zoon Edward VI, wiens komst met Holbeins 'Grote Werk' in Whitehall werd gevierd, stierf op vijftienjarige leeftijd, voordat hij kon trouwen en een opvolger verwekken. Edwards oudere halfzuster Mary, die Engeland terugleidde naar roomse gehoorzaamheid, trouwde met Filips II van Spanje, maar kreeg geen kinderen. Hoewel Filips in het belang van politieke rust en zelfs overleving, pogingen deed de wreedste aspecten van Mary's contrareformatie te beteugelen, ging ze meedogenloos door met processen, brandstapels en het herstel van oude cultussen en afbeeldingen. Toewijding aan de maagd Maria, geloofde ze, zou op een of andere manier indirect koningin Mary sympathieker maken in de ogen van onderdanen die zich nog afkeerden van haar roomse kerk. Maar in werkelijkheid onderstreepte dit alles juist het contrast tussen de compassie en genadige tussenkomst van de madonna en de halsstarrige bitterheid van de koningin.

Toen ze in 1558 de troon besteeg, belandde Mary's halfzuster Elizabeth midden in een beeldenstrijd, en wel tussen de radicale vijanden van 'afgoderij' die het land van afbeeldingen hadden gezuiverd tijdens de regering van Edward, en degenen die door Mary's contrareformatie hun devotie hadden teruggekregen. Een van de opmerkelijke kwaliteiten van de nieuwe koningin was haar begrip voor de psychologische behoefte aan beelden van mensen die zichzelf niet als katholiek beschouwden. In deze sluwe aandacht voor de bekoring van het beeld (maar niet de verering) was Elizabeth de meest getrouwe erfgenaam van het conservatieve pragmatisme van haar vader. Ten gevolge daarvan maakte ze geen haast met het verbieden van de oude mysteriespelen, die op sommige plekken nog tot de jaren zeventig van de zestiende eeuw doorgingen. Pas toen een alternatieve cultus – die van haarzelf, de Maagdelijke Koningin – zich in de volksgeest had gevestigd als een soort nationale godsdienst, kon ze zich veroorloven de oudere praktijken volledig uit te bannen.

Twee opvallende data in het leven van Elizabeth kregen de status van cultusfeestdagen: 17 november (haar troonsbestijging) en 7 september (haar verjaardag). De laatste was bijzonder controversieel voor de aanhangers van de oude katholieke kalender, omdat hij samenviel met de viering van Maria-Hemelvaart en ze, terecht, vermoedden dat de Maagdelijke Koningin de viering had ingevoerd om de oude vroomheid te ontkrachten en zich toe te eigenen.

Elizabeth en haar alter ego, de onmisbare William Cecil, beseften al heel vroeg, en met opvallend modern inzicht, dat het portret politiek was en dat het beheersen van de koninklijke afbeeldingen essentieel was voor de effectiviteit van de regering. In 1563 stelde Cecil een proclamatie op waarin voor het eerst expliciet werd onderkend dat het belangrijk was controle te houden over de afbeeldingen van de koningin, en niet toe te staan dat ze in het publieke domein werden geproduceerd, niet door vereerders en niet door vijanden. Het was nauwelijks dertig jaar geleden dat de koning in samenwerking met Holbein en Cromwell zijn imago had geschapen, in de veronderstelling dat het ontoegankelijk zou blijven voor de meesten van zijn onderdanen, tenminste in de oorspronkelijke vorm. Nu erkende de formulering van de proclamatie de vraag van 'allerlei mensen, zowel van edele als van lage afkomst' naar een gelijkenis van de koningin, zowel geschilderd als (heel belangrijk) 'gegraveerd' en dus beschikbaar voor massaproductie. Maar ze moesten hun prijzenswaardige enthousiasme in toom houden 'tot een speciale persoon die van haar toestemming zal verkrijgen, eerst een portrettering dient te hebben voltooid, na voltooiing van dewelke het Hare Majesteit zal behagen dat alle andere schilders en graveurs... naar hartenlust voornoemd patroon of eerste portrettering zullen en mogen volgen'.

Er was in Elizabeths tijd tot dan toe geen enkele Holbein beschikbaar om zo'n goedgekeurd sjabloon te leveren, en al zeker niet de Vlaamse kunstenaar Hans Eworth, die onder Mary had gediend en de abrupte machtswisseling had overleefd en was blijven werken als portretschilder en ontwerper van hofmaskerades en allegorieën. Zolang de koningin en haar bezorgde adviseurs druk bezig waren een passende huwelijkspartner voor haar te vinden, hoefde het beheersen van haar imago, waar Cecil op hamerde, een natuurlijke gelijkenis niet uit te sluiten, want Elizabeth, met haar krachtige trekken – de lichte haakneus die ze van haar grootvader had geërfd; de stralende koperkleurige lokken – was mooi, althans voor elke mogelijke huwelijkskandidaat die niet op zoek was naar trekken die bedeesde onderdanigheid uitdrukten. Er zijn nog een paar schilderijen uit deze periode bewaard gebleven, zoals het 'Hampden-portret' ten voeten uit van rond 1564, toegeschreven aan Steven van Herwijck, een van de vele Vlaamse kunstenaars die in die tijd in Londen werkten en die, in Nederlandse stijl, van de jonge koningin een modeplaatje maakten, bijna verzwolgen door weelderige hoeveelheden scharlakenrode stof (de best mogelijke reclame voor Vlaamse geverfde textiel), met een hanger van kristallen en een parelsnoer dat vanaf de hoge kraag om haar hals over haar corsage en bijna tot aan de zoom van haar rok doorloopt. Van Herwijck en de onbekende maar waarschijnlijk buitenlandse schilder die het laatste portret produceerde waarop de natuurlijke gelaatstrekken van de koningin waren vastgelegd (parelsnoeren rond haar lijfje en een gewaad van goud met wit), moesten allebei laveren over het smalle kanaal tussen ongehuwde vrouw en koninklijke paspop. Maar ze waren best opgewassen tegen dat gezicht, met die vastberaden, hoekige strengheid, de lippen samengeknepen in een uitdrukking die kan worden geïnterpreteerd als koninklijke trots of gewoon het prikkelbare ongeduld dat de koningin aan de dag scheen te leggen als ze poseerde (en niet alleen dan).

Nicholas Hilliard, de miniaturist die, samen met zijn leerling Isaac Oliver, een elizabethaanse iconografie het dichtst benaderde, gaf een heerlijk levendige beschrijving van de zenuwslopende ervaring van de eerste ontmoeting met de koningin. Net zoals Churchill veel later was Elizabeth een model met een mening, maar in tegenstelling tot Churchill liet ze niets aan de goede trouw over, zeker niet bij een miniatuurschilder van net twintig (hoe hoog hij ook stond aangeschreven). Voordat hij zijn potlood tevoorschijn kon halen, maakte Elizabeth zonneklaar dat ze niets had met chiaroscuro, met overdreven licht en donker:

Na mij te hebben getoond hoe ze grote verschillen van schaduwwerking had opgemerkt in de werken en de verscheidenheid van tekenaars van talrijke naties, en dat de Italianen, die de naam hadden het vaardigst te zijn en het best te tekenen, niet schaduwden, vroeg ze me naar de reden ervan, daar ze zag dat de beste manier om zich te tonen geen schaduw ter plekke nodig had, maar eerder het open licht. Waar ik aan toegaf... Hier koos Hare Majesteit... haar plek om te zitten voor dit doel in de open laan van een fraaie tuin, waar geen boom nabij was, of enige schaduw, behalve dat de Hemel lichter is dan de aarde...

De 'merkwaardige eis' van Elizabeth, voegde Hilliard eraan toe, 'heeft mijn oordeel in hoge mate verbeterd'. Ja, natuurlijk! Maar hij maakte inderdaad miniaturen van een verblindende helderheid, met de glans van een juweel, wat niet verbazingwekkend is, want hij was oorspronkelijk goudsmid. Wat de koningin en Cecil zelf betreft, de contrareformatie van Mary was pijnlijk geweest voor de protestante Hilliard. De jonge Nicholas was naar Genève gestuurd en kwam pas terug in 1559, toen Elizabeth op de troon kwam. Hij was een Engelse kunstenaar die de dag van de troonsbestijging elk jaar van ganser harte vierde. In Londen kwam Hilliard in de leer bij Robert Brandon, de koninklijke goudsmid, en hij werkte in de buurt van hun bedrijf. Miniaturen – waterverf op velijn, aangebracht met de dunste penselen van eekhoornhaar – begonnen populair te worden onder de aristocratie. Maar miniaturen van de koningin die na 1570 geschilderd werden, hadden net als medaillons een speciale waarde, waren een uitdrukking van liefhebbende loyaliteit die door de eigenaar in zijn zak kon worden meegenomen of gedragen en vertoond waar hij maar kwam. In 1570 werd een excommunicatiebul uitgevaardigd tegen Elizabeth door de militante contrareformatiepaus Pius v. Voortaan waren alle ware zoons en dochters van Rome vrijgesteld van loyaliteit. Dit betekende niet alleen dat ze tegen de koningin kónden rebelleren, maar dat ook moesten doen. Wie haar ter dood zou brengen, vond speciale genade in de ogen van de Kerk. In deze omstandigheden, nu het leven van de koningin zelf gevaar liep, werd haar beeltenis op medailles en miniaturen – of, beter nog, gecombineerd in fraai gewrochte kleinoden – een persoonlijke verklaring van opstandige trouw, een passie die tot ware liefde werd verheven. En ze was een feeks op dinsdag, een flirt op woensdag, een krijger op donderdag, een godin op vrijdag, zo makkelijk om van te houden. Een portret van de hoveling Christopher Hatton door een onbekende kunstenaar toont hem met een camee van de koningin rond zijn hand en pols gewonden.

Het vermenigvuldigen van portretten van Elizabeth viel vanaf 1570 samen met het teruglopen van een realistische kans dat ze zou trouwen (hoewel de hoop van de hertog van Anjou voortwankelde tot 1582). De beeldenmakers – Hilliard, Oliver en de Vlaamse kunstenaars Lucas de Heere en Marcus Gheeraerts de Jongere – reageerden, net als de dichters, door het beste te maken van wat ze hadden: de Maagdelijke Koningin die tijdens haar heerschappij al vroeg te kennen had gegeven dat ze het niet erg zou vinden 'maagd' te blijven. Zo werd ze, in de woorden van haar motto, *semper eadem*, altijd dezelfde, niet veranderd door vleselijke gemeenschap, slechts getrouwd met haar volk (hoewel het eigenlijk Mary was geweest die, toen ze werd geconfronteerd met de impopulariteit van haar Spaanse verbintenis, met het vertonen van een ring had benadrukt dat haar 'eerste huwelijk' alleen met haar onderdanen was). Nu nam het politieke lichaam het helemaal over van het natuurlijke lichaam, het tweede was zelfs opgeofferd aan het eerste. Een van de formele maskerachtige schilderijen toont een pelikaan die, door haar eigen borst te verscheuren om haar jong te voeden, het offer van het lichaam verbeeldt. Dit was maar een van de emblemata die waren overgenomen van de gewijde iconografie van de maagd Maria; andere die werden hergebruikt door de Maagdelijke Koningin, waren de roos, de parel, lelies, manen en sterren.

Het schilderen van het gezicht was afhankelijk van de beschildering van het gezicht. Hoewel Elizabeths naakte gezicht steeds meer verborgen werd achter haar masker van schoonheid, werden nog steeds zware middelen toegepast om de volmaaktheid te behouden: drankjes en lotions om de huid te reinigen en sproeten te verhullen – ezelinnenmelk, kersen en bessen, honing en rozenwater, en, om de absolute witheid te bereiken die de koningin nodig had toen ze oud werd, meerdere lagen van kalkachtige mengsels, die tijdens urenlange sessies werden aangebracht voordat ze onthuld kon worden aan het hof.

Elizabeth was hard op weg de eerste nationale fetisj van Engeland te worden, met een gezicht dat verdween achter het geformaliseerde masker, een lichaam bezet met edelstenen en symbolische betekenissen, de hele persona die een aura van krachtige magie uitwasemde: de soeverein als tovenares van Albion. Het gezicht van de fetisj was bleek als de maan en, zoals alle godheden, onaantastbaar voor de verwoestingen van de tijd. Bij de knapste renaissanceportretten – de gezichten geschilderd door Lorenzo Lotto, Giambattista Moroni of, inderdaad, Hans Holbein – gaat het helemaal om tastbare aanwezigheid; het mysterieuze detail: de krul boven een wenkbrauw, het lichtvlekje in een paar ogen, de stand van de mond waardoor de toeschouwer steeds meer het gevoel krijgt dat hij in dezelfde kamer is als die bepaalde persoon, of zelfs dat het kijkende gezicht op het punt staat te gaan spreken. Maar de portretten van Elizabeth waren bedoeld om afstand te scheppen, een onbenaderbare verwijdering, de sluier van het mysterie die op uitgelezen momenten opzij kon worden geschoven om verlokkende glimpjes van de echte vrouw te onthullen. Dus leefde haar politieke lichaam, en zelfs haar natuurlijke lichaam, in een gewijde ruimte ergens tussen vrouwelijke warmte en de ijzige kilte van de maan.

Tijdens haar bewind hield de koningin zich voornamelijk afzijdig en trok ze zich terug in het binnenste heiligdom van Hampton Court, Whitehall, Greenwich of, tegen het einde, Hatfield House, de woning van Robert Cecil. Deze verwijdering was bedoeld om haar zeldzame openbare optredens des te opwindender en waardevoller te maken. Opeens verscheen ze bij het toernooi op de dag van haar troonsbestijging, dan weer op Sint-Jorisdag, wanneer de Ridders van de Kousenband in een openbare processie langstrokken, bewonderd door massa's toeschouwers. Het avontuurlijkst en zorgvuldigst geënsceneerd waren de periodieke staatsiebezoeken in het land (binnen een redelijke radius), opzettelijk zo georkestreerd dat de godin-vorstin zich aan haar onderdanen kon tonen. Haar gelaatstrekken zullen bekend zijn geweest van gravures en titelplaten van boeken, waaronder de Bishops' Bible, een Bijbelvertaling uit 1568. Maar wanneer Elizabeth in eigen persoon verscheen, kon het effect verbijsterend zijn. Tijdens een beroemde ontmoeting in de zomer van 1572, in Warwick, stikte de plaatselijke hoogwaardigheidsbekleder die was aangewezen om de koningin te verwelkomen bijna van angst, en volgens één verslag benutte Elizabeth deze kans om te oefenen in de omgang met het gewone volk en haar kant als teerhartige moeder van het 'liefhebbende volk' zoals ze de Engelsen in haar toespraken noemde te laten zien. 'Kom hier, Rechtertje,' zou ze hebben gezegd. 'Mij is verteld dat u bang zou zijn mij aan te zien of zo stoutmoedig te spreken, maar u bent niet zo bang voor mij als ik voor u was en ik dank u dat u mij herinnert aan mijn plicht die ik zou moeten voelen.'

Ondanks haar afkeer van schaduw kon Elizabeth de voortschrijdende schemering van de ouderdom niet tegenhouden. Dat compenseerden haar portretten door haar te laten zien als de vorstelijke bron van licht. Het 'Ditchley-portret', waarop ze verschijnt als de uitbanner van stormachtig duister, waarschijnlijk geschilderd door Marcus Gheeraerts de Jongere, herdacht een opvoering die speciaal voor de koningin was georganiseerd op het landgoed van sir Henry Lee, vlak bij Oxford. Lee was de kampioen van de koningin geweest op het troonsbestijgingstoernooi, een evenement dat hijzelf had bedacht, maar hij trok zich terug uit zijn ambt in 1590, toen hij zevenvijftig was. Voor de feestelijkheden ter gelegenheid van zijn pensionering schreef John Dowland muziek bij een gedicht van George Peele, 'His Golden Locks Time Hath to Silver Turned'. Het poëtische idee was dat Lee zich 'als een kluizenaar' op Ditchley had teruggetrokken, maar hij woonde hier, weinig kluizenaarachtig, openlijk met zijn maîtresse Anne Vavasour, met wie hij een onwettig kind had. De koningin, die in de loop der jaren steeds preutser was geworden, zou hier ontstemd over zijn geweest, en misschien had Lee zijn voorstelling geensceneerd om weer bij haar, of het hof, in de gunst te komen. Het spektakel was zo excessief en uitbundig dat hij bijna failliet ging, en hij werd het mikpunt van spot toen hij weigerde het een paar jaar later te herhalen. Het schilderij bleef echter uniek door de verbinding tussen monarchie en geografie, want tijdens de heerschappij van Elizabeth werden er ook gedetailleerde kaarten van het koninkrijk gemaakt. Elizabeth staat met haar voeten stevig op Ditchley, de reuzin-godin van haar domeinen, de personificatie van Engeland. Achter haar linkerschouder woedt een onweer, doorkliefd met bliksem. Maar het onweer boet in aan kracht door haar majesteitelijke aanwezigheid. Boven haar rechterschouder breken zonverlichte wolken open en is de hemel gekleurd met het azuurblauw van de vrede. Een opschrift roemt haar als de 'Vorst van Licht'.

Het thema van koninklijke straling bereikt zijn hoogtepunt in het wonderbaarlijke Regenboogportret, mogelijk geschilderd door Isaac Oliver voor Robert Cecil in zijn spectaculair maniëristische paleis Hatfield House. Elizabeth is zowel de zon als de maan geworden. Haar haar (of liever gezegd haar pruik) schittert met het roodgoud van zijn heilzame stralen, die zich vormen in de stromende lokken die over haar schouders vallen. De kleur wordt herhaald in de zijden voering van haar cape en in haar rokken. De regenboog die ze vasthoudt is het gewijde teken van hoop en vrede, de belofte van een tweede gouden eeuw. Maar zonder de zonnekoningin is er geen vrede en licht. *Non sine Sole iris.*

Dit is alleen het belangrijkste element in de verbazingwekkende beeldende encyclopedie van symbolen die op het schilderij rondkrioelen zonder het op een of andere manier te smoren. Kan een oud meisje (boven de zestig) te veel parels hebben? Niet dit meisje. Ze vallen van haar hals over de boezem die te zien is in het diepe decolleté dat rond 1600 de mode was en waaruit natuurlijk alle tekenen van craquelé huid waren verbannen. Geen zichtbaar deel van het lichaam is onbepareld gebleven. Er hangen snoeren rond beide polsen; ze glanzen van de zoom van haar gewaden; er hangt een paarlen trio aan haar linkeroor; er staat een diadeem op haar haar met twee gigantische parels, gescheiden door een vierkant geslepen diamant; ze klimmen helemaal tot boven op haar fantastische hoofdtooi, die gekromd is als de hoorns van een steenbok, en nog verder omhoog, helemaal tot aan de spits.

Alles is vol pracht en praal: het ongebreidelde veld wilde bloemen – viooltjes, anjers en rozen – over haar lijfje. Op haar linkerarm vangt de slang

Koningin Elizabeth I, Het regenboogportret, toegeschreven aan Isaac Oliver,
ca. 1600

Koningin Elizabeth I, Het regenboogportret (detail)

van de wijsheid een hartvormige robijn. Het hart van de koningin-godin wordt geregeerd door haar hoofd. En haar mantel is bedekt met een verbijsterend patroon van ogen en oren die haar alwetende aandacht voor haar onderdanen symboliseren (vooral ook door de oprichting van een inlichtingendienst). Maar wat minder is opgemerkt door de commentatoren zijn de open monden rondom de onderkant van haar parelsnoer en op de geopende linkerkant van haar gouden mantel. Dat zijn de werktuigen van haar faam, een roem die over de hele wereld wordt gezien, geacht en besproken.

En toch was er, bij sommige onderdanen in elk geval, een verlangen naar eenvoud. Want iemand bestelde rond 1600 een kopie van het eerste portret van Elizabeth als koningin, geschilderd ten tijde en ter ere van haar kroning in 1559. Het is duidelijk geïnspireerd op het grote portret van Richard II dat in Westminster Abbey hangt. Elizabeth is, net als Richard, recht van voren, ceremonieel geschilderd, net als hij op de troon en net als hij met de rijksappel in de ene hand en de scepter in de andere. Haar losse haren verkondigen haar maagdelijkheid. Ze zijn nauwelijks volwassen, die twee: het knulletje de koning en het meisje de koningin. Maar de ene wist het politieke lichaam met meedogenloos inzicht te bewonen en de andere niet. 'Weet u niet dat ik Richard II ben?' schijnt een boze Elizabeth te hebben gezegd nadat ze had gehoord dat de opstandige graaf van Essex een opvoering van Shakespeares toneelstuk over onttroning had laten opvoeren als een morele oppepper voor zijn kameraden. Maar in wezen was ze dat niet. Achter het masker zat een van de ontzagwekkendste politieke denkers die ooit over Engeland hebben geheerst. Ze wist hoe groot de macht van de koninklijke blik was. Maar ze wist ook dat imago niet alles was.

Koningin Elizabeth I, onbekende Engelse kunstenaar, ca. 1600

3

Teugels van de macht

De koning zit hoog te paard op een rotonde aan de zuidkant van Trafalgar Square. Paard en ruiter klikklakken in de richting van Whitehall en het Banqueting House waar op 30 januari 1649 het vorstelijke hoofd van de romp werd gescheiden. De ogen zijn eerder uitdrukkingloos dan overschaduwd door de melancholie die van Anthonie van Dyck eraan zou hebben verleend, maar ja, welke bronzen ogen zijn niet uitdrukkingloos? De beeldhouwer, Hubert Le Sueur, heeft zijn best gedaan, maar was geen Bernini. Helaas voor hem was hij niet eens de gelijke van Pietro Tacca, de voorman in het atelier van Giambologna in Florence, waar Le Sueur had gewerkt. Tacca was degene die na de dood van zijn meester opdracht had gekregen het ruiterstandbeeld van de vermoorde koning Henri IV als een gedenkteken op de Pont Neuf te voltooien. Dat grote paard was in draf uitgebeeld, terwijl de koning met zijn ene hand de teugels vasthield en met de andere stevig de commandostaf omklemde. Op een of andere manier deden vorst en ros levend aan, zoals ze uit de hoogte over het krioelen van de stad heen keken. Mensen hadden al de gewoonte opgevat hun hoed te lichten voor de bronzen ruiter als ze over de brug liepen.

Le Sueur had geholpen het beeld voor de Pont Neuf te voltooien en hij had duidelijk iets even indrukwekkends willen maken voor Charles I die zichzelf, net als zijn vader James I, koning van Magna Britannia (Groot Brittannië) noemde. Toen Inigo Jones, de meesterbouwer van James, op doorreis in Parijs was en Le Sueur (een protestant) voorstelde naar Engeland te komen, stak de beeldhouwer Het Kanaal over en kwam aan in 1625, hetzelfde jaar als de Franse koningin van Charles, Henrietta Maria, in een tijd dat Londense kunstenaars nog overwegend buitenlanders waren: Vlamingen, Nederlanders, Italianen en een paar Fransen. Onder Elizabeth was er weinig vraag naar monumentale beeldhouwkunst geweest, maar de Stuarts, met hun verheven Europese smaak, veranderden dat. Le Sueur werd ingehuurd om figuren te maken voor op het fries van de baar van James I, die was ontworpen door Jones, en voor het graf van de overleden koning in Westminster Abbey. Charles, een gretig verzamelaar en kunstkenner, wilde zijn eigen kopieën hebben van beroemde klas-

sieke beeldhouwwerken – de *Spinario,* een jongen die een doorn uit zijn voet trekt, en de recentelijk opgegraven *Gladiator* in de Borghese-collectie – en dus werd Le Sueur naar Rome gestuurd om gietvormen te maken waarmee in Engeland afgietsels gemaakt konden worden.

Maar totdat de opdracht voor de koning te paard kwam, moest Le Sueur zich uitsloven om niet alleen beschouwd te worden als een nuttige reiziger. In de jaren dertig van de zeventiende eeuw werd hij achtervolgd door de schaduw van Bernini, die hij in Rome moet hebben ontmoet. Van Dyck maakte een portret in drievoud van het hoofd en de schouders van Charles I waarnaar Bernini een buste kon modelleren. Misschien dat het hof iets indrukwekkenders wilde dan de drie marmeren bustes die Le Sueur al had gemaakt. Een ervan beeldde Charles uit met een antiek aandoende helm, bekroond met een klein draakje, een toespeling op de pretentie van de koning om een hedendaagse Sint-Joris te zijn; het hele effect was onbedoeld komisch, alsof de koning een feesthoed voor een maskerade probeerde die een maat te klein was.

De opdracht voor Charles te paard was de grote kans voor Le Sueur om als zelfstandig kunstenaar serieus genomen te worden. Maar het beeldhouwwerk was niet bedoeld voor het soort open ruimte waar het nu staat. De thesaurier-generaal, Richard Weston, later 1e graaf van Portland, wilde het beeld voor zijn tuin in Mortlake Park in Roehampton, dat toen werd ontworpen door de majordomus van de kunst onder Charles I, Balthazar Gerbier. Een afgescheiden stuk in een privépark is veelzeggend. Weston, wiens verwaten gezicht de volle laag kreeg van Anthonie van Dyck, was niet populair, tenminste niet in het parlement, want als minister van Financiën was hij ook degene die de alleenheerschappij van de koning mogelijk maakte: zijn besluit om te regeren zonder dat hij voor inkomsten afhankelijk was van het parlement. Weston, die zelf in het parlement had gezeten, was opgeklommen via diplomatie: door fondsen bijeen te brengen voor een oorlog met Frankrijk die niet goed viel in het land, en toen voor een vrede met Spanje te zorgen die nog minder goed viel. Nu, in de jaren dertig van de zeventiende eeuw, leverde hij de middelen voor koninklijke buitenparlementaire heerschappij terwijl hij de aandacht trok met zijn genotzuchtige aristocratische levensstijl in Mortlake Park.

Een koninklijk standbeeld weggestopt voor iedereen behalve vrienden van het hof en de regering – het tegenovergestelde van de koning op

◄ *Charles I*, door Hubert Le Sueur, 1633

de Pont Neuf – was een kans voor Le Sueur om zijn vaardigheid te tonen zonder kritiek van het publiek te riskeren. Ook weggestopt zou het nog steeds een gebeurtenis zijn: het allereerste bronzen ruiterstandbeeld in Groot-Brittannië. Omdat Gerbier zowel toezicht hield op het gieten van het beeld als op de installatie in Mortlake Park, zou het ongetwijfeld niet lang duren voordat Charles zichzelf kwam bewonderen, hoog boven de bloemen in de parterres. Charles maakte er geen geheim van dat hij als gelijke wilde worden gezien van de grote vorstelijke patronen van de heersende huizen in Europa. Overal waren monarchen te paard: de grote bereden condottiere Bartolomeo Colleoni van Andrea del Verrocchio keek uit over het Campo Santi Giovanni e Paolo in Venetië. Terwijl Charles in Spanje, toen hij als kroonprins zonder succes een infanta het hof maakte, Titiaans grote portret van keizer Karel v in zijn goudgerande harnas tijdens de Slag bij Mühlberg zal hebben gezien, de verpersoonlijking van de *miles Christianus*, de christelijke ridder. Hij wist misschien zelfs van het werk in uitvoering door Diego Velázquez, de hofkunstenaar van Filips iv, die een Eregalerij moest opsieren met ruiterportretten, zowel van de koning als van diens vader, Filips iii, stevig in het zadel op steigerende rossen: de levade die bedoeld was om zowel de vijand als de eigen soldaten angst aan te jagen of ten minste te imponeren.

Het prototype van al die ruiters was het standbeeld van Marcus Aurelius, op het terras van het Campidoglio in Rome, in een decor dat door Michelangelo opnieuw was vormgegeven: een verplichte stop voor elke culturele toerist, en ongetwijfeld ook voor Le Sueur zelf. De houding van de filosofische heerser – één hand aan de teugel, de andere uitgestrekt – werd gezien als de belichaming van keizerlijke macht: stoïcijnse zelfbeheersing terwijl het krachtige paard, een hoef in de lucht, in beweging was. De uitgestrekte arm was aanleiding tot fantasierijke speculaties. Was het een gebaar van clementie voor een gevangene onder de hoef van het paard, of een keizerlijke erkenning van groetende menigten? Het was Titiaans bedoeling geweest om Karel v als de nieuwe Aurelius te brengen, en iedereen die in zijn kielzog volgde wilde het Mühlberg-schilderij evenaren of overtreffen. Rubens had dat zeker voor ogen bij het schilderen van de hertog van Lerma, de favoriet van Filips iii. Het was controversieler toen Rubens de koninklijk-keizerlijke levade gebruikte voor zijn bravoureschilderij van George Villiers, de hertog van Buckingham. De jonge, knappe Villiers was zo favoriet bij James i dat het de tongen in beweging bracht, en een van de vele functies die de koning hem schonk was die van opperstalmeester. Het spectaculaire schilderij werd voltooid in 1625, het jaar dat Charles de troon besteeg en Buckinghams veldtocht in Frankrijk mislukte.

Het was dus belangrijk dat een ruiterportret van Buckingham in de schaduw werd gesteld van nog grotere schilderijen van de nieuwe koning. De logische – de enig mogelijke – keuze hiervoor was Anthonie van Dyck, omdat hij was opgewassen tegen de dubbele uitdaging: zorgen dat het beeld van de koning dat van de favoriet overtrof, en dat zijn eigen schilderij dat van zijn mentor en meester – Rubens – overtrof. Van Dyck arriveerde in april 1632 in Londen, op het hoogtepunt van zijn kunnen en op het toppunt van zijn roem. Ook hij was in Antwerpen geïntroduceerd bij de reizende talentenjager, de graaf van Arundel, en aangewezen als Rubens' beste leerling. Rond 1620, 1621 werd hij door Arundel naar Londen gehaald om voor James I te werken, maar wat hij precies deed is niet bekend. De jaren daarna bracht hij tijd door in Italië, en in Genua waar de verbluffende portretten ten voeten uit die Rubens van de plaatselijke adel had gemaakt nog hoger werden geprijsd en geprezen dan die van Titiaan. Rubens' vroegrijpe leerling deinsde er niet voor terug te wedijveren met zijn meester, vooral door twee oogverblindende ruiterportretten te schilderen, allebei op het formaat van de Lerma, met figuren die op een wit strijdros op de toeschouwer afkomen.

In Engeland behandelde de koning zijn nieuwe aanwinst als een menselijke schat, en dankte Daniel Mytens af, die tot dan toe zijn hofschilder was. Als hij niet gedoemd was geweest de vergelijking te doorstaan met Van Dyck, zou Mytens gezien zijn als een zeer capabele kunstenaar, hoewel hij maar heel weinig gevoel had voor enscenering, terwijl dat onontbeerlijk was in de barok toen alle kunsten in zekere mate een soort poëtische performance waren. Mytens zette de een meter tweeënzestig lange koning in een hoogrenaissancistische ruimte, waarin hij verdronk. Bij zijn portretmodellen ontbreekt meestal de levensadem. Wreed genoeg moest hij zelf het onderkomen regelen voor de man die hem verving. Van Dyck werd op kosten van de koning eerst ondergebracht bij de miniaturist Edward Norgate, en kreeg daarna een huis in Blackfriars (waar alle Vlaamse en Nederlandse kunstenaars verzameld waren) met een atelier dat groot genoeg was voor de enorme schilderijen die hij onmiddellijk moest gaan maken voor specifieke plekken aan het eind van lange galerijen: het ene in Whitehall, het andere in St James's Palace. Het huis had een tuin, en de koning liet een nieuw verhoogd pad en een trap aanleggen zodat hij Van Dycks atelier regelmatig kon bezoeken om de schilderijen en de voortgang van de koninklijke werken te inspecteren. Voor het geval dit allemaal niet voldoende was, verhief hij Van Dyck tegen het eind van het jaar in de adelstand, waarmee hij hem onmiddellijk tot de gelijke maakte van Rubens, die twee jaar daarvoor geridderd was.

Het eerste 'Grote Stuk' voor Whitehall was een familieportret van de koning en de koningin en hun kinderen, Charles en Mary. Voor een Van Dyck is het tamelijk formeel en stijf, hoewel al duidelijk is dat niemand zo goed kinderen, zelfs koninklijke, kon schilderen als de Vlaamse meester. Het tweede enorme doek moest passen in een speciale nis in een galerij in St James's Palace, waar de bezoekende ambassadeurs langs schilderijen van Romeinse keizers door Titiaan en Giulio Romano kwamen. Het was dus niet meer dan passend dat Van Dyck de koning zou schilderen als deze te paard door een klassieke boog komt rijden, de klassieke handeling van een Romeinse triomf, terwijl het quasi-keizerlijke wapenschild tegen het metselwerk leunt. De koning draagt zijn lint van de Orde van de Kousenband, een veelzeggend detail, want in navolging van de neiging van de Stuarts om openbare ceremonies niet meer in het openbaar te houden, had Charles de jaarlijkse processie van de Kousenband op Sint-Jorisdag van Whitehall naar Windsor verplaatst. Hij berijdt hetzelfde rubensiaanse witte paard, waarschijnlijk een dunhuidige grijze Spaans-Arabische hengst, om de waardigheid van zijn koninklijke houding beter te laten uitkomen. Voor het eerst had Van Dyck het koninklijke gezicht de poëtische ingetogenheid meegegeven die romantische generaties later zouden interpreteren als melancholieke voorkennis van zijn lot. Net als Rubens had Van Dyck het cliché opgefrist met het landschap en de veranderlijke luchten van Noord-Europa, en hier rijdt de koning – de Vredesvorst, al is hij in volledige wapenrusting – naar ons toe tegen de achtergrond van een zonnige elizabethaanse hemel. Er zijn prachtige details: de verkorte voet die stevig in de stijgbeugel staat, Charles' commandostaf die tegen het weelderige zadeldek wordt gedrukt. Niemand kon zo goed stoffen weergeven als Van Dyck (zijn vader was zijde- en linnenkoopman), en de groene zijden draperieën bollen op alsof ze bezield worden door een Engelse lentebries. De in het rood geklede opperstalmeester en adjudant, Maître de St Antoine, draaft mee met het dier, maar met een blik van aanbiddend plichtsbesef naar zijn koninklijke meester. Het tempo van zijn eigen stappen, syncopisch met die van het dier, is een van de beste voorbeelden van dynamisch schilderen in de hele zeventiende eeuw, vergelijkbaar met de figuren op de voorgrond van Rembrandts *Nachtwacht*.

Net als Titiaan en Rubens begreep Van Dyck hoe de figuur van een bereden vorst die een enorm en edel ros goed onder controle heeft, beter

Charles I met M. de St Antoine, door sir Anthonie van Dyck, 1633

dan enige andere pose een beeld van keizerlijke macht kon uitstralen. Dat Engelse kunstenaars niet waren opgewassen tegen deze uitdaging werd pijnlijk duidelijk in Robert Peakes tweedimensionale poging om kroonprins Henry, de oudere broer van Charles, weer te geven in een allegorische voorstelling waarop ook Vadertje Tijd te zien was. Henry werd aan het hof en in het land gevierd als de opkomende koninklijke fiere ridder (in tegenstelling tot zijn vader), en in 1603 had de Franse koning Henri IV de jonge prins als geschenk zes raspaarden gestuurd, plus opperstalmeester De St Antoine, die deze positie in de koninklijke stallen gedurende twee regeringsperioden behield. Na Henry's voortijdige dood in 1612 had de kleinere, verlegen Charles naast de wapenrusting en de titel van zijn oudere broer ook de paarden en De St Antoine geërfd. Op een of andere manier moest alles, inclusief zijn eigen besef van koninklijke autoriteit, worden aangepast om de plek van zijn broer te kunnen innemen.

Iedereen die betrokken was bij de koninklijke paardenshow – Charles, Maître de St Antoine, Van Dyck – zal het klassieke handboek hebben gelezen dat was geschreven door de rijmeester van Louis XIII, Antoine de Pluvinel, *L'Instruction du Roy en l'exercise de monter à cheval*. Daarnaast bestudeerde Van Dyck alles wat hij kon over de musculatuur van het paard, en de studies in houtskool die hij maakte voor de twee grote ruiterschilderijen van Charles I tonen een volmaakte vertaling van anatomische kennis in pure flamboyante schilderkunst. Van Dyck berijdt zijn potlood alsof hij in het zadel was geboren, en de lastige delen – de vleesplooien tussen de benen bijvoorbeeld, de grote ogen die het dier zijn heroïsche bezieling geven, de diepe borst en de enorme achterhand – zijn allemaal weergegeven met een levendige accuratesse waar Da Vinci zich niet voor zou hebben geschaamd. Toen het voltooid was, ging het geweldige schilderij naar zijn plek, zodat bezoekers als ze de lange galerij binnenkwamen overdonderd werden door de illusie van de monarch te paard die dreigend op hen afdraafde vanuit het door kaarsen verlichte duister.

Terwijl Van Dyck met zijn meesterwerk bezig was, deed de voetganger Hubert Le Sueur zijn best op het ruiterstandbeeld voor Weston, de thesaurier-generaal. Ze moesten zich allebei vrijheden veroorloven met de beperkte lengte van Charles, omdat de koning anders in het niet zou vallen bij zijn paard. Le Sueur kreeg de uitdrukkelijke opdracht voor 'een paard in brons, een voet groter dan een groot paard, en de figuur van zijne Maj. Koning Charles in verhouding, de volle zes voet, door eerder genoemde Hubert Le Sueur uit te voeren met alle vaardigheid en vakmanschap die hij machtig is'. Hoewel hij zowel paard als ruiter op dezelfde schaal vergrootte, kreeg Le Sueur de proporties toch niet helemaal goed. Vanuit bepaalde hoeken lijkt het alsof een lange koning een eindje is gaan rijden op een dikke pony. Ook het gezicht van Charles, dat is gekopieerd van de marmeren buste, is plechtig uitdrukkingloos. Het werk heeft een zekere robuuste waardigheid. Le Sueurs vader was wapensmid, en het halve harnas dat de koning draagt is goed weergegeven, samen met de sjerp van de Kousenband en de hoge rijlaarzen, die overtuigend plooien. Kennelijk vonden Gerbier en Weston het werk goed genoeg, want het beeld werd gegoten niet ver van waar Le Sueur woonde aan Drury Lane, op een stuk land dicht bij Covent Garden, waar Henry Peacham, de schrijver van *The Compleat Gentleman*, het 'welhaast voltooid' heeft gezien. Maar hoewel Weston pas in 1635 overleed, waardoor een aanklacht door het 'Lange Parlement', dat werd samengeroepen in 1640 en met onderbrekingen zitting had tot 1660, hem bespaard bleef, lijkt het beeld nooit, zoals het plan was, te zijn geïnstalleerd in Mortlake Park.

Natuurlijk was het uitbreken van de burgeroorlog een ramp voor beide kunstenaars. Twee van de belangrijke patronen van Van Dyck, William Laud, aartsbisschop van Canterbury, en Thomas Wentworth, graaf van Strafford, werden aangeklaagd door het Lange Parlement als vijanden van de puriteinse 'ware godsdienst' en de vrijheden van het Engelse volk. Stafford werd berecht en geëxecuteerd in 1641, Laud vier jaar later. Van Dyck overleed zelf in 1641, nog maar net tweeënveertig. Le Sueur was bijna evenzeer gecompromitteerd. Hij had standbeelden gemaakt van de koning en de koningin voor Laud in Oxford, en in 1643 besloot hij uit voorzorg en ook vanwege het verdampen van werk terug te keren naar Frankrijk, waar hij in 1651 nog steeds bekendstond als *Sculpteur du Roi*.

De ongeëvenaarde kunstcollectie van Charles werd verkocht. Op een gegeven moment was er iemand, waarschijnlijk de zoon van de graaf van Portland, die naar de koninklijke ruiter van Le Sueur keek en bij voorbaat actie ondernam. In 1650 gaf de Raad van State van de Britse Republiek de plaatselijke autoriteiten opdracht al dat soort beelden 'omver te werpen en in stukken te breken'. Er werd een zoektocht opgezet naar het ruiterstandbeeld, maar vergeefs. Tijdens het interregnum werden er talloze verhalen verteld door historici als George Vertue en Horace Walpole. In een ervan wordt beweerd dat het bronzen paard en de ruiter werden ontmanteld en ergens in de buurt van Covent Garden verborgen, misschien zelfs in de crypte van de St Paul, de kerk van Inigo Jones. Onder het protectoraat werd de zoektocht hervat, vooral omdat de protector zelf, Oliver Cromwell, de klassieke ruiterpose had aangenomen op zijn rijkszegel, ontworpen door de vruchtbare en vindingrijke medaillist en officiële muntgraveur Thomas Simon. Simon liet Cromwell poseren in standbeeldachtig profiel, de maarschalksstaf in zijn rechterhand, de teugels stevig in de linkerhand, met de London Bridge en de Theems op de achtergrond, allemaal in een uiterst verfijnd miniatuur.

In 1655 werd de bronzen ruiter eindelijk ontdekt in Covent Garden, en, nadat hij in beslag was genomen, overhandigd aan een koperslager met de toepasselijke naam John Rivet (klinknagel), of Revet, die bij Holbourn Conduit woonde en de opdracht kreeg het te vernietigen en de onderdelen te smelten. In plaats van te gehoorzamen begroef Rivet het gedemonteerde standbeeld onder de tuin van het kerkhof van de St Paul, terwijl hij, volgens de achttiende-eeuwse verhalen, geld verdiende met de verkoop aan stiekeme royalisten van bestek en snuisterijen die ervan zouden zijn gemaakt. Bij de Restauratie in 1660 wilde Charles II het opgegraven standbeeld op Charing Cross zetten, waar het grootste middeleeuwse Eleanor-Kruis op het hoogtepunt van de puriteinse beeldenstorm was vernield omdat het afgoderij zou zijn. Maar nu eiste Westons zoon, de 2e graaf van Portland, het op als familiebezit.

Als John Rivet eigenlijk Jean Revet was, was hij misschien een van de vele hugenootse metaalbewerkers in Londen en dus bevriend met Le Sueur, die ook hugenoot was. Het is niet ondenkbaar dat het voornaamste oogmerk van de koperslager toen hij het beeld verstopte niet zozeer verering voor Charles was als wel de wens om het werk van de kunstenaar te bewaren, een doel dat goed te verenigen was met geld verdienen aan het bewaren en de uiteindelijke verkoop ervan. In elk geval hield Rivet zo koppig vast aan het standbeeld dat er, na Portlands petitie in het Hogerhuis, een confiscatiebevel moest worden uitgevaardigd om het met geweld terug te eisen. Zelfs dit was niet voldoende om koning en paard weer op Roehampton te laten neerzetten voordat de 2e graaf in 1663 overleed. Rivet was nog niet klaar met het beeld. Hij werd 'Koperslager van de koning', misschien dankzij de romantiek van het standbeeld, en vertelde ongetwijfeld iedereen het hele verhaal, al leek het beeld door tegenslagen achtervolgd. Rivet, die grimmig volhield dat hij recht had op een vergoeding, kreeg de ziekte van Parkinson en ging naar Bath voor een waterkuur. In 1674 verklaarde hij dat hij weer gezond was. Maar het optimisme was misschien voorbarig want waar hij ook aan leed, het was op een of andere manier fataal. Het jaar daarop pleegde hij zelfmoord.

De felle strijd om het standbeeld ging door. In het jaar van Rivets dood stemde Charles II eindelijk in met de buitensporige prijs die de standvastige weduwe van de graaf van Portland voor het beeld vroeg: zestien-honderd pond. Het werd overhandigd aan de pas geadelde Christopher Wren, bouwmeester van de koning. Wie er precies bepaalde dat de plek van het Eleanor-Kruis, die Charing Cross werd genoemd maar oorspron-kelijk tussen de Strand en Whitehall lag – waar het beeld nog steeds staat – de uiteindelijke rustplaats zou zijn is minder duidelijk. Maar Charing Cross was, afgezien van het feit dat het midden in het centrum van een van de dichtst bevolkte wijken van Londen ligt – voor de komst van Trafal-gar Square meer dan nu – een plek van vergelding. Overlevende konings-moordenaars werden geëxecuteerd waar het Eleanor-Kruis had gestaan.

Wren werd betaald om een plan te ontwerpen voor een passend voet-stuk. Typerend voor hem was dat hij er twee bedacht. Een was een elegan-te barokke sokkel, compleet met waterbekken. Maar nadat zijn plannen om St Paul's Cathedral te herbouwen als een Grieks kruis op koppig ver-zet waren gestuit, had Wren absoluut geen illusies meer over de Engelse smaak, en daarom tekende hij ook een ander, alledaagser voetstuk. Hij was waarschijnlijk niet verbaasd dat het tweede, saaiere ontwerp door de koning passender werd geacht. Er werd voor veel geld Purbeck-steen ge-kocht en de steenhouwer William Marshall werd ingezet om de gedetail-leerde heraldische ornamenten te leveren, waaronder de onvermijdelijke leeuw met grote tanden en de steigerende eenhoorn. Andrew Marvell, die de monarchie van de Restauratie inmiddels even trouw diende als hij Cromwells Protectoraat had gediend, leverde een gedicht voor het stand-beeld, terwijl hij enorm Brits klaagde over de vertraging bij de oplevering en de onzichtbaarheid achter steigers. Eindelijk stond er een hekje om-heen en werd het standbeeld in 1676 zichtbaar voor het publiek. Het werd gewoonte om elk jaar op de dag van Charles' executie voor zijn paleis in Whitehall eikentakken te leggen aan de voet van de sokkel, en soms vind je ze daar nog steeds. Zoals hij nu staat, omringd door het gedreun van bussen, taxi's en vrachtwagens, rijdt de koning nog steeds te paard zijn einde tegemoet. Maar als hij een stukje verder kon draven over Whitehall zou hij op Parliament Square komen en daar zijn tegenstander aantreffen, Oliver Cromwell, op zijn eigen voeten.

Hamo Thornycrofts beeld van Cromwell, met de bijbel in de ene hand en zijn zwaard in de andere, werd in 1899 onthuld voor het Lagerhuis ter nagedachtenis aan het feit dat 'Gods Engelsman' driehonderd jaar ge-leden geboren was. De Ierse parlementsleden (behalve de Unionisten) waren hier begrijpelijkerwijs woedend over, maar de Liberalen, die zware verliezen hadden geleden tijdens de verkiezingen van 1895, wilden de

The Statue of K. Charles I. at Charingcross in Brasse

Koning Charles I, door Wenceslaus Hollar, midden zeventiende eeuw

herinnering aan Cromwell gebruiken om niet-anglicaanse protestante stemmers weer terug te brengen bij de kudde. Lord Rosebery, de laatste Liberale premier tot 1905, betaalde voor het beeld en stak in een uitbarsting van atypische retoriek de loftrompet over Cromwell als degene die Engeland vrijheid van meningsuiting en religieuze verdraagzaamheid had bezorgd. Tot op zekere hoogte, lord Rosebery; en misschien had de eer naar zijn secretaris John Milton moeten gaan. Wat de lord Protector betreft: hij was ook, zoals een commentator mede-Liberalen fijntjes terecht wees, de man 'die de Republiek de das om had gedaan'.

Cromwell kon maar niet bedenken hoe hij gezien wilde worden. Dat hij in allerlei gedaanten zou moeten worden uitgebeeld – formele portretten, munten, medailles en vooral het rijkszegel – stond buiten kijf. Als er nog puriteinse afkeer van beelden bestond, dan was die beperkt tot de verering ervan in de kerk. Portretten die de trouw verbeeldden aan het grote doel waarvoor de burgeroorlogen waren gevoerd en waarvoor de Republiek was gesticht, waren niet alleen wenselijk maar zelfs essentieel. Wat er bij het eind van de monarchie ook omver was geworpen, beeldpropaganda bleef onontbeerlijk om het volk aan het nieuwe regime te binden. De cultus van het koningschap moest vervangen worden door een nieuwe nationale iconografie.

De vraag naar portretten liep dus niet terug en er was geen tekort aan kunstenaars om ze te leveren. Ook werd er geen loyaliteitstest toegepast om er zeker van te zijn dat alleen politiek zuivere lieden voor zulk werk zouden worden ingezet. Balthazar Gerbier, die persoonlijk heel intiem met de koning en Van Dyck was geweest, had er geen moeite mee over te lopen naar het parlement toen hij in 1642 zag uit welke hoek de wind woei. Hij deed het zo openlijk dat hij tijdens de Restauratie gedwongen was anoniem te werken. Maar toen de monarchie was afgeschaft wierp zich een vraag op voor de artistiek leiders van het nieuwe regime. Wat was de Engelse republikeinse stijl? Moest de stijl van Van Dyck worden aangehouden voor de leiders en generaals van de Republiek, of moesten de satijnen extravagantie en het flitsende licht die Van Dyck voor zijn portretten van aristocraten en dichters had gebruikt, nu als politiek onfatsoenlijk worden gezien en wijken voor een somberder stijl? De kwestie werd nooit op de spits gedreven, omdat de prominenten uit beide kampen uit dezelfde klasse van hoge en lage adel kwamen. Robert Walker schilderde een portret van Henry Ireton en een van Cromwell zelf, in een stijl die niet te onderscheiden was van die van Van Dyck, behalve dat hij niet diens niveau had. Maar de tijd en de kunstgeschiedenis zijn een beetje

hard geweest voor Robert Walker. In zijn driekwart portret van Cromwell, in volle wapenrusting, laat hij de generaal onder een Engelse hemel
staan die even onvriendelijk is als zijn gezicht, terwijl de intense martiale
strengheid alleen wordt gecompenseerd door een bukkende page die zijn
sjerp vastbindt. Het is eigenlijk een prachtig portret, dat vaak is gekopieerd en gegraveerd als nuttige propaganda. Cromwell staart ons aan met
een blik die nog net geen ergernis uitdrukt, een eigenschap die iedereen
die hem ontmoette levendig heeft beschreven. Walker heeft het schilderij
een belichting à la Van Dyck gegeven, maar zonder een spoor van welge-
manierde innemendheid. Het licht schijnt dof op het donkere harnas van
de man en op een lichte zweetglans op het voorhoofd. Dit is portretkunst
zonder flauwekul, en het geeft de toeschouwer een ongemakkelijk gevoel,
zoals Cromwell ook altijd deed.

Toen Cromwell de titel lord Protector aannam, zou je kunnen denken
dat hij een duidelijker hofstijl had omarmd, vooral omdat er werd gesproken over verheffing tot de troon. In slaafs vleiende gedichten werden zijn
deugden de hemel in geprezen, net als voor de Stuarts was gedaan. Maar
toen gebeurde er iets verrassends dat heel even de potentie had een revolutie te veroorzaken in de politieke portretkunst. Dat iets was de opkomst
van Samuel Cooper.

Als Cooper geen miniaturist was geweest, zou hij in zijn vaardigheid
om de natuurlijke présence van een figuur weer te geven volledig even-
waardig zijn beschouwd aan de grootste Europese schilders van zijn tijd.
Vergelijkingen met Velázquez, Jusepe de Ribera en Frans Hals kunnen
niet worden weggelachen. Maar behalve door specialisten in miniaturen
is Cooper zelfs in zijn eigen land niet echt geëerd als de uitvinder van een
radicaal nieuw naturalisme, maar eerder gezien als de erfgenaam van
Hilliard en Isaac Oliver. Afgezien van het feit dat ze in hetzelfde genre
werkten, waren Hilliard en Cooper niet met hem te vergelijken. Hilliard
maakte briljante, theatrale afbeeldingen van spelers op het toneel van
het elizabethaanse hofleven, te beginnen met de compleet gepimpte go-
din-koningin zelf. Volgens de instructies van Elizabeth vermeed Hilliard
schaduw. Alles en iedereen was gehuld in gelijkmatig licht, alsof het in
het Engeland van Elizabeth altijd midden op een dag in mei was. Cooper
daarentegen was de meester van de wispelturige schaduw, en niemand
– al zeker niet Oliver Cromwell, die vaak voor hem poseerde – zou hem
dat uit het hoofd kunnen praten. Toen Charles II poseerde voor een van
de schetsen die zouden dienen als model voor een munt, liet Cooper hem
dat 's avonds doen, en hij liet John Evelyn, de dagboekschrijver en man

Oliver Cromwell, door Robert Walker, ca. 1649

Margaret Lemon, door Samuel Cooper, ca. 1635
John Maitland, hertog van Lauderdale, door Samuel Cooper, 1664

van wetenschap en letteren, de kaars vasthouden terwijl Charles minzaam met medekunstliefhebbers over artistieke zaken babbelde.

De contrasten met Van Dyck zijn veelzeggend. De Vlaamse kunstenaar gebruikte het hele repertoire aan flitsende flair in dienst van poëtisch idealisme, en wilde dat de ogen blikvangers waren, levensgroot of groter. De resultaten waren in elk opzicht spectaculair. Cooper daarentegen werkt optisch, op heel kleine schaal, de blik onvertroebeld, een sober palet voor zijn aquarelverf, alles zo kaal en geconcentreerd dat het realisme stralend gedistilleerd op het bleke velijn van het oppervlak ligt. Op die kleine stukjes perkament werden wonderen verricht; gezichten kijken ons aan – Cromwell, Thomas Hobbes, Cooper zelf, die behoedzaam over zijn schouder kijkt – en zijn griezelig indringend bij ons aanwezig. Van Dycks maîtresse, Margaret Lemon, die zo opvliegend was dat ze in een vlaag van jaloezie zijn duim probeerde af te bijten om een einde te maken aan zijn carrière, kijkt ons aan, gekleed als man. Van onder haar hoge hoed is ze een eenvrouwsweersvoorspelling, en het ziet er niet best uit. Storm ligt op de loer.

Elke handicap die je zou verwachten bij een miniaturist wordt door Samuel Cooper verslagen. De menselijke aanwezigheid wordt niet verminderd door de schaal, maar lijkt juist groter en intenser. In plaats van de verfbehandeling die noodzakelijk is voor zo'n kleine schaal (en voor aquarel) waardoor het resultaat iets van een juweel, iets kunstmatigs krijgt, slaagde Cooper erin zijn penselen van eekhoornhaar met zoveel gelikte vrijheid te hanteren dat ze huid en vlees en bot juist natuurlijker, en niet minder natuurlijk weergaven. En Cooper, die beschikte over een ongelooflijk verfijnde motoriek, negeerde gewoon, zelfs wanneer hij voor de machtigen werkte, de traditionele verplichting om de gezichten die hij zag te idealiseren, om onvolkomenheden of misvormingen te verwijderen. De tanden van koningin Henrietta Maria schilderen zoals ze in het echt waren, zo prominent dat ze, in de woorden van een onvriendelijke waarnemer, deden denken aan 'geschutstukken die uit de zijkant van een fort steken', daar kon geen sprake van zijn voor de hofschilder van Charles I. Maar het is bekend dat Oliver Cromwell op een gegeven moment besloot al die conventies van klassiek decorum overboord te zetten, zodat het natuurlijke lichaam zou samenvallen met het politieke lichaam. In een beroemde anekdote die in de achttiende eeuw door George Vertue werd verteld, zegt Cromwell tegen Peter Lely: 'Mr Lilly, ik verlang dat u al uw vaardigheden gebruikt om mijn beeltenis waarachtig te schilderen zoals ik ben en me niet te flatteren maar al die grofheid, pukkels, wrat-

Miniatuur van Oliver Cromwell (onvoltooid), door Samuel Cooper, ca. 1650

ten & alles zoals u mij ziet op te merken.' De herkomst van het verhaal is betrouwbaar genoeg om het niet af te doen als een verzinsel, of als het vroeg-achttiende-eeuwse idee over Cromwell als de eerlijke hekelaar van zinloze ijdelheid en mode (hoewel hij dat ook was). Vertue hoorde het van de architect William Winde, die het op zijn beurt weer had gehoord van de hertog van Buckingham, voor wie hij werkte.

Typerend voor Cromwell is dat hij benadrukte dat zijn gezag gevestigd was op christelijke eerlijkheid en eenvoud, terwijl hij tegelijkertijd een soort hof voor zichzelf creëerde. Omdat Lely – die zich later zou specialiseren in het schilderen van de half ontklede maîtresses met frambozentepels van Charles II – al bekend was als societyschilder, klinkt Cromwells vermaning plausibel. Toch was het misschien niet Lely die gemaand werd tot visuele eerlijkheid. Jaren geleden wees David Piper, schrijver van *The English Face* en directeur van de National Portrait Gallery, erop dat Lely's portret van Cromwell, dat absoluut wrattig is, vrijwel identiek was aan het portret dat Samuel Cooper had geschilderd, met name op een van de voorstudies die Cooper altijd maakte tijdens de vele keren dat een model voor hem moest poseren. Piper merkte op dat het niet voor te stellen was dat twee zo gelijkende hoofden gemaakt konden zijn tijdens twee aparte poseersessies. En bovendien werd de lord Protector elke dag overspoeld door dringende zaken. Het lag veel meer voor de hand dat het ene portret een kopie van het andere was, en Piper concludeerde dat Lely degene was die Cooper had gekopieerd. Waarom? Omdat Piper na het tellen van de wratten opmerkte dat Lely weliswaar trouw was gebleven aan de opdracht tot eerlijkheid, maar er een gemist had. Hij had zelfs een van de opvallendste uitgroeiseltjes gemist, net boven Cromwells rechterooglid en dicht bij de neusbrug. Dat Cooper er een zou toevoegen als gratis eerbetoon aan Cromwells gebrek aan ijdelheid, kan worden uitgesloten.

Het echte gezicht en hoofd is dus van de hand van Cooper, en zodra je daarvan uitgaat, worden andere details in de gelijkenis van Cooper wonderen van observatie, aandoenlijke aanduidingen van onaantrekkelijke alledaagsheid, zoals de glimp van een kale schedel die zichtbaar is onder Cromwells ondeugdelijk eroverheen gekamde haar. Maar het zijn uiteindelijk die wratten die het artistiekst zijn: onbevallige soldaatjes die in de houding staan op Cromwells gezicht, zo liefdevol weergegeven dat ze hun eigen schaduwen werpen, van het puistige exemplaar bij de rimpel op het voorhoofd tot de majestueuze koningswrat onder zijn onderlip, maar gedeeltelijk verhuld door een klein baardje, de wrat die iedereen in aanwezigheid van de generaal uitdaagde om niét heel hard te staren. De rest is gedaan met rembrandteske perfectie: de diepliggende ogen, de blauwe irissen onder de zware oogleden, de nadenkendheid gecombineerd met het vuur op het gezicht dat hoort bij een man van de daad.

Van opzij werd Cromwells gezicht, met alle deugdzame onvolkomenheden, misschien nog dramatischer en de details nog onverbiddelijker natuurgetrouw. Het schilderij maakte zowel Cooper als Oliver beroemd in heel Europa. Koningin Christina, de vaak in mannenkleren gehulde Zweedse vorstin, bestelde een Cromwell bij de kunstenaar zelf, omdat er talloze onbevredigende kopieën in omloop waren, waarvan er een heleboel bewaard zijn gebleven.

Regeringen kwamen en gingen, maar Cooper raakte nooit uit de mode en had nooit gebrek aan werk. Ondanks of misschien wel dankzij de roem van de miniatuur van Cromwell kon Charles ii niet wachten om voor hem te poseren. Nog geen tien dagen na de terugkeer van de koning werd Cooper ontboden voor de nachtelijke schets. Het resultaat geeft een veel beter idee van de onopgesmukte koning dan alle andere portretten: de knappe trekken al ontspannen in een soort gemakkelijke indolentie. Als koninklijk miniaturist met een salaris van tweehonderd pond per jaar kon Cooper zich een gerieflijke, zij het niet overdadige levensstijl veroorloven in zijn huis aan Henrietta Street in Covent Garden waar hij, naast het portretteren van politici en mensen als de vrouw van Samuel Pepys, luit speelde en zijn vrienden ontving. Toen hij in 1672 stierf, nam een van zijn leerlingen, Susannah-Penelope Rosse, zijn huis en atelier over, en ze werd zo vaardig dat haar werk soms voor dat van Cooper werd aangezien. Ze kon nauwelijks ontkomen aan een toekomst als miniaturist, aangezien ze ook nog eens de dochter was van 'Little Dick' Gibson, die niet alleen miniaturist was maar zelf ook een miniatuur van een meter vijfentwintig, en die weliswaar geen Cooper was, maar goed van zijn werk kon leven.

Stukje bij beetje kwam de kunstcollectie van Charles I – zij het lang niet alles – terug naar Engeland en naar de Kroon. Een deel was nooit weggeweest. De grote *Charles I te paard* – een andere Van Dyck van de koning te paard onder een brede Engelse eik, peinzend in de verte kijkend – kreeg weer zijn plek aan het eind van de galerij in Hampton Court waarvoor Van Dyck het had geschilderd. Het vroegere schilderij met Maître de St Antoine kwam terug naar St James's Palace. Een tijdlang vermeden Charles II, en zelfs zijn noodlottig pompeuze broer James, de keizerlijke ruiterpose, en toonden ze hun majesteit liever staande in kroningsgewaad of in wapenrusting tegen een krijgshaftige achtergrond. Ironisch genoeg was het William III, de stadhouder Willem III die al naam had gemaakt als oorlogsheld in de Republiek der Nederlanden, die de vorst te paard weer in zwang bracht: eerst met Jan van Wyck, die hij meebracht uit de Nederlanden, en daarna met het enorme doek dat geschilderd werd door Godfrey Kneller voor het audiëntievertrek in Hampton Court, compleet met extravagante allegorische toespelingen op Hercules, de *Aeneis* van Vergilius en de terugkeer van de gouden eeuw.

De meeste onderdanen van William en Mary namen hun geschiedenis echter tot zich in geïllustreerde kronieken, waarin de gravures aangepaste versies waren van grote prenten die oorspronkelijk waren gemaakt door de meester van de historische taferelen, Romeyn de Hooghe. De grote stukken – de landing van William in Torbay, de Slag aan de Boyne, de dubbele kroning – waren wijd en zijd verkrijgbaar en gebonden in de geschiedenisboeken die de Glorious Revolution (de verdrijving van James II) verdedigden: een grondvestend geschrift in woord en beeld voor de nieuwe constitutionele monarchie. Omdat de oorlogen tegen Louis XIV voortduurden tot in de volgende eeuw, waren er gelegenheden te over om hun krijgshelden af te beelden – bijvoorbeeld prins Eugène de Savoie – op hun indrukwekkende paard. Kneller, die in ongenade viel bij koningin Anne, verlegde zijn geschilderde loftuitingen naar de hertog van Marlborough en werkte aan een schilderij van de hertog dat bedoeld was voor Blenheim en dat in keizerlijke pretenties vergelijkbaar was met dat van William. Paleis en schilderij en Marlboroughs ego werden allemaal een beetje te overdadig bevonden voor het Groot-Brittannië van die tijd. Hoewel George II op een fraai paard ten strijde trok, was de schildertraditie van de Britse vorst op zijn strijdros als de Britse koninklijke stijl verleden tijd.

Maar de paarden niet. In de achttiende eeuw kwamen ze teruggalopperen, en deze keer zelf als onderwerp van portretten. We hebben geen idee hoe het grote paard van Charles I heette, als het al een naam had. Maar in een van de verrassendste zalen van Groot-Brittannië, in Althorp House in Northamptonshire, worden we voorgesteld aan Brisk (kwiek), Sore Heels (pijnlijke spronggewrichten), Craftsman (vakman) en vele andere schoonheden. De achthoekige ruimte, schitterend verlicht door hoge ramen, heet The Wootton Hall, naar de paarden- of 'sport'-schilder die hem voor Charles, de 5e graaf van Sutherland, tussen 1730 en 1740 decoreerde. John Wootton wordt, net als twee tijdgenoten – James Seymour en Peter Tillemans – natuurlijk overschaduwd door de grootste paardenschilder van allemaal: George Stubbs. Stubbs' paarden – zoals *Whistlejacket*, zonder ruiter en zadel, poserend tegen een abstracte kale achtergrond zonder enig landschap – behoren tot de uitzonderlijkste beelden die ooit op doek zijn vastgelegd en belichamen de zuiverheid van klassieke beeldhouwkunst: grote dieren gevangen in een ruimte. Wootton was ingehuurd om iets prozaïschers te maken: hij moest niet alleen de favoriete jachtpaarden van de aristocratie schilderen, maar ook de jacht zelf, compleet met honden, stalknechten – de hele jagersentourage.

Dit is voldoende om de machtswisseling die had plaatsgevonden in Engeland sinds de Revolutie van 1688 te documenteren. Het sociale en politieke gezag – de bron van zekerheid, continuïteit en welvaart – was overgegaan van de koninklijke vader op een klasse van ooms, de landadel, en had zich op het platteland gevestigd. De patriarch was vervangen door het patronaatsrecht, vooral in de graafschappen rond hun grote landgoederen. Het plaatselijke bestuur – de magistratuur, de vertegenwoordigers van de koning, de benoeming van de leden van het parlement – viel allemaal binnen de invloedssfeer van deze landadel. En waar deze nieuwe heersende klasse – die zich gedroeg alsof ze er altijd was geweest – tot uitdrukking kwam, was tijdens de jacht. In Frankrijk was de enige jacht die ertoe deed de koninklijke, omdat de absolute vorst de potentieel ge-

Het jachtgevolg van burggraaf Weymouth: de hooggeboren John Spencer naast een jachtpaard dat wordt vastgehouden door een jongen, door John Wootton, 1733-1736

vaarlijke adel in zijn park en paleis in Versailles had samengedreven. Nu ze in politiek opzicht waren uitgeschakeld, werd hun eigendunk bepaald door de verzorging van de vorst in zijn dagelijkse rituelen. Hovelingen hoog en laag vervulden de behoeften van zijn politieke lichaam: meester van de scheerkom, heer van de linnenkast enzovoort. In Engeland, waar persoonlijke verzorging van het koninklijk lichaam ooit de sleutel tot de macht was geweest, waren de opperkamerheren niet langer mannen waar niemand omheen kon. Het platteland had het hof vervangen en niemand smachtte meer naar schilderijen van de koninklijke familie te paard.

In plaats daarvan leverde John Wootton schilderijen voor het landgoed van de Spencers, waar zijn fraai gespierde paarden galopperen tijdens de achtervolging van vos en hert. Net als andere grote huizen die aan het eind van de zeventiende eeuw werden gebouwd of herbouwd – Chatsworth voor de Cavendishes, Woburn voor de Russels – was Althorp een macht op zich. Hampton Court, Whitehall en St James's hadden niet langer het monopolie op lange galerijen die waren ontworpen om de continuïteit van dynastieke macht uit te dragen. Net als de andere edelen verplaatsten de Spencers hun grote voorouderlijke portretten van de slaapkamers naar hun eigen galerij, waar ze een bevestiging vormden van dynastieke grandeur. In het geval van Althorp werden de krijgshaftige Spencers, met zwaard en laarzen, aan de hoge muren van de grote toegangshal gehangen, terwijl de indrukwekkende lange galerij volledig volhing met koninklijke pin-upgirls, maîtresses en hofdames van Charles II en James II. Lely en zijn glamourteam deden waarvoor ze waren ingehuurd: ruches, lipgloss en kiekeboe-tepels, de een na de ander, een gestage stroom van koele en flirtende blikken. Robert Spencer, 2e graaf van Sunderland, het genie dat de leiding had over Althorp, ontwierp eigenhandig een nieuw soort barokke lijst om die portretten te omvatten. Door ze allemaal in de galerij te hangen werd de graaf eigenlijk haremmeester, al was hij beslist geen eunuch. In een tijd van inwisselbare bondgenootschappen overtrof niemand Sunderland in adembenemend opportunisme. Nadat hij de pro-katholieke politiek die James II ten val bracht had aangemoedigd en geregisseerd, schakelde hij moeiteloos over naar een bondgenootschap met William III. De nieuwe koning had voor Sunderland geen proces of gevang in gedachten, maar kwam in 1691 naar Althorp om zijn raad te vragen. William was even pragmatisch als Sunderland en begreep heel goed dat de Spencers de macht in handen hadden in de East Midlands; ambtelijke, financiële en geestelijke zaken werden door hen bepaald. Toen hij met keizerlijke luister werd onthaald in de lange galerij, onder de blikken van de hofsletjes, moet William zich hebben afgevraagd wie eigenlijk aan wie eer bewees.

Maar Sunderland overspeelde zijn hand. Toen zijn macht gevestigd was, dankte William hem af als politiek speler en raakte Sunderland uit het zicht, wat in elk geval beter was dan het lot van Nicolas Fouquet, die de prijs betaalde voor het feit dat hij Louis xiv in Vaux-le-Vicomte met meer pracht en praal onthaalde dan de koning zich kon veroorloven en uiteindelijk in de gevangenis stierf. De erfgenamen van Sunderland waren verstandig en werden partijpolitieke loyale verdedigers van de regeling van de omwenteling. En waarom ook niet? Ze waren geen ridders meer. Een monarchie die door het parlement werd beteugeld was helemaal in hun belang, een omwenteling die voor hen was gemaakt en de landadel ongemoeid liet: een geschenk dat steeds groter werd. Ze raakten geworteld in Northamptonshire, het vermogen van het land vloeide terug naar de snelgroeiende City en maakte hen nog rijker, in staat de woeste speculatiestormen op de beurs te overleven. In Londen werd een huis gebouwd dat bijna even groots was als hun buitenverblijf. En in Althorp bouwden de Spencers het ultieme symbool van hun positie in Groot-Brittannie: paardenstallen. Hun stallen, die werden ontworpen door Roger Morris in 1732, hetzelfde jaar dat Wootton aan de paardenschilderijen begon, waren in elk opzicht klassiek, compleet met enorme Toscaanse zuilen. Brisk, Sore Heels en Craftsman, glanzend van het voortdurend roskammen, waren zelf de nieuwe adel. Volbloed was alles. De stamboom heerste in Albion.

4
Pruiken

Macht had een gezicht, zowel in de stad als op het land. In Londen was Godfrey Kneller de schilder voor het hof en voor de hogere klassen: hij was geboren in Lübeck maar opgeleid in Amsterdam bij Rembrandts voormalige leerling Ferdinand Bol, die zelf ook een beetje een society-portrettist was. Na de dood van Peter Lely in 1680 had Kneller succes als hofkunstenaar voor Charles ii en zijn langneuzige, verdoemde opvolger James ii. Zijn werk beviel hun zo goed dat Kneller in de adelstand werd verheven, hoewel hij niet echt een sir Peter Paul Rubens en al zeker geen sir Anthonie van Dyck was. Maar er werd van hem gevraagd visueel wel-sprekend te zijn, en dat kon hij. Kneller kon je ten voeten uit schilderen, hij kon een kniestuk maken, hij kon je in een antiek kostuum hullen, hij kon je à la Lely doen, vaag parkachtig en arcadisch, terwijl je gefriseer-de dame als een klassieke nimf poseerde met een lap zijde die van haar schouders gleed. Met een sluw oog voor klandizie zorgde Godfrey Kneller dat hij nooit aanstoot gaf. Soms, wanneer de 'essentie' van de man meer betekende dan de som van uiterlijke gelaatstrekken, wanneer hij iemand schilderde die gekenmerkt werd door humor of intellectuele inspannin-gen, bracht Kneller het op om verder te gaan. Dan waren de toetsen van zijn penseel iets vrijer. Hij belichtte zijn modellen met een ietwat drama-tische flair, zodat ze gestalte kregen als iets wat meer voorstelde dan de Illustratie van Faam.

In 1689, twee jaar na de publicatie van zijn *Principia Mathematica*, is daar Isaac Newton, met een weerloos gezicht, zonder pruik, zonder de verkrampte uitdrukking van de pose, verzonken in duistere gedachte-spinsels. Dertien jaar later schilderde Kneller Newton opnieuw, en nu is de wetenschapper muntmeester. De omvangrijke klassieke pruik zit iets te strak om de schedel, de elleboog en de onderarm zijn parallel aan het schildervlak in een standaardpose van Kneller en de strakke afkeuring staat fraai op Newtons gezicht geschreven. Maar de prentmakers gaven de voorkeur aan het portret van de oudere Dryden, aandoenlijk slonzig, zonder pruik, met een zekere ruwheid in zijn trekken. In al die portretten is de blik van het model op iets anders gericht dan de opdringerige toe-

John Locke, naar sir Godfrey Kneller, 1670-1699

schouwer. Het minst toeschietelijk van iedereen is John Locke, het ontroerendste schilderij dat Kneller heeft gemaakt: met zijn grote haakneus, de gefronste wenkbrauwen en de zorgelijke wallen onder zijn ogen het toonbeeld van de moderne Cicero, uitgeput van teleurstelling.

Maar Kneller kon zijn sociale ambities niet bekostigen met een galerij van genieën. Naast een aardig stadshuis in Londen had hij een grootse villa buiten, in Twickenham, met terrastuinen voor en achter, een stal met koetsen en een groot aantal bedienden. Hovelingen, aristocraten, welgestelde patriciërs, bonzen van de beurs waren zijn vaste klanten. Omdat hij het zelf wilde hebben, ging hij waar het geld was, investeerde in land, vastgoed in de stad, mijnen en de fabricage van mijnbouwapparatuur. Om de ijdele rijken ter wille te zijn, imiteerde hij hun handelsgeest en schiep een non-stop werkplaats die net zozeer een bedrijf als een kunsthuis was. Kneller maakte schetsen terwijl de klanten poseerden, waarna het onvermijdelijke team assistenten het schilderij voltooide, hoewel de anekdotes over een lopendebandverdeling van het werk – pruikenmannen die het werk doorgaven aan armen-en-handenmannen die het doorgaven aan fluwelen-jasmannen – apocrief zijn. Maar Kneller stroomlijnde zijn werk zo goed dat hij in staat was wel tien en één keer zelfs veertien mensen op één dag te laten poseren. Daar kwamen ze, de een na de ander, de koetsen stonden in een rij op straat. Een zeer goede morgen, gaat u zitten alstublieft, daar in het licht, ja mooi, prachtig, dank u dank u, en als u zo goed wilt zijn even heel stil te zitten, zou ik u erg dankbaar zijn, ja, zo is het goed, prachtig voorwaar, zeer fraai inderdaad, zeer vriendelijk. Meneer zus en zo zal u laten weten wanneer de gelijkenis af is. Mijn oprechte dank. Nog een goede dag gewenst. Volgende, denk ik? O ja, mevrouw zus en zo. Komt u binnen alstublieft.

Niet iedereen in de Londense society wilde in z'n eentje geschilderd worden. Rond de eeuwwisseling was er een nieuw genre ontstaan dat even Hollands was als de protestante koning: het groepsportret. Het paste bij het politieke moment. De macht in Engeland was meervoudig geworden. Waar ze eerst geconcentreerd was in de vorst zonder gelijken, was ze nu verspreid over een klasse van mensen met vergelijkbare ideeën en vergelijkbaar bezit, en de monarch was nu hun dienaar, hoewel je het niet moest wagen hem als zodanig te omschrijven. Het hof was verschrompeld en in plaats daarvan kwamen connecties. Die connecties waren in de eerste plaats maatschappelijke posities, macht geworteld in grootgrondbezit, vervolgens de politieke partij en ten slotte, alleen in Engeland, de cultuur. De partijen – de Whigs en de Tory's – waren verdeeld in hun houding ten opzichte van de zogenoemde Revolutionary Settlement van 1688-1689, en de implicaties ervan voor de buitenlandse politiek. De Whigs waren voorstanders van beperking van de uitvoerende macht van de koning, geregelde bijeenkomsten van het parlement en de rechten van niet-anglicaanse protestanten, en ze wilden graag ten oorlog trekken tegen het dreigende absolutisme van Louis XIV en zijn bondgenoten, die de verdreven James II en zijn erfgenamen gastvrij hadden ontvangen. De Tory's daarentegen waren voorstanders van een uitbreiding van de koninklijke macht en de High Church of England, en waren afkerig van buitenlandse oorlogen en de middelen die nodig waren om die te voeren, omdat ze waarschijnlijk zouden worden verhaald op de landadel die ze vertegenwoordigden. De Tory's vertrouwden ook de instituties van de City of London niet: de Bank of England en de handelmaatschappijen die, onder het mom van het bevorderen van de nationale belangen, ervoor zorgden dat Whig-edelen en hun legioenen van pluimstrijkers en welgezinde ambtenaren zich konden verrijken.

Zodra de kwestie van de protestante opvolging in 1701 was opgelost en de aangewezen vorst, George van Hannover, was gearriveerd, begonnen de Whigs, die zowel de organisatoren als de begunstigden van de regeling waren, de Tory's meedogenloos weg te zuiveren, met als resultaat dat ze de volgende halve eeuw min of meer het monopolie hadden in de regering. Maar voordat dat gebeurde, kwam er een nieuw soort portret in zwang: afbeeldingen van sociaal gedrag. Wat de jacht was voor de heren van paard en jachthond, was de club voor de hogere stedelijke klassen (soms dezelfde mensen): een ontspannen bijeenkomst van gelijkgestemden die fatsoen, 'goede manieren' en beschaving deelden. Gelijkgestemdheid kon politiek zijn, en was dat ook vaak; er waren Whig- en Tory-clubs, hoewel sommige leden erom bekendstonden dat ze van kamp wisselden. Hetzelfde patroon van loyaliteit strekte zich uit tot andere sociale ontmoetingsplekken. De taveerne was de broedplaats voor mannenvriendschappen en -connecties. Het koffiehuis liet misschien enkele vrouwen met een fatsoenlijke reputatie toe, maar een fonkelnieuwe instelling, de theekrans, 's middags of 's avonds, die voorlopig sociaal beperkt bleef door de hoge prijs van het brouwsel, was de plaats waar gastvrouwen in fraaie stadshuizen de dienst uitmaakten. De Engelse huiselijke salon nipte al aan kommetjes Chinese thee, niet aan kopjes koffie of chocolade. En elk soort vermaak had zijn schilders.

In het laatste decennium van de zeventiende eeuw begonnen de Nederlandse groepsportretten – 'vrolijke gezelschappen' van de hogere klassen aangepast aan Engelse omstandigheden – in trek te komen bij de clubleden. Het onderwerp was nu niet een geïsoleerd individu maar het groepsleven. Het was een compositorische uitdaging om te voorkomen dat het effect een chaotische menigte werd, of een saai rijtje in een ondiepe ruimte over de hele breedte van het doek. Niet iedereen was opgewassen tegen deze uitdaging. Soms waren de taferelen weinig meer dan schilderingen van drankgelagen, waarin elk individu duidelijk herkenbaar was. In nettere kringen, zoals de uitgebreide bankiersfamilie Wollaston, geschilderd door de jonge Hogarth in 1730, konden de bijeenkomsten, vaak bij de thee en met een potje whist (vandaar de tafeltjes met twee mensen verspreid over het oppervlak van het schilderij), tot wel twintig personen omvatten en waren de vrouwen met hun mutsjes even in het oog lopend als de mannen in hun fluwelen jas.

Deze 'conversatiestukken' waren kennelijk beneden Knellers gebruikelijke beloningsniveau, maar in het eerste decennium van de achttiende eeuw deed zich voor hem de gelegenheid voor om een ander soort clubschilderijen te maken: portretten die afbeeldingen waren van machtige en invloedrijke mensen, maar zo geschilderd dat ze een aparte groep leken. Bij elkaar zouden ze het collectieve gezicht van de Club vormen.

Knellers opdrachtgevers waren de leden van de Kit-Cat Club, die in de laatste jaren van de voorgaande eeuw was gesticht door de uitgever en boekhandelaar Jacob Tonson, wiens eigen portret, met een woeste rode muts, in 1845 in de National Portrait Gallery kwam te hangen. Tonsons afkomst – zoon van een chirurgijn – was bescheiden, maar hij was de eerste drukker-boekverkoper met de ambitie om iets te worden wat wij als een moderne uitgever beschouwen, door persoonlijke relaties aan te knopen met auteurs zoals de toneelschrijver William Congreve, die bij hem in huis kwam wonen. Tonson was de eerste die zijn schrijvers als een stal beschouwde: een loyale kudde die, behoudens onverwachte bonje of verraad aan een rivaal, kon verwachten door zijn huis te worden uitgegeven. Om deze ambitie te verwezenlijken moest hij de stemming peilen bij potentiële intekenaars, lezers en critici, cheerleaders voor het merk Tonson. Hij stond ook hoog in aanzien bij de intelligentsia, omdat hij doorgebroken was met de publicatie van de eerste kritische editie van *Paradise Lost* van Milton. Zodra de reputatie van deze 'blinde koningsmoordenaar' was gezuiverd en weer geschikt was voor het Engelse pantheon (er was in deze tijd ook een hernieuwde belangstelling voor Oliver Cromwell), kon Tonson gestaag contacten gaan leggen met de aristocratie van de literaire wereld.

De belangrijkste (vond hij zelf tenminste) was Charles Seymour, 6e hertog van Somerset. In 1688 had deze zich gewapenderhand aangesloten bij Williams zaak, als aanhanger van de Revolutionary Settlement. Maar Somerset was ook *Chancellor* van de universiteit van Cambridge. Had Tonson niet gezorgd voor een wederopstanding van de grootste van alle dichters van Cambridge, John Milton? Nu dan, hij was de man die de zieltogende University Press weer nieuw leven kon inblazen, vooral als die literatuur zou uitbrengen die gunstig was voor de Whig-versie van de Engelse geschiedenis. De connectie met Somerset leidde vanzelfsprekend en rechtstreeks naar de schatrijke Whig-oligarchen, de heren van het land en de stad: de Cavendish-hertogen van Devonshire, de Sackville Dorsets, de lords Somers, Halifax, Grafton, Wharton en Godolphin, die zichzelf allemaal zagen als mannen met culturele distinctie en politiek prestige. Velen, zoals de hertog van Grafton, schreven zelfs gedichten.

Tonson bracht zijn troep professionele scribenten – de toneelschrijvers, dichters, essayisten – in contact met de rijmelende pruiken. Hij wist al dat vriendschap, een idee waar zoveel om draaide in de achttiende-eeuwse maatschappij, goed was voor zaken en een tonicum voor de geest. Zijn schrijvers, die waren afgesneden van elkaars gezelschap, waren notoir melancholiek, ook al verwerkten ze grappen in hun toneelstukken. Ze hunkerden naar gezamenlijk vertier, wilden elkaar horen en zien, ook al verspreidden ze direct de volgende dag valse roddels over hun vrienden. De honger naar beschaafd samenzijn en daarnaast naar de beroemde schapenpastei, taart en custard van Christopher Catt werd door Tonson aangewakkerd. In ruil voor al die port en pasteien en de overvloed aan nuttige connecties moesten de schrijvers hem de eerste optie op elk nieuw werk geven. De Cat and Fiddle (een grappige tautologie omdat 'cat' ook Londens slang was voor viool) stond midden in de stad, dicht bij de Inns of Court, en was de plek waar deze connecties werden gelegd. De dichter-toneelschrijver Dryden had een tijdlang hof gehouden in Will's Coffee House in Covent Garden. Maar dankzij de Somersetconnectie bracht Tonson de fine fleur van de Whig-edelen naar de Cat and Fiddle: ze waren allemaal dol op het theater en vonden het dus geweldig om te kunnen schertsen met mensen als John Vanbrugh en Congreve. Aristocraten en actrices zaten naast elkaar, aan elkaar, smoesden, dronken stevig, brulden hun heildronken naar de schoonheden van de stad (echtgenotes uitgezonderd natuurlijk), propten zich vol tot de knopen van hun jas sprongen en het zweet uit hun scheve pruiken drupte. Als het 's ochtends licht werd, boerden en braakten ze wat, wankelden de kasseienstraten op en keken onpasselijk om zich heen op zoek naar een draagstoel of koets om thuis te komen.

Het was natuurlijk niet de bedoeling dat Kneller de Kit-Cats schilderde als ze boven hun theewater waren. Hij moest aantrekkelijke gelijkenissen produceren, nobel en waardig: de belichaming van elegante beschaving, de gezichten levendig, maar niet grof en schunnig of overdreven uit de hoogte. Dat was geen eenvoudige zaak, want de portretten moesten genoeg verwantschap vertonen om duidelijk te maken dat ze tot dezelfde broederschap behoorden, gelijkend op de gelijkenissen. Toen ze bij elkaar hingen in de fraaie kamer die speciaal was ingericht door Kit-Cat Vanbrugh voor Tonsons huis buiten de stad in Barn Elms, moesten ze gezien worden als één compositie, een clubportret in zo'n veertig gezichten. Ze zouden worden gezien als individuen, maar verbonden door politiek, smaak en humor. Een muur van hen was precies het tegenovergestelde van Althorps schoonheden, die allemaal bereid waren elkaar de ogen uit te krabben. De geschilderde Kit-Cats daarentegen zouden collectief dat nieuwe zelfbewuste Engelse principe in het openbare leven belichamen: mannenvriendschap.

Kneller bedacht een eenheidsmaat: 90 bij 70 centimeter in plaats van de iets grotere rechthoek die gebruikelijk was voor borststukken; het formaat werd lang nadat de club zelf was verdwenen bekend als de 'Kit-Cat'. Hij zei dat dit formaat hem de gelegenheid gaf posities en gebaren van de handen te laten zien 'waardoor een grote verscheidenheid aan poses mogelijk is', maar dat was het minst belangrijke element van het succes van de portretten. Zonder de ruimte van het schilderij te benauwd te maken, duwde het formaat van Kneller het model naar voren, naar de rand van de lijst, als in een sociale begroeting of op zijn minst voorname erkenning. Het hoofd was een beetje naar links of rechts gedraaid, schuin op de schouder die naar de toeschouwer is gekeerd. In tegenstelling tot Locke of Newton, die verdiept waren in grotere dingen, staan de meeste Kit-Cats open voor onze blik, alsof ze een vertrouwelijke opmerking of zelfs een grapje zouden kunnen delen.

Wat niet betekent dat ze radicaal verschillen. Hun jas is van fluweel, hun gezicht ontspannen, de reeks uitdrukkingen beperkt. Ze lijken allemaal dezelfde ietwat puilende ogen te hebben, hetzelfde air van welgestelde eigendunk (vooral tussen de Whig-gelijken). Maar als we geduldiger kijken komen individuen tevoorschijn. De pruiken, die de omtrekken van hoofd en haar verhullen en daardoor tot een dodelijke uniformiteit zouden kunnen leiden, zijn eigenlijk opmerkelijk verschillend. Aanschouw

Congreve, die liet weten dat hij niet wilde dat er een schilderij van hem werd gemaakt. Maar toen hij het resultaat van Kneller zag, moet hij zich hebben laten vermurwen, want op zijn portret is de toneelschrijver groots als een Franse markies, schitterend in zijn grijsroze fluwelen jas, en zijn weelderige pruik is even weelderig en vloeiend als zijn stukken. Voor het geval de verfijning nog niet genoeg was benadrukt, is er op de achtergrond een arcadisch landschap compleet met een groen-gouden populier, misschien een van Congreves achterdoeken, recht uit het Drury Lane-theater. De essayist Richard Steele, redacteur bij Joseph Addison, eerst van de *Tatler* en later van de *Spectator*, heeft een pruik van donkere krullen, die strak om zijn schedel zit. Hij is niet alleen maar molligheid en onderkinnen; de strakke mond en flitsende ogen behoren onmiskenbaar toe aan de criticus.

Van tijd tot tijd is er helemaal geen pruik maar een muts of tulband. Charles Fitzroy, hertog van Grafton, zag zichzelf als schrijver, vandaar de gemaakte informaliteit van de ver opengeknoopte jas en hemd, waar hij zich des te meer van bewust lijkt omdat Kneller zijn rechterhand een beetje aan de jas laat trekken. Grafton, in een pose tussen voornaam en lyrisch, draagt een naar achteren vallende groen fluwelen muts. Hij kijkt ons aan met een wenkbrauwoptrekkende blik van nieuwsgierigheid die nog net geen minachting is. De vlezige lippen pruilen, de wangen zijn rond en roze, de blik wat tweeslachtig tussen kom hier en scheer je weg.

Er wordt soms gezegd dat niets de edelen van de gewone burgers onderscheidt op de Kit-Cat-portretten, maar dat is niet helemaal waar. Veel van de Whig-heren – Stanhope, Cobham, de graaf van Scarborough, Montagu – tonen triomfaal rood, hetzij in hun fluwelen jas of in een zijden lap die over een zeer voorname vensterbank is geworpen. De creatieven poseren daarentegen voor elementen van de natuur: een wolkenhemel, een sprietje groen.

Een ander clublid is Samuel Garth, arts, voorvechter van gratis medische posten voor de armen, een en al goedertierenheid met blozende wangen.

De drieënveertig bewaard gebleven Kit-Cat-portretten geven de indruk van een groot gezelschap, maar ze waren niet allemaal tegelijkertijd lid. Generaties overlapten elkaar; sommigen, zoals de hertog van Marlborough, kwamen bij de club toen die uitgesproken Whig was. Er waren waarschijnlijk nooit meer dan dertig leden tegelijk, maar dan nog zou dat een omvangrijk gezelschap zijn geweest. Het kan zijn dat ze vanwege de uitbreiding van hun ledental van de Cat and Fiddle naar de Fountain Ta-

Charles Fitzroy, 2e hertog van Grafton, door sir Godfrey Kneller, ca. 1703-1705

Kloksgewijs van linksboven:
William Congreve, door sir Godfrey Kneller, 1709
Sir Richard Steele, door sir Godfrey Kneller, 1711
Sir John Vanbrugh, door sir Godfrey Kneller, ca. 1704-1710
Jacob Tonson I, door sir Godfrey Kneller, 1717

vern aan de Strand verhuisden, en uiteindelijk naar Tonsons bucolische huis buiten de stad aan de Theems, waar ze per boot naartoe zullen zijn gegaan. Een goede 'oprechte' Whig zijn, niet twijfelen aan de protestante opvolging, was de voorwaarde voor lidmaatschap, maar de Kit-Cats brachten minder tijd door met praten over politiek dan met roddelend innemen (vooral toen, dankzij het handelsverdrag van 1703 met Portugal, port minder duur was geworden dan bordeaux). Er werden glazen geheven op veelgeprezen 'schoonheden', die in verzen werden geroemd en wier namen in de wijnglazen werden gegraveerd. Er werd veel gekletst, er was nu en dan een bezoek aan het theater, met of zonder Congreve en Vanbrugh; er was gegniffel over schandaaltjes, reputaties werden gebouwd en afgebroken en er was het hartelijke drankovergoten gevoel van verwante zielen.

Uiteindelijk ging de club ten onder aan zijn eigen succes. Whiggery was de dominante politieke cultuur geworden, die tot ongeveer 1760 de regeringsmacht met niemand hoefde te delen. Misschien was ook door vijandschappen en intriges tussen verschillende Whigs de illusie van broederlijke jovialiteit moeilijk vol te houden. Velen van de leidende Kit-Cat-adel – Stanhope, Townshend, Godolphin – hadden op enig moment deel uitgemaakt van de regering, en een ander, Robert Walpole, kwam aan de macht omdat hij de schade wist te beperken na het failliet van de South Sea Company, en behield twee decennia lang de macht, van 1721 tot 1742. Voormalig lidmaatschap van de club voorkwam geen groeiende en bittere vijandigheid tegenover de politieke machine van Robert Walpole. Wat een bond van gelijkgestemden was geweest leek nu voor critici als William Pulteney, schepper van het vlijmend polemische tijdschrift de *Craftsman*, verworden tot een corrupt quasi-despotisme, verzekerd door rang en geld.

Sinds in 1695 de Licensing Act, de wet tegen 'opruiende' publicaties, was vervallen kwam er ongelooflijk veel ruimte voor onbegrensde vrijheid van meningsuiting. In de bloeitijd van de Kit-Cats gebruikten de Whigs die vrijheid om Tory's in geschrift en beeld aan te vallen. Maar de lange machtsperiode van Walpole – gerechtvaardigd, zeiden zijn tegenstanders hypocriet, als verweer tegen factievorming en politieke onrust – genereerde een nieuw soort politieke afbeelding. Het formele portret van de grote man werd gekaapt door zijn vijanden en gebruikt als mikpunt van spot en haat. Walpole had het niet meer onder controle en zijn gelijkenis ging vrijelijk rond in het publieke domein, een immens belangrijke ontwikkeling. Het gevoel dat een portret openbaar bezit was, betekende

De verraderlijke Patriot ontmaskerd (William Pulteney, 1e graaf van Bath),
door onbekende kunstenaar, 1742
William Pulteney, 1e graaf van Bath, door sir Godfrey Kneller, 1717

dat de belangeloze, vredelievende, betrouwbare Kit-Cat Walpole door een banaal satiricus, George Bickham, kon worden getransformeerd in de 'Colossus', afgeleid van Cassius' satirische rede in *Julius Caesar*: 'Ja vriend, hij overschrijdt de nauwe wereld/ Als een colossus.'

Toen hij tegen 1740 steeds meer onder vuur kwam te liggen, liet Walpole het er niet bij zitten, in elk geval niet zonder de methoden van zijn vijanden te gebruiken voor een tegenaanval. Voor een van de pro-Walpole-prenten was een gegraveerde uitgave van de Kit-Catportretten gebruikt die in diezelfde tijd was verschenen, om William Pulteney, de 'Patriot', een koekje van eigen deeg te geven. De Kit-Cat-Pulteney van Kneller wordt onthuld als een masker van beschaving, achter de leugens ligt het ware gezicht van de 'Patriot': de sluwe grijns van de duivelse hypocriet. Dit is nog geen echte karikatuur, want de misvormde trekken van de slechte Pulteney hebben maar weinig te maken met Knellers zijdezachte portret, hoewel ook dit, suggereert de satire, een aangepast gelaat is dat niet verward moet worden met de fysieke waarheid. Een paar generaties lang gebruikten politieke satirici goedgekeurde gelijkenissen tegen hun eigen personage als ze niet hun toevlucht namen tot voor de hand liggende zinnebeeldige schetsen. Zo werd de eerste en favoriete premier van George III, de markies van Bute, herhaaldelijk afgebeeld als een laars (*boot*). Henry Fox, de beruchte verzamelaar van geld en politieke posten, was natuurlijk de sluwe vos met scherpe tanden en pluimstaart. De humor was al venijnig, en het publiek dat de neus platdrukte tegen de etalageruiten van prentenhandelaar Thomas Bowles in Cornhill, was er gek op. Hoe gemener de beschimping, hoe meer lol iedereen had, behalve de slachtoffers natuurlijk. Een milde naturalisatiemaatregel waardoor Joden die een aanvraag indienden bij het parlement gevrijwaard werden van de verplichting de christelijke eed van trouw af te leggen, werd in de handen van satirici een campagne om St Paul's Cathedral in een synagoge te veranderen en vrijgeboren Engelsen besnijdenis op te leggen. Ministers tegen wie het misbaar gericht was – de hertog van Newcastle en Thomas Pelham – zouden op de loonlijst staan van kwaadaardige, rijke Israëlieten met haakneuzen of zich aanbieden voor besnijdenis om hun handen op Joods geld te kunnen leggen. De Naturalisatiewet, die al door Hoger- en Lagerhuis was goedgekeurd, werd haastig ingetrokken. Elke buitenlander was vogelvrij voor dit soort xenofobe moppentapperij. Bute kwam er nooit overheen dat hij tot 'laars' was verlaagd. Een akelig staaltje schottofobie vertaalde zich in grapjes over de 'Schotse jeuk', de kilt achter het gordijn, verwijzend naar het feit dat Bute heel intiem was met koningin

Charlotte. Op een gegeven moment had Bute genoeg van de insinuaties en spot. De lach was dodelijk.

Beschimping was inmiddels de rechterhand van de vrijheid in Groot-Brittannië. De geschiedenis van vrijheden die men zich veroorloofde met spot is natuurlijk oeroud. De nar van Lear zegt schandalige dingen tegen zijn koning, op zoek naar de grenzen van straffeloosheid. Maar brutaal zijn tegen de machtigen werd wederzijds gezien als een tijdelijke dispensatie, waarna de eerbied werd hersteld. De koning snapte de grap, vertel er nog eens een op eigen risico. De Reformatie verplaatste satire naar het middelpunt van de geschiedenis en maakte die tot een zaak van leven en dood, loyaliteit en redding. Het medium van het protestantisme was het gedrukte woord, en dat werd gebruikt voor een spervuur van woeste scheldwoorden gericht tegen de paus (ook wel bekend als de Hoer van Rome), terwijl er ook, op een grimmige lutheraanse manier, veel grappen werden gemaakt over monniken, nonnen, heiligen en relikwieën. Het gebruikte de wapens van de ene beeldtaal, het lage soort waar mensen zich om bescheurden, tegen de andere: het verheven altaarstuk dat nu belachelijk werd gemaakt als afgoderij, bedwelming van de goedgelovigen. Omdat dit nieuwe soort beeldpolemiek in druk verscheen, verdween het ook niet meer, net als de valse sneer van de nar. De aanval op het respect strekte zich uit tot de eindeloze christelijke burgeroorlogen in Europa, zowel tussen als binnen de staten. De Nederlanders grepen onmiddellijk naar satire om de hertog van Alva en zijn meester Filips II te demoniseren, waarna het de standaardmanier werd om patriottische gevoelens te wekken tegen elke vijand die voor de deur stond: de Fransen, de Engelsen, de bisschop van Munster!

Het is dan ook geen toeval dat toen een Nederlandse prins, stadhouder Willem III van Oranje, de Britse koning William III werd, de deuren van de satire wijd opengingen. Het gebeurde alleen indirect. Het was de 'partijstrijd' – de onenigheid tussen Whig en Tory over aard en omvang van de revolutie van 1688 – die de spot voedde, waarbij beide partijen naar de giftige pen en de in zuur gedoopte naald van de graveur grepen. Hoewel de Tory's, met hun eerbied voor Kerk en troon, meer moeite hadden om in het slijk van de satire te stappen dan de Whigs, trokken ze er zeker niet hun neus voor op. Concurrentie tussen de partijen om getalenteerde satirici smeerde de motor van de nieuwe industrie. Toen de Licensing Act verstreek zonder vernieuwd te worden (misschien het ware moment van culturele revolutie) en het land geen geldende wet tegen laster kende, genereerde en onderhield een hele verzameling drukkers-uitgevers een markt voor beeldende spot; het aantal graveurs breidde zich sterk uit om in de behoefte te voorzien. Lach, liberalisme en losbandigheid begonnen om de pretenties van de machtigen heen te dansen, en dat is in Groot-Brittannië tot aan de dag van vandaag zo gebleven. In de achttiende eeuw weerhield het gecommercialiseerde gebrek aan respect de oligarchen ervan politiek Groot-Brittannië in een cultuur van eerbied op te sluiten. Het verschil was heel wat breder dan Het Kanaal. In Frankrijk was de komedie met Molière gebalsemd: de sociale satire van een voorbije eeuw opgevoerd door een geordend, gesubsidieerd koninklijk gezelschap, was geen bedreiging voor de sociale of politieke orde van het ancien regime – vandaar de ingehouden adem, het nerveuze gegiechel en het bezoek van koninklijke censoren toen de *Figaro* van Beaumarchais het waagde de arrogantie van de adel aan te vallen. Groot-Brittannië daarentegen was een non-stop circus van grofheden.

THE MACARONI PRINT SHOP.

Pub accor to Act by MDarly Strand July 14. 1772

De Prentenwinkel Macaroni, door Edward Topham, 1772

5
Kritische portretten

Kritische portretkunst begon als on-gelijkenis, gezichten die vertekend werden om belachelijk gemaakt te worden. Opvallende gelaatstrekken – uitstekende wenkbrauwen, een vlezige neus, een zwakke kin – werden overdreven voor het komische effect. Het uiterlijk van een bekend figuur, zorgvuldig opgebouwd om hem te verzekeren van respect en populariteit, veranderde onder de handen van een karikaturist in een grap of een gruwel. In de boosaardige wereld van de Engelse partijpolitiek werd de karikatuur onmiddellijk omarmd om ijdele en zelfingenomen lieden te vernederen. 'Men vertelde me van een nieuwe vinding die caricatura tekenen heet,' schreef de aartskrengerige hertogin van Marlborough. 'Kunt u iemand vinden die voor mij een caricatura van lady Masham maakt, waarop ze overdekt is met etterende wonden en zweren, die ik naar de koningin kan sturen om haar enig idee van haar favoriet te geven?' Ook als ze niet werden gemotiveerd door persoonlijke wrok, maakten karikaturen inbreuk op de regels van de portretkunst die al sinds de Oudheid golden en waarin verfraaiing ten behoeve van een ideaal gelaat als norm was vastgelegd: een beleefd onuitgesproken conventie tussen kunstenaar en model. De meest ambitieuze kunstenaars, met name Rembrandt, konden onverschrokken afwijken van vleierij, maar betaalden een prijs voor hun eerlijkheid wanneer opdrachtgevers aanstoot namen aan hun definitie van gelijkenis. Een karikatuur was iets heel anders: oorspronkelijk niet meer dan visueel vermaak, een ondeugend duveltje uit een doosje. Het woord komt van het Italiaanse *caricare*, laden of belasten, en het onverwachte moest een komisch effect hebben. Leonardo da Vinci en Annibale Carracci werden in het begin van de zeventiende eeuw door degenen die na hen kwamen altijd genoemd als uitvinders van het genre, maar het was de vroeg-achttiende-eeuwse Romeinse kunstenaar Pier Leone Ghezzi die als eerste naam maakte als specialist van *caricatura*, en zijn werk werd veel gereproduceerd in Engeland in de jaren veertig van de achttiende eeuw door de prentenmaker Arthur Pond.

Traditionele prentenverkopers als Thomas en John Bowles, met winkels in St Paul's Churchyard, in Cornhill vlak bij de Munt en Cheapside, begonnen naast de gebruikelijke voorraad topografische voorstellingen en botanische illustraties ook satires in hun etalage te zetten. Halverwege de achttiende eeuw rook het doortastende echtpaar Matthew en Mary Darly handel in de karikatuur. Matthew was een alleskunner – meubelontwerper bij Chippendale, chique interieurontwerper voor patriciërs in de City, expert in chinoiserie, behangmaker; Mary was een volleerd karikaturist en gaf les aan eerzuchtige amateurs. Aangezien de dampen van de aqua fortis (het zuur dat voor etsen wordt gebruikt) 'schadelijk voor de dames' konden zijn, gaf Mary ook nog les aan huis. Tegen 1770 hadden ze werkplaatsen en prentenwinkels aan de Strand en Leicester Fields, waar ze 'Darly's komische prenten' tentoonstelden. En dan hadden de Darly's ook nog een geheel nieuw product bedacht: spotprentkaarten op zakformaat, vijf bij tien centimeter, waarop karikaturen van leidende politici waren gedrukt. Het eerste stel was getekend door de aristocraat George Townshend, zoon van een Kit-Cat. Darly-kaarten konden tevoorschijn worden gehaald om bij te gnuiven in de taveerne of het koffiehuis, en ze werden zo populair dat ze in kleine boekjes werden gebonden als *A Political and Satyrical History*, waarvan elk jaar herziene en uitgebreide edities verschenen om een selectie van nieuwe spotprenten op te nemen.

Geschreven satire vroeg om aandacht en vaak ook een zekere mate van klassieke scholing om de veelgelaagde toespelingen te begrijpen. Maar beeldsatire was voor het volk: zowel ongeschoold als geschoold. Beeldsatire bood onmiddellijke pret, gevolgd – mocht de toeschouwer dat willen – door een overvloed aan bijschriften, kort of compact, verwijzingen naar actuele gebeurtenissen en persoonlijkheden. Voor het eerst in de geschiedenis was politiek vermaak geworden. Als gevolg daarvan waren karikaturen zo'n spectaculair succes dat kunstenaars die er ook mee gespeeld hadden en er wat zakgeld mee hadden verdiend, nu bang werden dat ze voor 'louter' karikaturisten zouden worden aangezien. Hogarth was als de dood dat hij als beoefenaar zou worden beschouwd. 'Ik heb zelfs overwogen,' schreef hij in 1743 nuffig, 'dat karakter, hoog of laag, het verhevenste onderdeel van schilder- of beeldhouwkunst was', terwijl karikatuur 'het laagste was, welzeker zoals de wilde pogingen van kinderen'. Juist omdat Hogarth zich zo toelegde op beeldende parodieën – het scheppen van sociale types, die briljant werden uitgewerkt – gruwde hij van het idee te worden aangezien voor een simpele 'tronie-kramer', zoals hij het noemde, een venter van misvormingen. Hij was tenslotte getrouwd met de dochter van de hoogdravende historieschilder James Thornhill en wilde dolgraag zelf als zodanig serieus worden genomen. Net als de professionele karikaturisten kwam hij uit de wereld van de gravures: het pamflet en de satire, vooral over het faillet van de South Sea Company. Zowel aan het begin als aan het eind van zijn carrière, die ongeveer veertig jaar omvatte, voelde hij zich niet te goed voor een ruim betaald schotschrift. Maar zijn 'Moderne Zedenschetsen'-serie diende, volgens hem, een hoger maatschappelijk doel: het afkeuren van zonde, hypocrisie, corruptie, van hoererij in de slaapkamer en prostitutie in het publieke domein. Net als zijn vriend Henry Fielding mikte hij op een glimlach die de inleiding zou zijn tot ernstiger gedachten over de stand van zaken. Op typisch Engelse wijze vertelden zijn plaatjes verhalen, beeldend gestructureerd door een slingerende lijn waarin elementen van het verhaal zich, het ene na het andere, zouden ontvouwen en heel vaak uitliepen op een val uit de gratie. Zijn 'Verkiezing'-serie, gebaseerd op de verkiezing in Oxfordshire in 1754 van het parlementslid Bubb Dodington, eindigt voorspelbaar met de corpulente overwinnaar die uit zijn triomfzetel tuimelt.

Hogarth hield zichzelf voor de gek wat betreft de grens tussen karakter en karikatuur. Wat was het groteske portret van de radicale politicus John Wilkes anders dan een karikatuur? Wilkes' krant, de *North Briton*, had geen genade gehad voor de eerste minister van George III, Bute, dus maakte Hogarths prent, die in 1763 werd gepubliceerd, deel uit van de tegenaanval van de minister. Hogarth verbond de scheelheid van Wilkes (voor zijn bewonderaars het uiterlijke teken van een robuuste geest) met een potsierlijke grijns en een pruik die tot geitenhoorns is gekapt, en veranderde de voorvechter van de vrijheid in een duivelskind van Satan die de goedgelovigen rechtstreeks de kaken van de hel in danst.

Krenkende nederlagen stoken het vuur van spotternij op. Na de ramp van de Amerikaanse Onafhankelijkheidsoorlog werd de Engelse antiportretkunst – die al een volkscultuur was – tegelijkertijd een echte kunstvorm en een dodelijk politiek wapen. De tijd was vervuld van politiek drama. Het Amerikaanse debacle verbrak de greep van de Whigs op de regering, of liever gezegd, verdeelde hen in onderling verbitterde facties die elkaar in het parlement ophitsten. De koning werd gek, de prins-regent sloot een geheim en schandalig huwelijk, de gouverneur-generaal van de East India Company, Warren Hastings, werd aangeklaagd voor het parlement, de Franse Revolutie brak uit en Groot-Brittannië trok weer ten oorlog, deze keer om een invasie af te weren. Karikaturisten gingen naar het Lagerhuis om schetsen te maken van hun voornaamste slachtoffers. Het nieuwshongerige publiek kon broeden op de zee van teksten in de dagbladen en tijdschriften, maar een groter aantal mensen verorberde het

John Wilkes, door William Hogarth, 1763

nieuws liever in spotprenten; er werden er duizenden op de etalageruiten geplakt van de winkels van de Darly's, S.W. Fores, of de nieuwe ploeg, een team van broer en zus, William en Hannah Humphrey, die stiekem probeerden karikaturisten van hun concurrentie te stelen.

Geen van de talloze karikaturisten was meer in trek dan James Gillray, die erkend werd als de weergaloze virtuoos van het genre. Anderen volgden en waren, op hun manier, begaafde grappenmakers in lijnen en expressies – Thomas Rowlandson, Isaac en George Cruikshank – maar geen van hen kon even geniaal als Gillray van controverse een kunstvorm maken. Hij deed te veel en leverde lopendebandwerk vol bijschriften af om van het goede leven te kunnen genieten. Maar als hij echt op dreef was – wat vaak gebeurde toen de Franse Revolutie gewelddadig werd – kon Gillray diep gaan en vreugdeloze grappen bedenken, woeste ontmaskeringen die even fel en meedogenloos waren als het werk van Francisco Goya. *De vrijheidsboom moet onmiddellijk worden geplant!* is op zijn monsterlijke manier een portret: het hoofd dat druipt van het bloed is onmiddellijk te herkennen als dat van de Wigh-vriend van de revolutie, Charles James Fox, wiens rupsachtige wenkbrauwen, bolle wangen en zware baardgroei een geschenk waren voor de spotprenttekenaar. In Gillrays onverzoenlijke nachtmerrie is Fox tot op het laatst blind gebleven, zijn ogen bedekt met de vrijheidsmuts, en liggen de koppen van zijn zelfopofferende kameraden in revolutionair enthousiasme op een hoopje aan de voet van de bloederige boom. Het onderschrift zelf is ook van een bijtende minachting: 'De vrijheidsboom moet onmiddellijk worden geplant! ... om het land te redden van verwoesting.'

Naarmate Groot-Brittannië zich steeds meer voorbereidde op de ideologische en militaire strijd tegen jakobijns Frankrijk, deed Fox Gillray een genoegen door te weigeren zijn sympathie voor de revolutie af te zweren, waarmee hij de karikaturist nog meer gelegenheid gaf om van hem de belichaming van naïeve broederschap te maken. Fox was door zijn opzichtigheid altijd al een doelwit geweest. In de jaren tachtig had Gillray hem afgebeeld als een oosterse potentaat, Carlo Khan – een redenaar als een trompetterende olifant. Maar in de jaren negentig werd Fox gevaarlijk lachwekkend voor Gillray (net als Tom Paine): een Engelse jakobijn die de Britse grondwet wilde afbreken voor de twijfelachtige vreugde van Franse democratie. De slimme Fox was het tegendeel van de eerlijke pummel John Bull, maar die laatste was verre te verkiezen boven de eerste. Gillray was echt een kind van de romantiek: zijn verbeelding, net als die van William Blake, ziedde van de fantasmagorieën. De heksen van *Macbeth*, nu

De vrijheidsboom moet onmiddellijk worden geplant!, door James Gillray, 1797

in de rol van ministers, komen vaak terug in zijn prenten. Maar hij was het tegenovergestelde van Blake en zag in de jakobijnse revolutie een angstaanjagende apocalyps, en bovendien een die, als Fox en de zijnen hun zin kregen, Het Kanaal over zou steken. De gruwelen komen tot leven in Gillrays nachtmerrietafereel van Parijs, 1793. Een koepelkerk brandt terwijl een jakobijn met een blote kont (een grove verwijzing naar de sans-culottes) op een straatlantaarn waaraan geestelijken en magistraten bungelen viool zit te spelen terwijl het hoofd van Louis XVI afgehakt wordt onder de guillotine.

Op *De beloofde gruwelen van de Franse invasie* zien we hoe Fox William Pitt afranselt terwijl hij een meute door St James's Street leidt, waar Gillray boven de winkel woonde als huurder van Hannah Humphrey. Deze keer staat het St James's Palace een paar honderd meter verderop in brand, terwijl er politici zijn opgeknoopt aan de balkons van de Londense clubs Brook's en White's. De prent had zoveel succes dat het een erezaak werd voor iedereen (afgezien van Fox en zijn vrienden) om zichzelf te herkennen in de slachtoffers van de revolutionaire strooptocht. George Canning was zo bitter teleurgesteld dat hij zichzelf niet kon terugvinden op de prent dat hij Gillray persoonlijk opzocht en een van zijn voornaamste broodheren werd.

Maar uiteindelijk werkte Gillray voor S.W. Fores, of Hannah Humphrey, en niet voor een politicus. Als de gelegenheid zich voordeed, kon hij iedereen aanpakken die het nieuws van de dag beheerste. Het was overduidelijk dat hij een Britse patriot was, dat hij de pest had aan de Franse revolutionairen en Napoleon Bonaparte, 'Little Boney', die ronddartelde of *tout de suite* uit Egypte vertrok, waar hij met een grijns op zijn gezicht zijn soldaten in de steek liet. Afgezien daarvan, en van een fundamenteel vertrouwen in de Britse grondwet, kon niemand met enige zekerheid zeggen wat Gillrays politieke overtuiging was, als hij die al had. Maar dat hij serieus genomen wilde worden, niet minder dan Hogarth, daar kon geen twijfel over bestaan.

Gillrays vader was cavalerist geweest en had een arm verloren in de rampzalige Slag bij Fontenoy in 1745, dus de vroegrijpe handvaardigheid van de zoon kan een soort compensatie zijn geweest. James groeide op in Chelsea, eerst in de buurt van het veteranenziekenhuis en later bij de sombere christelijke orde van de hernhutters die zijn ouders tot hun broederschap hadden toegelaten. Van de vijf kinderen was hij de enige die volwassen werd. Een vroege, schitterende tekening van een puttertje toont aan met welk talent Gillray als twaalfjarige een plaats veroverde op

Het toppunt van Franse glorie; – Het toppunt van vrijheid,
door James Gillray, 1793

de Schools of the Royal Academy die in 1768 was opgericht. De Schools, die gevestigd waren in Somerset House en geleid werden door Joshua Reynolds, waren de plaats om de portretkunst te leren, maar Gillray schreef zich in bij de afdeling grafiek, wat al een roeping van een lagere orde veronderstelde. Hij schilderde maar zelden, want hij werd gezien als een bedreven karikaturist, en vervaardigde geestige en onschuldige vignetten van fatterige dandy's, nog een specialiteit van de Darly's. Terwijl hij anoniem politieke karikaturen produceerde die of onhandig of onzeker waren vergeleken bij zijn latere werk, waagde Gillray zich ook aan boekillustraties voor *Tom Jones* van Henry Fielding en *Deserted Village* van Oliver Goldsmith, een bittere aanklacht tegen de verwoesting die werd aangericht door het verdwijnen van gemeenschapsgrond.

Een kans om een andere richting in te slaan kwam in 1789, toen Gillray de opdracht kreeg om een formeel portret te maken van William Pitt, toen in het zesde jaar van zijn ambtsperiode, die was begonnen toen Pitt vierentwintig was. Voor dit portret zou het in Gillrays belang zijn geweest om de macht te vleien, maar iets diep in hem verzette zich daartegen. Hij keek naar Pitt en zag het tegenovergestelde van Fox: bottig waar Carlo Khan vlezig was, streng hoekig waar Fox sensueel was, ingehouden waar Fox spontaan geestig was. Hij keek naar het grote vasten vergeleken bij het carnaval van Fox: de lange puntige neus, de wijkende kin en de bovenlip die stijf als een plank was, terwijl de lippen van Fox dikke, glimmende kussens waren. Hoe kon hij dat weerstaan? Hij kon het niet. Het 'formele portret' zag eruit als een karikatuur, of op zijn minst als een 'karakter'. Het kon niet volledig mislukt zijn, want Fores bracht er meerdere uit, maar waarschijnlijk niet voor Pitts beste vrienden.

Het kan zijn dat er ongenoegen werd geuit. Of, van de kant van de oppositie, plotselinge aanmoediging. In de jaren daarop was Pitt immers het onderwerp op een paar van Gillrays gemeenste en briljantste prenten: Pitt als de Paddenstoel, een beeld van een parasitaire zwamachtige eerste minister boven op een mesthoop; Pitt als Midas, zijn buik gezwollen van het goud terwijl hij waardeloos papiergeld braakt en schijt; Pitt als nep-Colossus (een bewerking van de oude anti-Walpole-prenten) met de rechterlijke macht tussen zijn benen geklemd; de 'Bottomless' Pitt, letterlijk zonder achterwerk, in een tijdperk dat 'to have bottom' betekende dat je solide was.

De verrassendste details van 'De Paddenstoel' zijn de botanisch incorrecte tentakelachtige 'wortels' van de zwam, op zo'n manier rond de voedende mesthoop geplant dat ze onmiskenbaar de vorm van de ko-

William Pitt, door James Gillray, 1789
William Pitt (Een uitgroeisel; – een Zwam; – alias – een paddenstoel op een mesthoop), door James Gillray, 1791

ninklijke kroon krijgen. Het was een vaak geuite beschuldiging dat Pitts regering zich staande hield met koninklijke steun en koninklijke baantjes. Het was niet echt standaard om de monarchie op een mestvaalt af te beelden, maar de karikaturisten, wat hun politieke richting ook was, hadden geen enkele moeite de koninklijke familie net zo te bespotten als anderen. Scatologische en seksuele grapjes waren in die tijd gebruikelijk, wat tegenwoordig ondenkbaar zou zijn. In een afbeelding die hij ongetwijfeld liefhebbend en patriottisch vond, laat Gillray George III in een soort legpuzzellandkaart boten schijten op het republikeinse Frankrijk.

Aanhangers van Pitt zagen niets in een regentschap toen de koning gek begon te worden, want ze wisten dat de kroonprins de eerste minister door aartsvijand Fox zou vervangen. Dus waren ze dol op de vele karikaturen van de prins als een opgezwollen, wulpse, luie man, inclusief de beroemde 'Wellusteling die lijdt aan de gruwelen van indigestie', een rechtstreeks beeldcitaat uit de *Rake's Progress* (de ontwikkeling van een losbol) van Hogarth: de losbandige zoon, benen gespreid, geheel laveloos. Men veroorloofde zich zo mogelijk nog meer vrijheden met de jongere broer van de koning, de hertog van Clarence, die koning William IV zou worden en voor de monarchie een recordaantal onwettige kinderen verwekte. De maîtresse van de hertog, de actrice Dorothea Jordan, is in de schandalige karikatuur van Gillray een *jordan* geworden, een po, en ook nog gebarsten, waar de hertog zijn hoofd in steekt. Niets was te gek.

Gedurende de jaren van de revolutie, oorlog en gekte bleef George III immens populair, dus de bijtendste karikaturen gingen vooral over zijn excentriciteit en beruchte zuinigheid en spaarzaamheid. Koningin Charlotte was een heel ander verhaal. In 1792, tijdens een ruzie binnen de regering, produceerde Gillray *Zonde, Dood en de Duivel*, een parodie op Miltons *Paradise Lost*, en voerde hij Pitt op als de Dood die aan het knokken is met Edward Thurlow als Satan, terwijl de koningin tussenbeide komt, halfnaakt, met zwabberende tieten en haar dat kronkelt van de slangen zoals past bij de 'snaky sorceress', de boosaardige tovenares. Verbazingwekkend genoeg had de prent geen gevolgen voor hem. De enige keer dat hij werd gearresteerd, was voor een verhoudingsgewijs milde prent waarop politici de kont van de pasgeboren prinses Charlotte kussen. Zelfs toen kwam hij niet in de gevangenis en de aanklacht werd ingetrokken.

Britse karikaturen zijn sindsdien nooit meer zo dodelijk geweest. Gillrays werk verzwakte door verzadiging van de zintuigen. Beelden van eetlust kwamen altijd weer terug. Jakobijnen dineerden met menselijke oogballen; varkensachtige, robuuste Britten propten zich vol terwijl Franse

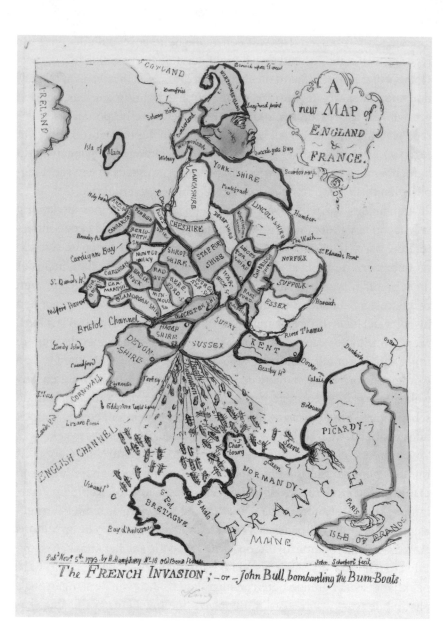

De Franse invasie; – of – John Bull die de parlevinkers bombardeert,
door James Gillray, 1793

Zonde, dood en de duivel, door James Gillray, 1792

Heb meelij met de smarten van een arme blinde man, door James Gillray, ca. 1812

republikeinen uitgemergeld raakten; Napoleon en Pitt kwamen met hun messen vast te zitten in de wereldplumpudding. Langzamerhand werden zijn aanvallen niets meer dan krampen van beeldende misselijkheid. Zijn betrouwbare gladiatoren, zo volmaakt tegengesteld – Pitt en Fox – overleden allebei in 1806. Gillrays reserve-energie werd in anti-napoleontische propaganda gestoken, begrijpelijk toen het land in 1804-1805 echt werd bedreigd door een invasie. Iets aan het bijna unanieme Britse patriottisme in die tijd haalde de scherpe kantjes eraf. Van tijd tot tijd dook er weer een glimp van zijn oude virtuositeit op, zoals in de Napoleon die werd opgevoerd als 'Tiddy-doll', de peperkoekbakker die overal in veroverd Europa peperkoekkoningen bakte uit zijn eigen familie en zijn veldmaarschalken. Maar er was iets weg. Gillray nam steeds vaker genoegen met vriendelijke parodieën van modieuze kleren en gedragingen. De oude koning liet zich nauwelijks zien en was vooral gek. In plaats daarvan, in een opvallende voorafschaduwing van Charlie Chaplins *The Great Dictator*, veranderde Gillray Napoleon in een 'maniak' die helemaal de kluts kwijt is door zijn eigen lege bombast.

Het waren zijn eigen krachten die het begaven. De depressies kwamen vaker dan de manische oplevingen. Zijn ogen gingen achteruit, en toen zijn geest. Meer dan eens sprong hij uit het raam van Hannah Humphrey in St James's Street. Een van de pogingen mislukte suffig doordat hij bleef hangen aan het balkonhek, een scène die de oude Gillray zeker zou hebben gebruikt. Op een dag verscheen hij beneden in de winkel, poedelnaakt en ongeschoren, bazelend en schreeuwend. In 1815, het jaar van Waterloo, deed hij nog een poging, en deze keer lukte het. Niet lang daarvoor maakte Gillray een van zijn aangrijpendste tekeningen, getekend met een krabbelige hand, voordat het duister hem helemaal insloot. *Heb meelij met de smarten van een arme blinde man* was geen karikatuur. De tandeloze, zwaar getroffen bedelaar, wiens geest kolkt van de halfvoltooide beelden, is een zelfportret.

6
Familiealbum

Om de Britse monarchie te redden uit de spotprentenkuil was meer vereist dan alleen nieuw personeel. Er was een nieuwe gelijkmatige persoonlijkheid nodig en een frisse manier om aan het volk te verschijnen. Het was een dynastie geweest, nu was het een familie geworden. Het hielp dat de afgetakelde geile bokken George IV en William IV, de ene een opgeblazen vat vol genotzucht, de andere een nukkige, eigenwijze tiran met een kolonie onwettige kinderen, een eind aan het Huis Hannover hadden gemaakt. Het was niet gegaan zoals hun ouders, George III en Charlotte, hadden gehoopt. Hoewel hij afstamde van een dynastie die echtelijke trouw of tederheid niet hoog in het vaandel had staan, had George de monarchie een nieuwe rol willen geven als een voorbeeldig gezin, met de kroonprins als toonbeeld van sociale deugdzaamheid. Tegen de tijd dat de jongen zestien was en al achter actrices aan zat, was het duidelijk dat vader en moeder een teleurstelling te wachten stond.

Toen kwam, bij de gratie van de voorzienigheid, Victoria, de dochter van de hertog van Kent: roze en klein als een rozenknopje. Wat nog opmerkelijker was: de koningin werd stapelverliefd op de prins met wie ze in 1840 trouwde, Albert van Saksen-Coburg en Gotha. De gepassioneerde toewijding verslapte nooit, zelfs niet na Alberts voortijdige dood in 1861. Het stel hoefde niet te worden opgevoed voor het gezinsleven, het ging hun heel gemakkelijk af. Al snel werd de huiselijke idylle compleet door een volle kinderkamer. Maar hoe kon dit gelukkige tafereel worden verbeeld voor het Britse volk? De vertoning van deze nieuwe soort majesteit zou beslist een delicate onderneming worden. 'Koninklijke Familie' kon makkelijk een contradictio in terminis zijn. Majesteit, zelfs in de moderne, boven de politiek verheven vorm, heeft mysterie, afstand en distinctie nodig, anders verliest ze haar symbolische macht om een hele natie te personifiëren, en dat is uiteindelijk waar het om gaat. Aan de andere kant is er bij formele afstandelijkheid het risico van vervreemding, een verlies van sympathie. Victoria en Albert waren de eersten die probeerden een evenwicht te zoeken tussen verhevenheid en vertrouwelijkheid door selectieve zichtbaarheid.

Van nature waren ze, en met name Albert, actief, sociaal en openbaar. Buckingham House was oorspronkelijk gebouwd voor koningin Charlotte als een pied à terre, weg van St James's, waar formele ceremonies werden gehouden. John Nash had er voor een astronomisch bedrag een paleis van gemaakt voor George IV, maar na al die tijd en al die uitgaven wilde de koning er niet wonen en bood hij het aan het parlement aan, dat het aanbod afwees. Victoria was de eerste vorstin die van Buckingham Palace, zoals het nu heette, een echte residentie maakte, maar zij zag het nooit als een plek om onzichtbaar te zijn. Zodra ze getrouwd was ontstond er, aangemoedigd door de prins-gemaal, de koninklijke rondgang: staatsiebanketten, het bijwonen van diners en bals, het openen van gebouwen en bruggen, het toekennen van eretekens, de ontvangst van leden van de geheime raad. Paarden en jachthonden werden niet verwaarloosd, maar de monarchie was nu volledig ondergedompeld in de bedrijvigheid van industrialiserend Groot-Brittannië. Het is dan ook geen verrassing dat zowel Albert als Victoria onmiddellijk geboeid was door het splinternieuwe wonder van de fotografie. Bij haar dood liet de koningin een wonderbaarlijke collectie van zo'n twintigduizend foto's na. Hoewel geen van beiden zelf fotograaf werd, begunstigden Victoria en Albert de nieuwe kunstvorm actief: ze installeerden een donkere kamer in Windsor, zodat favoriete fotografen ter plekke hun foto's konden ontwikkelen, en ze gaven opdrachten voor projecten en tentoonstellingen. Meer dan wat ook zou de portretfotografie het imago van de monarchie in het Britse leven veranderen. Ook al was hij dat niet, toch leek een foto van de koningin driedimensionaal op een manier die een schilderij niet kon bereiken. Schilderijen werden geacht verfraaiend te zijn, het portret van een idee; fotografie werd, niet geheel ten onrechte, geacht de werkelijkheid weer te geven. Het koninklijke enthousiasme begon met het medium zelf, dat vanaf het begin een steekspel van uitvindingen over Het Kanaal heen was. Louis Daguerre kondigde in januari 1839 als eerste aan dat hij erin geslaagd was camera-obscurabeelden op een verzilverde plaat vast te leggen, wat voor Henry Fox Talbot aanleiding was om zijn calotype-beelden te laten zien, waarvan een aantal al drie jaar eerder waren gemaakt, in het Royal Institution op de 25ste van dezelfde maand. In augustus 1839 nam Daguerre een patent op zijn werkwijze in Engeland en Wales. Iedereen was zo gefascineerd dat het Albert, die snel opgewonden raakte over technologische vernieuwingen, niet kan zijn ontgaan. Of het ooit schilderijen of prenten zou vervangen als medium voor portretkunst, laat staan om de koninklijke familie af te beelden, was een heel andere kwestie. In het begin van de jaren veertig van de eeuw waren de beelden die op platen en papier werden vastgelegd vooral landschappen en stadsgezichten, gebouwen en monumenten. Er verschenen gaandeweg ook menselijke figuren, maar het lange poseren dat vereist was voor een opname maakte het heel onwaarschijnlijk dat de koningin en de prins-gemaal ooit zouden instemmen met de nodige onbeweeglijkheid.

Maar dat deden ze wel. Een van de vroegste Britse portretten is een daguerreotype, inmiddels erg verbleekt, van Albert, genomen door William Constable in maart 1842, waarschijnlijk als geschenk voor de koningin, want dit is vast en zeker het gezicht waarop ze verliefd werd: serieus en knap, met iets van een visionair in zijn verre blik. Het zegt iets over deze nieuwe monarchie dat Constable de eerste koninklijke fotograaf was, want hij was op en top een selfmade man. Hij was de zoon van een graanmolenaar in Surrey en begon pas op middelbare leeftijd met fotograferen, nadat hij eerst kruidenier, aquarellist, en land- en wegenmeter was geweest voordat hij ging werken voor een stoffenhandelaar in Lewes die geïnteresseerd was in wetenschap en zijn scheikundelaboratorium openstelde voor zijn werknemer. Constable had in november 1841 zijn eigen daguerreotypiestudio geopend in Lewes, compleet met draaiende stoel voor verschillende poses, en rekende een gienje per foto. Misschien had zijn advertentie de aandacht van Albert getrokken, maar het was in elk geval buitengewoon dat de zoon van een molenaar uit de werkende klasse en een prins urenlang samen zaten opgesloten om het beeld te scheppen.

Albert poseerde voor Constable alsof het een formeel hofportret was, maar hij zag al heel snel de transformerende mogelijkheden van de fotografie. Hij schijnt een kopie van het beroemde panorama van de massabijeenkomst op de Kennington Common in 1848 te hebben gekocht, hoewel, of misschien juist omdat, de gebeurtenis het begin van een revolutie leek. Maar dankzij zijn industrie had Groot-Brittannië in 1851 de Grote Tentoonstelling, terwijl andere landen grote oproeren hadden. En omdat hij de patroon was van de gigantische expositie van technologie, kunsten en ambachten in Crystal Palace, had Albert veel belangstelling voor de fotografische documentatie van het gebouw, de uitstallingen en zelfs het afbreken ervan om in Sydenhal weer te worden opgebouwd. De fotograaf die naam maakte en een uitgebreid album in de handel bracht, ook beschikbaar voor mensen die de tentoonstelling niet zelf hadden kunnen zien, was Roger Fenton. Zijn vader had geen molen maar fabrieken, en nadat hij was opgeleid voor de rechterlijke macht, maakte Roger een plotselinge ommezwaai en ontsnapte naar Parijs, waar hij in de leer ging bij de schilder Paul Delaroche, die gespecialiseerd was in Engels-Franse historiestukken, vaak van bedeesde nekken die op het punt stonden kennis te maken met de bijl, zoals Jane Grey en koningin Mary van Schotland. Fenton volgde Delaroches belangstelling voor fotografie, werd lid van de Parijse calotypeclub, de eerste in zijn soort, en nam de nieuwe kunst mee terug naar Londen.

In december 1852 organiseerde Fenton samen met Joseph Cundall een belangrijke tentoonstelling in de Society of Arts, waar zesenzeventig fotografen zo'n vierhonderd foto's vertoonden. De tentoonstelling had zoveel succes bij het publiek dat ze verlengd werd tot de derde week van het nieuwe jaar. Dezelfde maand werd de Photographic Society (die al snel de Royal Photographic Society zou worden) geopend, met Victoria en Albert als begunstigers en Charles Eastlake, directeur van de Royal Academy en kort daarop directeur van de National Gallery, als eerste voorzitter, een teken dat fotografie als een kunst behandeld zou worden.

Inmiddels had de fotografie vaste voet aan de grond in Windsor en Buckingham Palace. Albert stond erop dat zijn culturele hofmeester, dr. Ernst Becker, zou leren calotypen te maken, en de koningin, die ontevreden was over haar uiterlijk, had toegestaan gefotografeerd te worden. Aan de leeftijd van haar dochter de kroonprinses, die op haar schoot zit, is af te lezen dat een van de eerste portretten al dateert uit 1844. Maar pas in 1852 liet Victoria, met een mutsje op en gekleed in een daagse japon, twee foto's maken, samen met haar drie dochters en twee zoons. De fotograaf was Edward Kilburn, en de informele poses, mama en haar kroost, zouden volmaakt zijn geweest als Victoria niet precies op het verkeerde moment haar ogen had gesloten. De tweede opname onderging een nog slechter lot. Hoewel de koningin vond dat de kinderen 'snoezig' waren, was ze er zo van overtuigd dat ze er zelf 'absoluut afschuwelijk' uitzag dat ze haar gezicht uitwiste op de daguerreotype en de plaat weggooide. Bij een derde poging nam ze geen risico en droeg een enorme muts die haar en profil bijna helemaal verborg. Je krijgt medelijden met meneer Kilburn. En met de kinderen.

Twee jaar later lukte het Roger Fenton, overtuigend en voorkomend, iets van de nervositeit van de koningin weg te nemen. Zijn foto's van Windsor Castle werden zeer bewonderd. Rond 1854 besloten Albert en Victoria een serie familieportretten te bestellen die ze naar buitenlandse relaties konden sturen, zoals Victoria's lievelingsoom Leopold van België, en naar bevoorrechten in het land. Hoewel deze beelden in de eerste plaats bedoeld waren voor privégebruik, was Fenton zo slim om te besef-

Koningin Victoria met de kroonprinses, de kroonprins, prinses Alice,
prinses Helena en prins Alfred, door Edward Kilburn, 1852

fen dat ze op een dag publiek zouden worden, of tenminste zijn koninklijke opdrachtgevers aan zouden moedigen een tweede serie afbeeldingen te laten maken voor hun volk. Fenton had meer zelfvertrouwen dan Constable of Kilburn en zag deze foto's als beeldende kunst, een vorm die de schilderkunst in waarheidsgetrouwheid zou evenaren en overtreffen. Een aantal van zijn opnamen lijdt ietwat aan schilderachtige overdaad. Op foto's die in de koninklijke salon werden genomen, kleedt Fenton de koningin alsof ze optreedt in een sprookje of een opera: haar blik romantisch neergeslagen, struisvogelveren rond de kroon van haar donkere haar, met bloemenslingers, zijde en chiffon die rond haar kleine mollige lichaam schuimen, de rechterarm niet bedekt door een mouw.

Andere foto's getuigen van de moeite die Fenton zich getroostte om te zorgen dat Albert en Victoria zich op hun gemak voelden in aanwezigheid van de camera. De resultaten zijn niet zozeer portretten van de koningin en haar gemaal als wel van man en vrouw: het portret van een burgerlijk huwelijk, geen epaulet of tiara te zien. Op een van de mooiste en aangrijpendste zit Victoria, in een lichte (misschien witte) japon dicht bij Albert, haar hartvormige gezicht van hem afgewend. Hij kijkt daarentegen naar haar met een uitdrukking van tedere echtelijke bezorgdheid, alsof hij iets verontrustends in haar verre blik heeft ontdekt. Misschien zijn er zorgen over de troepen op de Krim. Het jaar daarop zou Victoria Fenton naar de oorlog sturen om foto's van gewone soldaten te maken, en ze had een privéalbum met een aantal van de zwaarst gewonde en verminkte soldaten, om hun lijden niet te vergeten.

We moeten ons niet laten verleiden om het nieuws van de dag op hun plechtige gezichten te projecteren. De echte strijd op de Krim begon pas in september, dus het is waarschijnlijker dat Fenton hen zo – langdurig – liet poseren als een huiselijk tafereeltje dat ook weer niet zo ver af stond van hun dagelijks leven: de prins-gemaal was voortdurend bezig met belangrijke zaken, de koningin vreesde dat hij te veel deed. Ze hebben misschien alleen een rol gespeeld voor Fentons kunst: zijn ideale modellen. Maar de foto's zitten vol onmiskenbaar oprechte emotie. Op een tweede foto, tijdens dezelfde sessie op 30 juni 1854 genomen, is de man weer bezig met zijn papieren, de vrouw kijkt opnieuw niet naar hem. Maar dat hoeft ook niet. Ze heeft een arm om zijn schouder. Geen enkele afbeelding van koninklijk leven voor die tijd en daarna was ooit zo roerend intiem.

Te intiem, eigenlijk, voor publiek gebruik. Toen Victoria en Albert zes jaar later, heel gewaagd, besloten hun foto's prijs te geven aan het publieke domein, behielden ze soms de informaliteit van Fentons poses, hoewel

Koningin Victoria en prins Albert, door Roger Fenton, 1854

Fenton zelf zich had teruggetrokken uit de fotografie en weer was terug-gekeerd naar de rechtspraktijk waarvoor hij ook was opgeleid, bekoeld door het misbruik, in zijn ogen, van zijn hoge kunst voor het altaar van de commercie. Het verwerpelijke product waren *cartes de visite*, visitekaart-jes waarop traditioneel alleen de naam van de drager stond maar waarop nu zijn of haar foto te zien was, op een kaartje van zo'n vijf bij acht cen-timeter geplakt. Maar de cartes de visite werden zo populair dat ze ver-zameld werden, en zelfs verhandeld, vooral als er de afbeelding van een beroemdheid op stond.

De volgende stap lag voor de hand, en het was misschien een fotograaf die was geboren in Oldham maar opgeleid in Philadelphia, John Jabez Edwin Mayall, die Albert en Victoria overreedde om de sprong te wagen. Mayall was opgeleid in optica en scheikunde in Philadelphia, was terug-gekeerd naar Londen en had een drukbezochte studio geopend waar beroemde mensen, onder wie J.M.W. Turner, hun portret kwamen laten maken. Vanaf 1861 nam hij een serie foto's van de koninklijke familie, die vaak de informaliteit behielden waarvoor Fenton de weg had bereid, maar dan zonder dat intens vertrouwelijke gevoel. Victoria, inmiddels moeder van negen kinderen, ging soberder gekleed, en de zorgen om staatszaken hadden Albert duidelijk ouder gemaakt. Maar ook dit – de ontwikkeling van de jonge vrouw tot de moeder met verantwoordelijkheden – beant-woordde aan iets wat onmiddellijk werd herkend door de Britse burger. Koningin Charlotte, de vrouw van George III, was eveneens bezorgd en vaak tragisch bedroefd geweest toen haar man in waanzin verzonk. Maar het was door de fotografie, en vooral door de koninklijke cartes de visite, dat het beeld van de moederlijke koningin zich voor het eerst in de geest van het Britse publiek grifte.

De reactie op Mayalls aankondiging dat een album met vijftien foto's van zijn hand door het publiek kon worden aangeschaft verbaasde zelfs de commercieel ingestelde fotograaf. Binnen een paar dagen had hij zestigduizend orders voor koninklijke cartes de visite. Het jaar daarop zouden er wereldwijd nog veel meer worden verkocht, waardoor Mayall een rijk man werd. De transformatie van de koninklijke afbeeldingen, en daarmee ook van de monarchie zelf, had zich onmiskenbaar voltrokken. Verrassend genoeg leken Victoria en Albert juist koninklijker toen ze er niet meer uitzagen als aristocraten. Zonder hun waardigheid te verliezen, waren ze duidelijk van vlees en bloed, net als hun onderdanen: in staat om de wisselvalligheden van het dagelijks leven te begrijpen, de smarten en vreugden, omdat het duidelijk was dat ze ervaring uit de eerste hand had-

Prins Albert van Saksen-Coburg en Gotha, koningin Victoria en hun kinderen,
door John Jabez Edwin Mayall, ca. 1861
Prins Albert van Saksen-Coburg en Gotha en koningin Victoria,
door John Jabez Edwin Mayall, 1860

den. Dat was de gedachte in elk geval. Een omwenteling in de beeldtaal had de plaats ingenomen van de werkelijkheid.

Maar de cartes-de-visite-industrie was nog maar net op gang of de hoofdrolspeler verdween van het toneel. Op 14 december 1861 overleed prins Albert in Windsor Castle. Hij leed al maanden aan pijn in zijn spieren en ingewanden. Een inspectie in Sandhurst tijdens een stortbui had hem verzwakt; een enorme ruzie met Bertie, de kroonprins, over zijn relatie met de actrice Nellie Clifden had meer schade aangericht. De artsen dachten dat het tyfeuze koorts was. Recent onderzoek wijst op een acute aanval van de ziekte van Crohn.

Twee dagen na zijn overlijden, volledig overmand door verdriet, gaf Victoria een andere fotograaf, William Bambridge, opdracht foto's te nemen van de dode prins-gemaal op het bed in de Blauwe Kamer. Er werden twee negatieven gemaakt. Toen ze het kon verdragen liet de koningin ze afdrukken en vernietigde prompt de negatieven. Het volgende jaar werd Bambridge weer opgetrommeld om de koningin voor het publiek te fotograferen, deze keer in de weduwendracht die ze de rest van haar leven zou dragen. Op een van de ontroerendste afbeeldingen zijn drie van haar kinderen, ook in rouwzwart, om haar heen gegroepeerd. Albert is alleen aanwezig in de vorm van een marmeren buste, wit als de dood.

De komende jaren zouden nog veel meer foto's van de rouwende koningin verschijnen, zelfs toen Victoria geheel opging in haar verdriet. Het medium dat de vorstin dichter bij haar onderdanen had gebracht, om onder hen te leven, had nu precies het tegenovergestelde effect. Het was een substituut voor haar echte aanwezigheid – bij staatszaken, in ziekenhuizen, universiteiten, kamers van koophandel, de hele koninklijke rondgang die door de koningin en haar gemaal was ingesteld. Een periode van gepaste afzondering viel te begrijpen voor het publiek, maar de afgebeelde nabijheid die door de koninklijke fotografie was vastgelegd was abrupt verbroken. Het was alsof de Britten niet goed genoeg waren om hun respectvolle medeleven te betuigen. Rond 1864 was het voor de regering en de privésecretaris van de koningin, Charles Grey, duidelijk geworden dat alle cartes de visite in het hele rijk Victoria's fysieke aanwezigheid niet konden compenseren. Republikeinse gevoelens staken de kop op. Opmerkingen over aftreden waren niet langer een taboe. Het veelzeggendst was de terugkeer van de spotprenten, al waren ze lang niet meer zo scherp als die van Gillray. In 1867 publiceerde de *Tomahawk* een spotprent door Matt Morgan van een Britse leeuw, alleen te herkennen aan de staart die onder een troon uit piepte waarin een ineengezakte vorm zat die met draperieën was overdekt. Op het hoofd van het toegedekte ding hangt de kroon vervaarlijk scheef. WAAR IS BRITANNIA? vraagt het bijschrift. Het echte antwoord was Schotland, beschermd door haar helper, John Brown, over wie roddels de ronde deden.

Uiteindelijk werd Victoria overgehaald om de tombe van haar ontroostbare wanhoop te verlaten, al was er een moordaanslag op Bertie nodig om haar te verzoenen met de aanblik van haar oudste zoon. Hoe ze het ook probeerde, ze kon hem nooit vergeven dat hij met zijn slechtheid de ziekte van zijn vader had verergerd.

Er werd weer een fotografische iconografie ingesteld, maar in de loop der tijd werd die steeds meer een dodenmasker dat op de levende matriarch was geschminkt; het gezicht strak van plechtige berusting, haar hoofd nooit zonder de weduwenmuts. Ze sliep met de gipsafdruk van Alberts hand op haar kussen; zijn scheergerei netjes klaargelegd voor de volgende ochtend. Het leven was een mausoleum.

Van tijd tot tijd kwam er een fotograaf naar Osborne of Windsor, of zelfs Balmoral, en dan nam zij de gestalte aan van wat ze wilden: koningin-keizerin van India, matriarch van het volk, grootmoeder van Europa. De vrouw van de foto's van Fenton en Mayall was verdwenen, even dor en papierachtig als een oude bloem die tussen de bladzijden van een vergelend dagboek is geperst.

Koningin Victoria, door Alexander Bassano, 1897

7
De ontbrekende sigaar

Ottawa, december 1941

Het was allemaal heel bevredigend. Het parlement was hem bijgevallen. Hij wist dat, zelfs in Canada, een sneer naar de Fransen goed zou worden ontvangen. Naar het verkeerde soort Fransen in elk geval: de abjecte, capitulerende generaal Weygand, die vol vertrouwen had voorspeld dat Engeland 'als een kip' de nek zou worden omgedraaid. Het was hem 's nachts ingevallen, het grapje. 'Wat een kip.' Lange pauze. 'Wat een nek.' Een storm van haha, hoho, precies zoals hij het wilde hebben. Lachen dringt angst terug. Sommigen van hen hadden zonen in uniform, die klaarstonden om in hun vliegtuig te stappen. Hij begreep het.

Vervoering streed met uitputting. Hij had te horen gekregen dat hij weer moest overwegen de oceaan over te steken om Roosevelt te spreken. Kletskoek. Nu Amerika door Pearl Harbor de oorlog in was getrokken, moest hij ervoor zorgen dat het land ook tegen de nazi's in Europa zou vechten, niet alleen tegen de jappen in de Pacific. De president had hem gerustgesteld, en hij geloofde hem. De oorlog zou gewonnen worden, hoe lang het ook duurde. Maar deze reis was een zware kluif geweest. Hij had zich er helemaal in gestort, meer dan hij had beseft, want 's avonds, na een toespraak voor het Congres, had hij druk op zijn borst gevoeld, en een vreemde gevoelloosheid in zijn linkerarm. Maar goed dat Charles Moran er was. Zodra de dokter had vastgesteld dat het een kleine hartaanval was geweest, nam hij het grootste risico van zijn leven met de beslissing het Churchill niet te vertellen. Wat voor indruk zou het wekken, op dit cruciale moment, als de levende incarnatie van het verzet tegen het fascisme ziek werd? Toch was het niet verstandig om naar Canada te gaan. Enige rust was wijs. Maar Churchill werd de volgende ochtend in een prima conditie wakker en tegen zijn uitbundigheid viel niet op te boksen. Hoe kon hij niet gaan? vroeg hij. De Canadezen waren familie, ze offerden aan de andere kant van de oceaan hun zonen op voor een zaak die ze volmondig als hun eigen zaak beschouwden. Schouder aan schouder, van harte. Het was het minste wat hij kon doen. Zo'n taaie slimme vogel.

Nu de toespraak achter de rug was, sloeg de vermoeidheid toe. Hij was de halve nacht opgebleven om de juiste woorden te vinden. Ergens in zijn hoofd klopte dof een pijnlijke hartslag. Niets dat niet kon worden verholpen door een fikse scotch en soda. Het waren die verdomde flitslampjes die de hele tijd waren afgegaan in de kamer terwijl hij zijn speech hield. En de batterij lampen die premier Mackenzie King voor de filmcamera's had neergezet. Hij kon bijna niets zien, afgezien van de woorden op zijn papier. Hij moest turen, terwijl zijn bril van zijn neus gleed. Ah, de scotch met een scheutje spuitwater, godzijdank. Ad fundum. Winston babbelde vriendelijk met de politici, met iedereen die een pootje kwam geven. Hij voelde zich rozig. Nu de opdracht voor de dag was afgehandeld, wachtte het informele diner bij de premier in Laurier House. Hij kon zich ontspannen, zijn jasje losknopen, wat ouwe koeien uit de sloot halen, proberen geen mopjes te vertellen over de Mounties. De premier stak een havana op.

Hij had zijn jas in de Speaker's Chamber achtergelaten en ging hem halen, samen met een stoet Canadezen. Maar toen de deur openging werd hij overvallen door een uitbarsting van verblindend licht: zes schijnwerpers, twee spotlights. 'Wat is dit? Wat is dit?' waren de enige woorden die hij kon uitbrengen. Hij staarde in de flitsen, wit van woede. Er klonk een mager, zenuwachtig gelach in de gelambriseerde kamer. Churchill lachte niet.

Yousuf Karsh zag onmiddellijk dat dit lastig ging worden. Misschien zelfs onmogelijk. Kon het zijn dat niemand Churchill had verteld dat hij gefotografeerd zou worden na de speech? Te oordelen naar zijn verbeten, boze gezicht niet. Hoewel het niet zijn fout was, stond Karsh' carrière, zijn leven, op het spel.

Hij was van ver gekomen, helemaal uit Mardin in het zuidoosten van Turkije, een Armeniër die precies in de verkeerde tijd was geboren, in 1908, toen de Jong-Turken na een staatsgreep aan de macht waren gekomen. In februari 1915 begonnen de massamoorden en die gingen door tot een miljoen Armeniërs waren omgekomen. De familie van Karsh wist maar net het vege lijf te redden door over de Syrische grens te ontsnappen en zich in Aleppo te vestigen. Maar wie wist wat de toekomst in petto had? In 1923 stuurde een oom, George Nakash, die zich al in Sherbrooke had gevestigd waar hij als fotograaf werkte, een ticket, en Yousuf kwam en stond tot zijn knieën in de sneeuw van een winter in Quebec. Hij noemde zichzelf Joe, dat was beter. Joe had zich in een nieuwe wereld een leven als dokter voorgesteld, maar oom George Nakash, zijn knappe weldoener, had een assistent nodig en gaf hem het gevoel dat het wel zo attent was om zijn overtocht bij elkaar te werken, een paar maanden, tegen betaling natuurlijk. 'Probeer het gewoon een tijdje. Wie weet?'

Het was het lot. Alles aan fotografie beviel de jongeman: de alchemie van het zuurbad, de magie die opdook in het donker. Joe was een snelle leerling en werd naar Boston gestuurd om zich te bekwamen in deze kunst – zo werd het genoemd – bij John H. Garo, die schilderijen van landschappen en gezichten maakte die foto's bleken te zijn. Garo werkte als een tovenaar en kleedde zich als een bohemien om intellectueel Boston te imponeren en te provoceren. Joe volgde de romantiek van zijn meester en nam soft-focusfoto's van mooie meisjes met reebruine ogen uit Lincoln en Wellesley, en van zichzelf met een Omar Khayyám-tulband, alles theatraal belicht: sterk licht en inktzwart donker.

In 1931 verhuisde hij naar Ottawa, een vreemde keuze, maar hij verwachtte dat de hoofdstad de plek was waar hij de machtige mensen zou vinden die hij op de plaat wilde vastleggen. Hij zou de Edward Steichen, de Cecil Beaton van Ottawa worden. Liever de kleine vijver. Maar de kleine, donkere Armeniër had geen blankere plek kunnen kiezen om te gaan wonen, blank als de sneeuw van Ontario. Onder deze omstandigheden leek 'Joe' belachelijk, dus keerde hij terug naar Yousuf. Een oosterling is toch gewoon een oosterling? Hij kon zich niet veroorloven verlegen te zijn, dus toen hij hoorde dat de gouverneur-generaal lord Bessborough (typisch Brits) een amateurtheatergezelschap had opgericht, kreeg Yousuf toegang tot hun repetities en bood hij aan publiciteitsfoto's te maken. De wolfraamlampen en volgspots deden hem weer aan Steichen en Beaton denken. Ze hadden hem drama geleerd, oom George en Garo. Dus liet hij slungelige amateurs en magere jeune premiers in Canada poseren alsof ze in Cambridge voor de lens stonden, zodat ze veranderden in Barrymores en Garbo's. De hoge pieten waren dankbaar en hij bespeelde schaamteloos hun vooroordelen door zijn donkere charme te overdrijven. Het vriendinnetje met wie hij uiteindelijk trouwde, Solange, werkte bij het Canadese parlement, wat ook hielp om ijdele politici en overheidsambtenaren zijn kant op te sturen. Op de dagen dat er geen mannen in pak en das kwamen poseren, fotografeerde hij Solange naakt, een volmaakt lichaam, haar gezicht verhuld.

In 1936 ontmoette hij Steichen in New York. In de studio van de grote man werd volop geëxperimenteerd en zijn bankrekening stroomde over van succes. Dat was beslissend. Je kon een hoop geld verdienen en toch trouw zijn aan de kunst. Eigenlijk was het een stuk gemakkelijker op die manier. Toen in 1939 de oorlog uitbrak, rees de vraag naar zijn diensten de pan uit. Jonge officieren die op het punt van vertrek stonden, wilden foto's voor hun familie en hun vriendin. Ministers wilden de ernst van hun verantwoordelijkheden, die op hun gezicht stond geschreven, vastleggen. Het sloeg in als een bom toen hij Mackenzie King fotografeerde, niet in zijn saaie pak, maar in een overjas met een pet op. Karsh maakte een prachtige foto van de onopvallende premier die 's avonds zit te lezen, met zijn hond tussen zijn knieën: Mister Canada. Hij was in staat deze magie op te roepen. Dus wie anders zou Churchill moeten vereeuwigen?

Churchill was niet de enige die weinig slaap had gehad. Karsh had een slechte nacht achter de rug, zenuwachtig en rusteloos. En dat er al een beroemde foto was, die een jaar eerder door Cecil Beaton was genomen in de kabinetskamer in Downing Street 10, hielp ook niet mee om zijn angst te verminderen. Op die foto drukte Churchills gezicht alleen maar ongenoegen uit. Hij was in zijn werkzaamheden gestoord. Beaton was ongetwijfeld op de geduchte blik uit geweest. Wat hij had gekregen was geïrriteerde strijdlust. Maar, bedacht Karsh, dat fiasco – dat over de hele wereld werd gereproduceerd – zou hem de kans geven de geduchtheid erin te krijgen.

Toen Karsh in de Speaker's Chamber kwam en de lampen controleerde voordat Churchill arriveerde, kreeg hij zijn zelfvertrouwen terug terwijl de schittering opgloeide. De inzet was hoog: alles of niets. De deur ging open. Het gezicht van zijn model verstrakte tot een masker van woede, de sigaar smeulde. Karsh besloot dat hij degene moest zijn die een kleine speech hield, een beroep deed op de geschiedenis: 'sir, deze foto's zouden kunnen dienen als een voortdurende bron van hoop en inspiratie die u in het hart van de beschaafde wereld hebt geschapen.' Het was Yousufs versie van Churchill, en het werkte. Churchill zou een opname toestaan.

Eentje maar. En die moest dus uniek zijn. Alle andere foto's, afgezien van die van Beaton, die in de kranten en tijdschriften verschenen, toonden de vilthoed, de wandelstok, de 'V' voor Victory, de sigaar, Churchills glimlachende gezicht omringd door puin of aanbiddende menigten. Karsh wilde de glimlach niet. Hij wilde de sigaar niet. Hij wees op de asbakken die erop stonden te wachten. Churchill negeerde ze. Yousuf werd gedreven door een of andere demon. Hij liep koel naar Churchill en trok zonder iets te zeggen de sigaar uit zijn ongelovige mond. 'Tegen de tijd dat ik weer bij de camera was,' herinnerde Karsh zich, 'keek hij zo strijdlustig dat hij me had kunnen verslinden.' En dat, besefte hij plots, was precies wat hij zocht. De sluiter ging een tiende van een seconde later open en dicht en ze wisten het niet, maar de wereld was veranderd.

Het sierde Churchill dat hij wat ontspande. Brutaliteit kon goed of slecht uitpakken bij de premier. Hij had besloten dat hij het leuk vond. 'U weet wel hoe u een brullende leeuw moet laten stilstaan,' zei hij tegen Karsh, een compliment voor hen allebei. Hij stemde zelfs in met nog een foto. En deze keer maakte hij van zichzelf de hartelijke, koene held van de vrije mens, en toonde hij Karsh een van zijn vergulde lachjes. Hoewel Karsh het gevoel had dat hij het al talloze keren eerder had gezien, dat het vergeleken met het donderwolkgezicht een matig beeld was, had hij geen idee welke van de twee de tijdschriften zouden willen, met name de *Saturday Night* in Toronto. Het bleek dat ze de ontembare en niet de minzame wilden.

Maar ze zagen wel Karsh' geretoucheerde versie. Het gezicht van Churchill dat hij zag toen hij het ontwikkelde, zou niet makkelijk geaccepteerd worden. Er ging te veel dreiging van uit. Hij moest de lichte delen ophalen, vooral op het voorhoofd, de neus en de kin. Het wit van zijn overhemd, pochet en, heel roerend, de aantekeningen voor de speech die uit zijn jaszak staken, zouden de omvang van Churchill in zijn donkere jasje benadrukken. Tegen de tijd dat hij klaar was, glommen de ring aan Churchills pink en zijn horlogeketting van optimisme; de beroemde gestreepte broek gaf een vriendelijk tintje. Toen sneed Karsh de foto bij, haalde het grootste deel van de stoel waarop Churchill had geleund weg en ook de scherpe bocht van zijn elleboog die de hele gestalte naar de toeschouwer trok. Ik ben hier voor u, zei zijn uitdrukking nu. Onze taak is zwaar, maar zie de kracht van mijn vastbeslotenheid. We zullen overwinnen.

De foto van Karsh nam een grote vlucht. Nadat de *Saturday Night* hem had gepubliceerd als *De brullende leeuw*, naast passages uit Churchills speech, brachten ook de Amerikaanse *Herald Tribune* en *Life* hem, in Londen gevolgd door de *Illustrated London News*. Churchill zag zelf de kracht en het onschatbare nut voor de goede zaak en gebruikte de foto herhaaldelijk in uitgaven van zijn speeches. De glimlachende Winston werd helemaal vergeten. De onvermurwbare krijger is degene die op zijn eigen plek in Downing Street hangt, de enige premier van wie er twee foto's hangen.

Wie heeft hem gemaakt? Yousuf Karsh, met zijn shakespeareaanse belichting en geïnspireerde lef? Churchill, die tijdens de oorlog standaard in de uitdagende modus stond? Of de rest van de wereld die had gesnakt naar zo'n beeld van vastberadenheid? Het gezicht sprak tegen miljoenen over onoverwinnelijke standvastigheid. Het was het gezicht dat ze voor ogen haalden als ze Churchills welsprekendheid inschakelden op de ruis van de korte golf. Het was het gezicht van het toppunt van roem. Niemand hoefde te weten dat het eigenlijk een gezicht was dat net van zijn sigaar was beroofd.

Winston Churchill, door Yousuf Karsh, 1941

II
Het gezicht van de liefde

1

Schaduwliefde

Ga niet. Ga niet weg. Ga niet dood.
Verander niet. Verdwijn niet.

Volgens Plinius de Oudere begon de portretkunst met de angst een geliefde te verliezen. In Boek 35 van zijn *Naturalis Historia* vertelt hij het verhaal
van de dochter van Butades, een pottenbakker uit Sicyon, de eerste die 'in
Corinthe gelijkenissen in klei vervaardigde, maar de uitvinding aan zijn
dochter te danken had. Het meisje, dat verliefd was op een jongeman die
weldra van haar weg zou gaan naar een ver land, tekende de lijnen na van
de schaduw van zijn gezicht op de muur bij kaarslicht. Haar vader vulde
de lijnen in met klei, maakte een reliëf en bakte het in het vuur bij zijn aar-
dewerk.' Nu kon Butades' dochter haar verloren liefde, of in elk geval zijn
vervanger, zijn gelijkenis, bij zich houden, waar hij ook zou gaan. Ze kon
zijn gezicht dag en nacht, altijd en overal voor zich zien.

Is er een nobeler doel denkbaar voor de portretkunst? Toen de sentimentele en romantische generaties in de zeventiende eeuw de oor-
sprongsfabel overnamen, gaven ze Butades en zijn dochter nog veel meer
eer. Niet alleen het maken van een reliëf of silhouet of portret, maar de
hele schilderkunst, de hele kunst, was volgens hen begonnen op dat moment van verzet tegen verlies, het vastleggen van een vergankelijk beeld.
De namen wisselden, soms was de smoorverliefde maagd een herderin-
netje. Charles Perrault, bouwmeester van Louis XIV, munter en verzamelaar van fabels schreef over het meisje alsof ze in een van zijn sprookjes
voorkwam: 'Bleef er maar een beeld achter, al was het onvolmaakt... het
gruwelijke, wrede vertrek zou minder pijn doen.' Wat ze wilde was een
spoor, iets tastbaars van de levende, verdwenen minnaar.

Door een portret te maken kon je verlating te slim af zijn, afstand over-
bruggen, triomferen over scheiding, afwezigheid in aanwezigheid omzet-
ten. In veel versies, gravures en schilderijen duikt Amor – Cupido – op als
de eigenlijke kunstenaar, die fysiek de hand van de maagd leidt terwijl
ze aan het tekenen is bij het flakkerende licht, soms van een lamp, soms
van alleen een kaars. In de loop van de achttiende eeuw namen talloze

schilders, vooral in Frankrijk, Engeland en Schotland, het als onderwerp. Voor sommigen is de wording van het beeld de kern van het verhaal en ligt de nadruk op de ernst waarmee het meisje te werk gaat. Toen hij een gedicht van William Hayley over dit onderwerp las, kwam Joseph Wright of Derby op het idee zijn eigen versie te schilderen, met in zijn achterhoofd dat zijn vriend Josiah Wedgwood, dé pottenbakker van die tijd en een autoriteit op het gebied van de klassieke stijl, de rol van Butades op zich kon nemen en zijn schilderij kon bewerken tot een jaspisporseleinen profiel, misschien twee, van het meisje en haar minnaar, een genot voor iedere kunstkenner. Wedgwood gaf Wright advies over kleding en ornamenten uit de Oudheid, maar de schilder wilde aan de ene kant het tafereel een hevige emotionele lading geven en het aan de andere kant intomen binnen klassieke strengheid, de 'Oorsprong van de schilderkunst' waardig. Hij schreef de dichter Hayley om advies. 'Ik dacht aanvankelijk dat het gezicht van de maagd hartstochtelijke verbazing moest uitdrukken (op het moment dat de schaduwkunst in haar hart en ogen opdoemt) maar nu denk ik dat dit te hevig is... ik laat het aan u over hoe het zou moeten zijn.'

Te oordelen naar het resultaat, Wrights *Corintische maagd*, was Hayleys advies terughoudendheid. De jongeman zit te dutten, een speer leunt tegen de ruwe muur, en de windhond (even elegant als de twee andere hoofdpersonen) die zijn enige reisgenoot zal zijn, sluimert naast zijn stoel. Er is een kleine optische onwaarschijnlijkheid in het tafereel, want het hoofd van de jongen, dat tegen de muur rust, werpt er op een of andere manier toch een schaduw op. De maagd steunt met haar linkerknie op de stoel om haar evenwicht te bewaren en leunt naar voren. In de ene hand heeft ze het potlood en met een verfijnd stukje lichaamstaal laat Wright haar de andere hand omhooghouden, de elegante vingers gestrekt alsof ze het moment fixeert en de jongen dwingt precies zo te blijven zitten. *Ik heb je.*

Maar er was nog een andere manier om het tafereel te schilderen. Weg met de terughoudendheid. In een diep ontroerende, warmbloedige versie laat de Schotse schilder David Allan twee gelieven zien die niet van elkaar af kunnen blijven, zelfs niet als het aandenken van hun scheiding wordt gemaakt. Beiden zijn halfnaakt en ze passen volmaakt bij elkaar. Het meisje zit op schoot bij haar minnaar, een been over het zijne geslagen. Zijn arm ligt om haar middel, zij houdt zijn kin vast. De aanraking is voor haar werk, maar niet alleen voor haar werk. Zijn gezicht staat heel ernstig, halverwege tussen een glimlach en tranen. Hun onderarmen rusten op elkaar. Alles geeft zich over aan tederheid in de gloed van de lamp. Maar tederheid is slechts één stap verwijderd van pijn.

Ga niet. Ga niet dood. Verdwijn niet.

2

Kenelm en Venetia

MAY MORNING, 1633

Wel foei! Sta op, sta op, de frisse Dageraad
Slaat reeds haar vleugels uit en toont haar schoon gelaat.
Ziet hoe Aurora hare schone kleuren spreidt
Schitterend door de lucht, de morgengod gewijd:
Sta op nu, lieve Luilak, sta op nu en aanschouw
De Bomen en het Kruid, besprenkeld door de Dauw.
De Bloesems zijn betraand, al is het niet van leed,
Zij zien de Zon reeds aan; maar gij zijt niet gekleed,
Ge ligt zelfs nog in bed, terwijl, gelijk trompetten,
Der Vooglen zange schalt: zij zongen reeds de Metten
En prijzen luid den Heer. Voorwaar, het ware zonde
Neen, heiligschennis zelfs, te blijven in uw sponde
Wijl duizend Maagden zich reeds haasten, zonder dralen,
Nog vóór de Leeuwerik de Meimaand te onthalen...

Robert Herrick, 'Corinna's Going a-Maying'
(vert. Gerda Baardman)

Op Charterhouse Yard had het puriteinse donderen tegen losbandige spelletjes en nutteloos tijdverdrijf geen enkel effect gehad. 1 mei was 1 mei en
nog voor zonsopgang waren de meisjes Clerkenwell de tuin in gegaan om
hun gezicht in te wrijven met dauw, want ze wisten dat, hoe gewoontjes ze
er in de spiegel ook uitzagen, de ochtenddauw in mei hen de rest van het
jaar mooi zou maken. De meiboom was niet zo hoog als de grote die op de
Strand was opgericht, maar ze moesten het er in Smithfield, Clerkenwell
en omgeving maar mee doen. Dankzij de *Declaration of Sports*, die was
gepubliceerd door de oude koning James I, waren de feesten in mei wettig
en er werd gezegd dat koning Charles dit deze zomer nog zou bevestigen
met een nieuwe wet. Christen zijn hield niet in dat alle jolijt verbannen
moest worden. En hoe dan ook, jonge mensen hadden geen koninklijke

vergunning nodig. Ze waren al buiten onder de bomen van het plein, zoals generaties voor hen hadden gedaan, om takken en kransen te snijden. Er werden gekleurde linten om de boom gebonden, met wapperende uiteinden, die wachtten op de vrolijke dans die de mei zou brengen. Midden op het plein werd een stoel gezet, bestrooid met bloemen, de blauweregen van het oudemannenhuis was behoorlijk geplunderd, maar de meikoningin moest een troon hebben. 's Middags hesen gespierde knapen uit Smithfield haar in de lucht; vedel en doedelzak speelden de deuntjes die snurkers in het gasthuis uit hun slaperige bejaardheid wekten. Wie kon zingen deed dat uit volle borst, terwijl wie dat niet kon loeide als een os, de buik vol mede en de broek vol streken. De hemel boven Londen was schoongewassen. Een zoete warmte daalde neer op een kwart miljoen zielen die, een dag lang, de pest en de oorlog en alle ergernissen vergaten.

Sta op en laat u zien, trek uw Gebladert' aan.
Om fris en groen gelijk de Lente uit te gaan...

De buitenmuren van het oudemannenhuis en het gasthuis waren bedekt met groen en bloemen. Evenals het fraaie woonhuis van de Venetiaanse ambassadeur aan de noordkant van het plein. Tegen de muur van een van de deftigste huizen, gebouwd tijdens het koningschap van Elizabeth, lagen bergen hout en steen opgestapeld, bedoeld voor de nieuwe bibliotheek met galerijen die Kenelm Digby naast zijn huis aan het bouwen was. Het skelet was al zichtbaar: houten frames voor de muren van de aanbouw, zonder dak. Maar dat zou snel goedkomen, want Kenelm had zijn vrouw Venetia een teruggetrokkener leven beloofd, bevrijd van de vele zorgen en lasten die hij had als commissaris voor de vloot, voor de Virginia Company en de New England Company en de vele zaken van de Geheime Raad die ernstig waren toegenomen sinds Charles had besloten zonder parlement te regeren. Sir Kenelm beschouwde het niet als een soort pensionering. Zijn immer nieuwsgierige geest kende geen rust. Er waren vertalingen en uitgaven om aan te denken, zijn verzameling recepten en remedies moest geordend en wellicht gepubliceerd, werk aan de grondbestanddelen van de materie, de geneeskunde der sympathie moest steeds opnieuw bekeken worden, zoals een geleerde dient te doen voordat hij de wereld een mening kenbaar maakt: voldoende om hem bezig te houden.

Deze ochtend luisterde Kenelm geduldig naar de standpunten van Thomas Hawkins over de *Oden* van Horatius, een werk dat hij koesterde en vereerde. Niemand die ze zo diep doorgrondde of zo goed de melodieuze subtiliteiten belichtte als Thomas. Maar hoe hij ook probeerde zijn aandacht bij Hawkins en Horatius te houden, Kenelm merkte dat zijn geest afdwaalde naar andere, levendiger zaken: de prachtige merrie die hij via een vriend voor Venetia had bemachtigd. Geen vrouw had ooit gracieuzer in het zadel gezeten of haar paarden met uitbundiger verrukking bereden. Hij had de avond tevoren tot laat gelezen en zich teruggetrokken in zijn eigen slaapkamer om haar niet te storen. Maar tot zijn verrassing was ze veel later dan haar gewoonte was; ze stond altijd op met de zon, zei haar gebeden en liet zich voorlezen door haar kamermeisje terwijl ze zich kleedde. Voordat hij vertrok om zich bezig te houden met staatszaken, zou hij naar haar kamer gaan, haar over het paard vertellen, en dan zou de glimlach opbloeien die, na al die jaren, zijn hart nog steeds liet dansen. Genoeg over Horatius en Thomas.

Toen klonk er een schrille kreet en schoven de wolken voor de zon. Kenelm rende naar de vertrekken van zijn vrouw. Ze lag in dezelfde houding, vertelde het wanhopige kamermeisje hem, 'als toen ze haar achterliet nadat ze 's avonds de gordijnen had dichtgetrokken en haar had toegedekt om te rusten. Het leek niet of er een worsteling had plaatsgevonden, geen enkel onderdeel van haar linnengoed of haar kleren was wanordelijk of losgetrokken, maar alles lag bij haar lichaam en onder haar ingestopt... zelfs haar hand, merkte ze op, lag precies zoals ze die had achtergelaten.' Niemand zou iets anders hebben gedacht dan dat ze in diepe slaap was. Maar, schreef hij aan zijn broer John, 'ze was al uren dood'. Toen hij haar gezicht, armen en handen, die boven het beddengoed lagen, aanraakte, waren ze 'koud en stijf'.

Hoe kon dat? Venetia had geen enkel teken van ziekte vertoond. Hoe kon ze hem verlaten? Ze hadden vaak tegen elkaar gezegd dat ze tegelijkertijd wilden sterven, in elkaars armen, en waren vaak op die manier gaan slapen. Maar nu, 'waarheen zal ik varen over deze weidse oceaan? Hier is geen ster of kompas om op te koersen.'

Sta op nu, lieve Luilak...
Sta op en laat u zien, trek uw Gebladert' aan.
Om fris en groen gelijk de Lente uit te gaan...

De schok was zo groot dat hij aanvankelijk nog niet werd getroffen door de verpletterende muur van verdriet die over hem heen zou vallen. De eerste minuten 'vulde verwondering de kamer van smarten'. 'Het is vreemd,' zei hij drie weken later tegen John, 'welk een verschillende en plotse emoties men voelt bij zulk een aanslag. In een tel bestreek mijn verbeelding meer ruimte dan er tussen hemel en aarde is. Er kwamen zoveel gedachten, maar geen had enige zin. Weldra kwamen ze tot een eind. Toen werd ik bijna even gevoelloos als het lichaam dat ik in mijn armen had... zodra ik me ervan had overtuigd dat ze dood was, knielde ik bij haar neer en met woorden die even gebroken waren als mijn gedachten, kon ik niet anders dan voor haar bidden, ze leek zozeer op een engel dat ik haar niet voor iets anders kon aanzien.'

Toen begon het: de ontreddering van lichaam en ziel, de teisterende snikken. In hun jeugdjaren, in de tijd van hun stormachtige hofmakerij, was ze teruggedeinsd voor de kracht van zijn passie en had ze hem enigszins op afstand gehouden. Daarop reageerde hij met verhevigd vuur. 'Het is altijd een stelregel van me geweest dat men geen geluk kan hebben in deze wereld of de volgende' (een schokkende gedachte, voor een goede katholiek) 'dan door extreme en hevige liefde.' Nu hij het 'nobele doel' had gevonden 'voor de beste rol en handeling van mijn ziel... ben ik zo vermetel te durven zeggen dat geen man me heeft overtroffen in extreme liefde'. Kenelm gaf zich over aan zulke heftige huilbuien dat ze in schril geschreeuw en gejammer overgingen; omdat ze hem dag en nacht overvielen, verscheurden hoestbuien zijn longen en zijn keel. Hij raakte dermate van de wijs door zijn grenzeloze verdriet dat het personeel begon te vrezen voor zijn verstand, misschien zelfs voor zijn leven. Met alle vriendelijkheid die ze konden opbrengen, waagden sommigen van zijn vrienden te zeggen dat dit soort uitbarstingen van hartstocht gevaarlijk buitensporig waren voor een man van dertig. Dag in dag uit, het leek onbetamelijk. Maar Kenelm was geen calvinist die vond dat hij de plicht had zich neer te leggen bij de ondoorgrondelijke wil van de Almachtige. Als liefhebben het uiteindelijke doel van het leven was, zoals hij aannam, waarom zou hij dan niet ongeremd rouwen, even woest als de golven in de branding, alsof het heelal zelf uiteenspatte? En wat waardig gedrag betreft, nee, 'Ik houd mijn smart niet in ter wille van de wereld.'

Het stopte pas toen hij zich tot praktisch handelen moest zetten, namelijk zo veel mogelijk van Venetia behouden voordat ze werd ontleed door het mes van de chirurgijn. De koning, van wie Kenelm een hooggeplaatst dienaar was, had de ongebruikelijke opdracht voor een lijkschouwing gegeven. Er werd gezegd dat Venetia zich wellicht onbedoeld had vergiftigd met een overdosis van de adderwijn die ze dronk om haar legendarische schoonheid te bewaren. Het was een drankje gebrouwen uit de ingewanden van slangen, vermalen, gekookt en opgelost in een emulsie van aloë en geest van balsem. Adderwijn stond in hoog aanzien als een tonicum voor de verouderende teint en werd verkocht in Venetië (een versie ervan is nog steeds populair in China). De bereisde Kenelm ging er prat op dat hij de formules voor dergelijke elixers verzamelde, net als de eenvoudige en uitgebreide kookrecepten waar hij beroemd om was. Een paar jaar na zijn dood werden zowel van zijn medicijnen als van zijn recepten anthologieën gepubliceerd door George Hartman. De echtgenoot was degene geweest die zijn drie jaar oudere, mooie vrouw adderwijn had voorgeschreven om haar huid de kleur van damascusrozen te laten behouden, de teint die Venetia van nature had, volgens John Aubrey. Aubrey schreef ook dat er verdenkingen van vergiftiging waren, wellicht onopzettelijk, vandaar het bevel tot lijkschouwing. Toen hij hoorde van de roddel, schreef Kenelm verontwaardigd aan zijn tante dat Venetia jarenlang regelmatig adderwijn had genomen zonder enig ongemak of ziekte te ervaren en dat ze, tot aan haar dood, in flinke gezondheid leek te verkeren.

De chirurgijns, onder wie waarschijnlijk Kenelms vriend Theodore Mayerne, zouden hun werk komen doen op de derde dag na haar dood. Er was dus geen tijd te verliezen. Eerst knipte sir Kenelm Venetia's luisterrijke lokken af: 'de enige schoonheid,' schreef hij aan zijn zoon, 'waar de dood geen macht over heeft'; 'Haar haar neigde naar bruin, doch glansde met een vreemde gloed en helderheid en was vele malen zachter dan het zachtste wat ik ooit heb gezien. Men kan zich niets subtielers voorstellen... Ik heb vaak een handvol ervan in mijn hand gehad en merkte nauwelijks dat ik iets aanraakte... ze had veel dik haar op haar hoofd.' Het ging eraf voordat het lichaam werd gebalsemd en in dorre lappen gelegd: 'Ik... zal het mijn hele leven bewaren als een heilig relikwie van haar.'

Ga niet. Ga niet weg. Verdwijn niet.

De kunst moest eraan te pas komen. Twee dagen later, met 'de zoetheid' van diepe slaap op het gezicht van de dode vrouw, liet Kenelm zijn vriend Anthonie van Dyck uit zijn atelier in Southwark komen. Er werden afgietsels gemaakt van Venetia's handen en gezicht in die rustende houding. Later zou Kenelm het dodenmasker opnieuw laten gieten, in koper, om boven op de rijk versierde graftombe te prijken die hij voor zijn overleden vrouw had ontworpen. Maar Van Dyck had een belangrijker taak: precies dat sublieme beeld van Venetia vangen, alsof ze gewoon lag te slapen. Ook twee dagen na haar dood was haar bloed, dacht hij, 'nog niet bezonken', dus wreven hij en haar kamermeisje en de schilder de wangen van de dode vrouw in een poging rozen op te wekken, dezelfde damascusrozen die Van Dyck schilderde, de bedauwde losse bloemblaadjes verspreid over de beddensprei.

Sterfbedschilderijen kwamen niet veel voor, maar waren niet onbekend in de Nederlanden, al toonden ze meestal de dode met familie en beeldden ze piëteit uit. Het was Van Dyck duidelijk dat Kenelm iets heel anders wilde: de illusie dat Venetia nog springlevend was, haar beeld zoals hij het zo vaak had gezien wanneer hij naar haar keek terwijl ze sliep en hij in aanbiddende vervoering raakte.

Als u ooit in de ongelukkige omstandigheid was een geliefde in de dood te zien, weet u dat Van Dycks schilderij geen lijk afbeeldt. Het warrige haar dat uit Venetia's slaapmuts piept, heeft nog de veerkracht van haar krullen. Haar lippen zijn vol en lijken warm genoeg voor Kenelm om te kussen, wat hij ook deed. De rechterhand onder haar hoofd, dat was wat Venetia deed wanneer ze ging slapen. De vage blauwe aderen op haar pols lijken het levensbloed nog te vervoeren, de plooien en golven van de lakens en de blauw zijden sprei lijken te bewegen door het stijgen en dalen van haar ademende lichaam. De onderkin (Kenelm gaf vol genegenheid toe dat ze de laatste tijd een beetje mollig was geworden) met het kuiltje nodigde vertederend uit tot een aai of een liefkozing. Zo vervulde Anthonie van Dyck de rol van trouwe vriend door voor te wenden dat de liefde haar had bewaard in een vorm, zoals Kenelm benadrukte, die (zo mogelijk) nog verrukkelijker was 'dan toen ze nog leefde; alleen bleekte schond de levendigheid van haar schoonheid, maar geen wegzakken of rieken of vervormen of invallen van de lippen verscheen tot het allerlaatst op haar gezicht... de laatste dag [voordat de chirurgijns kwamen] begon haar lichaam ietwat te zwellen maar de Chirurgijns verwonderden zich dat het niet meer en eerder was gebeurd... in zulk een warme kamer liggend'.

Was Kenelm erbij toen ze haar opensneden? Het lijkt niet waarschijnlijk dat hij dat had kunnen verdragen, al streed in hem de wetenschapper met de bedroefde echtgenoot. Maar hij meldt dat haar hart 'volmaakt en gezond' werd bevonden, 'een geschikte zetel voor de moed die ze toonde toen ze leefde'. Niet alles was helemaal volmaakt. Ze had een galsteen in haar galblaas die groter was dan een duivenei en 'de zak die hem bevatte volledig vulde'. Maar Venetia had een goede eetlust gehad, was altijd matig geweest met wijn en vlees en had nooit geklaagd over maagpijnen of hoofdpijn, wat verbazingwekkend was in het licht van wat er werd gevonden bij het openen van haar schedel. Zoals Kenelm een paar weken later onversaagd schreef, waren haar hersenen immers 'zeer veretterd en aangetast; het gehele cerebellum was verrot en behield niet de vorm van hersenen, maar bestond louter uit pus en bedorven materie'. Haar plot-

Venetia, lady Digby, op haar sterfbed, door sir Anthonie van Dyck, 1633

selinge dood, net als het abrupte overlijden van haar moeder, wordt nu gewoonlijk toegeschreven aan een zware hersenbloeding, maar Kenelm zegt niets over het bloed dat de schedelholte zou hebben gevuld als dat het geval was geweest.

Hoe dan ook, toen Van Dycks schilderij op Charterhouse Yard arriveerde, herstelde het de ontlede Venetia, bracht het haar weer in de eeuwige slaap waar haar weduwnaar naar hunkerde. Hij hield het overdag altijd bij zich, en 's nachts stond het tegen een stoel bij zijn bed zodat ze, wanneer hij even wakker werd (niet dat hij veel sliep), bij hem zou zijn, liggend in dezelfde hoek, zacht glanzend en vredig. Soms bracht het schilderij Venetia te goed tot leven, en dan schoot hij overeind en was ze daar in zijn slaapkamer, en praatte ze glimlachend tegen hem, tot het afgrijselijke moment dat hij besefte dat hij werd achtervolgd door 'loze schaduwen' en de onherstelbare werkelijkheid van zijn verlies hem des te meer kwelde.

De begrafenis ging voorbij aan de weduwnaar in zijn verwarde gekte, hij kon alleen aan 'thuiskomen' bij Venetia denken, een enkele keer zag hij haar naar hem wenken, vanaf haar rustplek in de andere wereld. Maar hij was niet zover heen dat hij niet dankbaar was voor de enorme menigte die naar de uitvaart was gekomen. Nooit waren er zoveel koetsen gezien. Het plein stond vol, en vervolgens was er een heus parkeerprobleem in de straten in de buurt. Koetsiers duwden elkaar opzij om de weinige ruimte die nog over was in te nemen, en de verslagen voerlui hadden geen andere keuze dan wegrijden en later terugkomen. 'Het grootste deel van het gezelschap kwam uit eigen beweging en hartelijkheid,' schreef Kenelm, 'want noch de korte tijd noch mijn extreme hartstocht stond me toe mensen uit te nodigen.' Naderhand waren alle zeven ontvangstkamers van hun huis afgeladen met begrafenisgasten, onder wie leden van de Geheime Raad, bestuursambtenaren, schepenen van de stad en ministers. Zelfs de hovelingen die kwaadaardig over Venetia hadden geroddeld, toonden hun innige deelneming. Er waren ook gewone mensen, uit het oudemannenhuis en het gasthuis aan het plein, want Venetia stond bekend om haar liefdadigheid. Ze had een gokverslaving die Kenelm duldde (het had niets uitgemaakt als hij dat niet had gedaan), en als ze won ging het grootste deel van de winst naar de armen.

Na de plechtigheid gaf hij zich weer over aan huilbuien en herinneringen, die hem met kwellende levendigheid bezochten: hun wandelingen in Hyde Park 'voor lucht en genoegen', waar ze wandelaars en ruiters vermeed, vooral mensen die zij kenden, maar eenvoudigweg zijn arm nam en een hoekje bij een boom zocht zodat ze konden praten als goede vrienden, want dat waren ze. Hoe vaak dit ook was gebeurd, herinnerde Kenelm zich, als door een dolk gestoken, er was nooit voldoende tijd geweest voor alles wat ze elkaar wilden zeggen. En ze bleven komen, de herinneringen, meedogenloos, als onwelkome begrafenisgasten die weigerden hem met rust te laten. Er was de keer geweest dat ze samen uit rijden gingen en door een plotselinge stortbui onder een brede boom moesten schuilen. Er was vlakbij een valkenjacht gaande, en Venetia zag een valk bezig met de patrijs die hij net had neergehaald toen een grote jachthond de vogel wilde aanvallen. Zonder te aarzelen sprong ze van haar paard, joeg de hond weg en nam de valk op haar blote pols, hoewel Kenelm schreeuwde dat ze moest oppassen voor de klauwen. 'Maar de hoffelijke vogel zat zo teder op haar sneeuwwitte hand en keek zo teder naar haar mooie ogen dat men licht zou denken dat hij verliefd op haar was.'

Alle smeekbeden om zijn hartstocht te beteugelen vonden geen gehoor. Hij kon niet eten, slapen of, het ergst van alles, lezen. Na één regel in een boek kwamen zijn hersenen in opstand tegen de inspanning. Soms schreef Kenelm aan zijn broer John, die veel van hem te verduren kreeg: 'Ik verval in ongeduld en wenste dat ik mijn ganse leven was opgevoed op een dienstbare arbeidende wijze, zodat ik nooit de middelen zou hebben gehad om te weten wat liefde is of om het geluk te proeven dat het proeven van schoonheid, goedheid en wederzijdse genegenheid schept.'

Niemand, en al zeker zijn broer niet, zou dat geloven van Kenelm Digby.

Zoals de meeste wetenschappers van zijn tijd stelde Kenelm Digby veel vertrouwen in de astrologie, dus hij kan hebben gedacht dat een constellatie van hemellichamen zijn verbintenis met Venetia Stanley had bepaald. Hun afkomst vertoonde overeenkomsten. Ze waren allebei halve wezen, allebei nazaten van verraders. Toen Kenelm twee jaar oud was, werd zijn vader Everard voor zijn rol in het katholieke Buskruitverraad van Guy Fawkes tegen koning James en het parlement opgehangen, op de pijnbank gelegd en gevierendeeld. Deze omschrijving gaat niet echt in op de details. De veroordeelde werd vastgebonden op een tenen draagbaar en achter een paard door de straten van Londen naar de executieplaats gesleept. Hier lieten ze hem aan de galg hangen tot hij nog net leefde, zodat hij bij vol bewustzijn de daaropvolgende castratie en het openrijten van zijn buik zou meemaken. De verschillende onderdelen van Everard Digby werden vervolgens aan de London Bridge genageld. Opmerkelijk genoeg, misschien, werd het bezit van de Digby's, dat voor een groot deel afkomstig was van Everards vrouw, de gefortuneerde Mary Mulsho, niet geheel verbeurd; in elk geval niet het huis in Gothurst in Buckinghamshire, waar Kenelm opgroeide.

Venetia, snoefde Kenelm vaak, kwam uit een veel voornamere (maar even verraderlijke) stal. Haar grootvader was de grote Thomas Percy, graaf van Northumberland, een van de leiders van de noordelijke opstand tegen koningin Elizabeth in 1569, die ten doel had haar te vervangen door Mary, de koningin van Schotland. Hij eindigde op het beulsblok. Zijn dochter, Lucy Percy, Venetia's moeder, trouwde met Edward Stanley van Tonge Castle in Shropshire, en van de dynastie van de graven van Derby, van wie er een net op tijd de bakens had verzet om van Henry Tudor koning Henry VII te maken. Lady Lucy stierf toen haar dochter, geboren in 1600, nog maar drie was, en Edward, volgens zeggen melancholiek en teruggetrokken van aard, stuurde haar naar Salden, ook in Buckinghamshire, om opgevoed te worden door lady Grace en Francis Fortescue, wiens vader, John, minister van Financiën van Elizabeth was geweest en die ternauwernood de verraderlijke politieke klippen van de laatste jaren van de oude koningin had omzeild. De constellaties schoven de twee naar elkaar toe.

Gezien vanuit het hof van James I compenseerde het goede, loyale deel van de familie Digby de verfoeilijke herinnering aan de verdorven verraders. John Digby, die bij de eerste categorie hoorde, was zozeer in de gratie dat hem de delicate missie werd toevertrouwd om een Spaanse infanta te zoeken voor Charles, de kroonprins. Oorspronkelijk was er sprake geweest van een Spaanse bruid voor zijn oudere broer prins Henry, maar tot groot ongenoegen van het koninkrijk was hij in 1612 gestorven. John Digby, inmiddels graaf van Bristol, moest hetzelfde voor Charles proberen, en de veertienjarige Kenelm, die zeer voorlijk was, ging met hem mee. De missie werd geen succes, maar Kenelm, een katholiek, liep rond aan het Habsburgse hof dat ritselde van de donkere zijde, vormelijke dwergen en prelaten die dol waren op de inquisitie. Studie in Oxford volgde, zoals gepast was voor iemand van zijn rang en aanleg.

Hier hield Kenelms katholicisme hem ver van jeugdige braspartijen. Maar die afzondering was in intellectueel opzicht gunstig omdat hij, in het onafhankelijke Gloucester Hall, onderwijs kreeg van de eerbiedwaardige Thomas Allen, die wiskunde en astrologie combineerde op een manier die hem de reputatie van een soort magiër bezorgde. Onder leiding van Allen werd hij een culturele, leergierige omnivoor van klassieke en moderne talen, en natuurlijke en metafysische filosofieën.

Sir Kenelm Digby, door Peter Oliver, 1627

En zo kwam hij terug naar Buckinghamshire (zonder af te studeren), zeventien jaar oud, lang en fors, aantrekkelijk, met een vlotte tong en uitbundige manieren, verzacht door de charme en elegantie die iedereen die hem ontmoette opvielen. Zijn tijd in Spanje had hem zelfvertrouwen gegeven zonder lompe pronkzucht, hij had niet veel op met leeftijdgenoten die snel hun dolk trokken bij een ruzie in de gelagkamer.

In 1628, tijdens een kaapvaart in de Middellandse Zee, gooide Kenelm het anker uit voor het Egeïsche eiland Milos en hij begon tijdens zijn verblijf op het eiland voor zijn eigen genoegen een nauwelijks vermomde autobiografie te schrijven die hij *Loose Fantasies* noemde, min of meer de geschiedenis van zijn liefde voor Venetia, maar dan met hun namen veranderd in Theagenes en Stelliana. In dit verhaal wisselen de twee, die vlak bij elkaar in Buckinghamshire wonen, hun eerste kussen, 'serieuze kussen te midden van hun onschuldige kameraadjes, en terwijl andere kinderen van deze leeftijd behagen schepten in dwaze spelletjes, blikten deze twee de ganse dag naar elkanders gezicht en begeleidden die blikken met zachte zuchten'. Na Oxford werd de liefde pas menens. Venetia was twintig en al een beroemde schoonheid, van wie soms werd gefluisterd dat ze te gul was met haar gunsten. Geruchten verbonden haar aan de gebroeders Sackville, eerst aan de ijdele, leeghoofdige Richard, 3e graaf van Dorset, die een groot deel van het bezit aan de speeltafel vergokte; vervolgens, iets serieuzer, aan zijn jongere broer Edward, die de 4e graaf zou worden. Hoewel hij de 'knapste man van Engeland' werd genoemd, werd Edward gevaarlijk als hij dronken was. In augustus 1613 beledigde hij, zwaar in de olie, lord Kinloss, die naar de hand van zijn zuster Clementina dong. Hij was zo grof dat er een duel op volgde. Omdat koning James dergelijke praktijken had verboden, vond het plaats in Bergen op Zoom, waar de duellisten rondsopten in een nat weiland; de trotse etiquette van het zwaardgevecht verwerd al snel tot een uitzinnig worstelen, snijden en steken. Sackville verloor een vinger en Kinloss, die weigerde erom te smeken, zijn leven.

Men is er vaak, maar ten onrechte, van uitgegaan dat het gevecht om Venetia ging (die zal toen twaalf zijn geweest), toch was Edward Sackville, al was hij getrouwd, ongetwijfeld nog steeds een gevaarlijke rivaal voor Kenelm. Maar toen Kenelm terugkwam op Gothurst was Sackville op reis, hetzij als een van de directeuren van de Virginia Company, hetzij om te vechten voor de protestante zaak van Friedrich van Bohemen, de schoonzoon van de koning. De jongen-meisjeomhelzingen waren geen kalverliefde meer. Venetia, met haar ovale gezicht, het dikke bruine haar dat ze vaak los over haar schouders liet hangen, haar uitnodigende lippen en een figuur dat John Aubrey als *bona roba* beschreef, wat verleidelijk betekent, was onweerstaanbaar. Maar het waren haar opgewektheid, haar warmbloedige temperament, haar plagerige gevatheid, haar slimheid die Kenelm ervan overtuigden dat ze voor elkaar bestemd waren. Ze maakte haar gezicht niet op, dat had haar gezicht niet nodig. Ze was zijn Beatrice. Hij moest haar hebben. Maar wat hij voorlopig had, was 'slechts de helft van wat mannen nastreven te bezitten', en dat met veel vertoon van geschokte verontwaardiging.

Kenelms moeder bekeek de overgang van flirten naar huwelijksplannen met argusogen. Venetia was beschadigde waar, en sowieso niet veel waard, ondanks al haar Stanley-Percy-voorvaderen. Ze was niet goed genoeg. Mary's ongenoegen kreeg de gebruikelijke strategische vorm: stuur de jongen op een Grand Tour, ongetwijfeld met de standaardtoespraak 'als jouw liefde inderdaad zo...' enzovoort. Bij de kussen kwamen nu aan beide kanten tranen, overvloediger dan een gezelschap acteurs voor elkaar zou krijgen. Kenelm gaf Venetia een diamanten ring, zij gaf hem een armband van het haar dat hij zo graag streelde. Alles zou goed komen. Ze zouden standvastig zijn. Hij zou terugkeren als meester over zijn eigen lot en ze zouden verenigd worden, wat Mary Mulsho er ook van vond.

U kent het spel. De weg van de ware liefde gaat nooit over rozen. Het decor verandert. In Parijs was Kenelm, die volmaakt Frans aan fraaie gespierdheid paarde, zeer aantrekkelijk voor de dames aan het hof, wat pure conventie had kunnen zijn, ware het niet dat koningin-regentes Maria de' Medici er geen geheim van maakte dat ze dol was op de jonge Engelsman. Aangezien het onhoffelijk en gevaarlijk tactloos zou zijn geweest haar avances geheel te negeren, kwam er een punt waarop Kenelm zich moest verontschuldigen. De begerige koningin nam het slecht op, zo slecht dat Kenelm, na een hieruit voortvloeiende botsing tussen haar gevolg en dat van haar aartsvijand koning Louis XIII, het bericht liet uitgaan dat hij daarbij gedood was. Dit was, meende hij, de enige uitweg uit Maria's klauwen, of haar wraak, en hij wist niet welk van de twee dodelijker zou blijken.

Het nieuws bereikte de koningin. Maar het bereikte ook Venetia. Wat haar niet bereikte, waren Kenelms brieven waarin hij haar verzekerde dat hij nog leefde, want zijn oplettende moeder onderschepte die. Radeloos of niet, Venetia gaf gehoor aan Edward Sackville. Volgens Aubrey heeft ze een kind van hem gekregen, maar daar is geen bewijs voor, en ook niet voor al het geld dat hij zou hebben vastgezet voor haar als zijn maîtresse.

Maar de verhalen over hun schandelijke affaire gingen rond. Erger nog, in Italië, waar hij zijn vriend Van Dyck voor het eerst tegenkwam, bereikte Kenelm het nieuws dat Venetia op het punt stond in de echt te treden met Sackville, waarschijnlijk de volgende graaf van Dorset. Vloekend rukte hij de armband van haar haar af en wierp hem in een vuur. Toen hij weer in Spanje was, met John, graaf van Bristol, en de vermomde kroonprins, zocht Kenelm ruzie; hij zat achter de vrouwen aan, veinsde cynisme, raakte gewond in een gevecht en gedroeg zich over het algemeen roekeloos en stompzinnig.

Na drie jaar kwam hij weer thuis. Venetia was niet getrouwd, maar de roddel over haar en Sackville lag op ieders meesmuilende gezicht. De jonge ridder besloot dat hij niets meer met haar te maken wilde hebben, met geen enkele vrouw, overigens. Maar toen kreeg hij haar in het oog op een bal masqué, onmiskenbaar onder de hoofse vermomming, en het harnas van zijn cynisme viel onmiddellijk af. Ze begonnen opnieuw, met wederzijdse beschuldigingen en hevige ruzies. Hoe kón je je in de armen van die man gooien, zodra ik weg was? Ík, ík? Wel foei. Hoe kón je me niet laten weten dat je nog lééfde? Trouweloze vrouw! Zwakke mán dat je zo'n moeder duldt en verdraagt! En zo voort, tot ze uitgeput waren van hun ongelukkige razernij. Sommige zaken konden niet ongedaan gemaakt worden, nog niet. Ze spraken af dat ze misschien, als het kon, vrienden zouden zijn. En Kenelm probeerde kalm te blijven en afstand te houden. Tot die voorzorgsmaatregelen ondraaglijk werden en hij als een dolle stier op haar afstormde. Venetia deinsde terug. Wanhopig en furieus over haar kilheid keilde Kenelm granaten van gekwetste gevoelens naar haar toe. Wat heb ik gedaan om je ergernis op te wekken? 'Laat me slechts van je houden (hetgeen ik al doe, meer dan welk schepsel ook) en dat ook uitspreken. En van jouw kant, vertel me dat je daar genoegen in zou scheppen en mij hebt toegelaten op een plekje in je hart waar niemand anders toegang heeft. Meer vraag ik niet.' Hij gaat, weinig overtuigend, verder dat hij bereid zou zijn, indien zij niet 'een te intieme vertrouwdheid... zou koesteren', zich opgeruimd aan haar wil te onderwerpen. Hij zou zich terugtrekken in een kluizenaarachtige eenzaamheid 'waar ik niets anders zal bestuderen dan God en jou'. Zo. En toen kwam de emotionele chantage: 'Mijn hart ligt volledig in jouw hand; je kunt het dooddrukken of mij de gelukkigste man ter wereld maken.'

Hij was niet te stuiten. Hij vroeg haar ten huwelijk. Tot zijn verbijstering zei Venetia nee, waarmee ze een diepe wond opende waar ze vervolgens zout in wreef door hem te vertellen dat ze in zekere zin aan Sackville was gebonden, die als blijk daarvan een portret van haar bezat. Kunst was belangrijk. Maar Sackville was in het buitenland. Hij was in ongenade gevallen bij koning Charles wegens wangedrag in de zaken van de Virginia Company. Toen hij terugkeerde in Engeland kookte Kenelms bloed, en ondanks Sackvilles reputatie als zwaardvechter was hij bereid met hem om Venetia te strijden. De koele Sackville verraste hem met een neerbuigende glimlach, en de woorden dat het niet zover hoefde te komen: hij zou het veld ruimen voor de vurige vrijer en veel geluk ermee. Sackville kon zich de geste veroorloven. Hij stond op het punt de 4e graaf te worden nu zijn futloze, kinderloze, hopeloze broer het graf in tuimelde, en daar was natuurlijk ook nog de kwestie van zijn vrouw, Mary.

Bevrijd van de verbintenis en Kenelms zwaaiende vingertje, liet Venetia zich opnieuw door hem inpalmen. Hun vriendschap werd genegenheid en hun genegenheid werd amoureus. Op een ochtend, toen Kenelm het land in moest voor zaken, kwam hij afscheid nemen van Venetia. Het was nog maar nauwelijks licht, zoals hij had berekend. Maar hij overreedde de giechelende dienstmeisjes met zijn charme. Ze kenden de jongeheer Kenelm, wat een man. Hij zou nooit iets onbehoorlijks doen. De deur van Venetia's slaapkamer werd geopend. Hij stapte de kamer in en verlustigde zich in de aanblik van haar lieve slapende gezicht. Later, op Milos, met de glinsterende zee achter zich, doorliep Kenelm vol genoegen de herinnering aan wat er vervolgens gebeurde, waarbij hij de derde persoon van Theagenes voor zichzelf gebruikte. 'Hij liep naar het bed, waaromheen de gordijnen nog gesloten waren, maar toen hij ze omzichtig opende, zag hij dat Stelliana in diepe slaap was en toch lieten haar gesloten ogen de schoonheid van haar gezicht met des te groter glorie schitteren.' Dit was de herinnerde aanblik die hij aan Van Dyck had gevraagd.

Hij bleef een wijle staan gelijk een man in trance, in bewondering voor die hemel van volmaaktheid... uiteindelijk buiten zichzelf getreden... besloot hij dat hij gebruik moest maken van deze door het toeval geboden gelegenheid, om zich in hetzelfde bed neer te leggen aan haar naakte zijde, die hij waarschijnlijk nooit zou veroveren met haar toestemming. Dus toen... met de grootste haast, en het minste lawaai... legde hij zich op de zachtst mogelijke manier tussen de lakens; maar toch werd Stelliana half gewekt door het verroeren van de lakens, wat hij gewaarwerd toen zij zich op haar andere zij draaide, met een slaperige kreun, zodat hij onbeweeglijk bleef liggen, terwijl zijn ogen gezegend werden met de rijke aanblik

op het volmaaktste dat de Natuur ooit had voortgebracht.
Want toen ze zich omrolde, liet het beddengoed, dat naar de
andere kant was gezakt, het deel van het bed waar ze nu lag geheel
onbedekt; en haar nachthemd was zo om haar fraaie lichaam
gewikkeld, dat haar onderbenen en het grootste deel van haar dijen
naakt waren... de witte zuilen die deze machine van schoonheid
ondersteunden, leken wel warm albast... haar buik was bedekt met
haar nachthemd, dat zich met een zachte welving verhief en de
volmaakte vorm toonde... Haar boezem was als twee globen, waarin
de gloriën van hemel en aarde waren getekend, en de azuurblauwe
aderen constellaties en koninkrijken leken te scheiden, waartussen
de melkweg begon die geliefden naar hun paradijs leidt, dat ietwat
overschaduwd was door de neerwaartse helling van de bovenste van
de twee omdat ze op haar zij lag; en uit die duisternis glinsterden
een paar druppels zweet als diamanten vonken, en ze geurden
aromatischer dan de viooltjes of sleutelbloemen, wier seizoen juist
voorbij was om plaats te maken voor de warmere zon... de tepels
waren van zo'n zuivere kleur, en bewonderenswaardige vorm [in
een Franse versie door Kenelm beschreven als koraal], dat ik geloof
dat Cupido zijn kinderlijke voorkomen alleen behield in de hoop
daaraan te mogen zuigen...

Het was allemaal te veel voor Kenelm/Theagenes, zoals het ook voor ons
zou zijn. 'Hij besloot te stelen wat ze hem zo dikwijls had geweigerd, en
liet zijn lippen delen in het geluk dat de hare genoten door hun gezegende
verbinding; doch daar zijn vlammende ziel geheel naar die buitengewone
plek werd getrokken, waren zijn kussen zo brandend dat Stelliana (trach-
tend ze te bevochtigen) wakker werd.'
    Woedend. Maar ook weer niet. Kenelm beloofde dat hij niet verder zou
gaan, dus kalmeerden haar reprimandes en werden 'engelachtig' en kuste
hij de verwijten weg.
    Ze trouwden in 1625, maar in het diepste geheim; gedeeltelijk om het
verbod van Kenelms moeder voor te zijn, maar ook om Venetia's aandeel
in een bezit dat ze via de Percy's zou verwerven niet in gevaar te brengen.
Ook de spoedig daarop volgende zwangerschap bleef geheim. Na Venetia's dood beschreef Kenelm in een brief aan zijn naar hem vernoemde
oudste zoon hoe hij ter wereld was gekomen als voorbeeld van zijn moeders moed en standvastigheid. Er was een geheim kraambed geregeld,
maar door een val van een paard (zwangerschap zou Venetia's dagelijkse

ritje niet verhinderen) kwamen de weeën op gang. Aangezien het onmogelijk was haar naar het kraambed te vervoeren, moest ze teruggebracht worden naar haar buitenverblijf, waar alleen een dienstmeid was zonder enige kennis van bevallingen, en in paniek door het gekreun en de pijn, samen met Kenelm zelf. Venetia zette de tanden op elkaar, maar, vertelde Kenelm zijn zoon, zag af van de Engelse gewoonte om de echtgenoot en vader uit de kamer te verbannen. 'Ze voelde zo'n uitmuntende en tedere liefde voor mij dat ze dacht dat ik door mijn aanwezigheid of door haar hand vast te houden (hetgeen ze me voortdurend liet doen) een groot deel van haar pijnen deed verminderen.'

In 1628 leidde Kenelm Digby het benijdenswaardige leven dat hij lang had gewenst: de liefde die hij had nagestreefd sinds hij en Venetia kinderen waren, een vrouw die ook zijn beste vriendin en metgezellin was, twee volmaakte, gezonde zoons, geld, een ambt en aanzien aan het hof en in de wereld. Wat kon een man zich nog meer wensen? Iets, in elk geval, want datzelfde jaar, in weerwil van Venetia's huilende, boze bezwaren dat hij hen zou achterlaten als wezen en weduwe, vertrok hij op het schip de Eagle met kaperbrieven om Franse schepen buit te maken. Hij verklaart dit in *Loose Fantasies* met kenelmiaanse perversiteit als een behoefte om 'eer' te verwerven alvorens zich te verlossen van wereldse zaken en zich te wijden aan studie en gezin. Hij kon niet beginnen met bezadigde toewijding aan zijn vrouw, zegt hij, anders zou de wereld hem zwak vinden.

Hij zal tijd en reden hebben gehad om de ijdelheid van de onderneming te overwegen toen zijn kleine flottielje (drie schepen) eerst werd overvallen door windstilte en vervolgens door de pest aan boord; er stierven zoveel zeelui dat de lichamen aan dek werden opgestapeld om te liggen stinken in de mediterrane hitte voordat ze overboord gezet konden worden. Venetia's verwijten achtervolgden hem misschien als hij met een siddering bedacht dat hijzelf sterker zweette dan de zonneschijn verklaarde. Maar hij overleefde het, en de vloot was sterk genoeg om de strijd aan te gaan met de veel grotere Venetiaans galjassen die de Franse koopvaardijschepen waarop zij joegen beschermden. Door de Slag van 'Scanderoon' (İskenderun) voor de Turkse kust werd Kenelm bij terugkeer een held, zijn naam werd nu in één adem genoemd met die van Drake en Hawkins. Hij bekeerde zich opportunistisch tot de Church of England, waardoor de koning hem met ambten kon overladen. Hij keek hoe zijn zoons Kenelm en John opgroeiden, liefhebberde in zijn wetenschap en zijn kookkunst, verzamelde recepten, ging vaak naar het theater en sloot vriendschap met

Sir Kenelm Digby, door sir Anthonie van Dyck, ca. 1640

Ben Jonson, die duidelijk en bevredigend verliefd was op Kenelms vrouw. Dit waren de jaren waarin Van Dyck opdracht kreeg de familie Digby te schilderen. Kenelm, die behaaglijk ronder was geworden, terwijl zijn haar dunner was en van zijn voorhoofd week, zit naast het armillarium dat zijn instrument was geworden, terwijl Venetia, met *crève-coeurs* op haar voorhoofd, de hartverscheurende krulletjes die aan het hof de mode waren, haar blik op haar onmogelijke echtgenoot richt. Ze heeft een arm om de blonde John, die de toeschouwer aankijkt met dezelfde intensiteit waarmee zijn vader mensen in verwarring kon brengen.

Kenelm had besloten zijn woord gestand te doen. Hij zou de slopende zaken van de staat en de wereld afschudden. Hij gaf instructies dat het werk aan de nieuwe bibliotheek moest beginnen.

Tegen het eind van de zomer van 1633 dwong Kenelm zichzelf om van buiten de stad terug te keren naar het lege huis aan Charterhouse Yard:

> Hier waar ik zoveel gezelschap, zoveel vermaak en zoveel
> vrolijkheid heb gehad, heerst nu verlatenheid, eenzaamheid en
> stilte. De muren zelf lijken te rouwen, want bij mijn vertrek naar het
> platteland zijn al mijn wandtapijten neergehaald en weggezonden
> om hersteld te worden, en ze bleken in zo'n slechte staat dat ze nog
> niet klaar zijn aangezien op de plaatsen waar ze dubbel hingen ten
> gevolge van hun buitengewone lengte de ratten, de onafscheidelijke
> metgezellen van een ineenstortend huis, nesten voor zichzelf
> hadden gemaakt en hun jongen (naar het schijnt) hun tanden
> hadden gescherpt en op vele plaatsen over een lengte van ongeveer
> een meter gaten hadden geknaagd.

De witte muren van hun kamers waren geel, pokdalig en vuil; de bergen hout die waren klaargelegd voor het werk aan de bibliotheek lagen er nog, vergeven van insecten en vol afval.

Dat kwam Kenelm allemaal erg goed uit, een poëtische metafoor voor de janboel van zijn lichaam en geest. Hij liep nu rond met een ongeknipte, rafelige baard waardoor hij eruitzag als een van Tintoretto's Venetiaanse *bravi* uit de vorige eeuw. Zijn schedel, daarentegen, was tamelijk kaal geworden, op wat warrige, onverzorgde plukken na; zijn hoofd was nu en dan bedekt met de simpele hoge zwarte hoed die gebruikelijker was onder de puriteinen. Kenelm Digby was van top tot teen gehuld in het zwart van zijn eeuwige verdriet, een lange, zware cape sleepte over de grond, de zoom overdekt met modder. Zijn niet-aflatende rouw werd nu onbescheiden en zwak genoemd, zelfs door lezers van Robert Burtons *Anatomy of Melancholy*.

Digby trok zich terug in het heiligdom van Gresham College, geen afgezonderde retraite maar een oord van studie en discussie over filosofische en wetenschappelijke kwesties, dicht bij de beurs. Geleidelijk kwam zijn liefde voor lezen terug en hij schreef dwangmatig en eindeloos over zijn verloren Venetia – aan zijn zusters en zijn broer, zijn tante en zijn kinderen. Die laatsten kregen een gedetailleerde lofrede op hun dode moeder, trek voor trek, haar ogen alleen al besloegen bijna een bladzij, alsof ze haar nooit zelf hadden gezien of met voldoende aandacht bekeken. Het was voor Kenelm natuurlijk een manier om te zorgen dat haar gezicht en lichaam tot in de kleinste details in zijn geheugen en op de bladzij werden vastgelegd. Vervolgens verzamelde hij zijn brieven en die van anderen onder de titel *In Praise of Venetia*, dat werd toegevoegd aan de groeiende voorraad lofzangen door Ben Jonson, Owen Feltham en William Habington. Er konden er nooit genoeg zijn, en Kenelm bleef zich hardop afvragen: zou de dichtkunst of de schilderkunst haar meer recht doen?

Hij benutte beide. Er werd een miniatuur gemaakt van Van Dycks sterfbedslaap zodat hij dat kon meenemen op zijn rustcloze reizen, en ook kopieën van andere afbeeldingen van haar. Ook van hemzelf, in verdriet verzonken, werden schilderijen en gravures gemaakt. Toen Venetia's dood langzaam op de achtergrond raakte, begon de roddel die haar vroegere reputatie had bezoedeld weer de kop op te steken. Het adderwijngerucht verdween nooit helemaal, in sommige kringen werd zelfs gefluisterd dat Kenelm misschien zelf zijn vrouw had vergiftigd nadat hij haar op ontrouw had betrapt, en dat hij vervolgens uit wroeging zo diep rouwde. Digby reageerde door Van Dyck terug te halen om een onweerlegbaar monument voor haar vlekkeloze reputatie te scheppen. Allegorische schilderijen waren absoluut niet Van Dycks specialisme, maar om zijn lijdende vriend ter wille te zijn, produceerde hij een wonder waarin hij de pracht van zijn oude meester Rubens en van hun gezamenlijke voorbeeld Titiaan opriep. Daar voegde Van Dyck zijn eigen vleugje zijdeglans aan toe. Om de kwaadsprekers de mond te snoeren verschijnt Venetia als Prudentia, met haar rechtervoet op Cupido, waarmee ze laat zien dat ze de lagere vormen van liefde de baas is, terwijl het verslagen Bedrog zich in de schaduwen verschuilt. De slang – of misschien adder – van wijsheid ligt op haar schoot terwijl die van giftige slechtheid onder haar voeten wordt verpletterd. Putti kronen haar met de lauwerkransen

Venetia, lady Digby, door sir Anthonie van Dyck, ca. 1633-1634

van onsterfelijke deugd. Over haar heen vloeit een rivier van zijde die de volledige Van Dyck-behandeling heeft gekregen, in de kleur van damascusrozen, de tint die volgens haar man en de ondeugende John Aubrey op haar wangen kwam wanneer ze opgewonden was, en die ook als een blos op haar verrukkelijk mooie gezicht verschijnt. Van Dycks eerste schilderij herstelde haar arme lichaam dat door chirurgijns was ontleed, het tweede was een rehabilitatie tegenover haar lasteraars. Er zijn twee versies: een geschilderd op het grootst voorstelbare formaat, en een van gemiddeld formaat dat nu in de National Portrait Gallery hangt, groot genoeg om indruk te maken, maar tegelijkertijd zo klein dat sir Kenelm het kon meenemen op zijn zwerftochten.

Hij werd inderdaad een zwerver, altijd met zijn zware zwarte cape, terug naar de plaatsen waar hij in zijn jeugd was geweest: naar Frankrijk, waar Maria de' Medici nog leefde maar de leeftijd van seksueel misbruik te boven was, en naar Florence en Rome. Hij was gewild bij de vrouwen, nam ze mee naar zijn bed en ging naar het hunne, maar overwoog geen seconde ooit opnieuw te trouwen. Tot verontwaardigd ongenoegen van zijn vriend de aartsbisschop Laud, keerde hij terug naar de Rooms-Katholieke Kerk nu hij geen behoefte meer had aan een of ander officieel ambt. Op zijn reizen bleef hij kruiden en kookrecepten verzamelen, die door George Hartman werden gepubliceerd als het 'Kabinet' van Kenelm Digby. Hij hield zich bezig met zijn wetenschap, die zowel excentrieke alchemie als empirische navorsing omvatte; hij verklaarde dat de materie was samengesteld uit minuscule deeltjes die bekendstonden als atomen, dat zij voortdurend in beweging was tot ze gestuit werd, en dat planten leefden door een of ander element uit de lucht te absorberen.

Engeland viel uiteen in oorlogvoerende partijen. Zijn vrienden Laud en de graaf van Strafford werden allebei veroordeeld en geëxecuteerd. Het huis van zijn bloedverwant George, die nog steeds een hoge functie in de regering van Charles I had, werd in 1640 in Londen aangevallen door een meute. Families, waaronder de zijne, raakten verdeeld. Georges vrouw Anne moest hun huis in Sherborne Castle verdedigen tegen haar eigen familieleden, de Russells, die aan de kant van het parlement vochten. Kenelm keek van een afstand toe, in Frankrijk en in de Nederlanden, waar hij een van de intimi van koningin Henrietta Maria was en aanvankelijk probeerde fondsen te werven voor de royalistische zaak, en daarna, toen die verloren was, in bittere ballingschap. Helaas sneuvelden de twee jongens die Van Dyck in de zoete bloei van hun kindertijd had geschilderd tijdens de oorlog: John werd dodelijk gewond tijdens het beleg van Bridg-

Sir Kenelm Digby, door Richard Gaywood, naar sir Anthonie van Dyck, 1654

water Castle in juli 1645. Drie jaar later, in juli 1648, tijdens de tweede oorlog die uitgebroken was door de koppige onbesuisdheid van de gevangen koning, was de jonge Kenelm bij de paar honderd uitgeputte royalisten die zich na een overweldigende nederlaag in Kingston upon Hull hadden teruggetrokken. Hun generaal, de graaf van Holland, verklaarde tegenover de stadsbewoners dat hij en zijn soldaten niet anders wilden dan een nacht respijt en de terugkeer van de vrede. Om twee uur 's nachts werden ze aangevallen door achtervolgende parlementaire troepen, en terwijl zijn mannen en kameraden verdronken tijdens hun poging de Ouse over te zwemmen, stierf de jonge Kenelm in het spervuur.

Het jaar daarna sloop zijn vader Londen in. Na de executie van Charles I schreef hij aan een correspondent in de Nederlanden over 'deze zwarte tragedie die zich hier kortelings afspeelde [en die] de meeste harten onder ons heeft vervuld van ontsteltenis en afschuw'. En toch, net als een verrassend aantal royalisten, ontmoette hij niet alleen Oliver Cromwell, maar kwam hij ook op vertrouwelijke, zelfs vriendschappelijke voet met hem te staan, en besprak hij wetenschappelijke projecten en de resultaten van experimenten met de Lord Protector. In 1661 werden de stoffelijke resten van Cromwell opgegraven en werd zijn hoofd op een staak gezet. Kenelm Digby woonde inmiddels in Covent Garden en werd beschouwd als de excentrieke bedenker van allerlei soorten wetenschap; in ieder geval zozeer gerespecteerd dat hij een van de *Fellows* werd van de dat jaar in het leven geroepen Royal Society, de academie van wetenschappen.

Hij stierf in 1665, toen de pest in de stad woedde, misschien als een van de ontelbare slachtoffers, en werd naast Venetia begraven in Christ Church in Newgate. Men vermoedt dat de beeldhouwer van de gigantische tombe van zwart marmer die hij voor haar had laten bouwen Hubert Le Sueur was, de geëigende keuze voor dergelijke monumenten. Bovenop stond het hoofd van Kenelms knappe vrouw, wier gelaatstrekken, te oordelen naar gravures, de macht van de beeldhouwer ver te boven gingen. Ook dat suggereert, helaas, de hand van Le Sueur. Een jaar na Kenelms dood raasde de Grote Brand door de stad en verteerde alles op zijn weg, inclusief de kerk waar ze begraven lagen, en kennelijk ook de tombe, hoewel het marmer bestand moet zijn geweest tegen de vlammen. Een paar jaar later zei John Aubrey dat hij had gezien wat ervan over was, de koperen buste van Venetia, door het vuur van zijn verguldsel ontdaan. Juist door de afwezigheid werd hij herinnerd aan de kleur van haar wangen, als damascusrozen, 'noch te warm noch te bleek'.

3

George en Maria,
Richard en Maria,
Tom en Maria

Richard Cosway wilde deze goed krijgen. Hij moest de kroonprins on-weerstaanbaar maken. Opnieuw. Die opdracht lag in zijn macht. God weet dat hij genoeg ervaring had met het schilderen van miniaturen van de jongeman. De prins was zestien toen hij zich voor het eerst in de rood damasten stoel in Berkeley Street had gevouwen en zijn blozende gezicht naar het beschouwende oog van de schilder had geheven. Dat was vijf jaar geleden, in 1780. Ze vormden een opvallend stel toen ze het atelier in Berkeley Street binnenkwamen. George was lang, al enigszins zwierig, best knap in driekwart profiel, maar vanuit andere hoeken een beetje pappig, alsof het puppyvet nooit van de botten zou smelten (hetgeen inderdaad zo zou blijken te zijn). De kunstenaar haalde net de een meter vijftig niet, vandaar de bijnaam 'Tiny Cosmetic' en de meedogenloos herhaald grap over het feit dat hij miniatuurschilder was.

Net als de prins zorgde Cosway dat hij er op zijn best uitzag. Tiny's postuur werd aanzienlijk verlengd door een hoge pruik, duifgrijs gepoederd, zoals bon ton was. De bovenkant stak omhoog als de kuif van een fuut terwijl de onderkant in zachte krullen om zijn oren viel. Aangezien zijn logies en atelier tegen de achterkant van Devonshire House aankeken en hij zijn deftigste opdrachten te danken had aan de patronage van de gravin, Georgiana, die daar modieus hof hield, kon Cosway zich geen artistieke slonzigheid veroorloven, maar dat was toch al niet zijn stijl. Hij had de wereld van zijn vader, een schoolmeester in Tiverton, al lang geleden achter zich gelaten. De opleiding op Shipley's tekenschool had vruchten afgeworpen. Hij had naam gemaakt met een vaste clientèle – officieren en edelen en hun blozende kinderen – en een ander soort naam door vrolijke ontuchtige tafereeltjes op snuifdozen te schilderen. Het was verbazingwekkend hoeveel levendige details vastgelegd konden worden op zo'n klein oppervlak! Dat was allemaal geen obstakel voor Cosway om toegelaten te worden tot de scholen van de pas opgerichte Royal Academy of Arts. Het was misschien zelfs een pluspunt. Hij werd vrij snel een van de fellows en stelde zijn miniaturen (de fatsoenlijke) tentoon op hun jaarlijkse exposities, samen met andere verluchters van de oudere generatie, John Smart en Jeremiah Meyer, en zijn leeftijdgenoten Ozias Humphry en George Engleheart.

In gezaghebbende kringen werd gezegd dat Cosways pointilleerwerk ongeëvenaard was. Dat moest ook wel, want miniaturen werden in die tijd op ivoor geschilderd, en niet op velijn, en het was lastig om waterverf te laten hechten aan het glibberige oppervlak. Pointilleren, het aanbrengen van miniatuurstipjes verf met de vochtige punt van een eekhoornharen penseel, hielp voorkomen dat de verf doorliep, maar de microscopisch kleine puntjes moesten er voor het oog uitzien als textuur en lijnen, vooral omdat het miniatuur van dichtbij bekeken zou worden. Om de waterverf beter te laten hechten, verwijderde Cosway (die zeer streng was voor zijn ivoorleveranciers) het grootste deel van de vettigheid door het oppervlak van het ivoor tussen linnen of batisten doeken te strijken. Gecombineerd met bijzonder doorschijnende verfsoorten wist hij (zonder verlies van glans of precisie) een atmosferische zachtheid te bereiken, een nevelig liefdeslicht waarmee de warme band van wederzijdse toewijding kon worden vastgelegd. Cosway vergrootte het formaat van de ivoren van ongeveer tweeënhalf naar zeven centimeter (zijn dertig-gienje-formaat), waardoor hij ruimte kreeg om figuren tegen een blauwe lucht met kleine witte wolkjes neer te zetten: het decor van idyllische verliefdheid. Er wordt vaak gezegd dat hij de ogen van zijn modellen vergrootte, maar dat is niet waar. Wat hij deed was er extra aandacht aan besteden: aan de weerkaatsing op de pupil, een diep blauw of kastanjebruin, aan de wenkbrauwen en de wimpers, waardoor de indruk ontstond van een open, argeloze blik die de toeschouwer recht aankeek.

Niemand doorgrondde beter de visuele psychologie van het miniatuur. In tegenstelling tot grote portretten die aan de muur werden gehangen om in gezelschap bekeken te worden, van een afstand, werd het miniatuur als een sieraad op het lichaam gedragen. Vaak werd het ingelijst in een strengetje haar, het enige deel van het lichaam dat nooit stierf, om het al even onsterfelijke beeld gezelschap te houden. En als je wilde zou het je nooit verlaten. Je hoefde maar in je zak te voelen of de ketting van je hals of boezem op te tillen en daar was zij, daar was hij, voor eeuwig glimlachend de jouwe.

Dus natuurlijk, de chic kwam naar Berkeley Street, de hertogen en de baronnen, hun vrouwen en hun maîtresses (meestal niet tegelijkertijd),

Zelfportret, door Richard Cosway, ca. 1790

de dartele kinderen en elegant geüniformeerde officieren. Cosway voelde zich groeien in hun gezelschap, niet alleen omdat hij zulke hoge hakken droeg, maar ook omdat hij erop vertrouwde dat ze terug zouden komen. Zijn schoengespen fonkelden van zilver en edelstenen, zijn vesten waren opgeluisterd met brokaten bloemen en de jabot om zijn hals was roomwit en overvloedig. Dat hij als een fatje werd beschouwd hinderde hem niet en deed hem zelfs genoegen, want hij wist dat de kroonprins zelf ook fatterig was.

Van meet af aan voelden ze genegenheid voor elkaar, de prins en de schilder, ondanks het leeftijdsverschil van twintig jaar. Richard Cosway was zo anders dan de vader van de prins als maar mogelijk was. Koning George III was uiterst consciëntieus, gekant tegen wereldse geneugten en onwrikbaar in het uitoefenen van zijn koninklijke plicht. Hij en koningin Charlotte waren vastbesloten om de monarchie te vernieuwen, in eerste instantie door dynastiek recht door huiselijke deugdzaamheid te vervangen. De Britse troon zou nooit meer in diskrediet gebracht worden door het schaamteloos pronken met maîtresses. Nooit meer zou een kroonprins een magneet voor ongehoorzaamheid en verzet tegen de wensen van de vorst zijn. Met een gedegen opvoeding en het instampen van normen en waarden zou hún kroonprins, de oudste van hun vijftien kinderen, een betrouwbare opvolger zijn. De koninklijke familie zou een regeerschool zijn met de koning als belangrijkste leraar.

Hoge verwachtingen leidden tot een bittere teleurstelling. Ondanks het feit dat hij in Kew of Windsor onder het wakend oog van zijn ouders werd gehouden (terwijl zijn broer Frederick van York naar Hannover ging en William, hertog van Clarence, bij de marine), en ondanks het feit dat ze een hoge schutting bouwden tussen verleiding en plicht, vond George een manier om alle verdorvenheden van zijn voorvaderen uit Hannover te omhelzen. In plaats van Duits, Latijn, Frans en wiskunde te leren studeerde hij snel en enthousiast af aan de diverse faculteiten van gokken, hoerenlopen, zuipen en vreten. Als hij aangesproken werd op zijn losbandigheid, de schandalige verwaarlozing van zijn studie en zijn ongunstige vrienden, zoals zijn verdorven oom de hertog van Cumberland, ging de jongen mokken of pruilen, of veinsde hij berouw, soms wist hij het zelfs voor elkaar te krijgen dat er tranen langs zijn bolle wangen stroomden. Het speet hem echt heel erg. Vervolgens stortte hij zich weer met frisse moed op zijn leerschool in losbandigheid. Na een bijzonder kwetsend schandaal, toen de prins avances had gemaakt naar de vrouw van de ambassadeur van Hannover, gravin Juliane van Hardenberg (die er na een poosje gretig op inging), probeerde de geteisterde vader – vergelijkbaar met Shakespeares koning Henry IV die prins Hal een schrobbering gaf – voor de zoveelste keer zijn zoon te laten inzien hoe hij niet alleen zichzelf te schande maakte, maar ook de waardigheid van de monarchie: 'Het is nu bijna zeker dat je dagelijks onaangenaam in het nieuws komt... Kijk eens goed naar jezelf... en trek dan je conclusie of je me wellicht niet zoveel ongemakkelijke momenten zou kunnen bezorgen. Ik wil met je leven als een vriend, maar dan moet je dat verdienen door je gedrag. Als ik deze dingen niet zei, zou ik mijn plicht tegenover mijn God of mijn land verzaken.'

Maar George luisterde niet, hij keek in de spiegel. Over het algemeen was hij tevreden met wat hij zag, hoewel zijn ijdelheid niet blind was. Zijn ledematen waren 'goed geproportioneerd en goed gevormd' maar hij had 'helaas een te sterke neiging tot dik worden'. In zijn gelaatsuitdrukking zat ietwat te veel 'hauteur'. De ogen waren grijs en 'passabel' met

redelijk goede wenkbrauwen en wimpers, *un petit nez retroussé, cependant assez aimé* [een wipneusje, desondanks tamelijk geliefd], een goede, zij het vrij grote mond, fraaie tanden, een redelijk goede kin, maar het geheel van zijn gelaat is te rond. Ik vergat melding te maken van zeer lelijke oren. Waar haar als schoonheid wordt beschouwd, heeft hij meer haar dan de mens meestal ten deel valt... Zijn gevoelens en gedachten zijn open en grootmoedig, het is beneden zijn stand iets gemeens te doen, (hij gelooft te snel dat mensen zijn vrienden zijn en heeft te veel vertrouwen in hen doordat hij nog niet voldoende kennis van de wereld heeft verworven...)... Zijn hart is goed en teder als het zijn emoties mag tonen... Iets te vertrouwelijk met zijn minderen... [zonden of] laten we het liever zwakheden noemen... te zeer geneigd zijn passies van allerlei aard de vrije loop te laten of te uiten, te zeer geneigd tot gepassioneerdheid, maar hij draagt nooit venijn of wrok in zijn hart... Hij is ietwat te dol op wijn en vrouwen.

Laat niemand beweren dat de latere George IV verstoken was van zelfkennis. Na zijn dood bevestigde zijn zuster Elizabeth dat hij 'een en al hart' was, maar juist die eigenschap maakte dat hij van het rechte pad raakte doordat hij slecht gezelschap koos. Op die lijst van slecht gezelschap moet ook de 7e graaf van Barrymore hebben gestaan, om goede redenen ook wel Hellgate (hellepoort) genoemd; zijn twee broers Augustus en Henry, respectievelijk Newgate (nieuwpoort) en Cripplegate (kreupelpoort), en hun zuster, die vanwege haar verbluffende grofgebektheid natuurlijk Billingsgate (viswijfpoort) werd. Maar Charlotte Goulding, de maîtresse van de graaf, met wie hij uiteindelijk trouwde, was een vuistvechter. Geen wonder dat de koning zich zorgen maakte.

De prins kwam bij Cosway rond de tijd dat hij aan zijn eerste vrouwenavontuurtjes begon, waarvoor hij nogal tactloos een van de hofdames van de koningin koos, Harriet Vernon. Als George iemand het hof maakte betekende het bijna altijd dat hij het voorwerp van zijn liefde – en George verbeeldde zich elke keer dat hij verliefd was – een miniatuur van zichzelf stuurde, bij voorkeur tegen een blauwe Cosway-hemel met wolkjes om zijn trekken het voordeligst te doen uitkomen. Ironisch genoeg had George dit idee, waarschijnlijk tot haar grote afschuw, van zijn moeder, koningin Charlotte, die begonnen was met de ontroerende gewoonte om het miniatuur van haar man te dragen, een portretje dat ze als huwelijkscadeau had gekregen. De koningin droeg het op haar hart als openlijke uitdrukking van haar toewijding: een alleraardigst teken van het nieuwe soort monarchie dat gebaseerd zou zijn op echtelijke trouw en familiezin.

De koningin kan niet blij zijn geweest toen ze zag dat haar zoon het visuele gebaar overnam voor zijn impulsieve jacht op de liefde. Hoe dan ook, binnen de kortste keren schilderde Cosway er twee of drie per jaar, omdat de amoureuze omloopsnelheid van de prins groot was, en hij gebruikte hetzelfde miniatuur voor de ene vrouw na de andere: verduiveld onpraktisch, zo niet gênant. De National Portrait Gallery heeft een prachtig voorbeeld van deze jongehondenjaren waarop George te zien is met een zwierig schuine hoed, een grenadiersrode jas met hoge kraag, ogen vol lokkende ondeugd en een bijna verwijfd pruilmondje. Op de jas, een beetje ongerijmd, omdat het duidelijk niet het soort kousenband is waar hij het meest aan denkt, zit de Orde van de Kousenband gespeld. Cosway heeft zich helemaal uitgeleefd op dit geschilderde billet-doux, maar je kunt zien wat Georges vriendin Georgiana, hertogin van Devonshire, bedoelde toen ze zei dat hij soms 'te veel op een vrouw in mannenkleren leek'.

En dat is op zich ironisch (of misschien onthullend), want waarschijnlijk werd het miniatuur geschilderd voor een actrice die een sensationele Julia had gespeeld tegenover David Garrick als Romeo, maar beroemd was geworden door haar mannenrollen in het Theatre Royal, met name Viola en Rosalind: de beeldschone Mary Robinson. In december 1779 had de prins, toen zeventien jaar oud, haar Perdita zien spelen in Garricks

Kroonprins George (later koning George iv), door Richard Cosway, ca. 1780-1782

versie van Shakespeares *A Winter's Tale*, met de nieuwe titel *Florizel and Perdita*. De prins zat in zijn loge (dat was een voorwaarde van de koning, anders mocht hij helemaal niet naar het theater) en de koning en de koningin zaten in de hunne, aan de andere kant van de zaal. Soms leidde het gelijktijdig verschijnen van de twee vijandige partijen tot problemen, en één keer liep het zelfs uit op een kloppartij tussen een woedende vader en een hysterisch keffende zoon in de vestibule. Maar deze avond raakte de prins in de ban van de hoofdrolspeelster, en zwaaide haar zo luid lof toe dat zij (en ook alle andere loges) het konden horen, tot nog groter ongenoegen van de koning.

De gebruikelijke belegering begon, en George schreef met koortsachtige, jeugdige passie brieven die hij ondertekende met Florizel. Mary Robinson was getrouwd, met de rampzalig verkwistende Thomas Robinson, die was opgeklommen van een simpele klerk, mogelijk een pooier, dankzij de schoonheid van zijn vrouw, terwijl hij zelf voortdurend maîtresses had en zoveel geld uitgaf dat hij in de schuldenaarsgevangenis belandde, waar hij, toen hij weer eens vastzat, gezelschap kreeg van Mary. Dus ook al zou het zeker tot problemen leiden, Perdita wees Florizels hofmakerij niet meteen van de hand. Toen hij de belofte van twintigduizend gienjes aan zijn aanzoek toevoegde, ging ze voor de bijl. In haar memoires schreef Mary over dat moment: 'De onbegrensde verzekering van blijvende genegenheid die ik in alle toonaarden in de allerwelsprekendste brieven van Zijne Koninklijke Hoogheid ontving, de verachting die mijn echtgenoot vaak uitspreekt en mijn voortdurende inspanningen om hem langdurig te onderhouden, begonnen op den duur mijn standvastigheid te ondermijnen.'

In een cultuur die doordrenkt was van roddel kon de liaison tussen de kroonprins en de actrice van Drury Lane nooit geheim blijven. Karikaturisten haalden hun hart op. De koning en de koningin waren buiten zichzelf van woede. De twintigduizend gienjes waren bedoeld geweest als voorafgaande compensatie voor de schade die Perdita's toneelcarrière zou lijden, maar het hoeft geen betoog dat het geld er nooit kwam. In plaats daarvan stuurde George haar een Cosway met 'getrouw tot in de dood' geschreven op een hartvormig papiertje op de achterkant.

Maar hij was slechts getrouw tot zijn oog op Elizabeth Armistead viel, de nieuwste aanwinst bij de Londense courtisanes, die na een lange relatie mevrouw Charles James Fox zou worden. Mary-Perdita moet haar vermoedens hebben gehad, want toen de prins Thomas Gainsborough opdracht gaf haar ten voeten uit te schilderen in een rustiek decor, zette ze het schilderij naar haar hand. Het is een beeld van herfstachtige melancholie, haar blik is peinzend, nog net niet bitter. In de ene hand heeft ze een zakdoek om haar verdriet te stelpen, in de andere, als een beschuldiging, het miniatuur.

Perdita was niet verbaasd dat ze de bons kreeg, maar geschokt over de manier waarop – een briefje waarin alleen stond: 'we moeten elkaar niet meer zien' – en had uit voorzorg de compromitterende brieven van de prins bewaard. Daarmee ging ze rechtstreeks naar de koning. Er volgde onwaardig gemarchandeer. In haar wanhoop nam Mary genoegen met een kwart van de beloofde schikking: vijfduizend pond en een klein jaargeld. Een paar jaar later schilderde John Hoppner haar weer, en nu keek ze hoopvol en zelfverzekerd, omdat ze aan het begin van een literaire carrière stond waarin ze zes romans, zes dichtbundels en drie toneelstukken zou produceren.

Haar veerkracht hield geen gelijke tred met haar inschatting van mannen, want Mary Robinson maakte vervolgens een nog rampzaliger keus met Banastre Tarleton, de schrik van South Carolina tijdens de Amerikaanse Onafhankelijkheidsoorlog: een slavenhandelaar uit Liverpool, gevaarlijk aantrekkelijk, roekeloos spilziek, het soort allround klootzak dat normaal alleen in romantische griezelverhalen voorkomt. Geen wonder dus dat Mary een jaar voordat ze stierf, in 1800, onder pseudoniem een traktaat schreef met de titel 'Een brief aan de vrouwen van Engeland over het onrecht van geestelijke ondergeschiktheid'.

Als serieel romanticus bleef de prins de Londense voorraad populaire schoonheden afgrazen en al doende werd hij dikker, dronkener en luier, een doorn in het oog van zijn lankmoedige ouders. Wat ernstiger was: hij kwam in het vizier van de politieke oppositie tegen de regering van William Pitt. Hoewel hij nog maar begin twintig was, verkeerde hij met mensen als Charles James Fox (met wie hij Elizabeth Armistead deelde), de hertogin van Devonshire en Richard Brinsley Sheridan, toneelschrijver annex politicus. Ze bezochten allemaal de muziekavondjes die werden georganiseerd door Cosway en zijn Engels-Italiaanse vrouw Maria, in hun nieuwe verblijf in Schomberg House in Pall Mall, waar hun buurman in de westelijke vleugel Thomas Gainsborough was.

Maria Cosway zong lieflijk en speelde fluit, harp, klavecimbel en piano, maar dat waren nog de minste van haar talenten. Ze was ook een vooraanstaand kunstenares die regelmatig exposeerde (met gemengde en soms spottende recensies, zoals vaak het lot was van vrouwen) in de Royal Academy, samen met Mary Moser en Angelica Kauffmann, die tot de fellows

Mary Robinson (Perdita), door Thomas Gainsborough, 1781

behoorden. In haar geval hoefden de miniaturen en tekeningen van haar man helemaal niet cosmetisch te zijn. Maria was slank, aantrekkelijk, met grijze ogen en, wanneer het niet gepoederd was, blond haar; ze was levenslustig en drukte zich uit in verrukkelijk gebroken Engels met een Italiaans accent dat de heren in poeltjes van aanbidding deed smelten. Ze was opgegroeid als Maria Hadfield in haar vaders Locanda di Carlo, aan de overkant van de Arno in Florence, niet ver van de Santo Spirito. Misschien kwam een deel van haar levenslustigheid voort uit het feit dat zij, van de vier kinderen van haar ouders, als eerste niet ten prooi was gevallen aan de seriemoord van een gestoorde min die beweerde dat ze de kleine Hadfields een voor een naar de hemel had gestuurd. Bij wijze van compensatie voor deze gruwelen groeide Maria op in een bruisend, luidruchtig Engels-Italiaans huis. Het hotel van Charles Hadfield was een wijkplaats voor de vele Engelsen die, net als Edward Gibbon, verkondigden doodziek te zijn van 'Italiaanse soepen en stoofpotten' en hunkerden naar iets wat ze konden snappen, zoals pudding of lamsbout, om hen te herinneren aan het geliefde Albion. Onder hen bevonden zich pelgrims en kunstbeoefenaars: Thomas Patch, die geld verdiende met stadsgezichten en karikaturen die hij verkocht aan reizigers op hun Grand Tour, de koopzieke antiekkenner Charles Townley en Ozias Humphry, die probeerde voor in de rij te komen van mannen met een oogje op Maria. Toen ze zag hoezeer hij leed, bood ze hem haar vriendschap aan en stuurde ze hem Engelse pasteien als hij in Rome was.

Maria's talent werd al vroeg ontdekt, zodat ze tekenles kon nemen bij kunstenaars die Florence bezochten. Twee van hen hoorden tot de belangrijkste schilders van Europa: Johann Zoffany, die van koning George III opdracht had gekregen om de Tribuna van het Uffizi te schilderen, en de Duitse neoclassicist Anton Raphael Mengs, die op weg was om de hofschilder te worden van Carlos III in Madrid. Op een gegeven moment dacht men dat zij en de *famiglia* Hadfield het beter zouden doen in Londen, maar ze waren nog maar nauwelijks verhuisd naar George Street in Mayfair of het vermogen van vader Hadfield ging in rook op. Townley, die Zoffany had gevraagd de verbluffende collectie antieke beeldhouwwerken te schilderen die hij had opgesteld in zijn huis aan St James's Park, nam de onfortuinlijke Hadfields onder zijn hoede. Hij kende de hele society, zijn boezemvriendin Georgiana, hertogin van Devonshire, was gastvrouw voor de rest. En daar kwam de mooie Maria, met haar gewelfde wenkbrauwen en fonkelende ogen. Op dat moment, 1781, had Tiny meer dertig-gienje-modellen dan hij aankon. Zijn huis aan Berkeley

Street barstte van de meesterwerken, schilderijen, tekeningen en beelden, van de Oudheid tot de barokke meesters die hij vereerde, met name Rubens. Hij was een vaste gast bij de Royal Academy, waar zijn uitbundige zelfvertrouwen zijn lengte verre oversteeg. Hij had helemaal geen last van het gegiechel. Toen hij hoorde dat er een karikatuur van hem was gemaakt als aap, ging hij onmiddellijk een aap kopen om zijn geamuseerde onverschilligheid te tonen, en liep ermee rond in het park en in de stad tot het dier hem zijn gezelschap betaald zette door hem in zijn been te bijten en onmiddellijk van de hand moest worden gedaan.

Tiny was dol op Italiaanse meisjes. Toen hij dertig was, had hij Charles Townley geschreven, die toen in Rome zoals altijd op jacht was naar bustes en standbeelden: 'Italië voor altijd, zeg ik – als de Italiaanse vrouwen in Italië net zo lekker neuken als hier, ben je vast en zeker dolgelukkig. Ik dweep zo met hen dat ik nooit meer een Engelse vrouw zou neuken als ik het voor het zeggen had.' Met Maria zou hij het beste van de twee werelden hebben: Italiaanse sensualiteit en Engelse ziel. Bovendien was ze een veelzijdig kunstenares die bijna alle genres machtig was, hoewel ze het meest hield van de fantastische mythen en geschiedenissen die populair waren gemaakt door Henry Fuseli. Cosway was tweeënveertig, zij vierentwintig, niets onbehoorlijks aan. Het was geen vurige liefde of wat de schrijver van *La Nouvelle Héloïse* daaronder verstond, maar Rousseau had zijn heldin, Julie, ten slotte ook genoegen laten nemen met de oudere man. Het begon met wat hofmakerij. De jonge vrouw was niet overtuigd. Maar wat moest ze doen, nu papa geruïneerd was? Het kan niet anders, zei Maria's moeder Isabella, het kan niet anders. Hoewel meneer Cosway een tikje te veel aan de fatterige kant was, zelfs (of juist) voor iemand die in Florence had gewoond, was hij vriendelijk, ambitieus en onmiskenbaar geslaagd in de wereld. Ze trouwden in 1781 in de Saint George op Hanover Square, en verhuisden drie jaar later, begin 1784, naar Schomberg House.

Dit was rond de tijd dat de kroonprins, bij het verlaten van de opera, zijn blik liet vallen op een lange vrouw met de prachtige rondingen waar hij dol op was, aan de arm van zijn vriend Henry Errington, die haar oom bleek te zijn. Wie was deze persoon, wilde hij weten. Het was Maria Fitzherbert (geboren Smythe), en ze had doorgaans pech met echtgenoten. De eerste stierf drie maanden nadat ze getrouwd waren. Hij werd opgevolgd door Thomas Fitzherbert, en men zei (althans in *The Times*) dat ze hem had gevraagd van Londen naar Bath en weer terug te lopen zonder een cent op zak om zijn liefde te bewijzen, wat hij had gedaan. Als de 'Fitzes' waren ze een opvallend stel in Londen, tot ook Thomas stierf aan

HIS ROYAL HIGHNESS GEORGE PRINCE OF WALES

Kroonprins George (later koning George IV), door Louis of Lewis Saillar (Sailliar),
naar Richard Cosway, 1787

een of andere maaginfectie, waarvan er te veel waren om op te noemen, waarop Maria achterbleef als rijke weduwe met duizend gienje per jaar en huizen al even mooi als zij, in Staffordshire en aan Park Street in Londen.

Hoewel de prins beweerde dat ze duivels mooi was, was Maria dat niet, maar aantrekkelijk was ze zeker, met blond haar, een sterke kaaklijn, bruine ogen, een tamelijk lange neus en dat prachtige figuur waarmee ze een vertrek binnen kon zeilen en iedereen onmiddellijk de wapens uit handen sloeg. Zoals gewoonlijk liet de prins er geen gras over groeien. Er waren bals en partijen op Carlton House. Op een avond roffelde hij op haar deur aan Park Street, maar hij werd niet toegelaten. Maria was niet geïnteresseerd in de op dat moment beschikbare positie van maîtresse. Ze was een goede, zelfs vrome katholiek. De prins lanceerde zijn gebruikelijke spervuur van passie op haar. De arme Georgina, die zichzelf tot vriendin-beschermvrouwe had benoemd, moest zijn gejammer van gemelijke smart, dreigementen dat hij zich van kant zou maken als Maria de zijne niet werd aanhoren. Buiten zinnen begon hij over een huwelijk te bazelen. Een katholiek huwelijk met een weduwe was dynastiek en grondwettelijk echter niet mogelijk. Daarmee zou George automatisch zijn troonopvolging verspelen, en ook al was Maria protestant geweest, dan nog bepaalde de wet op het koninklijk huwelijk van 1772 dat toestemming van de koning een absolute voorwaarde was voor elke verbintenis. Dat wisten ze allebei heel goed. George kon de wet vervloeken en beweren dat hij geen moer om de Kroon gaf, hij zou haar gewoon meenemen naar, waarom niet, Amerika, maar Maria was niet gek en geloofde geen seconde in zijn komedie. Toch ging hij door met zijn offensief. Thomas Gainsborough kreeg de opdracht Maria's portret te schilderen. Sieraden en, natuurlijk, een miniatuur van Cosway vielen haar ten deel. Er werd geroddeld dat de prins 'intiem met mevrouw Fitzherbert verkeerde'. Als het aan Maria lag niet, want ze kon geen goede afloop bedenken. In de eerste week van juli 1784 besloot ze de verstandigste te zijn en vertrok spoorslags naar Europa. Gainsborough legde zijn penselen neer. De koning en de koningin slaakten een zucht van verlichting.

Bij hun zoon, daarentegen, kwam het nieuws hard aan. De hertogin van Devonshire schreef aan haar moeder dat 'de kroonprins zich heeft gedragen als een dolleman. Hij was afgelopen woensdag ziek en dronk drie pinten brandewijn die hem fataal werden. Ik vermoed dat hij zichzelf zieker heeft gemaakt dan hij was in de hoop het vertrek te voorkomen van... een zekere dame.' De avond voor Maria's vertrek, 8 juli, de hutkoffers waren gepakt, kwamen vier leden van de directe entourage van de prins, onder wie zijn dokter, naar Georgiana's huis, waar ze een afscheidsdiner gaf, met verbijsterend nieuws. De prins had herhaaldelijk gezegd dat hij zou sterven, zich van het leven zou beroven als Maria niet de zijne werd. Nu zag het ernaar uit dat hij daar iets aan had gedaan. Hij had zichzelf gestoken en zijn hart op een haarbreedte gemist. Desondanks stroomde het bloed door het verband, dat hij in vertwijfeling van de wond bleef trekken. Om te zorgen dat hij ophield met deze suïcidale dwaasheid zou mevrouw Fitzherbert hem moeten verzekeren dat ze zou instemmen met een huwelijk. Ze moest komen, en snel, voordat het te laat was.

Ze ging niet in haar eentje. De goedhartige Georgiana ging mee. Toen ze in het koninklijke slaapvertrek kwamen lag hij daar, even bleek als de lakens zouden zijn geweest, ware het niet dat ze doordrenkt waren van prinselijk bloed. George had gretig het moderne theater bestudeerd en speelde de sterren van de hemel, schuimbekkend sloeg hij zijn hoofd tegen de muur, schreeuwend en roepend. Misschien was het de brandewijnfles die Maria naast het bed zag staan die hem de kracht gaf voor de coloratuur. De chantage begon. Als ze wilde dat hij bleef leven, moest ze zijn vrouw worden. Er verscheen opeens een ring en de prins schoof hem om de daartoe bestemde vinger. Maria verwijderde hem niet meteen, maar zodra ze weer thuis was, zorgde ze dat er een document werd opgesteld waarin stond dat dit engagement onder extreme omstandigheden was afgedwongen en geen moment bindend geacht mocht worden. De volgende dag zat ze in haar rijtuig op de weg naar Dover. Thomas Gainsborough bleef zitten met een onvoltooid portret, dat hij afleverde bij de opnieuw radeloze prins.

Een wissewasje als Het Kanaal zou George niet van zijn campagne weerhouden. Zijn brieven, die steeds extravaganter werden, achtervolgden Maria door Europa. Als hij niet schreef ijlde hij, rolde over de grond, huilde uren achtereen, rukte plukken haar uit zijn schedel. Dat ging bijna anderhalf jaar zo door, en al die tijd stond George erop Maria aan te spreken als zijn vrouw. Uiteindelijk laadde hij in november 1785 al zijn grote geweren en schreef hij Maria Fitzherbert de ultieme liefdesbrief, misschien niet wat betreft de poëtische kwaliteit maar in elk geval wel wat betreft de lengte: drieënveertig pagina's, compleet met veel onderstrepingen voor extra nadruk, al was dat, gezien de toon, waarschijnlijk overbodig: '... uw echtgenoot, een naam waarvan ik nooit afstand zal doen tot ik hem niet meer waardig ben of tot de dood me van u weg zal rukken... kan ik, zou ik ooit een moment van geluk, een moment van vreugde, een moment van troost kunnen ervaren zonder u? Nee, u bent mijn leven,

Maria Fitzherbert, door sir Joshua Reynolds, ca. 1788

mijn ziel, mijn alles.' Toen volgde de kleine muggenprik van de chantage: 'Denk een ogenblik aan mijn situatie en dat mijn lot op het ogenblik in uw handen ligt, en ik denk dat u niet zult aarzelen. Door terug te komen maakt u me de gelukkigste man ter wereld, door weg te blijven of maar een ogenblik te twijfelen doet u me niet alleen denken dat u gehard bent tegen gevoel en tegen al hetgeen ik voor u heb ondergaan, maar vernietigt en bezoedelt u mijn reputatie in uw wereld en bij mijn vrienden...' Hij barstte van de plannen. Ze konden weglopen naar de Nederlanden. Ze konden in Amerika gaan wonen. Ze was tenslotte zijn vrouw, en dat al anderhalf jaar. 'Kom dus. O kom, liefste aller gaden, beste en meest aanbeden vrouw, kom en kroon voorgoed met gelukzaligheid hem die met levenslange inzet zal trachten u met deze liefde en aandacht te overtuigen van zijn wens de beste echtgenoot te zijn en die tot de laatste momenten van zijn bestaan *onveranderlijk de uwe* zal blijven.'

Alvorens het monster-billet-doux te versturen, ging de kroonprins naar Cosway. Om de aanval te vervolmaken, om te zorgen dat Maria zijn hartstocht ook zág, was er iets extra's nodig: niet gewoon een miniatuur, daar had ze er genoeg van. Maar misschien alleen zijn oog: zijn rechteroog, om precies te zijn, geschilderd op ivoor, zonder de rest van zijn gezicht. Niet afgeleid door andere gelaatstrekken zou het oog van de prins haar altijd aankijken, in ononderbroken verering, mocht hij graag denken.

Eén enkel oog was een populair achttiende-eeuws idee, maar het was voornamelijk bekend als het alwetende Oog van God en kwam als zodanig voor in alle symboliek van de vrijmetselaars. Aan de andere kant van de Atlantische Oceaan was het opgenomen in het ontwerp van het Grootzegel van de Verenigde Staten, op voorstel van Benjamin Franklin.

Het oog van de kroonprins, gevat in een gouden medaillon, was echter van een geheel andere orde. Hanneke Grootenboer suggereert overtuigend dat ogen als decoratief object misschien zijn begonnen als elegante jasknopen waar al complete miniatuurlandschappen op stonden. Halverwege de jaren tachtig van de achttiende eeuw werden ze gezien als dubieuze Franse import, een uitspatting in zakformaat. Dat veranderde toen Cosway het oog schilderde voor de kroonprins.

'Ik stuur u... een Oog,' schreef hij als postscriptum bij zijn brief. 'Indien u het gehele gelaat niet vergeten bent, denk ik dat u getroffen zult worden door de gelijkenis.' Maar in werkelijkheid kan een oog, los van de rest van de gelaatstrekken, alleen maar een gelijkenis van zichzelf zijn: wenkbrauw, wimpers, hoornvlies, oogrok, iris, pupil. Het kan geen uitdrukking hebben. Maar áls het al werkt, dan als pars pro toto; het deel dat smeekt om in de geest door de rest van het gezicht omringd te worden. Op die manier krijgt het stevig vat op degene aan de andere kant van de eenogige blik. Het knippert nooit, sluit zich nooit voor de slaap, is altijd open, oplettend, smekend, eisend. En dit speciale oog dat Cosway voor de prins maakte, was anders dan de andere, waarin het oog het grootste deel van het stukje ivoor vulde. Cosway schildert het bijna op hetzelfde formaat als hij zou hebben gedaan als de rest van het gezicht was ingevuld. Maar dat is het niet. Het oogje zweeft, ontlichaamd, spookachtig, beroofd van het gelaat.

Arme Maria. Ze kon het medaillon dichtdoen en dan nog zou ze voelen hoe het oog erin bleef staren, door het goud heen boorde. Ze kon het wegbergen in een reticule of de lade van een secretaire, ze kon de kamer uitgaan, maar op een of andere manier zou het oog altijd met haar meegaan. Ze ging overstag.

Geruchten over haar terugkeer en een mogelijk huwelijk zoemden rond. Ze verontrustten Charles James Fox, die de prins smeekte om zich niet in deze 'wanhopige' onderneming te storten. Als George geen troonopvolger meer was, zouden de politieke vooruitzichten van Fox eronder lijden, misschien onherstelbaar. Zelfs toen hij al bezig was voorbereidingen te treffen voor het geheime huwelijk in Maria's huis, uitgevoerd door een geestelijke die uit de Fleet-gevangenis was getroggeld en omgekocht met het aflossen van zijn schulden en de belofte van een bisdom wanneer George koning was, stelde de prins zijn vriend Fox gerust dat de geruchten louter ongegronde laster waren. Op 15 december stond Orlando Bridgeman, een vriend van de prins, voor Maria's deur aan Park Street, met getrokken zwaard, terwijl het stel hun huwelijksgeloften uitsprak. Een van de twee katholieke getuigen was Henry Errington, die hen aan elkaar had voorgesteld. Het huwelijk was legaal, maar om vragen voor te zijn schreef de prins een verklaring voor Maria waarin stond dat ze inderdaad getrouwd waren.

Doordat George bleef ontkennen, deed Fox hetzelfde in het parlement, onbewust van het feit dat hij belogen was. De daad van de prins getuigde óf van gigantische genotzucht, óf van een ontroerend standvastige liefde. Als hij betrapt werd, was hij bereid de prijs te betalen, tot op zekere hoogte. George en Maria bleven op gescheiden adressen wonen. De prins was of in Carlton House of in Brighton; zij woonde in Park Street, waar hij op bezoek kwam. Hoewel er veel karikaturen van haar verschenen in de pers, gaf niemand in haar omgeving Maria Fitzherbert de schuld. Men vond dat ze iets nobels had gedaan. Als enige van zijn reeks veroveringen had ze geweigerd een maîtresse te worden en op een echt huwelijk gestaan. Zelfs koning George en koningin Charlotte vonden dat bewonderenswaardig. Haar overduidelijke loyaliteit had iets waardigs.

Hoewel maar weinig mensen zich lieten misleiden, kon George nooit besluiten of hij het geheim moest bewaren of de waarheid aan de grote klok hangen, dus wisselde dat afhankelijk van zijn humeur. Niet lang na de bruiloft gaf hij Cosway opdracht een pendantminiatuur te schilderen, deze keer van Maria's oog, dat, al is het net zozeer omringd door uitdrukkingloos ivoor, op een of andere manier toch menselijker en mooier is dan zijn eigen ietwat varkensachtige blik. Hij liet het in goud zetten, omkranst met een lok van haar lichtbruine haar, en droeg het onder zijn hemd.

Er was in elk geval één gelegenheid waarbij zijn wens om de waarheid aan de wereld kenbaar te maken het won van grondwettelijke discretie. In zijn loge in het Theatre Royal zag men hoe hij Maria's oog droeg en er ook een keer mee zwaaide. Dat was op zich al een bevestiging. George zou zijn opgestaan, het medaillon hebben opengeklapt en vervolgens triomfantelijk met het oog hebben gewapperd, een beetje zoals je met je trouwring zou zwaaien naar mensen die twijfelen aan de waarheid van de echtelijke staat. Aller ogen zullen erop gericht zijn geweest, een hele zaal vol ogen die ernaar staarden door de lorgnetten en toneelkijkers die net zo goed naar het theater werden meegenomen om de capriolen en listen van de society te bestuderen als om te zien wat zich op het toneel afspeelde. De prins genoot van het moment en wist natuurlijk dat dit ogenspel wijd en zijd zou worden rondverteld. Dat was de bedoeling. Zelfs Georgiana, die zich meestal niet veel zorgen maakte over zulke dingen, vroeg zich af of het verstandig was dat Maria 'van een zeer voorzichtig gedrag omtrent [de prins] naar een zeer onvoorzichtig gedrag veranderde, door hem toe te staan gedurende de hele opera tegen haar te praten, en haar portret (of het oog) rond te dragen, wat hetzelfde is, en aan mensen te tonen... door al deze dingen is er geen twijfel meer aan of ze getrouwd zijn'.

Gedurende de twee lange perioden van hun echtelijke relatie, alleen onderbroken door zijn korte en rampzalige huwelijk met de ongelukkige Caroline van Brunswijk en ondermijnd door voortdurende affaires, droeg de prins altijd een Cosway-miniatuur van Maria. Zelfs toen ze in 1811 voorgoed waren gescheiden, gaf hij opdracht om het in zijn tombe te plaatsen, een bevel dat werd uitgevoerd bij zijn dood in 1830. De hertog van Wellington, die gewoonlijk niet erg gevoelig was voor dergelijke sentimenten, vond het terecht dat Maria – die George al negentien jaar niet had gezien – daarvan op de hoogte was. Toen hij haar vertelde van de

Het oog van kroonprins George (later koning George IV), door Richard Cosway, eind achttiende eeuw

Richard Cosway en Maria Cosway, door Richard Cosway, 1784

laatste wens van koning George IV, zag hij een traan uit haar oog vallen.

Tiny had de prins tot eer gestrekt. Hij beschouwde zichzelf nu niet alleen als Georges miniaturist, maar ook als mentor van zijn artistieke smaak. Koningin Charlotte was de enige van de koninklijke familie die een goed oog voor kunst had. Maar als de jonge prins door Cosways enorme en voortdurend groeiende collectie werd geleid – een solo-geschiedenis van de kunst in zijn huis in Pall Mall – zag hij dit als een les in verzamelen, gegeven door iemand die door hemzelf was gekozen, en niet door zijn ouders. Cosways snelle geest en ongedwongenheid waren een welkome afwisseling van de reeks strenge leraren aan wie de koning zijn zoon had onderworpen. Het mentorschap hielp. Als prins-regent en koning George IV zou hij de meest gepassioneerde en onderlegde koninklijke verzamelaar worden sinds Charles I. Op zijn beurt mocht Cosway doen alsof hij echt Rubens was en zich presenteren als *Primarius Pictor Serenissimi Walliae Principis* (eerste schilder van de zeer verheven Prins van Wales), een heel grote titel voor een kleine man.

De connectie opende nog andere koninklijke deuren. Cosway schilderde de hertog van Clarence (de latere koning William IV), prinses Sophia en de frêle Amelia, deze laatste heel verfijnd. Hij maakte ook prachtige schilderijen van kinderen, delicaat en uitbundig tegelijk, en dus heel pas send voor een tijd waarin de ene dag gelach uit de kinderkamer bracht en de volgende tranen, soms rouw. In 1786 werd hij naar Parijs geroepen om de kinderen te schilderen van de hertog van Orléans, die zichzelf als leider van de liberale opinie zag en die, als Philippe Égalité, een revolutionair zou worden, maar niet zo revolutionair dat hij onder het jakobijnse schrikbewind de guillotine kon vermijden. Zijn zoon zou in 1830 de constitutionele vorst worden, koning Louis-Philippe. Orléans was ook de eigenaar van het Palais-Royal, op een steenworp afstand van het Louvre en de Tuilerieën, waar Parijzenaars konden winkelen, zich vergapen aan courtisanes, wassen beelden zien, copieus dineren, chocolademelk drinken, wandelen of gevaarlijke politiek bespreken, want als privébezit van Orléans viel het Palais buiten de jurisdictie van de koninklijke politie en censuur. Het was hier dat op 12 juli 1789 de Parijse revolutie zou beginnen.

Dit was een droomopdracht voor Richard Cosway. Er was geen sprake van dat Maria niet zou meegaan. Schilderijen van na 1780 laten zien dat hij nooit zijn ogen van haar af kon houden, dat hij hen tweeën beschouwde als de reïncarnatie van zijn held Rubens en diens vrouw, Isabella Brant, of soms de tweede, veel jongere Hélène Fourment. Daar zitten ze, in Vlaams-barokke fantasiekleding, in de omheinde tuin van Rubens-Cosway, een lente-idylle tussen de standbeelden, alleen bediend door een zwarte knecht; de echtgenoot-kunstenaar staart in de creatieve ruimte, de echtgenote met haar strohoed kijkt naar hem met vriendelijke genegenheid.

Misschien was het niet helemaal zo. Toen ze in Parijs kwamen, werden ze onmiddellijk geïntroduceerd in een praterige wereld waar kunst, wetenschap, muziek en liberale politiek allemaal deel uitmaakten van hetzelfde bruisende, opwindende brouwsel. In 1786 heerste er in Frankrijk plotseling het gevoel van een nieuw begin, al was dat voortgekomen uit een wanhopige belastingcrisis. Een Assemblée de Notables, samengesteld uit de verschillende standen van de bevolking, was naar Versailles geroepen door Charles-Alexandre de Calonne, de minister van Financiën, om een manier te vinden om de belastingdruk rechtvaardiger te verdelen. Radicale politieke implicaties waren onvermijdelijk. De liberale adel wilde niet horen van hervormingen zonder een nationale raadpleging. Franse wapens te land en ter zee hadden een beslissende rol gespeeld voor de Amerikaanse vrijheid. De gewoonte om over vrijheid te praten met de monarchie was met hen mee teruggekomen.

Net als Amerikanen. Een van de eersten die de Cosways ontmoetten, was John Trumbull, de schilder die tijdens de oorlog aide-de-camp was geweest van generaal George Washington en de belangrijkste historieschilder van de revolutie was geworden. Hij was in Parijs om, voor een groots schilderij, de Franse officieren te schetsen die aanwezig waren geweest toen lord Cornwallis vijf jaar daarvoor capituleerde bij Yorktown in Virginia, de gebeurtenis die daadwerkelijk een einde maakte aan de oorlog. Het Amerikaanse gezelschap in Parijs bestond, onder anderen, uit non-stop bezoekers van bezienswaardigheden, en een van hen was de minister (dat wil zeggen ambassadeur) aan het hof van Versailles, Thomas Jefferson. Vanwege zijn passie voor politieke economie en alles wat met landbouw te maken had, had Jefferson de spectaculaire Halle aux Blés, de graanmarkt, op zijn lijst van onmisbare bezienswaardigheden gezet: reusachtig, omringd door straten die zo breed waren dat de graankarren er konden lossen, en gevestigd in een enorm bouwwerk onder een koepel die een kopie was van het Pantheon in Rome, zij het zonder opening naar de hemel.

Tussen het stof van het kaf dat in de lucht hing, werd hij door Trumbull voorgesteld aan Maria Cosway. Hij schreef later dat hij 'naar het prachtigste op aarde' keek. Jefferson was al vijf jaar weduwnaar. Van zijn zes kinderen waren alleen nog twee dochters in leven, en die zaten ver weg

Thomas Jefferson, door John Trumbull, 1788

op school. Hij was, hield hij zich voor, in de eerste plaats een man van de rede. Niet altijd, zo zou blijken.

Aan het eind van de zomer waren er uitstapjes, bijna elke dag, soms in gezelschap van Cosway, soms niet: een *concert spirituel*, de Comédie Italienne. Overdag had Cosway het druk met de kinderen van Orléans in Bellechasse; Jefferson maakte 's middags tijd. Op een van die middagen zegde hij een diner af met het excuus dat hij helaas was opgehouden door officiële zaken, terwijl hij in werkelijkheid door de arcades van het Palais-Royal wandelde met Maria. Ze stonden op het terras van het kasteel in Saint-Germain-en-Laye. 'De dag was een beetje te warm, denk ik, nietwaar?' zou hij zich herinneren, en dan heeft hij het niet alleen over de nazomergloed. Op één enkele dag bezochten ze het kasteeltje in Marly waar Louis XIV ontsnapte aan de saaie rituelen van Versailles, zagen ze de grote dreunende machines die het water naar de duizenden fonteinen van dit gigantische paleis pompten en de regenbogen in het sproeiwater, en liepen ze in Chambourcy door het fantasiepark van François Racine de Monville vol dwaze dingen: een Chinees huis, een Eiland van Geluk midden in een meer waarop een Tataarse joert van blik was gebouwd, beschilderd met felgele en -blauwe strepen. Waarom niet een poosje op het Isle du Bonheur blijven? Uit een groep lindebomen verrees een enorme afgeknotte zuil, een brokstuk van een of andere ingestorte Titanentempel. In de holle binnenkant voerde een smalle wenteltrap pelgrims drie verdiepingen omhoog langs de vierkante en de ronde ramen naar het kartelige dak, waar ze op adem konden komen en over het park uitkijken in plaats van naar elkaar zolang ze het konden verdragen. 'Elk moment was gevuld met iets aangenaams. De wielen van de tijd draaiden door met een snelheid waarvan die van ons rijtuig slechts een vaag idee gaven en toch, toen we 's avonds terugkeken op de dag, hoeveel geluk hebben we niet aanschouwd!'

We zullen nooit weten hoever hun liefde ging, of liever gezegd, liefde was er zeker. Van de fysieke kant weten we het niet, en dat hoeft ook niet. Zij was overweldigd en ontroerd door zijn spraakzame greep op het leven, zijn gewoonte om snel tot de kern van de zaak te komen. Het zal ook geen kwaad hebben gedaan dat hij niet zo klein was: een meter vijfentachtig, kaarsrecht en op een ruige manier aantrekkelijk. Voor Jefferson was Maria de vrouw die hij altijd had gezocht: instinctief, goed van de tongriem gesneden, opvallend mooi, en warmhartiger dan hij ooit had meegemaakt.

Ze was ook getrouwd. Dit detail vormde nauwelijks een probleem voor het grootste deel van het gezelschap waarin ze zich bevonden in Parijs, en Cosway was beslist geen trouwe echtgenoot. Maar helaas vond Jefferson Richard Cosway aardig en hij gaf hem een groot compliment door hem een 'honnête homme' te noemen, en een voortreffelijk kunstenaar. Maria beschouwde zichzelf, net als mevrouw Fitzherbert, als een trouw kind van de Kerk, en bovendien hingen hun beiden grote onzekerheden over de toekomst boven het hoofd. Romantische wandelingen, zijn gevatte commentaar op architectuur, landschap en politiek, en dan midden in een zin stoppen om naar haar te kijken, haar enthousiasme in te drinken, diep over haar schouder te buigen om naar haar schetsen te kijken, waren één ding; bedenken waar het naartoe moest, waar zij naartoe moesten, was iets heel anders. Richard zou binnenkort klaar zijn met zijn werk voor Orléans, Jeffersons wereld lag in Virginia en bij de regering van de jonge republiek. Ze probeerden die zwaarmoedige gedachten van zich af te zetten en spraken nog een wandeling af, een laatste dag van verrukking, de laatste zandkorrels liepen door de tirannieke zandloper.

Precies op dat moment sloeg het weer om. Zware septemberluchten, geselende regen, *feuilles mortes* die in overvolle goten wielden. Toeval bestaat niet. Tijdens het laatste uitje bedacht Maria plotseling dat ze ergens op hun wandeling een waaier had vergeten die ze zelf beschilderd had. Jefferson rende terug om hem te halen, hij voelde zich al wekenlang een jonge knaap. Maar hij was drieënveertig. Toen hij een stuk wilde afsteken omdat hij bang was dat iemand het kostbare voorwerp zou stelen, sprong hij over een stenen muurtje langs een greppel, maar had de andere kant niet goed ingeschat. In zijn val brak hij zijn rechterpols. De waaier kwam terug maar niet hun goede humeur, want hij had veel pijn. De pols zou nooit meer goed helen. Zijn herinnering aan Maria zou altijd gepaard gaan met een scherpe pijnscheut in zijn schrijfhand.

Jefferson huurde een cabriolet om nog één keer met Maria door Parijs te rijden, maar de hobbelige rit over de kinderhoofdjes was moordend voor zijn ernstig gezwollen pols. Kregelig liet hij zich verontschuldigen voor de laatste ontmoetingen die afgesproken waren voordat Cosway vertrok. Om allerlei redenen lag hij te woelen in zijn bed: 'Geen slaap, geen rust. De arme verminkte pols geen moment in dezelfde positie, nu eens omhoog, dan omlaag, nu eens hier, dan weer daar.' Maar toen Maria en Richard de diligence namen bij de Porte Sait-Denis, stapte Jefferson uit een plotseling opdagend rijtuig om hun goede reis te wensen. Hij crepeerde van de pijn. Tegenover baron d'Hancarville, de kunstenaar-oudheidkundige die hen had vergezeld, bekende hij dat hij 'très affligé' was door hun vertrek. D'Hancarville was niet dom. Hij wist dat Jefferson het niet over Tiny Cosmetic had.

AVIEW from M.R COSWAY's BREAKFAST-ROOM PALL MALL,
WITH THE PORTRAIT OF M.RS COSWAY.
The Landscape Painted by W.m Hodges.RA and the Portrait by R.d Cosway.RA.
& engraved by W.Birch Enamel Painter.
Published Feb.y 1.1789.by W.m Birch,Hampstead Heath,& sold by T.Thornton,Southampton Str.t Cov.t Garden.

Uitzicht uit de ontbijtkamer van de heer Cosway, Pall Mall,
met het portret van mevrouw Cosway, door William Russell Birch,
naar Richard Cosway en William Hodges, 1789

Ga niet. Ga niet weg. Verdwijn niet.

Die avond, toen de Cosways op weg waren naar Antwerpen, waar ze John Trumbull zouden treffen, probeerde Jefferson met zijn linkerhand te schrijven:

Nadat ik als laatste droeve plicht u in het rijtuig had geholpen bij het Pavillon St-Denis en de wielen werkelijk in beweging had zien komen, draaide ik me abrupt om en liep, meer dood dan levend, naar de deur ertegenover, waar het mijne op me wachtte... Ik werd naar huis vervoerd. Gezeten bij mijn haard, eenzaam en droevig, vond de volgende dialoog plaats tussen mijn Hoofd en mijn Hart.

De enige liefdesbrief die Thomas Jefferson ooit schreef, of die bewaard is gebleven, was twaalf pagina's lang. Hij werd bij Maria bezorgd in Pall Mall, door tussenkomst van John Trumbull, die zich bereid had verklaard als postillon d'amour te dienen. Jeffersons bewering dat hij een trouwe vriend was van beide Cosways, wordt gelogenstraft door de moeite die hij zich getroostte om te voorkomen dat de correspondentie in verkeerde handen viel als ze via diplomatieke of gewone post werd verzonden.

In Pall Mall las Maria langzaam de brief. Het was echt iets voor Thomas Jefferson om emoties uit te drukken in de vorm van een filosofische discussie. En ook nog eens uit voorzorg te schrijven dat zijn verdriet veroorzaakt werd door de afwezigheid van zowel de man als de vrouw. Toen hij schreef dat zijn geest 'voortdurend over uw vertrek' piekerde, werd zij geacht te begrijpen dat het 'uw' meervoud was. Nee, dat deed ze niet. In deze dialoog was voornamelijk het hart aan het woord.

HOOFD: *Welnu mijn vriend, u lijkt er fraai aan toe te zijn.*
HART: *Ik ben inderdaad de ellendigste aller aardse schepselen. Zo overweldigd door verdriet, met elke vezel van mijn gestel verder gerekt dan de natuurlijke krachten kunnen verdragen, zou ik elke ramp verwelkomen die me niets meer te voelen, of te vrezen, zou laten.*

...

HOOFD [draait de schroef wat strakker aan]: *De dame had bovendien eigenschappen en bekwaamheden behorende bij haar sekse, die haar geheel onderscheidden; zoals muziek, bescheidenheid, schoonheid, en de zachte aard die haar sekse siert en de onze betovert. Maar... al deze overwegingen zouden slechts de kwelling van de scheiding vergroten... dat je ons hele gestel ruïneert wanneer je ver bent van degenen die je liefhebt, klagend dat een dergelijke scheiding erger is dan de dood. [Wat had hij anders verwacht?]... We kennen geen roos zonder doornen... het is de voorwaarde die verbonden is aan al onze genoegens... inderdaad, deze voorwaarde drukt wreed op me op dit moment. Ik voel me geschikter voor de dood dan voor het leven. Maar wanneer ik terugkijk op de genoegens waarvan dit het gevolg is, ben ik me ervan bewust dat ze de prijs die ik betaal waard waren.*

Naarmate de dialoog vorderde, nam het hoofd het over. Maria moet stukken hebben overgeslagen. Er was de suggestie dat de Cosways in Amerika moesten komen wonen; het soelaas dat ze terug zouden keren naar Parijs; een overpeinzing over de troost van gezelschap waarmee men verdriet kan delen; een verslag van gesprekken met de beroemde gevangene van de Bastille, de avonturier en intrigant Latude. Maria moet gevoeld hebben dat het hart nog steeds welsprekender was. 'Hoop is zoeter dan wanhoop,' had hij geschreven met zijn onwillige linkerhand.

Hoe en wat moest ze antwoorden? 'Hoe graag zou ik de Dialoog beantwoorden! Maar eerlijk gezegd denk ik dat mijn hart onzichtbaar is, en zwijgt, en op dit moment is het meer dan gewoonlijk vol en barst het bijna van alle mogelijke sentimenten waar een heel gevoelig hart toe in staat is, zich bewust van is... Zo buitensporig dat het een menselijke geest aan stukken zal scheuren, wanneer het gevoeld wordt.' Ze wilde schrijven aan haar Vriend, maar een dergelijke Dialoog gaf haar het gevoel dat ze ook schreef aan de auteur van de Onafhankelijkheidsverklaring. 'U lijkt zo'n meester in dit onderwerp dat al wat ik zeg een onbenullige indruk zal maken, niet goed uitgedrukt, zwak beschreven.'

En vervolgens een maand niets. Maar toen hij schreef, kon Maria zien dat de wond nog steeds wijd open was. Het doorzichtige voorwendsel dat hij zich zowel tot Richard als tot Maria richtte liet hij vallen. De kreet was voor Maria alleen:

Toen die betoverende momenten die ik met u doorbracht daar waren, werden ze overschaduwd door het vooruitzicht dat ik u weldra zou verliezen... Zo worden vreugden van het moment gesmoord door het besef dat ze ons ontglippen... Ik ben vastbesloten wanneer u nogmaals komt de gedachte dat we ooit weer moeten scheiden niet toe te laten. Maar kómt u weer? Ik vrees het antwoord op deze vraag, en dat mijn arme hart het slachtoffer is van de tederheid van zijn wensen. Welk een triomf voor het hoofd!... Moge uw hart gloeien van warme gevoelens, en mogen die alle beloond worden! Schrijf me dikwijls. Schrijf met gevoel en vrij, zoals ik u schrijf. Zeg vele vriendelijke dingen, en zeg ze zonder terughoudendheid. Ze zullen voedsel voor mijn ziel zijn. Adieu, mijn lieve vriendin.

Meer vertragingen naarmate de winter zich voortsleepte en het duister zich samenpakte boven Pall Mall. Maar toen er nieuws kwam, was dat het wachten waard: 'Ik denk altijd aan u.' Waarom sprak ze niet over een terugkeer naar Parijs in de lente? Ze zou al aan het pakken moeten zijn:

> ... tenzij u werkelijk bedoelt ons teleur te stellen. Indien dat zo is, ben ik vastbesloten er niet van uit te gaan dat ik u nooit meer zal zien. Ik wil geloven dat u van plan bent naar Amerika te komen, om de Natural Bridge te tekenen... Liever is het mij om te worden teleurgesteld, dan zonder hoop te leven. Hoop is zo zoet! Ze maakt dat we licht over de ruwheden van het leven glijden... Denk veel aan me, en met warmte. Bewaar me in uw borst met degenen die u het meest liefhebt: en troost me met uw brieven. *Addio la mia Cara ed amabile amica!*

De intensiteit van Jeffersons gevoelens bracht Maria in verlegenheid, niet omdat ze zijn gevoel niet beantwoordde, maar omdat ze zich stuntelig voelde, niet in staat om haar gevoelens in woorden te vatten – vooral in het Engels. Dus schreef ze over politieke roddels, operanieuws, hun wederzijdse vrienden.

Onschuldige trivialiteiten kunnen de betovering verbreken, de ontvanger het gevoel geven dat hij beduveld wordt. De knoop van hun wederzijdse verstandhouding begon los te raken. Heel lang kwam er niets meer van Jefferson. En toen het kwam was het, vond zij, wreed kort en vol zelfmedelijden:

> Ik ben geboren om al wat ik liefheb te verliezen... wanneer komt u hier? Indien helemaal niet, waarom bent u dan ooit gekomen? Alleen om mensen verdrietig te maken wanneer ze u verliezen. Bedenk dat u slechts vier dagen van Parijs verwijderd bent... Kom dus, lieve dame, en we zullen elke dag ontbijten á l'Angloise, ons reppen naar de Désert, dineren onder de priëlen in Marly, en vergeten dat we ooit weer moeten scheiden.

Mevrouw Cosway, door Valentine Green, naar Maria Cosway, 1787

Meer was voor Maria niet nodig om wanhopig terug te willen naar Parijs nu Jefferson er nog was. Toen Cosway haar vertelde dat hij er waarschijnlijk niet meer naartoe zou gaan, vroeg ze of hij het heel erg zou vinden als zij zonder hem ging. Dat vond hij niet.

En daar ging ze. Maar het was niet wat ze zich had voorgesteld. Wat gebeurd was, kon niet net zo herhaald worden. Ze speelden niet in een of ander romantisch drama dat opgevoerd werd met dezelfde woorden, intonaties, sentimentele nadruk, elke avond op hetzelfde podium. De Amerikaanse ambassadeur leek in Versailles altijd afgeleid, nooit alleen. Ze probeerde bezigheden te vinden. Ze ging naar de Amerikaanse residentie, hij kwam naar haar appartement. Hij was niet thuis. Zij was niet thuis. En toen verdween hij de stad uit. Ergens tussen zijn vurige brieven en de werkelijkheid van haar komst was er iets bekoeld, vreemd geworden tussen hen.

Ze wisten een middag door te brengen die zoals vroeger had moeten zijn – een wandeling door de zuilengang van het Palais-Royal, een concert, een toneelstuk. Maar dat was het niet. Jefferson was beleefd, opgewekt, charmant en attent. Het was verschrikkelijk, als een gebarsten klok.

Ze moest weg. Ze spraken af de ochtend van haar vertrek samen te ontbijten. Maar toen het zover was, wist Maria dat ze het niet kon verdragen. Ze stond heel vroeg op. Het was een bitter koude novemberdag en nog donker. Ze had hem iets geschreven: 'Ik kan morgen niet met u ontbijten; eenmaal afscheid van u nemen is al zo pijnlijk, want ik vertrek met zeer melancholieke gedachten. U hebt, beste heer, al uw opdrachten aan de heer Trumbull gegeven en ik heb de indruk dat ik niet van nut kan zijn voor u; u, die me met zoveel attenties hebt overladen.'

Ach, kunst! Zelfs daarin had hij haar teleurgesteld. Dus schreef ze hem alsof ze een of andere trouweloze opdrachtgever schreef. Maria stapte in de koets en weg was ze.

Het briefje kwam te laat. Twee maanden later kwam er een brief naar Londen: 'Ik ben volgens afspraak naar het ontbijt gegaan maar u was om 5 uur in de ochtend vertrokken. Dat bespaarde me inderdaad de pijn van het afscheid maar het berooft me van de troostende herinnering aan die pijn.' Jefferson liet doorklinken dat hij niet als enige schuld had aan de weinige ontmoetingen tijdens haar verblijf in Parijs. 'U bent zo gezocht en daarom omringd door iedereen. Alleen al uw huishoudelijke gevolg was zo talrijk... men kon u niet op zijn gemak benaderen... Wanneer u weer komt, dient u toegankelijker te zijn, en meer spontaan op pad te gaan.' Dus het was haar schuld... Het sentimentele pingpong was begonnen.

Maria had zelfs vanuit Pall Mall nog een excuusbriefje geschreven met een verklaring:

Ik kon het niet verdragen nogmaals afscheid te nemen. Ik was verward en verstrooid; dat moet u ook van me gevonden hebben toen u me in de avond zag; waarom is het mijn geluk dat ik waar ik kom vriendelijke lieden vind, en waarom ben ik verplicht afscheid van hen te nemen! Het is wreed... U hebt geluk dat u zozeer uw ingevingen kunt volgen. Ik wenste dat ik datzelfde kon doen. Ik doe wat ik kan, maar met weinig succes, wellicht weet ik niet hoe ik het moet aanpakken.

Ze zouden elkaar nooit meer zien. De brieven werden steeds schaarser. Jefferson reisde door Europa. Nog meer stilte, en wanneer die verbroken werd, was dat met een verslag van de reis, en hij maakte de zaken er nog slechter op toen hij besloot intellectueel te doen. In zijn geest had hij haar door de tuinen in Heidelberg geleid, zei hij, en in Straatsburg wilde hij haar schrijven maar kon hij alleen aan een hoofdstuk uit *Tristram Shandy* denken, over een man die overal waar hij kwam commentaar kreeg vanwege zijn bovenmatig grote neus. Maria was niet geamuseerd. 'Hoe kunt u me de hele weg bij de hand leiden, aan me denken, me Vele dingen te zeggen hebben en niet één Woord vinden om te schrijven *behalve over* NEUZEN?'

Er kwamen nu te veel dingen tussen hen in te staan. In de herfst van 1788 schreef Jefferson aan Maria dat hij 'met verlof' naar Amerika terugging, voornamelijk om zijn dochters te zien, en voor zaken in Monticello. Ze lieten zich geen van beiden voor de gek houden. Maria was, maar al te zichtbaar voor de roddelaars, bevriend geraakt met Luigi Marchesi, de gevierde castraat van de Londense opera, wiens speciale conditie en talent, in weerwil van de algemene opvatting, geen beletsel was voor prestaties buiten de opera. De tongen kwamen in beweging. Het kon Maria niet meer schelen. Ze wilde Italië, niet Marchesi, maar misschien konden ze samen gaan. Jefferson deed of hun scheiding nog als tijdelijk werd gezien: 'Ik ga naar Amerika en u naar Italië. Een van ons gaat de verkeerde kant uit, want elke weg die ons verder uiteendrijft zal verkeerd zijn.'

Ze geloofden er geen van beiden nog echt in. Ze zouden elkaar alleen nog in de vorm van beeltenissen zien. Of het nu op initiatief van Jefferson of van Maria was, hun wederzijdse vriend – en getalenteerde kunstenaar – Trumbull schilderde een miniatuur voor haar. Het is beslist een

Maria Cosway, door Francesco Bartolozzi, naar Richard Cosway, 1780

Maria Cosway met haar dochter Louisa, door Richard Cosway, ca. 1794

van de sympathiekste portretten van Thomas Jefferson die ooit zijn gemaakt, en in elk geval het enige waarop de bezieling van zijn hart lijkt op te wegen tegen de machtige machinerie van zijn geest. Zijn gezicht drukt iets uit tussen humor en weemoed, het is niet het gezicht van de politicus of de filosoferende president. Het is misschien zoals Maria hem zal hebben gezien: het beeld van iemand die verleidelijk dicht bij geluk komt. Ze bewaarde het haar hele leven.

Hij moest genoegen nemen met een minder directe herinnering: een tekening van haar door Richard, die verwijst naar Rubens en Van Dyck. De jurk zou uit het Antwerpen van circa 1620 kunnen zijn, maar haar met veren overladen hoed was heel erg de namaak-arcadische stijl die in haar tijd in zwang was. Marie Antoinette liet zich graag op dezelfde manier afbeelden. Het was heel gekunsteld, terwijl Trumbulls beeld van Jefferson juist zuiver natuurlijk was. Het lijkt niet waarschijnlijk dat Maria het aan hem gegeven had, want hij heeft een gravure ervan, van de hand van Francesco Bartolozzi, die voor hen beiden reproductiewerk deed. Vond Jefferson, die van oprechtheid en authenticiteit hield, dat het iets had getroffen van de Maria die hij had gekend en liefgehad? Maar hij had tenminste iets. Toen hij in 1826 overleed in Monticello, was het daar, en daar is het nog steeds.

In 1790, een paar maanden nadat Jefferson was vertrokken uit Frankrijk, waar inmiddels de revolutie woedde, om minister van buitenlandse zaken in Washington te worden, baarde Maria Cosway een dochter. Het meisje werd Louisa Paolina genoemd, naar haar peter en meter: Louise van Stolberg, gravin van Albany, die getrouwd was geweest met de troonpretendent Bonnie Prince Charlie, en Pasquale Paoli, de leider van de Corsicaanse opstand tegen de Fransen en een volksheld in Londen. Het was een moeilijke zwangerschap, de bevalling was nog erger. Maar het kleine meisje was gezond en vrolijk. Toen ze twee was, maakte Cosway een lief schilderijtje van haar: een en al krullen en roze wangetjes.

Maar haar moeder was er niet toen het gemaakt werd. Een paar maanden nadat haar dochter was geboren, was ze naar Italië vertrokken, waar ze naar Florence en Rome reisde en vervolgens anderhalf jaar in een klooster bij Genua zat. Dat lijkt een merkwaardige stap. Natuurlijk werd gezegd dat het om gezondheidsredenen was. Ze was nooit echt hersteld van de bijzonder zware bevalling. Maar ze bleef víér jaar weg. Brieven aan Richard spraken van zijn 'ongenoegen' over haar, maar ook al zouden de geruchten over Marchesi een grond van waarheid bevatten, het was de echtgenoot die in de armen van anderen verdwaalde. Jaren later schreef

Maria dat ze had verwacht dat hij haar zou vragen terug te komen, maar dat had hij helemaal niet gedaan. In plaats daarvan zei hij dat hij naar Italië zou komen, nog een plan dat niet verwezenlijkt werd. Wat er ook gebeurd is tussen hen, in 1794 waren ze allebei bereid hun gezinsleven weer op te pakken.

Toen Maria het nieuwe huis aan Stratford Place bij Oxford Street binnenstapte, brak ze in snikken uit bij het zien van haar dochtertje, dat zich afvroeg waarom haar mama huilde. Anderhalf jaar later, eind juli 1796, kreeg Louisa ernstige keelpijn, daarna koorts, en een paar dagen later stierf ze. Richard pakte zijn potlood en tekende haar zoals ze daar lag, in alle opzichten een slapend engeltje.

Maria sloot zichzelf in haar kamer op. Tien dagen na Louisa's dood, toen Horace Walpole kwam condoleren, was ze nog steeds niet naar buiten gekomen. De vader, zei Horace Walpole kwaadaardig, leek veel minder aangedaan. Maar dat kan een masker zijn geweest. In werkelijkheid kon Tiny prima zonder Maria, maar vond hij het verlies van zijn dochtertje ondraaglijk. Hij liet Louisa balsemen en bijzetten in een marmeren sarcofaag die in zijn zitkamer aan Stratford Place bleef.

Ga niet. Ga niet weg. Verdwijn niet.

Het stel ging moeizaam verder. Uiteindelijk toog Maria weer aan het werk, ze had een tentoonstelling in de Royal Academy en opende een school voor katholieke meisjes in Knightsbridge. Richard bleef in trek. Hij stond niet meer op goede voet met de prins-regent, volkomen terecht, want George nam nooit de moeite de kunstenaar te betalen wat hij hem schuldig was, en dat bedrag was in 1795 opgelopen tot zo'n zevenduizend pond – een klein fortuin – maar hij werd nog wel aangenomen om zijn dochtertje prinses Charlotte te schilderen, en er was altijd een gestage stroom klanten uit de adel en van mensen als de hertog van Wellington.

In 1801 vertrok Maria weer, en de zestigjarige deed geen moeite haar tegen te houden. Een van de laatste dingen die ze in Engeland deed, was illustraties maken bij een gedicht dat geschreven was door de invalide en behoeftige Mary Robinson, die ooit als Perdita de coryfee van de theaters was geweest, en de oogappel van de kroonprins. Het gedicht heette 'A Wintry Tale'. Haar voormalige minnaar was weer eens bij Maria Fitzherbert in Brighton, waar hij tot volle tevredenheid nog tien jaar zou blijven.

Maria ging eerst naar Parijs, waar nare herinneringen op haar lagen te wachten. Die verdreef ze met een visionair project om gravures te maken van de hele collectie van het Louvre, dat nog maar kort een openbaar museum was, en de reproducties beschikbaar te maken voor mensen die de kunst niet ter plekke konden bewonderen. Ze maakte vrienden onder de culturele grootheden van het Consulaat en vervolgens het Empire, onder wie Napoleons oom kardinaal Fesch, die werk voor haar vond in Lyon. Maar de geest van haar kleine Louisa achtervolgde haar en die kon alleen uitgedreven worden door de rest van haar leven aan het opleiden van meisjes te wijden. Er werd een school geopend in Lodi, waar ze zich kon voorstellen hoe haar dochter in de loop der jaren groeide in wijsheid.

Ze ging nog tweemaal terug naar Londen nadat haar man een beroerte had gehad, in 1815 en 1817. Hij werkte nog steeds, maar was na zijn zeventigste excentriek geworden, een Hebreeuwse mysticus, met een heel lange witte baard, als een oudtestamentische profeet, en een zwartzijden brokaten mantel en hoed. Toen de kroonprins hem te eten vroeg, als herinnering aan vroeger, sloeg hij de uitnodiging af met de woorden dat hij dergelijke ijdelheden achter zich had gelaten. Op de vraag van een vriendin of ze van hem had gehouden, antwoordde Maria dat ze natuurlijk van hem had gehouden: hij had haar in huis genomen toen ze geen geld en naam had en ze had negen gelukkige jaren met hem doorgebracht. Misschien was dat niet genoeg geweest, maar ze gaf zeker om het steeds ziekere en zonderlinger mannetje; ze inventariseerde en verkocht een groot deel van de gigantische chaotische kunstverzameling die opgeslagen was op Stratford Place. Maria verhuisde met hem naar Edgware Road 31, ten noorden van Tyburn, toen nog een vrij landelijke omgeving. Ze werden gewekt door lijsters en langs de rand van de weg groeiden boterbloemen.

In juli 1821 kreeg Tiny een fatale beroerte. Maria organiseerde een zo indrukwekkend mogelijke begrafenis: het soort dat hijzelf graag zou hebben bijgewoond. Een span van zes zwarte paarden trok de lijkkoets en een hele stoet rijtuigen volgde. Wie niet zelf kon komen stuurde in plaats daarvan een leeg rijtuig. Richard Westmacott, die niet goedkoop was, werd aangetrokken om een indrukwekkend gedenkteken te maken in Marylebone New Church.

Drie dagen na de begrafenis schreef ze aan Thomas Jefferson, die zelf nog maar vijf jaar zou leven. Haar Engels was nooit volmaakt geweest en had te lijden gehad van de vele jaren die ze in Frankrijk en Italië had doorgebracht. Het kon haar niet schelen. Niet meer, niet eens toen ze schreef aan de voormalige president, de stichter van een grote universiteit en zijn eigen natie. 'Ik ben verrukt over uw patriarchale situatie,' schreef ze, met een epistolaire glimlach. 'Zoals ik van u had verwacht.'

Mijn lieve en Zeer gewaardeerde vriend
Het verschijnen van deze brief zal u informeren dat ik weduwe ben geworden... Ik nam een zeer charmant huis & richtte het mooi & behaaglijk in met die schilderijen & voorwerpen die hij het mooist vond – al mijn gedachten en handelingen waren voor hem...
We hadden een veiling voor al zijn bezittingen & zijn huis, in Stratford place, die twee maanden duurde, mijn inspanning was zeer groot – De verkoop bracht niet zoveel op als we hadden verwacht maar voldoende om te zorgen dat hij behaaglijk & vrij van geldzorgen kon zijn... Na alles hier geregeld te hebben en gezorgd voor drie neven van de heer C zal ik me terugtrekken uit deze jachtige & onbeduidende wereld naar mijn geliefde school in Lodi... waar ik mezelf zo gelukkig kan toeleggen op goede werken.

Toen kwam er nog een gedachte op bij de mooie signora:

Ik wilde dat Monticello niet zo ver was. Ik zou bij u op bezoek komen als het niet zo'n vreselijke omweg was, maar het is onmogelijk. –
Ik hoop van u te horen...

4
Molly en de Kapitein

Molly en de Kapitein, vijf en drie, waren buiten op koolwitjes aan het jagen. Hun vader de schilder keek hoe ze draafden en schreeuwden. Er waren dagen dat dit het enige was wat Gainsborough wilde doen: met zijn rug tegen een muur of een rots zitten en de rondhuppelende meisjes tekenen, zijn schetsboek met springerige lijnen vullen. In zijn atelier, waar hij bezig was met gelijkenissen en geld, moesten noodgedwongen kalmte en decorum heersen, de modellen doodstil in hun uitverkoren gewichtige pose en hij de getrouwe vertaler van hun zelfrespect en ambitie. Waar Thomas Gainsborough echt respect voor had, was de natuur. Er was inmiddels geen tekort aan schilders van gezichten in Engeland, zelfs niet in Suffolk, maar er waren er maar weinig die de ware natuur van mensen wisten te treffen, laat staan het karakter van het land. Die twee dingen bij elkaar brengen: de figuren schilderen in een realistisch landschap, niet een soort gefantaseerde arcadische plek in een bos, daar ging het om. Meneer en mevrouw Andrews waren heel tevreden toen hij hen had afgebeeld aan de rand van een van hun akkers vol rijpende tarwe, met jachthond en geweer, grond die nuttig werd gebruikt. Maar hij ontdekte dat er maar weinig behoefte was aan dit soort landheerpastorale. De opdrachtgevers die vroegen om portretten in deftige stijl, met mantel en toga, pruik en parels, waren degenen die brood op de plank brachten, en dus moest hij hun ter wille zijn.

Wanneer Gainsborough de tijd nam om zijn 'lieve meisjes' af te beelden, mocht zijn hand zijn hart volgen en een beetje huppelen. Toch was het onderwerp niet onbeduidend. Toen hij keek hoe Mary en Margaret achter een vlinder aan holden, werd Gainsborough getroffen door een schrijnend inzicht, misschien omdat hij moest denken aan een passage die John Bunyan een eeuw eerder had geschreven, waarin een vergelijkbaar tafereel symbool stond voor geneugten die even kortstondig waren als de levensduur van het mooie insect. Hoewel Gainsborough de streng protestante opvoeding had gehad waarin dergelijke zedenschetsen met de paplepel werden ingegoten, was hij in wezen geen moraliserende kunstenaar. De gewichtige onderstroom van zijn schilderij was niet zozeer het cliché van

De dochters van de schilder jagen op een vlinder, door Thomas Gainsborough,
ca. 1756

de vergankelijke ijdelheden van de wereld, als wel het vluchtige moment in het leven van de meisjes: de luchtige zoetheid van hun spel, dat evenmin stilgezet kon worden als de ongrijpbare vlinder. Als de fladderende vleugels van het moment gevangen werden, zou de spontaniteit sterven.

Voordat het vaccin van Edward Jenner werd ingevoerd, stierven kleine kinderen met gruwelijke regelmaat. Ze werden weggenomen door pokken en roodvonk. De sterfte was vooral hoog in Londen, waar Gainsboroughs eerste kind, Mary, was geboren. Zijn vrouw, Margaret Burr, was zwanger van haar toen ze in 1748 trouwden. Hij was van Sudbury naar de stad gekomen om zijn talent zo goed mogelijk uit te buiten. Hij studeerde aan de academie van Hogarth, probeerde een betrouwbare klantenkring te vinden, maar raakte nooit echt gevestigd. De baby stierf, zijn geluk verwelkte. Misschien was het zijn vrouw die besloot dat ze terug moesten naar het platteland, weg van de giftige smerigheid van de stad. Toen hij terug was in Sudbury probeerde Gainsborough een moment van vóór hun verdriet te vangen, en plaatste moeder, vader en kind buiten, alsof ze allemaal op het platteland waren geweest, het kleine meisje als een pippeling in hun schoot. Maar het beeld was fout en had zijn troost verloren; het was verstijfd, net als haar dode gestalte, en veranderd in een memento mori. Hij en zijn vrouw zitten daar, ongemakkelijk in hun plechtstatigheid, en fysiek even ver van elkaar als ze in het kielzog van de rampspoed waren geweest. 'Mijn vrouw is zwak maar goed,' schreef Gainsborough later niet zo vriendelijk over Margaret Burr, 'slecht toegerust om tegemoet te komen aan mijn geluk.' Uit het herfstige, bladloze decor spreken verlies en droefenis. De zwierige stand van Gainsboroughs steek ziet eruit als onverschilligheid voor uiterlijk vertoon: alle decorum verloren.

Misschien had zijn vrouw gelijk gehad. God was namelijk milder voor hen op het platteland, en toen er weer een dochter kwam, noemden ze haar (zoals gebruikelijk) naar het gestorven kind. Deze Mary de tweede was een stevig, mooi meisje, en het zusje Margaret dat snel volgde, was al even levendig, met haar moeders sterke, gewelfde neus midden in haar gezicht.

Nu, in Ipswich, wilde Gainsborough hun kleine wereld in iets groots veranderen, iets wat een glimlach en een zucht zou ontlokken aan de mensen die het schilderij zagen. Kinderen werden niet meer afgebeeld zoals vroeger: miniaturen van hun ouders, zij het gesmoord in kinderkleren, plechtig, onnatuurlijk stil, aankomende volwassenen. Ze werden ook niet meer gezien als ondeugende dondenstenen die strenge leiding nodig hadden omdat ze anders door hun ongetemde dierlijke aard van het rechte pad zouden raken. Hun spel werd nu gezien als het tijdverdrijf van hun onschuld. Ouders waren zo verliefd geworden op het gestoei dat ze zelfs kunstenaars vroegen om het vast te leggen, maar mensen als Hogarth, die een poging hadden gewaagd, lieten de kinderen er op een of andere manier uitzien als levende poppen: vrolijk, maar vreemd spastisch in hun bewegingen, alsof een marionettenspeler aan hun ledematen trok en de ruimte boven hen een speelgoedtheater was. Gainsborough zag dat heel anders. Hij liet zijn twee dochters een groot doek vullen, legde hen vast tijdens de uitbundige achtervolging van een vlinder, op het moment dat die heel even – waarom niet – op een distel is geland: de zoetheid van het moment geprikt door de doorn op het blad.

Het kleine toneelstukje dat het in zijn geest was geworden, vereiste op zijn minst een zweem dichterlijke vrijheid. Alsof ze verleid worden door een magische vlinder in een soort sprookje komen de meisjes uit een donker bos een baaierd van licht in rennen. Hoewel hun mouwen zijn opgerold en Gainsborough hen realistisch heeft gekleed, in een eenvoudige rok met lijfje en schort, vallen de zwiepende, vrolijk gekleurde jurken zo vrij dat hun vader de beweging van hun lichaam kan beschrijven, de dansende wendbaarheid van hun voeten. Maar centraal in de compositie staat een briljante metafoor, en wel hun handen. Wat zijn schilderijen van de meisjes zo aantrekkelijk maakt, is dat Gainsborough duidelijk de verschillen tussen hen zag: 'Molly', de gereserveerde en voorzichtige, een beetje zoals haar moeder, en Margaret die haar bijnaam, 'de Kapitein', aan haar lieve onstuimigheid dankte. Dus is het de Kapitein die naar het koolwitje reikt, terwijl haar oudere zusje, meer op haar hoede, iets terug blijft en haar schort over haar linkerschouder gooit. De meisjes zijn verschillend, maar vullen elkaar ook aan en zijn onafscheidelijk: hand in hand op het opwindende moment, waardoor zij tweeën veranderen in één menselijke vlinder, de ene een klapperende vleugel van goud, de andere roomwit.

Hadden meesterwerken maar de macht om de tijd stil te zetten. Maar dat hebben ze niet. Het moment van volmaakte onschuld zou niet langer duren dan het leven van het fladderende insect.

Vreemd genoeg lieten de Gainsboroughs toen ze uit Suffolk naar Bath en chiquere clientèle vertrokken het vlinderschilderij achter, zij het bij een buurman, de predikant Robert Hingeston, wiens pastorie aan hun tuin grensde en die de meisjes vaak moet hebben zien spelen. Op andere portretten, gemaakt toen Mary een jaar of elf was en Margaret negen, is heel subtiel de sterke band tussen de zusjes vastgelegd. Geen van die schilderijen is voltooid, alsof Gainsborough hun frisheid en spontaniteit niet wilde verstoppen onder een laag conserverende lak. Het schilderij waarop Mary

De dochters van de schilder met een kat, door Thomas Gainsborough,
ca. 1760–1761

een beschermende arm over de schouder van haar zusje heeft geslagen, laat nog de brutale vrijheid van Gainsboroughs penseelstreken zien, zonder gladde afwerking. Hij zou later in zijn carrière een eenmansfabriek van sentimentele kinderplaatjes worden, of het nu bedelende schooiertjes of jongetjes uit de hogere standen waren, maar deze vroege schilderijen van zijn dochters zijn nog volkomen vrij van mooimakerij. Dit zijn zijn eigen natuurkinderen en hij schildert de waarheid die hun gezichten verraden. Mary's koperrode haar wordt vertederend door de wind van haar voorhoofd geblazen. Margarets pruilmondje en opgetrokken wenkbrauwen smeken de kunstenaar om eindelijk niet meer te hoeven poseren. *Alsjeblieieieieieieft, lieve Vader... Is het nog niet klaar... Alsjeblieieieieieft?* Er had een kat in Mary's linkerarm moeten liggen, de omtrek is net te zien, met een brede vluchtige grijns, lijkt het. Poezen kwamen veel voor op achttiende-eeuwse schilderijen van kinderen, vooral van jonge meisjes, of ze er nou echt waren of niet, een conventioneel symbool van speelsheid met klauwen. Het zou in die fase van zijn carrière meer iets voor Gainsborough zijn geweest om het cliché beneden zijn waardigheid te achten. Op een ander, nog liever schilderij strekt Mary haar arm uit om een lok haar op het hoofd van haar zusje te pakken. Mary heeft zelf een tuiltje bloemen in haar haar, dus is het mogelijk dat ze het gebaar maakt om Margarets haar op dezelfde manier te versieren. Maar er zit iets verontrustends en zelfs droevigs in de blik die Margaret naar haar vader werpt, iets meer dan de robbedoes die geen zin heeft in viooltjes in haar haar.

Er was iets met Mary. In 1771 verklaarde dokter Abel Moysey, die erbij geroepen was om een aanval van vreemd gedrag te onderzoeken, dat het 'een familiekwaal' was, en zo onafwendbaar dat hij niet veronderstelde dat 'ze ooit weer bij zinnen zou komen'. Het was een overhaast somber oordeel. Want ondanks een enkele aanval van gekte, was Mary kennelijk fit genoeg om samen met Margaret in Chelsea naar de Blacklands School gestuurd te worden, aan de meent, die nu Sloane Square heet. De school was gespecialiseerd in 'Franse opvoeding', en daarbij hoorden ook kunstlessen. Toen ze een jaar of vijftien waren, en in Bath woonden, had Gainsborough besloten dat de 'lieve Meisjes' een echte kunstopleiding moesten krijgen. Dat besluit was beslist gedeeltelijk een reactie op het societyleven van Bath: de muzikale avondjes en het flaneren en de rest van het sociale circus waar Thomas gemengde gevoelens over had, ook al deed hij eraan mee. 'Ik denk,' schreef hij, '(en heb altijd gedacht) dat ik dit beter kon doen [de kunstlessen] dan louter leeghoofden van hen te maken en ze ten prooi te laten aan ijdelheid en teleurstellingen in de jacht op loos vermaak.' Het doel van de jacht waren natuurlijk de mogelijke echtgenoten. Zijn dochters konden beter kunstenaar worden. Halverwege de achttiende eeuw was dat niet zo uitzonderlijk. Een eeuw eerder was Mary Beale zo'n vrouwelijke portretschilder geweest.

Gainsborough was ook vastbesloten dat de meisjes niet beperkt mochten worden tot het soort kunstnijverheid dat men passend vond voor vrouwen: pastels en decoratieve tekeningen. In 1764 schreef hij aan een vriend dat hij bezig was met 'een plan om hen beiden te leren landschappen te schilderen die ietwat verheven zijn boven de gewone waaiertjesstijl. Ik denk dat ze ertoe in staat zijn indien er op tijd genoeg aandacht aan wordt besteed, zodat ze iets voor de kost kunnen doen.' Op een ander dubbelportret uit die tijd zijn de meisjes aan het werk, ook hier weer verbonden doordat een arm over een schouder is geslagen, en verdelen ze hun aandacht tussen hun vader en hun opleiding. Mary houdt een tekenmap, een schetsblok en een potloodhouder vast, terwijl Margaret kijkt naar het soort gipsen model (in dit geval de Farnese-*Flora*) dat standaard werd gebruikt voor academische tekenstudies, zowel voor mannen als voor vrouwen.

Het plan was hoogstens een gedeeltelijk succes. Een verhuizing naar Londen zou de taak om keurige schilders van de meisjes te maken bemoeilijken. Er waren te veel sociale verlokkingen, niet in de laatste plaats omdat Gainsborough zelf er ook niet immuun voor was. Hij klaagde dat het geboemel van de meisjes, 'de theepartijtjes van die keurige dames, hun bals en hun echtgenotenjacht en dergelijke, me mijn laatste tien jaar zullen ontfutselen, en ik vrees dat ze ook geen echtgenoot zullen vinden'. En toch maakte hij nu prachtige schilderijen ten voeten uit van ieder van hen, bedoeld om reclame te maken voor hun aantrekkelijkheden alsof ze de begeerlijkste rijke erfgenames van de stad waren: Mary was negentien, eerder aantrekkelijk dan mooi; Margaret, achttien, altijd minder knap maar nog met het vuur van de Kapitein in haar donkere ogen. Gainsborough was de spiegel van de mode geworden, even onmisbaar voor het zelfbeeld van de society als Joshua Reynolds: de yang tegenover de yin van Reynolds. Reynolds leverde Engels classicisme: een soort luidruchtige grandeur voor de mannen, een statueske waardigheid voor de vrouwen. Gainsborough wilde daarentegen de subtiele bewegingen van gezichts- en lichaamstaal vastleggen, was zachtmoedig en luchtig; de luchtig gemengde verf werd met dansende elegantie op het doek aangebracht. In 1799 vertelde Margaret aan Joseph Farington dat de verven van haar vader zo vloeibaar waren dat hij het palet volkomen horizontaal moest houden omdat ze anders over de rand zouden druipen.

De volmaakte analogie voor Gainsboroughs stijl was muziek, en die maakte hij zelf. 'Een deel van een schilderij moet zijn als het eerste deel van een melodie,' schreef hij zijn vriend William Jackson, 'zodat je kunt raden wat daarna komt.' Hij bespeelde zelf maar liefst zeven instrumenten, waaronder de viola da gamba en de dwarsfluit, waardoor hij misschien een iets te streng oordeel velde over Margarets 'getingel' op de klavecimbel, terwijl velen het talent van het meisje bewonderden. Ze werden omringd door muziek, niet in de laatste plaats door de concerten bij hun buren de Cosways, die de Gainsboroughs beslist zullen hebben bijgewoond. Gainsborough schilderde Carl Friedrich Abel met zijn viola da gamba, en Johann Christian Bach, die een van zijn eigen partituren in de hand heeft maar uit de lijst staart, in gedachten bezig met componeren.

Misschien hielp Gainsboroughs vertrouwdheid met de muziekwereld van Londen hem om het beste te maken van een familiedrama. Zijn vrouw Margaret was in 1779 gestorven, en zij was degene die erop had aangedrongen dat de kunstlessen de zoektocht van de meisjes naar een goede partij niet mochten belemmeren maar die zelfs juist konden bevorderen. Maar de moeder had ook een waakzaam oog gehouden op de vrijers. Het was duidelijk dat deze oplettendheid nu ontbrak, want eind februari 1780 liep Mary weg met de Duitse hobospeler en componist Johann Christian Fischer, en trouwde met hem in de kerk van Queen Anne in Soho. Misschien had Fischer een slechte reputatie, want Gainsborough, geschokt door de romantische vrijheidsdrang van zijn dochter, en al helemaal omdat hij dacht dat de musicus Margaret het hof maakte, schreef aan zijn zuster: 'Ik heb nooit toegestaan dat dit eerzame heerschap zich in hun gezelschap bevond sinds ik naar Londen kwam, en zie, terwijl ik Peggy [Margaret] in de gaten hield, veronderstel ik dat de andere sluwe vos al die tijd al het doelwit is geweest.' Hoe ontzet en boos hij ook was, het zegt iets over zijn karakter dat hij uiteindelijk niet het volle gewicht van zijn veroordeling op het stel liet neerkomen. Hij zei dat hij sowieso niet veel keus had, hoewel hij, zoals andere boze vaders, in werkelijkheid met onterven had kunnen dreigen. Maar dat was niet Gainsboroughs stijl, en dat siert hem:

De aankondiging die ik kreeg was zeer onverwacht, daar ik niet het geringste vermoeden had dat de band reeds zo lang en diep was geworteld... daar het te laat voor me was om in te grijpen, zonder de oorzaak te zijn van verdriet aan beide zijden, heb ik mijn *toestemming*, die louter als verplichting werd gevraagd, moeten geven, of deze partij me welgevallig was of niet, want ik wilde niet dat de last van verdriet op mijn geweten zou drukken.

Toen de weduwnaar eenmaal was hersteld van de aanslag op zijn voogdijschap, hoopte Gainsborough er maar het beste van. Stond muziek tenslotte niet symbool voor harmonieuze familiebanden? Hij schilderde zelfs een portret ten voeten uit van zijn nieuwe schoonzoon. Niemand had een mooier gebaar van huwelijksverzoening kunnen vragen. Fischer is afgebeeld in een elegant roze fluwelen pak, als een virtuoos die drie muziekinstrumenten beheerst: de viola da gamba staat op een stoel en de hobo ligt op een klavecimbel, allemaal geschilderd met de aandacht van iemand die alles van muziek wist. Fischer zelf staat in het midden van de compositie, met een verre blik, ganzenveer in de hand, geopende partituur; onder de klavecimbel ligt een stapel muziekboeken. Dat er een blik van zelfingenomenheid op Fischers gezicht lijkt te liggen, kan Gainsboroughs manier zijn geweest om iets te laten zien van de 'eigenaardigheden en het humeur' van de musicus, waar de schilder in een andere brief aan zijn zuster aan refereerde, hoewel hij er snel aan toevoegde dat hij geen 'reden [had] om te twijfelen aan 's mans eerbaarheid of goedheid des harten, aangezien ik nooit iemand iets ongepasts over hem heb horen zeggen'. En wat die nerveuze buien van haar man betrof, moest Mary 'leren ervan te houden zoals ze van zijn persoon houdt, want er kan nu niets meer aan veranderd worden. Ik bid tot God dat ze gelukkig met hem wordt en gezond blijft.'

Gainsboroughs knagende zorgen bleken gegrond, het huwelijk was een ramp. Het stel had zich nog maar nauwelijks in een huis aan Brompton Road gevestigd, toen de kunstenaar merkte dat hij bedrogen was door Fischer, die had beweerd in staat te zijn zichzelf en zijn vrouw te onderhouden. En hoewel er niets frauduleus aan was, was Gainsborough geschokt toen hij hoorde dat Mary beddengoed kocht om dat snel met winst te verkopen. Er volgde een onaangename scène. Uitzinnig en boos 'overtuigde Mary me dat ze deze man zou dienen, al eindigde ze aan de galg'. Wanhopig, en zonder vrouw om hem te steunen, vroeg Gainsborough zijn zuster tussenbeide te komen: 'Laat haar komen en geef haar een preek die haar kan redden van de ondergang. Doe het op een zeer plechtige wijze want ik ben verontrust over de schijn van oneerlijkheid, en zeer ongelukkig.'

Dit was het einde. Fischers excentriciteit botste met Mary's geestelijke labiliteit en na een halfjaar gingen ze voorgoed uit elkaar. Waarschijnlijk kwam Mary weer bij haar vader wonen, maar nadat hij acht jaar later was gestorven, woonden de zusters de rest van hun lange leven samen in de tuindorpen ten westen van Londen: Brentford, Brook Green en daarna lange tijd in Acton. Hoewel Mary geestelijk gestoord werd, overwoog Margaret nooit om haar op te bergen in een van de verschrikkelijke gestichten uit die tijd en wijdde ze vrijwel de hele rest van haar leven aan de verzorging van haar zuster.

Toen de dood in 1788 bij Gainsborough aanklopte, was dat onverwacht. Hij had zich altijd evenveel zorgen gemaakt over zijn gezondheid als over zijn geld en altijd vertrouwen gehad in artsen, maar de arts die hij consulteerde over plotselinge pijnen zei dat hij zich nergens zorgen over hoefde te maken. In werkelijkheid woedde er een tumor in zijn lichaam.

De laatste tien jaar van zijn leven waren bekroond met buitengewoon succes: hij was volledig de gelijke van Reynolds. Iedereen die iets voorstelde in Groot-Brittannië moest een van zijn portretten hebben: van koningin Charlotte en de kroonprins tot diens vele geliefden – Perdita Robinson en natuurlijk Maria Fitzherbert, en Georgiana, de hertogin van Devonshire, die hij voor het eerst had geschilderd als sprankelend klein meisje. Dat was toen zijn schilderijen van kinderen nog een heerlijke frisheid en oprechtheid uitstraalden. Omdat hij in de gaten kreeg dat hij munt kon slaan uit sentimentele afbeeldingen van zwervers en verschoppelingen, schiep de oudere Gainsborough een apart genre van cosmetisch aangepaste bedelaartjes, boerenjongen en -meisjes voor een hutje, of anders het nageslacht van de welgestelden, à la Van Dyck gekleed in fluwelen kniebroeken: het mierzoete suikergoed uit de tijd van zijn *Jongen in het blauw*. Hij keek nu op een andere manier naar kinderen: als winstgevende modellen in poses die de kirrende ouders onder zijn clientèle zouden aanspreken, terwijl ze al in hun rijtuig stapten voor een afspraakje met hun nieuwste geliefde. Hij was begonnen met menselijke waarheid en eindigde met lucratieve leugens. Tot het einde toe had Thomas Gainsborough het oog van de liefhebbende vader, maar hij was net zo min als elke andere kunstenaar, of ouder, in staat om de verandering van zijn kinderen in volwassenen te kunnen bijbenen. Misschien kwam dat doordat een groot deel van hemzelf, waarschijnlijk het beste deel, eigenlijk nooit helemaal volwassen was geworden. In zijn allerlaatste brief, op de drempel van de dood, bekende hij de gezegende waarheid: 'Ik ben zo kinderlijk dat ik een vlieger zou kunnen maken, puttertjes zou kunnen vangen of bootjes maken.'

Zelfportret, door Thomas Gainsborough, ca. 1758-1759

5

Alice in de toekomst

Om bij het eind te beginnen: Lewis Carroll, ofwel Charles Lutwidge Dodgson, stelt zich op de allerlaatste bladzijden van zijn boek een volwassen Alice voor. Maar omdat het misschien een ondraaglijk idee was, liet hij het opkomen in het hoofd van haar oudere zusje Lorina (die in het boek Dina heet). Gezeten op de rivieroever vertelt Alice haar zusje over haar 'wonderlijke droom' van groter en kleiner worden en nooit precies weten waar ze was, zelfs of ze eigenlijk nog wel een klein meisje was. 'En óf dat een wonderlijke droom was, liefje,' zegt Ina/Dina, 'en nu vlug naar binnen voor de thee, 't is al laat.' En dat doet ze. Maar Ina 'bleef net zo zitten als Alice haar achtergelaten had, haar hoofd geleund op haar hand, kijkend naar de ondergaande zon'; en 'eerst droomde ze van de kleine Alice zelf, en opnieuw lagen de kleine handen gevouwen over haar knie en... dat typische rukje van het hoofd zien waarmee Alice het losgeraakte haar dat altijd in haar ogen viel wilde tegenhouden'. Dan erft ze het Wonderland, maar slechts 'half geloofd', want Ina is door de spiegel van de kindertijd de wereld in gegaan. Ze wist dat ze haar ogen maar open hoefde te doen 'om alles weer saaie werkelijkheid te laten worden – het gras zou gewoon ritselen in de wind... de rinkelende theekopjes zouden veranderen in tinkelende schaapsbellen'. Maar ze werd getroost door het feit dat

> ditzelfde zusje van haar, naderhand, zelf een volwassen vrouw
> zou zijn, en hoe zij, ook in haar rijpe jaren, het eenvoudige en
> liefhebbende hart van haar jeugd zou behouden. Hoe zij haar eigen
> kleine kinderen bijeen zou roepen, en *hun* ogen vrolijk en gretig zou
> maken met menig vreemd verhaal, misschien zelfs met de droom
> van Wonderland van lang geleden. En hoe zij mee zou voelen met al
> hun kleine verdriet, en plezier beleven aan al hun kleine vreugden,
> terugdenkend aan haar eigen kindertijd, en aan de gelukkige
> zomerdagen.

Zo zou het volmaakte kleine meisje opgevolgd worden door de volmaakte moeder, de luisteraar door de verhalenverteller. Wat jammer dat er een tussentijd moest zijn en dat Dodgson daar niet aan kon ontkomen. In 1865, drie jaar na de excursie langs de Isis naar Wonderland, dus toen Alice Liddell twaalf was – rond de tijd dat hij de drukproef van *De avonturen van Alice in Wonderland* kreeg – liep hij haar tegen het lijf bij de Royal Academy. Het was niet echt een gelukkige ontmoeting. Dodgson meende dat 'ze zeer veranderd leek en nauwelijks ten goede'. Maar vervolgens moet hij tegen zichzelf hebben gezegd dat Alice eigenlijk in 'de onbeholpen leeftijd' was, zoals victoriaanse mannen het graag noemden (in feite was het hun eigen onbeholpenheid), wanneer fijne, engelachtige trekken in hun ogen grof en fysiek werden. Schrijvers benadrukten herhaaldelijk dat de charme van kleine meisjes verdween zodra ze in de dubbele cijfers kwamen, en misschien zelfs eerder. Aan de andere kant van de spiegel zou Humpty-Dumpty, ondanks haar protesten, tegen Alice zeggen dat er niets te doen is tegen ouder worden en dat ze echt bij zeven moest stoppen, nu ze de 'ongemakkelijke' leeftijd van zeven jaar en zes maanden had bereikt.

Het was de meeste victoriaanse kinderen niet gegeven erg lang jong te blijven. De werkelijkheid aan de andere kant van de maatschappelijke spiegel, gezien vanuit de woning van de deken van Christ Church, was dat kinderen met miljoenen tegelijk, snel en onherroepelijk diep de volwassen wereld in werden gesleept zodra ze daar van nut konden zijn. Ondanks de hoge kindersterfte waren er zoveel van – halverwege de negentiende eeuw was een op de drie Britten onder de vijftien – dat ze van onschatbare waarde waren voor het arbeidspotentieel. Dus tegenover alle meisjes Liddell in hun witte jurkjes en schortjes vol ruches die op muffins knabbelden in de woning van de deken, waren er legers van met roet overdekte, bloedspuwende, wandelende skeletjes in slobberende vettige vodden, die bottige handen uitstaken om te bedelen in de stegen of beurzen rolden van nietsvermoedende burgers, want de keuken van Fagin was niet helemaal een product van Dickens' verbeelding. En inderdaad werden er kinderen in fabrieken gebruikt omdat hun kleine handen tussen de tandraderen en wielen van machines konden komen waar die van volwassenen niet konden reiken. En nog meer van hen hapten naar adem in smerige wolken grijsgeel verstikkend stof dat in hun longen bleef zitten en hun leven bekortte. Schooiertjes met rachitisbenen strompelden over de keien in de achterbuurten; kindhoertjes met etterende zweren jammerden vanuit duistere deuropeningen; groepjes daklozen sliepen onder bruggen, waar ze de ratten van zich af moesten slaan; uitgemergelde straatvegertjes zoals Jo in *Bleak House* schraapten de paardenmest van de straat tussen de ratelende rijtuigen door, nauwelijks herkenbaar als mensen, eerder als scharrelend, piepend ongedierte met smerige klauwtjes. Hoekstenen van de samenleving met hoge hoed of fleurig kapje stapten over bundels vodden in de vorm van kinderen, of ze nu lagen te kermen of doodstil lagen. De overlevingskans van de voddenbundels was afhankelijk van het waardevolle soort wereldwijsheid dat werd onderwezen aan Artful Dodgers School voor Nuttige Kennis.

Doordat deze ontelbare nooddruftige kinderen zo onontkoombaar en zo zichtbaar waren, kwamen ze in het hart van het victoriaanse morele debat terecht, en in de romans van Elizabeth Gaskell en Dickens, en bezielden ze de toespraken van de uitgebuite arbeiders. Maar wat de weldoeners konden doen aan de afschuwelijke omstandigheden waarin arme kinderen leefden, werd altijd beperkt door het algemeen erkende feit dat ze onmisbaar waren voor de industriële machine. Dat het als een grote overwinning werd beschouwd toen dankzij de Children's Employment Commission van Ashley jongens en meisjes van onder de tien niet meer in de mijnen tewerkgesteld mochten worden, toont alleen maar aan hoe zwaar de kruistocht nog zou worden.

Maar in het dromenrijk van de victoriaanse verhalenvertellers, schilders en fotografen, konden de kleintjes hun kindertijd terugkrijgen. David Copperfield vond tante Trotwood, Oliver Twist vond Rose, of anders vonden de engeltjes hun plek in de hemel, zoals kleine Nell en Paul Dombey junior. Zodra portretfotografie algemeen beschikbaar was geworden, lieten rouwende ouders hun dode baby's en kleine kinderen vastleggen alsof ze alleen maar lagen te slapen of, in angstwekkender opnames, voor eeuwig verstard met wijd open ogen. Er waren minder drastische manieren om kleine kinderen – vooral meisjes – op hun onschuldige leeftijd vast te pinnen, en beeldend kunstenaars waren naarstig bezig dat te doen. John Everett Millais, die een klein fortuin verdiende door zijn plaatjes van 'Cherry Ripe' en 'Bubbles' aan Pears Soap te verkopen, schreef: 'het enige beeld dat je kunt schilderen en dat door IEDEREEN mooi wordt gevonden, is het gezicht van een meisje van een jaar of acht, voordat de mens onderworpen is aan... verandering'. Ernest Dowson, die in 1889 'The Cult of the Child' publiceerde, en zelf gefixeerd was op kleine meisjes, stelde het wat grover tijdens een openbaar debat over de vraag of kleine kinderen wel of niet in het theater mochten optreden (elk jaar werden er rond de kerst zo'n tweehonderd ingehuurd voor kindermusicals in Drury Lane): 'Ik denk dat de vrouwelijke natuur redelijk oprecht en simplex [sic] kan zijn tot de leeftijd van acht of negen. Daarna, *phugh*.' Dodgson/Carroll was slechts een van de vele fotografen die graag kleine kinderen fotografeerden, en vaker meisjes dan jongens. De foto's van Oscar Rejlander, waaronder een naakt kind, werden zeer gewaardeerd door de koningin. Julia Margaret Cameron fotografeerde een naakt jongetje als Cupido voor *Love in Idleness*. Henry Peach Robinson, die even populair was met hetzelfde soort foto's, schreef: 'Ik ken geen betoverender bezigheid dan kleine meisjes fotograferen vanaf de leeftijd van vier tot acht of negen. Daarna verliezen ze een poos hun schoonheid.'

Charles Dodgson probeerde tweemaal Alice vast te leggen en haar voor eeuwig in dit droomlandschap van de kindertijd te bewaren: eerst op de foto's die hij tussen 1856 en 1858 van de drie zusjes Liddell maakte, en daarna natuurlijk in het Wonderland dat hij schiep. Als het zijn doel was om verrukte lezers jong te houden, zoals hij beweerde, dan was dat omdat hijzelf voor een deel ook zo wilde blijven. Hij had tenslotte een omvangrijke verzameling speelgoed, mechanische en dansende poppen en allerlei verschillende puzzels in zijn vertrekken in Oxford College. Een van de redenen waarom de boeken over Alice zo fris en betoverend tijdloos zijn, is dat de stem van het meisje zelf volkomen vrij is van suikerzoete sentimentaliteit en sprookjespraat. Alice is bazig, koppig, nukkig en – begrijpelijkerwijs – geïrriteerd en verbijsterd door de situaties waarin ze terechtkomt, vooral door de abrupte veranderingen in grootte die ze ondergaat en de onuitstaanbare personages die ze tegenkomt. Heel vaak neemt ze de rol van schooljuf op zich en geeft ze de bewoners van Wonderland standjes voor hun kinderachtige dwaasheden.

In dezelfde tijd dat de op kinderen gefixeerde schrijvers en beeldend kunstenaars van de victoriaanse cultuur er alles aan deden om kinderen kinderen te laten zijn en hun onschuld af te schermen van de besmetting van de volwassenenwereld, voelden ze zich zelf ook aangetrokken door de rudimentaire volwassene die in de gestalte van het kind huisde. Genegenheid voor het jonge meisje lag dicht bij hartstocht voor de jonge vrouw, ook al beweerden ze het een te aanbidden en het ander te verafschuwen. De geschiedenis van de onsterfelijke staarders zit vol mannen die tot over hun oren verliefd worden op pubermeisjes tussen de twaalf en de veertien, en fantaseren hoe ze de hunne worden. Wilkie Collins had een obsessie voor een twaalfjarig meisje dat hij zijn 'lieveling' noemde, terwijl hij er intussen twee volwassen maîtresses op na hield. Dowson ging van de ene fixatie over op een levenslange passie voor de veertienjarige Adelaide, de dochter van een Poolse restauranthouder die hij in het restaurant had ontmoet. John Ruskin – die Alice Liddell tekenles gaf – viel als een blok voor Rose La Touche en vroeg haar ten huwelijk. De pre-rafaëlitische schilder G.F. Watts trouwde met de tiener Ellen Terry. En later in haar leven schreef Ina Liddell aan Alice dat zij aan een journalist had verteld, na nieuwsgierige vragen van zijn kant, dat er een breuk was ontstaan, want Carroll 'vatte genegenheid voor je op toen je ouder werd, en toen moeder hem erop aansprak, was hij daar zo beledigd over dat hij niet meer bij ons kwam'. In een dramatischer versie, uit de koker van lord Salisbury (de latere Conservatieve premier), die de Liddells kende, had Dodgson Alice werkelijk het hof gemaakt en haar ten huwelijk gevraagd, waarmee hij haar vader, de deken, nog ernstiger choqueerde.

En toch schreef Dodgson op 25 juni 1870 in zijn dagboek: 'Er is iets prachtigs gebeurd. Mevrouw Liddell bracht Ina en Alice mee om gefoto-grafeerd te worden; eerst bezochten ze mijn vertrekken, daarna de stu-dio.' Waarom deed de moeder dat? Haar twee dochters hadden nu de leeftijd om hun intrede te doen in de society, de Oxfordse society althans, en konden zelfs als potentiële huwelijkskandidaten worden beschouwd. Misschien waren de foto's bedoeld om cartes de visite van te maken. In dat geval is de foto van Alice een dramatische mislukking, want het model doet geen enkele poging om te behagen. In zijn onlangs versche-nen, uitstekende boek over Alice interpreteert Robert Douglas-Fairhurst haar gezichtsuitdrukking als verveling. Maar in combinatie met de slome lichaamstaal ziet het er veel meer uit als passief-agressief verzet: een wei-gering om in de lens en de ogen van de fotograaf te kijken, een besluit om niet mee te doen aan de nieuwste versie van het spelletje. Twaalf jaar eerder was ze als zesjarig model voor *Het bedelkind* een toonbeeld van zelfbeheersing geweest. Hoewel het een verontrustende gedachte is dat Dodgson het kostuum bij de linkerschouder van het meisje zo ver naar beneden trok dat een tepel zichtbaar wordt, is er absoluut niets dat sug-gereert dat haar vader en moeder of wie dan ook deze pose, of zelfs nog verder ontklede poses, onfatsoenlijk vonden, laat staan sinister. In later jaren zou Alice zich de omgang met Dodgson, zowel het poseren als het verhalen vertellen, als een vrolijke tijd herinneren, en volgens haar be-handelde hij de zusjes als 'vriendinnen'.

Wat Dodgsons foto's onderscheidt van doorsnee sentimentele plaat-jes, is dat hij op een of andere manier de felheid van de meisjes weet te registreren, de stampvoetende, uitgelaten echtheid, die even is stilgezet maar op alle foto's van de Liddells aanwezig is. Het is alsof de zusjes net zozeer de makers van hun beeld waren als de fotograaf, ze werkten vol-ledig mee aan hun poses. Alice doet iets bijzonders: ze houdt haar hoofd

Alice Liddell, door Charles Dodgson, 1870

schuin met haar kin naar de rand van haar jurk, wat, samen met de uitdagende blik onder de glanzende pony, een waakzaamheid uitdrukt die de
toeschouwer rechtstreeks aanspreekt. Alice kijkt brutaal terug, net zoals
ze in Wonderland het meisje zal zijn dat brutaal tegenspreekt, ongekend
in victoriaanse fictie.

Die samenwerking is helemaal weg in Dodgsons foto van de achttien-
jarige Alice. Ze zit met gevouwen handen, een beetje ingezakt, gevangen
in de leunstoel. Ze wendt nog steeds haar ogen af van een toeziende blik,
maar deze keer is de uitdrukking somber en defensief. Het is mogelijk dat
op haar gezicht de pijn geschreven staat van de adolescent die begrijpt
waar ze als kind aan onderworpen is geweest. Maar het ligt veel meer voor
de hand dat de gêne is ontstaan omdat Dodgsons houding tegenover haar
veranderde naarmate ze ouder werd, en hij haar misschien zelfs ten huwelijk zou hebben gevraagd. Tenslotte was het Dodgson zelf, niet Alice of
haar ouders, die een eind had gemaakt aan de bezoeken, kennelijk met
pijn in het hart. En er is nog een andere mogelijkheid: dat Alice' neergeslagen ogen in wezen de projectie zijn van de fotograaf die weemoedig
terugdenkt aan de voorbije kindertijd die hun gedeelde Wonderland was
geweest.

Dat het model andere ideeën had over het opbloeien van haar vrouwelijkheid is vastgelegd in een reeks verbluffende foto's uit 1872, slechts twee
jaar later, toen Alice twintig was. Het verschil (en niet het enige) is dat de
fotograaf deze keer een vrouw is: de belangrijke portretfotografe van haar
generatie, Julia Margaret Cameron, die onder anderen Tennyson, Thomas
Carlyle en de astronoom William Herschel fotografeerde, allemaal met
een dramatisch intense belichting. De foto's van Alice werden genomen op
het Isle of Wight, waar de Liddells, net als koningin Victoria, hun zomers
doorbrachten en waar Cameron het hele jaar door haar studio had.

In haar typerende dramatiserende, literaire stijl laat Cameron Alice
zien in de allegorische uitdossing (of in elk geval met de attributen) van
klassieke nimfen. Maar de verschillende rollen werden ingenieus gekozen: Alethea, de personificatie van openhartigheid en eerlijkheid; Pomona, de nimf van vruchtbaarheid en overvloed die het hof gemaakt werd
door de als oude vrouw vermomde Vertumnus. Het is alsof Julia Margaret
Cameron zich bewust was van de dubbelzinnigheid van Dodgsons foto's
– het hardnekkig ontkennen van de veranderingen waardoor het kind
Alice een vrouw werd – en had besloten om daar een punt van te maken,
om Alice, die nu beroemd is als de Alice uit Wonderland, af te beelden
in de volle, ongegeneerde bloei van haar vrouwelijkheid: in een frontale

Alice Liddell als bedelkind, door Charles Dodgson, 1858

Pomona (portret van Alice Liddell), door Julia Margaret Cameron, 1872

pose, terwijl ze recht, en in één geval uitdagend, naar de camera en naar ons staart.

Het is veelbetekenend dat Alice-Pomona zowel het decor als de pose van Dodgsons *Bedelkind* herhaalt, op een manier die doet vermoeden dat die foto bekend was bij Julia Margaret Cameron, en misschien wel bij het hele victoriaanse publiek. Daar staat ze midden onder een weelderig prieel, net als twaalf jaar eerder, met een hand op haar heup en de andere als een kommetje opgehouden, net als in *Het bedelkind*. De felle donkere ogen en de uitdagende blik zijn onmiddellijk herkenbaar als die van de kleine Alice, maar nu kijken ze terug met strakke, bijna laatdunkende kracht. Uit de hand op de heup van het kleine meisje sprak bijna vroegrijpe koketterie, maar nu is het een gebaar van kracht. De opgehouden hand van het bedelkind is nu gevuld met haar vrouwelijkheid. Het haar is noch de glanzende korte pony van de jonge Alice, noch het strak met linten vastgezette kapsel van Dodgsons laatste foto, maar valt los over haar schouders, het klassieke attribuut van ongeschonden maagdelijkheid. De witte toneelvodden van het bedelkind zijn veranderd in de witte kledij van de nimf-vrouw, passend bij haar lichaam. Haar hals, en niet haar kinderborst, is bloot. Als ze dat al ooit was geweest, is Alice Liddell niet langer het bezit van de verhalenvertellende don. Julia Margaret Cameron heeft iets heel anders vastgelegd: kordaatheid.

6
Het wezen van Janey vastleggen

Het waren niet de rondzwervende gordeldieren, de kangoeroes, de met tussenpozen huilende jakhalzen, de zeboe (aangeschaft omdat zijn grote ogen Dante Gabriel Rossetti aan Haar deden denken), de twee wombats, de krassende raven, de tunnels gravende bosmarmot die de lupines langs de rivier in Chelsea verwoestte, of de steeds weer ontsnappende wasbeer waar de buren op Cheyne Walk woest om werden. Nee, de druppel die de emmer en de gemoederen deed overlopen waren die ellendige pauwen: ze krijsten en gingen tekeer op elk uur van de dag of de nacht, alsof zich een moord of iets onfatsoenlijks afspeelde op nummer 16, wat volgens de buren toch al het geval was. Ze waren een grapje van God, de pauwen, die zo betoverend mooi waren dat ze uitgerust moesten worden met het geluid van een viswijf rond sluitingstijd. Natuurlijk vond Rossetti ze des te leuker door hun gekrijs, want hij was zelf ook een beetje een haantje. De wombats waren zijn baby's. Als een van deze dieren zijn vochtige snuit in John Ruskins vest verstopte terwijl hij deed of hij het niet merkte en doorpraatte over de universele broederschap die hersteld moest worden, had Rossetti het gevoel dat hij in de hemel was, of op zijn minst in de Hof van Eden. Toen een ervan in september 1869 stierf, maakte hij een komische tekening van hemzelf wenend bij een urn.

In juli 1865, voorzichtig om niet op de zevenslapers of de glibberende salamander te stappen, verscheen de lange gestalte van Jane Morris met haar golvende mantel in zijn Noach-achtertuin. Ze was gekomen om gefotografeerd te worden door de camera van John Robert Parsons, hoewel het Rossetti was die regisseerde hoe dat precies gedaan moest worden, nadrukkelijk niet in de stijl van bruidsportretten, maar als zuiver romantische kunst. Er was een grote tent in de tuin gezet, net als bij de vele feesten die in Rossetti's Tudor House werden gehouden. Er was een Japans kamerscherm, een rieten leunstoel en een divan waar Jane op kon liggen, vooral wanneer ze last had van haar chronische rugklachten. Ze droeg het soort ruimvallende lange zijden jurk, zonder korset, dat ze aanhad toen ze model zat voor Rossetti's schilderijen, en dat ze vaak zelf had gemaakt. Het dikke golvende donkere haar was in het midden gescheiden en viel helemaal tot op haar zware wenkbrauwen, terwijl er uit haar nek losjes geborstelde lokken op leken te stijgen, als aangeraakt door sensuele elektriciteit. Rossetti zorgde ervoor dat Parsons haar en profil vastlegde, zodat haar sterke neus en ernstige mond met gewelfde, volle bovenlip een dramatisch effect sorteerden. Die dag, midden in de zomer van 1865, was Jane Morris het schitterendste dier van zijn verzameling. Het was maar goed dat hij een volmaakt voorwendsel had om constant naar haar te staren, en haar haar en haar jurk met strelende vingers te schikken.

Rossetti had Jane Burden acht jaar daarvoor, in 1857, voor het eerst gezien in Oxford. Hij had al naam gemaakt als dichter en schilder, de luidruchtigste en ongeremdste van de groep die zich sinds 1848 de Prerafaëlitische Broederschap noemde. Dante Gabriel Rossetti was de zoon van een Italiaanse politieke vluchteling die die taal doceerde aan King's College in Londen, en gaf blijk van voldoende jeugdig talent om toegelaten te worden tot de tekenafdeling van de Royal Academy, maar de academische discipline was niets voor hem. Volgens de kronieken was het een ontmoeting met de onvergetelijk lompe gravures van de laatgotische fresco's van Benozzo Gozzoli die Rossetti en zijn vrienden William Holman Hunt en John Everett Millais er voor het eerst van overtuigde dat een onschuldige toewijding aan de waarheden van de natuur (die ze als hun god zagen) was overschaduwd door de glanzende 'zelfingenomen' politoer (hun woorden) van de hoog-renaissancistische schilderkunst. Deze opgepoetste onechtheid leefde voort, meenden zij, in de platitudes van victoriaanse schilderijen en in het dorre classicisme dat levend werd gehouden in de leer van de eerste president van de Academy, 'sir Sloshua' Reynolds, het doelwit van hun spot. In plaats daarvan wilde de Prerafaëlitische Broederschap met zuivere kleuren, ongekunstelde vormen en natuurgetrouwheid terugwinnen wat verloren was gegaan. Giotto en Gozzoli zouden herleven in het Londen van de paardentrams. Ruskin, die zelf geloofde dat de renaissance waarheid en schoonheid had verwoest, was dol op hun vurige passie en schreef steunbetuigingen.

In 1857 namen ze de opdracht aan om muurschilderingen te maken voor de zaal van de debatvereniging Oxford Union. Rossetti koos als onderwerp de *Morte d'Arthur* van Thomas Malory: een bijna even heilige schrift voor de Broederschap als de Bijbel voor de naamgenoot van de schilder, Dante. Rossetti zelf was vooral geïnteresseerd in het schilderen van de tragische liefde van Lancelot voor de koningin, om precies te zijn het moment dat hij werd betrapt in haar slaapkamer. Toen hij met Ned Burne-Jones in het theater was, zag hij de jonge vrouw die zijn Guinevere moest worden.

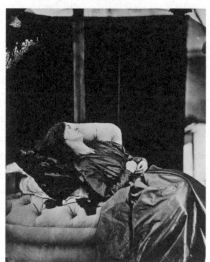

Jane Morris, door John Robert Parsons, 1865

Jane Burden was zeventien, de dochter van een stalknecht, arm en ongeschoold, met andere woorden, precies hoe Rossetti – en de meesten van de Broederschap – hun prachtexemplaren het liefst hadden: mooi in hun onverschilligheid voor de pretenties van de middenklasse, zachte was die wachtte om gevormd te worden door de apostelen van het natuurlijke.

Het liep niet altijd volgens plan. Lizzie Siddal, Rossetti's eerste grote passie, leed jarenlang onder het feit dat ze een model en een opvoedkundig project was. Steeds heftiger onweren pakten zich boven hen samen. Het opiaat laudanum kalmeerde haar verscheurde longen en haar verdriet, maar samenleven werd een wederzijdse kwelling. In 1857 was Lizzie naar het noorden vertrokken en was Rossetti vrij om het vuur van zijn arthuriaanse fantasieën op de donkere Jane te projecteren. Terwijl hij vrolijk dartelde en dweepte, bleef zij raadselachtig stil, wat hem nog meer uitlokte. Maar er was concurrentie van de jongere, baardige enthousiasteling William Morris, die dankzij de kopermijnen van zijn familie rijk genoeg was om ambitieus dichter, schilder, ontwerper en, uiteindelijk, socialist te zijn. Als student waren hij en Burne-Jones gevallen voor het evangelie dat gepreekt werd door Augustus Welby Pugin, Carlyle en Ruskin, die zich het gotische Engeland uit de dertiende eeuw voorstelden als een verloren tijdperk van christelijke samenhorigheid en schoonheid. Om industrieel Engeland te redden van de grofheid van de machine, moesten de geest en de praktijk van de kunstnijverheid terugkeren.

Dit klonk Rossetti als luit en trombone in de oren. Vanaf 1856 deelden Morris en Burne-Jones kamers aan Red Lion Square in Londen, waar Morris zijn eerste interieurontwerpen maakte – meubilair, behang, wandtapijten – terwijl Burne-Jones zich specialiseerde in het glas-in-loodwerk waarin hij een elegant meester zou blijven. Morris keek naar Jane Burden en zag de mens die bestemd was om deze nieuwe versie van het mediëvalisme met hem te delen. Ze keek naar zijn grote, gulle, dartel besnorde zelf en zag bescherming, een toekomst. Ze trouwden in 1859. Algernon Swinburne schreef: 'het plan om met haar te trouwen is krankzinnig. Haar voeten kussen is het uiterste dat een man zou moeten overwegen.'

Misschien had hij gelijk. Alle mannen die voor Jane vielen, wilden voortdurend dingen voor haar dóén als een manier om haar volledig te bezitten, of op zijn minst een leven met haar te delen, en hoe meer ze deden, hoe raadselachtiger ze werd: ze zweefde rond in de lange gewaden waar ze dol op waren, kreunde af en toe wanneer haar verraderlijke rug pijn deed, vlijde zich decoratief op de divan. Iedereen raakte betoverd door haar manier van bewegen, niet belemmerd door crinolines en baleinen, de jurken die met haar ledematen mee vloeiden, versterkt door de intense blik in haar grijze ogen. Morris stortte zich op de schepping van hun modelhuis: ontworpen en gebouwd in Bexleyheath in Kent, vijftien kilometer van Londen. Hij dacht dat het makkelijk forenzen zou zijn naar Red Lion Square, waar de 'Firma', met Rossetti en Burne-Jones, zich had gevestigd om met ambachtelijke technieken een volmaakte inrichting voor de huiselijke haard te ontwerpen en te maken.

De liefde was niet helemaal afwezig, ook al vertelde Jane veel later dat ze nooit echt van haar man had gehouden. Er werden twee meisjes geboren. Morris wilde dat het Rode Huis zelf een ideale gemeenschap werd, maar het forenzen kostte vier uur per dag en Burne-Jones schrok terug voor het idee Londen voorgoed te verlaten. Ze verkochten het huis en verhuisden naar Queen Square. Morris had het Rode Huis kunnen verhuren om op een dag terug te gaan, maar hij was zo bedroefd dat hij er weg moest dat hij niet kon verdragen het ooit nog te zien. In Londen hadden ze meer contact met Dante Gabriel Rossetti, die geen geheim maakte van zijn gevoelens voor Jane.

In de tijd van de foto's in de tuin van Tudor House was Rossetti al drie jaar weduwnaar. Hij was uiteindelijk met Lizzie getrouwd, maar ze had een doodgeboren kindje gekregen, waarna ze geestelijk instortte. Het enige wat hielp was laudanum. In 1862 nam ze zoveel dat ze eraan stierf. Geschokt en gek van schuldgevoel gooide Rossetti het manuscript van zijn laatste gedichten in haar kist om met Lizzie begraven te worden. Later kreeg hij spijt van dit extravagante gebaar. In 1869 besloot hij de kist te laten openen om de gedichten eruit te halen. Tegenover mensen die ontzet waren over deze literaire lijkopgraving, beweerde hij dat Lizzie zelf 'deze daad zou hebben goedgekeurd. Kunst was het enige waar ze oprecht om gaf. Als het haar mogelijk was geweest, had ik het boek op mijn kussen gevonden de nacht nadat ze was begraven, en indien ze het graf had kunnen openen, was geen andere hand nodig.'

Deze daad van zelfzuchtige ontheiliging pleegde Rossetti niet uit geldhonger. Hij verdiende genoeg: tweeduizend pond per jaar, meer dan voldoende om in Tudor House te gaan wonen in een Chelsea dat nog niet in de mode was. Hij zette het vol met mooie dingen en met een massa antiek en porselein dat hij had vergaard tijdens strooptochten langs de kraampjes van Hammersmith en Leicester Square. Er was een overvloed aan chinoiserieën. Sommige kamers waren volgestouwd met spiegels, andere met Delftsblauwe tegels en koperen kroonluchters. Schilderijen stootten elkaar aan op de overbevolkte muren. Het was een gekkenhuis, maar ook een lachpaleis. James Whistler en Swinburne woonden in de buurt. De wulpse Fanny Cornforth, met gouden lokken en heerlijk grof in de mond, trok bij hem in als model en warm gezelschap in het grote eikenhouten hemelbed behangen met zwaar groen fluweel. En als de saaie buren er schande van spraken, moesten ze dat vooral doen. Rossetti schilderde een reeks vrouwen, waarvan sommige modellen waren die hij overhaalde om voor hem te komen poseren als hij ze op straat tegenkwam, zoals de verrukkelijke Alexa Wilding. Er kwam poëzie over zijn lippen, zijn donkere ogen keken hen strak aan en hij lachte als Mephistopheles. Het was moeilijk om te weigeren. Hij schilderde deze vrouwen in warme, sensuele kleuren, en vulde het hele doek, zodat hun betoverende gezichten en weelderige lichamen zich tegen de gulzige blikken van de toeschouwer aandrukten. Er waren draperieën, gebladerte, aangestoken fruit, perziken en granaatappels, bloemen met vallende blaadjes en ontluikende knoppen. Met elk krullend paars tongetje van een kamperfoeliebloem vervolmaakte Dante Gabriel Rossetti deze visuele verleidingen en hij noemde het poëzie, kunst, de betovering van de zintuigen. Ondanks alle proefschriften die erover zijn geschreven, is het in wezen victoriaanse soft porno, maar wel de mooiste soft porno die ooit in verf is uitgevoerd.

Janey, zoals iedereen haar nu noemde, was een uitzondering: zij was donker waar de anderen gouden haar hadden; stil waar zij grof en giechelig waren; elegant slank waar zij rondborstig waren. Morris was niet dom. Maar hij was ook principieel in zijn overtuiging dat echte huwelijken nooit geketend mochten zijn door beperkingen. Dus verdroeg hij de vele bezoeken van Rossetti en liet hij Janey poseren voor een reeks tekeningen, die allemaal het teken droegen van diepe, onwrikbare aanbidding, liefdesbrieven in zacht zwart krijt.

Die middag in de tuin, midden in de zomer van 1865, stond, zat, lag en lcunde Janey, steeds met diezelfde uitdrukking van innerlijk, gelaten, koe-ogig geheim verdriet die Rossetti zo ongelooflijk opwindend vond. De lensdop van John Robert Parsons ging erop en eraf, erop en eraf. Gabriel gebruikte de foto's en tekeningen voor een groot schilderij dat hij van haar zou maken in de glanzende blauwe zijden jurk die ze had gemaakt, waarschijnlijk op zijn verzoek. Het kostte hem nog drie jaar om het te voltooien, en zelfs toen was hij er, terecht, niet helemaal tevreden over, omdat hij wist dat hij met name aan haar gezicht zo lang had gewerkt dat het er vreemd onecht en wasachtig uitzag, zonder de elegante vrijheid van zijn tekeningen. Maar ondanks de tekortkomingen diende *De blauwe zijden jurk* als een soort mededeling dat haar persoon dan misschien niet van Rossetti was, maar haar schilderij wel. Hij wist wat voor indruk ze maakte op bezoekers als Henry James, die haar beschreef als een

> figuur als uit een missaal gesneden... een verschijning met een angstaanjagende en prachtige intensiteit... een rijzige slanke vrouw in een lange jurk van een doods purperen materiaal, die geen weet heeft van crinolines (noch van iets anders, denk ik zo), een wirwar van kroezig zwart haar dat in grote golven over elk van haar slapen valt... een smal, bleek gezicht, grote, zware schuine wenkbrauwen die elkaar in het midden raken... een lange hals zonder enige kraag... *in fine*, compleet.

En nu was hij, Rossetti, de maker en hoeder van dit visioen, en hij was zo schaamteloos om dat ook te zeggen in een Latijnse inscriptie die hij boven aan *De blauwe zijden jurk* schilderde. Met een achterbakse wenk naar haar huwelijk noemde hij Jane 'vermaard om haar echtgenoot de dichter; zeer vermaard om haar gezicht; laat haar ten slotte vermaard zijn om mijn schilderij'.

Hoe uitdrukkingloos het masker ook was dat Jane de rest van de wereld toonde, Rossetti wist dat ze niet onverschillig was, en dat wist de steeds gekweldere Morris ook. Ze kwam naar Cheyne Walk, of ze moest poseren of niet. Zij en Rossetti beklaagden zich bij elkaar: haar rug, zijn ogen, waar hij problemen mee kreeg, hoofdpijn natuurlijk, aan beide kanten, en kennelijk ook hartzeer. Scheidingen, zelfs voor een paar dagen, werden pijnlijk. En niettegenstaande het *Blauwe jurk*-schilderij kreeg de schilder-dichter, hoe hij ook zijn best deed, het nog steeds niet voor elkaar een schilderij van haar te maken dat bij benaderring recht deed aan de felle intensiteit van zijn blik en de kracht van zijn verlangen. In januari 1870 schreef hij haar dat ook:

> Liefste Janey
> ...het beeld van hoe u helemaal alleen de donkere trap afloopt naar het rijtuig is me blijven kwellen – u leek zo eenzaam. Ik hoop dat u gezond en wel thuis bent gekomen. Nu zal alles duister voor me zijn tot ik u weer kan zien. De gedachte dat ik gisteren de hele dag zo uitgeput was dat ik vreselijk saai gezelschap was, maakt me razend. Waarom moest dat gebeuren toen u hier was?... Wat zou het prettig zijn als ik zeker kon zijn dat ik u eens en voor al zo heb geschilderd dat de wereld weet wat u was; maar elke nieuwe poging die ik aan

u wijd is een teleurstelling, en maar heel af en toe wanneer ik niet weet hoe te beginnen, zie ik in een flits hoe het gedaan zou moeten worden. Zo zijn al mijn pogingen. Als ik u altijd bij me had in het leven zou het op een of andere manier voltooid zijn. De laatste twee jaar heb ik de kille verdoving die me omringde doordat ik u bitter mis stellig voelen wegebben; maar sindsdien zijn andere obstakels gestaag vergroot, en het komt te laat.

Uw zeer toegenegen Gabriel

Hoorde bij de 'obstakels' ook de lastige echtgenoot? Rossetti schilderde verhalen van ongelukkige verbintenissen: in *La Pia de' Tolomei* was Jane de echtgenote die onterecht beschuldigd werd en opgesloten in een toren in de Toscaanse Maremmen, waar ze stierf door vergif; in *Mariana* wordt ze afgebeeld als Shakespeares personage uit *Measure for Measure* dat verloofd is met en verlaten wordt door de schijnheilige seksuele hypocriet Angelo.

Maar toch, hoe Morris ook leed onder Rossetti's overduidelijke verliefdheid, hij overwoog nooit de zaak op de spits te drijven en hem haar gezelschap te verbieden, want hij wist dat hij daarmee zijn vrouw nog meer van zich zou vervreemden. Een alternatief was zelf verdwijnen, en dat deed hij in de zomer van 1871, helemaal naar IJsland, waar hij begon met het vertalen van *Njáls Saga*. Er leek geen eind te komen aan William Morris' zwaarbeproefde goedaardigheid. Voordat hij vertrok naar het landschap van boomloze zwarte lavabedden en geisers, gingen Rossetti en hij op zoek naar een buitenhuis om te huren voor deze en misschien volgende zomers. Ze vonden wat ze zochten in een wonderbaarlijk onbedorven zestiende-eeuws huis in Kelmscott, bij de bovenloop van de Theems op de grens tussen Oxfordshire en Gloucestershire. Rossetti beschreef het als een aards paradijs, en dat was en is het nog steeds. Er hingen zeventiende-eeuwse wandtapijten, er was een ommuurde tuin, een kolonie roeken (is er ook nog steeds), een driepersoons buitentoilet (dat kwam handig uit), en geen glurende naaste buren die de schandalige roddels kracht bij konden zetten. Rossetti bracht twee van de antieke Chinese lakkabinetten die hij had verzameld mee en pikte de volmaakte, op het noorden gerichte atelierruimte in, waar hij zijn bed neerzette. De ongebruikte slaapkamer van Morris lag naast de zijne, en daarnaast was Janeys kamer. Op de benedenverdieping waren een bescheiden eetkamer en een woonkamer met een haard van Hollandse tegels, die geleverd was door de Firma en door Janey geïnstalleerd.

We zullen nooit zeker weten of Janey of Gabriel, zodra de dochtertjes van Morris sliepen, door Williams scheidende kamer liepen en zich verenigden. Wat er ook gebeurde of niet gebeurde, Rossetti was tevreden, speelde met de meisjes, maakte verrukkelijke schetsen van hen, liep samen met hen naar de door treurwilgen omzoomde rivieren, schreef zijn sonnetten in een door de zon verblinde trance van liefde. Sommige van die sonnetten zijn zo doordesemd van seksueel genot dat het moeilijk te geloven is dat Rossetti schreef vanuit verlangen.

> *Zij gaan huns weegs, lichamen neigend naar*
> *Elkanders zichtbre zoetheid, hij naar haar*
> *Wier vurig hart zich buigt op hoog bevel*
> *Van Amor naar zijn hart voor eeuwig trouw,*
> *Wijl wolkenschuimend 't lichte hemelblauw*
> *Rust op het schuimloos zeeblauw lijnenspel.*

De zomer liep ten einde en zo ook de idylle. Morris kwam terug uit IJsland, beladen met runische cadeaus voor de meisjes. Nu lag de ontbrekende echtgenoot en vader 's nachts letterlijk tussen de kamers van Gabriel en Janey. *The House of Life*, de reeks sonnetten die Rossetti als een hymne voor hun passie had geschreven, werd afgekraakt door een bijzonder venijnige recensent, die hem spottend de oprichter van de 'vleselijke school van de poëzie' noemde; werk dat onfatsoenlijk was wanneer het niet belachelijk was. Rossetti vatte het heel slecht op, kreeg een aanval van paranoia, nam zijn toevlucht tot het slaapmiddel chloraalhydraat en werd afgevoerd naar Schotland om te voorkomen dat hij in een krankzinnigengesticht werd opgenomen. Daar deden trouwe vrienden wat ze konden om hem zijn geestelijke gezondheid en gemoedsrust terug te geven. In Londen, in de tuin van Tudor House, misdroegen de dieren zich. De jonge kangoeroe had zijn moeder opgegeten, de raaf had de kop van Jessie de uil afgebeten, de gordeldieren vielen ten prooi aan waterstofcyanide dat als aas voor ze was neergelegd in de tuin van de buren, en een windhond had een andere hond aan stukken gescheurd. Waarschijnlijk werden de dieren allemaal niet goed verzorgd. Zijn vrienden zagen de menagerie als vermaak voor Rossetti, die verwachtte dat de dieren ondanks de verwaarlozing de gasten vermaakten.

Hij probeerde terug te gaan naar Kelmscott, maar de zomer van 1871 zou nooit meer herleven. Hij lanterfantte en broedde, en wisselde de chloraalhydraat voor zijn slapeloosheid af met whisky om de bittere smaak weg te spoelen. De drug maakte hem slaperig en de drank wekte hem op.

Waterwilg, door Dante Gabriel Rossetti, 1871

In 1874 was het ondraaglijk geworden. Rossetti wandelde weg uit Kelmscott en zou er nooit meer terugkeren; de Chinese lakkabinetten liet hij achter, en ze staan er nog steeds. Twee jaar later besloot Jane dat ze hem niet meer wilde zien. In haar afwezigheid vond Rossetti een uitlaatklep voor zijn wanhoop in de vorm van een reeks grote, vreemde schilderijen.

Zijn creatieve verbeelding keerde terug naar Italië, het land van zijn voorouders, en met name naar Michelangelo, de oude maniërist Michelangelo, wiens figuren staren en broeden, en hun langgerekte ledematen door de afgebeelde ruimte draaien. Janes gezicht had iets welhaast androgyns dat Rossetti deed denken aan Michelangelo's gevangenen die worstelen om los te breken uit hun stenen bedding. Hij schilderde haar nadat ze in de val was gelokt: de vele Proserpina's, gedoemd tot gevangenschap in de Hades nadat ze één granaatappelpitje hebben opgeknabbeld, de vrucht die door Rossetti pijnlijk helder wordt geschilderd, met pitjes als edelstenen in de gespleten schil. De schilderijen gingen altijd gepaard met sonnetten die haar sombere situatie beschreven, het daglicht van de aarde ver weg op de achtergrond. Dan was er een dromerige Jane die halverwege in een omstrengelende boom zat, haar boek vergeten, een verwelkte kamperfoeliebloem in haar schoot. In *Astarte Syriaca*, de archaïsche voorgangster van Aphrodite, is ze frontaal naar de toeschouwer gekeerd, de ogen groter, de mond voller dan ooit, de groene jurk veel strakker dan anders om de lijn van haar borsten en dijen, alsof Rossetti schilderde om zich te herinneren, tegelijkertijd fysiek meer aanwezig en verder weg dan ooit.

In de laatste jaren werd het afwisselen van chloraalhydraat en whisky extreem. Rossetti's nieren waren vrijwel verwoest en hij had veel pijn. Tegen 1880 kon hij bijna niet meer lopen. Op Tudor House heerste een grote wanorde, de dierentuin achter het huis was leeg, vrienden zuchtten wanneer ze het gevoel hadden dat ze bij hem langs moesten gaan. Er waren dagen dat hij in bed naar de blauwe vazen boordevol pauwenveren lag te staren. In de zomer van hun verrukking had hij Janey geschilderd in een formaat dat klein genoeg was om in een bijzonder 'mooie oude lijst die ik heb' te passen. Haar hoofd staat schuin op de lange zwanenhals, de ogen zijn onmogelijk groot, de lippen onmogelijk vol; achter haar de zilverige rivier, een lieflijk glooiende heuvel en de gevels van het huis: Rossetti's levenshuis. Rossetti verkocht het schilderij, maar Jane liet een goede kopie maken. Morris' dochter May erfde de zorg over Kelmscott en bewaarde het daar; het is nog steeds te bezichtigen in Janeys slaapkamer, waar ze elke dag geconfronteerd zou worden met de aanblik van haar eigen ontroostbare melancholie.

7
Francis en George

1963. Man, jaar of dertig, komt een pub binnen. Hij heeft een arrogante blik en een likje te veel brillantine, een soort vetkuif, en zijn wenkbrauwen lijken twee rupsen die op zijn voorhoofd met elkaar converseren. Maar de Cockney linkmiegelstijl is oké. Londen swingt nog niet zo lang, door Carnaby Street rijdt nog verkeer en Soho staat voor een flitsende, lekker ouderwetse look: brede revers, brede schouders, gladgeschoren, smalende lippen, strakke knoop in de das. George Dyer heeft het allemaal. Hij heeft een tijdje in de bak gezeten dus hij weet van de hoed en de rand, en heeft in de gaten dat een man die ook niet vies is van wat vet in zijn krullen hem schattend bekijkt.

Wat hij over de rand van zijn glas ziet, bevalt Francis Bacon wel. Hij kon de jongen achter het airtje zien. Zo'n jongen zou leuk zijn, weer eens iets anders dan het ruwere werk; het ruwst van allemaal was de voormalig gevechtspiloot Peter Lacy, die, toen hij geen mensen meer had om te martelen, vooral Francis niet, de benen nam naar Tanger, waar hij zelfmoord pleegde. Bacon was niet over Peter heen, zou dat eigenlijk nooit raken, maar deze blitse jongen die over de bar leunde kon wel iets worden. Een van hen gaat op de ander af (hier is de geschiedenis niet helder over) en begint. Het zou inderdaad iets worden, en vervolgens zou het slecht aflopen.

Bacon dacht altijd aan lichamen, het genot en de pijn, het draaien en verstrengelen, het grijpen en loslaten; gezichten ook, soms; je kon op gezichten knagen en ze dan uitspugen, ook het gezicht dat hij in de spiegel zag als hij zich schoor. Gebruik het penseel als een scheermes: houw en graaf. Het belachelijkste aan portretten was de stilstand, het resultaat van al dat poseren en de meedogenloze transcriptie van gelaatstrekken. Bacon deed niet aan poseren, hij werkte van foto's, die meer kans boden om levenskracht te documenteren. En hij deed niemand die hij niet kende, goed kende. Men had altijd aangenomen dat er geposeerd moest worden om gelijkenis vast te leggen. Maar de letterlijke lijn was een armzalige definitie van gelijkenis, een stenografische kaart van een gezicht en een lichaam. Mensen die over portretten schreven, zeurden altijd eindeloos

Francis Bacon en Muriel Belcher, door Peter Stark, 1975

over de noodzaak de essentie van de persoon te vangen, ervan uitgaand dat die op het uiterlijk geschreven staat. Bacon wist zeker dat dat niet zo was, en waar hij naar op zoek was, was wat hij 'het pulseren' van mensen noemde, het aura, het effect dat ze op je hadden wanneer ze een kamer binnenkwamen. Het was een soort uitwaseming, iets wat van binnenuit kwam, als een secretie. Wat hem beviel aan George was niet de verzameling trekken die de kop vormden (hoewel hij de kaak en de gewelfde neus prachtig vond), wat hem beviel was zijn innerlijk en de manier waarop dat tegen de buitenkant drukte, de hele glibberige mengelmoes van een persoon. Die kreeg je niet te pakken door poseren, niet dat soort poseren in elk geval. Je moest tegen het karakter aan knallen.

Bacon was bij het schilderen terechtgekomen zonder dat zijn instincten waren aangetast door een officiële opleiding, geen tekenen naar modellen voor hem. Maar hij had de volmaakte hand als tekenaar, alleen niet het soort dat ze inhamerden op kunstacademies. Hij begreep vormgeving, vlakverdeling, ruimte, de massa en het volume van lichamen, het spelen en spreiden van spieren en ledematen en hoe die los- en vastgemaakt kunnen worden, eigenlijk hoe het een uit het ander kan worden afgeleid. Dit drong voor het eerst tot hem door in 1927 in Parijs, toen hij in de galerie Rosenberg een van Picasso's verrassende deconstructies van een naakt zag. Hij had er een moment van geestelijke verlichting en besloot dat hij beter kon proberen schilder te worden. Het lichaam, begreep hij al snel, was een theater, vaak van pijn en wreedheid, en hij dacht dat er zonder dat geen echte betrokkenheid kon zijn, het ene soort penetratie was nodig voor het andere, voor een intiem inzicht. Het ging erom het gevoel van binnenstebuitenheid te reproduceren zonder de herkenbare vorm helemaal kwijt te raken. Dus liet hij impulsen hun gang gaan. Hij staarde naar foto's van de modellen (of van hemzelf), maakte ze soms een beetje kapot, knipte er een hoek af, scheurde stukjes van het oppervlak met afplakband, concentreerde zich op het beeld tot een gevoel van het lichaam – vaak in beweging – overkwam; dan ging hij aan de gang met een penseel vol verf, soms verschillende kleuren in dezelfde streek, en werkte langs een herkenbare lijn – de kin, de neus, een been, een arm – maar liet nooit iets vast en beslist worden, alles bleef in een toestand van wording, alles was open en voorlopig: het penseel trok vegen en lussen, keerde en smeerde. Af en toe gooide hij klodders witte verf naar het beeld, een flets als een ejaculatie. Het was als een goed gevecht of een neukpartij, alles moest eruit, en het ging erom het halverwege te vangen, voordat het alleen nog maar rommel was.

George trok bij hem in. Bacon liet hem fotograferen door hun drink-vriendje John Deakin, die voor *Vogue* had gewerkt. Al snel werd duidelijk dat George behoorlijk aan de drank was, al was Bacon er zelf ook niet vies van. Het probleem was dat George, in Bacons wereldje van stoere, slimme vrienden, homo of niet, Lucian Freud en Isabel Rawsthorne, helemaal de kluts kwijtraakte en een slok nodig had om zich op te peppen. Eerst was Bacon ontroerd door Georges onzekerheid, totdat hij irritant afhankelijk werd, de eeuwige jonge hond met een natte neus die aan zijn broekspijp hing. Maar de schilderijen van George waren zoals hij het wilde, sensatio-neel en bijna nooit doodstil: in *Pratende George* draaide hij naakt op een kantoorkruk; in een drieluik, de vorm waarmee Bacon aan het experimen-teren was, schommelde hij tussen trapezeachtige spijlen of draden in een onbestemde ruimte. De onmogelijkheid om een ongrijpbare figuur op die manier vast te pinnen, werd ondervangen door portretten te maken die instabiliteit, beweging en mutatie probeerden te belichamen, het vlees zelf in een proces van ontbinding en reconstructie, wonden die lekten en vervolgens stolden, openingen die gaapten en zich vervolgens half sloten; schaduwen en substantie, reflecties en vaste aanwezigheden, allemaal met elkaar versmolten. Zoiets was nog nooit vertoond.

Zelfs de Fransen, die in 1966 nog niet thuis gaven toen ze van het Tate een retrospectief aangeboden kregen, realiseerden zich dat. Bacon kreeg de eer van een grote solotentoonstelling in het Grand Palais. Van nog le-vende kunstenaars was alleen Picasso die eer te beurt gevallen. De ten-toonstelling zou in oktober 1971 worden geopend. George vroeg of hij met Bacon mee mocht. Maar inmiddels dronk hij non-stop, waarbij hij soms ook nog pillen wegspoelde, en het was allemaal niet meer zo sexy voor Bacon, die er genoeg van had: 'Er was al tijden niets meer tussen ons. Maar aangezien hij op zoveel van de schilderijen stond, kon ik moeilijk nee zeggen.' Bacon had één voorwaarde gesteld: dat Dyer zou afkicken met hulp van een specialist in drankverslaving. Dyer zei ja, probeerde het en kreeg natuurlijk een terugval.

Ze logeerden in het Hôtel des Saints-Pères. Bacon had drukke dagen en hield zich vooral bezig met het ophangen van zijn schilderijen. Omdat hij zich verwaarloosd voelde, had George verschrikkelijke dronken woe-de-uitbarstingen en hij nam een Arabische jongen mee om zich mee te vermaken, wat alles alleen maar erger maakte; ze kregen slaande ruzie, gasten klaagden. Zo kon het niet verder, en als ze terug waren in Londen, besloot Bacon, was het afgelopen.

Toen hij op 24 oktober in het Grand Palais was en zich zorgen stond te maken over de uiteindelijke installatie en over schilderijen die om een of andere reden nog niet waren gearriveerd, hoorde hij van de hotelmanager dat zijn vriend zelfmoord had gepleegd. De kamer van George was een hok vol doffe ellende: overal pillen en flessen. George had wel eens tegen Francis gezegd dat hij dit zou doen, maar dat was dan gewoon weer een rondje emotionele chantage. En zelfs deze keer was George kennelijk in paniek geraakt na een enorme dosis slaappillen; de pillen die Bacon altijd zorgvuldig verstopte had hij gevonden en gebruikt, weggespoeld met alcohol. Dyer had geprobeerd zijn doodvonnis uit te braken, maar dat was niet gelukt, en hij stierf zittend op de wc, fataal pathetisch.

Bacon liet alles doorgaan zoals gepland, leidde president Georges Pompidou, een groot liefhebber van moderne kunst, rond op de tentoonstelling en gaf interviews aan de BBC en *L'Express*. Pas een tijdje later sloeg het berouw toe. Hij zat in La Coupole in Montparnasse, met de vriendelijke David Hockney, die was overgekomen om te zien of hij iets kon doen, en biechtte zijn zware schuld op. Was hij die avond maar niet naar de tentoonstelling gegaan, 'dan was George nu hier geweest, maar ik ben wel gegaan en hij is dood. Ik heb in dat opzicht een rampzalig leven gehad. Iedereen van wie ik hield is dood... het zijn altijd dronkenlappen of zelfmoordenaars. Ik weet niet waarom ik dat soort mensen aantrek. Maar zo is het. Niets aan te doen.

Niets kan hem terugbrengen,' ging Bacon verder. Maar een versie van hem kon wel worden teruggebracht. Na afloop van de begrafenis, die werd bijgewoond door een grote menigte huilende East Enders, zette hij zich aan het eerste van een aantal herdenkingsdrieluiken. Al zei hij dat een schilderij maken van een dode een zinloze exercitie was, dat herstel niet mogelijk was, wat kon hij anders? Het was een manier om zijn eigen verdriet en zelfverwijt tastbaar te maken. Op het linkerpaneel is Dyers lichaam een verstrengelde warboel van verwrongen ledematen, zijn hoofd omhoog gekeerd als na een val, rechts zijn twee Georges, van wie er een op een soort vierkante mortuariumtafel ligt. Uit zijn hoofd stroomt iets zwarts dat ook gezien kan worden als een sokkel voor het blad van de snijtafel, terwijl zijn profiel, met een witte jaap van voorhoofd tot wang, in een grafsteen is vastgelegd. Op het middelste paneel zien we hoe een schaduw-George zich met een bloederige arm in evenwicht houdt aan het sleutelgat van een deur en omkijkt naar een trap die verlicht wordt door een naakt peertje: het opstijgen van het ene bestaan naar het lonkende duister.

Bacon moest het drieluik maken, maar het heeft het narratieve karakter dat hij altijd zei te vermijden. Het tweede, kale en naakte drieluik,

Drieluik – Augustus 1972, door Francis Bacon, 1972

daarentegen, is schokkend ontroerend in zijn plastische eenvoud, niet in de laatste plaats omdat de twee zijpanelen deze keer verstild zijn, terwijl het centrale paneel niets anders bevat dan de steigerende berg van hun vrijpartij; dijen en schouders zijn te onderscheiden, maar niet de hoofden, die op elkaar zijn gedrukt, weer een van die witte zweepslagen, een kramp bekroond met sluik zwart haar. Links zit Dyer en profil, even statuesk als de klassieke figuren die Bacon zijn hele leven had vermeden, de ogen gesloten als in meditatie, zijn torso weggesneden, niet gevuld met ingewanden maar met de vlakke zwarte achtergrond, alsof delen van hem stukje bij beetje verdwijnen.

Ga niet weg. Verdwijn niet.

Op het rechterpaneel zit de figuur op een stoel, het leven lekt uit hem in een plas roze verf, net als op de twee andere panelen; hij zit onderuitgezakt, ogen weer dicht, handen in het kruis van zijn onderbroek. De meningen zijn verdeeld of dit weer George is of misschien Bacon zelf, en die verdeeldheid is op zich een door Bacon opzettelijk aangebrachte dubbelzinnigheid. De werkelijkheid is niet de huid van de verschijning. De werkelijkheid is het samensmelten van die twee op dit moment van sterfelijke nagedachtenis.

Op de avond dat we het schilderij aan het filmen waren, trof me voor het eerst iets opvallends dat ik niet eerder had gezien. Bacon was een geweldig slimme manipulator van vlakken, en de wigvormige diagonalen onder aan het linker- en rechterpaneel kunnen gewoon beschouwd worden als een van zijn ongedefinieerde afgronden waar de bezwete figuren boven hangen alsof ze zich op een wankel platform bevinden. Maar ze brengen ook het gevoel over dat de panelen zwaaiende scharnierende deuren zijn, net als bij de middeleeuwse drieluiken waar Bacon zo van hield; in dat geval konden ze allebei gesloten worden voor het middenpaneel van twee lichamen die voor eeuwig in elkaar stoten, door- en doorgaan tot het einde aan toe.

Yoko Ono en John Lennon, door Annie Leibovitz, 1980

8
Julia

Ga niet weg. Ga niet dood.

Vijf uur later was hij dood. Daardoor heeft de foto die Annie Leibovitz voor *Rolling Stone* maakte een gewicht gekregen dat ze met geen mogelijkheid had kunnen voorzien, maar dat nu noodlottig onafwendbaar leek, alsof Leibovitz een soort profetes was. Wat ondraaglijk is, natuurlijk, is Lennons naaktheid, de kwetsbaarheid ervan, zelfs als hij zijn arm om Yoko's hoofd legt en een tedere kus op de zachte welving van haar wang drukt, het soort kus dat blijft. De digitale wereld bestond nog niet. Jann Wenner, de uitgever van *Rolling Stone*, moest een dag wachten voordat hij de foto zag, die tegen die tijd al een herdenkingsicoon was geworden. Na de fotograaf waren de volgende mensen die Johns lichaam zagen waarschijnlijk de politie, de forensische onderzoekers en vervolgens de lijkschouwers die onderzochten hoe het doorboord en opengereten was door de kogels van de fan, Chapman.

Leibovitz had hen allebei naakt willen hebben en had verwacht dat ze akkoord zouden gaan. De naakte Yoko en John, voor- en achterkant, waren op de hoes van hun album *Two Virgins* verschenen, de Adam en Eva van de rock in heel hun oeronschuld, die hun liefde in het gezicht smeten van eenieder die een hekel had aan haar, of aan hen allebei, vanwege hun onvergeeflijke zonde: het opbreken van de Beatles, een gezin de vernieling in helpen. Dat Yoko niet voldeed aan een schoonheidsideaal waarvan ze tenminste hadden kunnen begrijpen dat John er het gezin voor in de steek liet, dat ze een Japanse performancekunstenares was, maakte het alleen maar erger. Het was alsof het stel toestemming had moeten vragen aan het hele Britse publiek, aan de wereld.

Dus begonnen John en Yoko aan een liefdesbombardement. Gewoon *hide your love away* was geen optie, want de fretten van de pers zouden hen blijven achtervolgen, tot in het diepste hol. Ze maakten hun liefde openbaar, maakten er een doel op zich van, nodigden iedereen uit voor de bed-in in Amsterdam en lachten om de teleurstelling van mensen die een seksscène hadden verwacht maar in plaats daarvan een gelukkig getrouwd stel kregen dat beminnelijk glimlachte vanonder de lakens.

De gedachte was de zeurpieten en spotters in hun hemd te zetten en die schaapachtigheid om te vormen tot de liefdeskruistocht die de wereld zou redden. *Just give it a chance. All you need.*

Bij het zien van de foto viel veel mensen, ook bij *Rolling Stone*, Johns foetushouding op. De van bovenaf genomen foto kan bekeken worden zoals Leibovitz hem heeft genomen, of bijna alsof John in Yoko klimt, die toen niet alleen echtgenote en minnares, maar onmiskenbaar ook moeder was geworden. Met zijn been over haar heen gekruld en zijn ogen gesloten, voelde hij zich eindelijk veilig, voelde hij zich thuis.

En kon hij eindelijk vergeten hoe hij twee keer door dezelfde persoon was verlaten, Julia, zijn echte moeder.

De eerste keer was toen ze hem aan haar oudere zus Mimi overdroeg, of móést overdragen, in haar eigen versie van het verhaal. De meisjes Stanley waren het er allemaal over eens dat Julia altijd een lastpak was geweest: mooi en slim maar met de neiging om het leven als één lange dans te zien. De koopvaardijschipper Alf Lennon was altijd weg, oorlog of geen oorlog, en toen hij een keer tegen haar zei dat ze moest uitgaan en lol maken, greep ze die kans aan en het resultaat was Victoria, gemaakt met een soldaat uit Wales, Williams, die niet van plan was te blijven. Daarna was er John 'Bobby' Dykins, de linkmiegel met zijn potlooddunne snor en gladgestreken haar en makkelijke grijns; ze kon ook hem niet weerstaan en stak haar tong uit als iemand het over 'in zonde leven' had. Er kwamen nog twee dochters, het was me er een, die Julia. Maar ze kon het niet aan, of men zei tegen haar dat ze het niet aankon, dus ging John als een klein bundeltje naar zijn tante Mimi en oom George in Mendips, waar hij de kamer boven de voordeur had die uitkwam op Menlove Avenue.

En hier was hij heus, echt waar, dankbaar voor. Maar mama was mama, dat was één ding dat zeker was. En aangezien iedereen min of meer boven op elkaar woonde, ging hij heel vaak naar Julia en kwam zij voortdurend langs om hem te zien. Ze zong en danste voor en met hem, met stralende en ondeugende ogen, stoeide met het kind en gaf hem, tot Mimi's afschuw, de gitaar waar hij zijn zinnen op had gezet. Toen hij moeite had met de akkoorden hielp ze hem die eerst te leren op de banjo en de ukelele. Op een dag zette ze de radiogrammofoon aan en er vibreerde een diepe, donkere stem in de speaker, zoiets had John nog nooit gehoord. 'Elvis,' zei Julia, 'dit is Elvis.'

Ondanks al het in en uit geloop hadden Mimi en Julia zelden ruzie. Ze groeiden in de loop der jaren juist naar elkaar toe. Julia kwam vaak langs voor een kopje thee en een plakje cake, en een geintje met John. Op een avond in juli 1958 was hij er niet. De zussen stonden in het voortuintje te babbelen in de schemering. Julia wandelde naar de bushalte verderop in de straat samen met Nigel Walley, de theekistbassist van de skifflegroep Quarrymen. Toen ze de straat overstak, werd ze aangereden door een politieagent buiten dienst die nog geen rijbewijs had. Walley hoorde een verschrikkelijke bonk, draaide zich om en zag haar lichaam hoog door de lucht vliegen voordat het op de grond viel.

John moest iemand de schuld geven, dus gaf hij Nigel de theekistbassist de schuld. Maar dat was niet genoeg. Hij raakte altijd in gevechten verzeild, werd vaker stomdronken dan goed voor hem was. Een rode demon van onblusbare razernij huisde ergens diep in hem. Ze had hem twee keer verlaten, twee keer.

Ook Pauls moeder, Mary, was al gestorven toen hij veertien was, aan borstkanker, wat niemand tegen de jongen durfde te zeggen. De moederloze jongens kregen een band. Toen Johns moeder tien jaar dood was schreven ze 'Julia', het enige nummer over intense liefde, verlies en verlangen op *The White Album*. Maar tot hij Yoko ontmoette voelde hij zich op een of andere manier thuisloos. Apple was geen thuis. De Beatles waren geen thuis. Zij zag de rode demon diep in hem, luisterde naar hem en stuurde hem naar iemand die zei dat hij moest schreeuwen. Ze schreeuwden samen. *Waaaaaaaaaaaaaaa.*

Af en toe liet hij het blijken, soms in de liedjes. Vooral in 'Mother':

Mother, you had me, but I never had you
I wanted you, you didn't want me
So I, I just gotta tell you
Goodbye, goodbye.

Arme Julia. Het was niet eerlijk en niet waar, maar John herinnerde zich dat hij als zeventienjarige wees schreeuwde dat het oneerlijk was. Het eind van het liedje is een refrein, dat steeds weer herhaald wordt, en bij elke herhaling wordt Johns geschreeuw harder en harder. Maar als het schreeuwen er helemaal uit is, zou hij naar huis gaan, naar Yoko, naar het thuis dat Yoko was, en kan hij ophouden met zingen.

Mamma, don't go
Daddy, come home.
Mamma, don't go
Daddy, come home.
Mamma, don't go
Daddy, come home...

Julia Stanley, door Mark en Colleen Hayward, 1949

III
Het gezicht van de roem

1
Ellende

Benauwd en beknot; de ruimte die Marlene Dumas *Amy-Blue* heeft gegeven, lijkt claustrofobisch krap voor de vrouw die er wordt herdacht, zelfs
geen plek voor de torenende, meer dan levensgrote suikerspin. De afme-
tingen van het schetsmatige portretje zijn onverwacht bescheiden voor
Dumas, die zich specialiseert in tragisch expansionisme. Maar dat is het
hele punt natuurlijk: het beperkende formaat waarin het model is geperst
versterkt alleen maar het losbreken van haar stem, vanaf het allereerste
begin fantastisch extreem, toen ze haar jazz- en swingnummers er met
zoveel gepassioneerde kracht uit gooide dat de bands die haar probeerden te begeleiden overweldigd waren. Centimeters waren het enige waar
het Amy aan ontbrak, plus enig idee van hoe ze een fatsoenlijke tijd in
leven moest blijven. De hele rest – die helse kloof van een mond, de boos-
aardig vlammende ogen die nog meer drama kregen door de vleugelach-
tige eyeliner, de geluidssterkte van haar stem alleen al, de mouwen van
tatoeages – het was allemaal meer dan levensgroot. Ik heb haar een keer
van dichtbij gezien, in een doodeenvoudig visrestaurant in Marylebone:
wit T-shirt, gympen, een klein ding met een vette lach waardoor mensen
omkeken en de Dover-tong aan de graat krulde. Amy kwetterde met de
obers, die zich de benen uit het lijf liepen voor haar, en geen wonder, want
ze behandelde hen alsof het oude vrienden waren, en ze vergat niet de
manager te bedanken en naar zijn gezin te informeren voordat ze de deur
uit schoot, een vlaag vreugde achterlatend. Was ze dat echt? zei iedereen.
De vuilbekkende dronkenlap was er niet die avond, gewoon een vrolijk
meisje dat even vrij had van de paparazzi. Toen ze weg was moest ik opeens denken aan die andere leuke Joodse popzangeressen met sexy stemmen – diep en aards – die haar waren voorgegaan: Alma Cogan (geboren
Cohen) met de 'giechel in haar stem', die een tijdje de Jiddische mama/
minnares van John Lennon was voordat ze geveld werd door baarmoeder-
kanker; Helen Shapiro, overgeplaatst van Bethnal Green naar Hendon,

◄ *Amy – Blue (Amy Winehouse)*, door Marlene Dumas, 2011

die op haar zestiende aan de top stond toen de Beatles zich nog warmliepen. Hoewel ze het liedje nooit heeft gezien of gehoord, hadden Paul en John 'Misery' geschreven voor Helen met de chocoladestem.

Het schilderij van Marlene Dumas is post mortem, een dodenmasker met wijd open ogen, de gezichtsuitdrukking is van een foto genomen, zodat Amy's mond kan worden gezien alsof ze een van de duistere liedjes vol zelfkennis zingt die haar beroemd hebben gemaakt. Melodramatischer gedacht zou het inktblauw gevlekte beeld de andere Amy kunnen zijn: met een slappe mond en hulpeloos, verstrikt in de val van haar verslavingen. Amy's zelfdestructie was niet echt uniek in haar vak, maar was altijd verschrikkelijk als het fantastisch originele talenten als Billie Holiday, Janis Joplin en Jimi Hendrix vernietigde. Nodeloos getrouw volgde Amy het script van *Lady Day* tot het bittere eind, de rampen waarover ze zong uitspelend op haar eigen lichaam. Echt, integriteit hoeft niet zó *blue* te zijn. Uiteindelijk waren Billie en Amy zo opgegaan in hun rol dat ze de schaamte voorbij waren. Het theater van de wreedheid – het dronken wankelen, het zwerven, gorgelende domdiedom-geluiden die de tekst vervingen, het vriendje dat de troep leverde, de hopeloze verslaving aan de dope van de week (smack, blowen, pillen, maakt niet uit wat, ik doe het) – allemaal in het gezicht van de geschokte fans gesmeten. Hé, wat verwachtte je dan? 'They tried to make me go to rehab but I said, "No, no, no" / Yes, I've been black but when I come back you'll know, know, know.'

Na de ineenstorting zou een of andere broodschrijver op zoek naar een tabloid zedenpreek onvermijdelijk de roem de schuld geven. We weten allemaal hoe die treurige riedel klinkt. Alles kwam te snel: haar beroemdheid, het geld, ze kon er niet mee omgaan, zoveel parasieten die teerden op haar bekendheid. Ga door, Amy, doe het nog een keer, ik daag je uit, houd die pose vast, juist, zo ja, fantastisch, gewoon fantastisch. Ze gaf zichzelf de rol van Ellende omdat ze wist dat de publiciteitsbloedhonden het zouden vreten, en wat maakt het uit dat ze zelf hondenvoer werd terwijl zij bezig waren. Haar reputatie en haar liedjes maakten lussen, versterkten elkaar wederzijds: 'I said, "No, no, no"' en de lus werd een strop.

Doen we er allemaal aan mee, handlangers in het spel van de roem? Vinden we het léúk als onze helden zichzelf vernietigen? Is dat het idee? Ze zijn geschapen omdat we snakken naar mensen die meer dan levensgroot zijn, die zich onderscheiden van de massa, tegen grenzen aan duwen, geweldige dingen bereiken door veel te durven, zich niets aantrekken van de afkeurend waarschuwende stemmen. Wat heb je tenslotte aan een voorzichtige held? We houden vooral van hen wanneer ze klinken

en ogen als wij, niet als een of andere levende versie van een Grieks standbeeld, want dan kunnen we delen in hun roem, het gevoel hebben dat we
mee kunnen liften, ook al weten we dat we uit moeten stappen voordat ze
over de klif storten, en hen nawuiven als ze verdwijnen.

Er zitten twee kanten aan roem. Het is geladen met tragiek want zo
willen we het, en we huiveren bij de naderende rampzalige verwoesting
die de goden op hun plaats zet. Duizelig van alle loftuitingen verbeelden
beroemde mensen zich dat ze onkwetsbaar zijn, maar dat zijn ze nooit. De
oude Grieken die roem hebben uitgevonden wisten dit al. De trotse Hec-
tor moest aan zijn hielen worden voortgesleept achter de kar van Achilles,
die op zijn beurt in zijn kwetsbare hiel zou worden geschoten. Alexander
kan de bekende wereld veroveren en toch ergens in de Aziatische woes-
tijn een ellendige dood sterven; Caesar mocht zich dan inbeelden dat hij
maar een haarbreed van goddelijkheid of op zijn minst het koningschap
verwijderd is, maar toch zou de onoverwinnelijke geveld worden, stik-
kend in zijn bloed, terwijl zijn goede vrienden, zijn moordenaars, op hem
in blijven steken tot het beven stopt.

Moraal: ga niet naar bed met Roem want je zou wel eens dood wakker
kunnen worden.

2

Drakenadem

In de lente van 1588 kreeg sir Francis Walsingham, minister van koningin Elizabeth, hoofd spionage en overtuigd vijand van Spanje, een brief van Stephen Powle, zijn agent in Venetië, over een schilderij dat kennelijk voor ophef zorgde in Ferrara.

> Het schilderij van sir F. Drake werd afgelopen week naar Ferrara gebracht door een heer komende uit Frankrijk, en toen het aan een schilder werd gegeven om op te frissen, daar de kleuren ervan verbleekt waren in het rijtuig, was men er zo op gebrand het te zien dat de schilder door het een dag te houden meer winst maakte vanwege de grote toestroom van wijd en zijd om het te aanschouwen dan indien hij het geheel opnieuw had gemaakt. Deze woorden werden erover geschreven – *Il Drago, quel gran corsaro Inglese* [De Draak, de grote Engelse piraat].

Waarom zouden massa's mensen zijn toegestroomd en hebben betaald om het schilderij te zien van een Engelse piraat-avonturier in de stad waar kunst iets betekende als *Het feest van de goden* door Giovanni Bellini, voltooid door Titiaan, of de prachtige picturale raadsels van Dosso Dossi? En waarom zou Walsingham geïnteresseerd zijn geweest in dit flintertje informatie over een reizend portret van *Il Drago*, Engelands vuurspuwende schrik van de zee? Hij zal zeker geamuseerd zijn geweest over het tafereel dat door Powle werd geschilderd: de bewoners van Ferrara die zich verdrongen om een glimp op te vangen van de afbeelding van Drake terwijl die werd bijgewerkt. Misschien heeft hij zichzelf een moment van meesmuilende zelfgenoegzaamheid vergund omdat dit gevaarlijke schepsel het voorwerp van een opgewonden cultus was geworden in het buitenland. Maar vooral de propagandawaarde van het beeld zou hem zijn bevallen.

In de lente van 1588 leek een volledige oorlog met Spanje zeker. Een armada van meer dan honderd schepen werd opgetuigd om naar Vlaanderen te zeilen van waaruit ze een invasieleger naar Engeland zouden begeleiden. Als het lukte zou de ketterse koningin worden aangepakt en zou het land weer onderworpen worden aan fatsoenlijke gehoorzaamheid aan Rome. Filips II, koning van Spanje, was tenslotte getrouwd geweest met Elizabeths halfzuster Mary, en daarom zelf koning van Engeland. Hij was het aan de nagedachtenis van zijn overleden vrouw en aan God verplicht om zijn missie te volbrengen. En nu lonkte het succes.

Voor iedereen die minder vastberaden was dan Walsingham of de andere protestante activist in de ministerraad, de graaf van Leicester, zou het vooruitzicht ontmoedigend zijn geweest. De hertog van Parma had Vlaanderen heroverd. Willem de Zwijger was vier jaar daarvoor vermoord, waardoor de Nederlandse opstandelingen hun kostbare, onmisbare leider kwijt waren. Engeland stond alleen, geïsoleerd, in militair opzicht de mindere. Frankrijk, dat verdeeld was tussen katholieken en protestanten, hield zich afzijdig. Henri III was geen bondgenoot van Spanje, maar ook niet te vertrouwen. Niemand had het nog over een huwelijk van de koningin met de broer van de koning, de hertog d'Alençon, en de koning was druk bezig de Katholieke Liga te sussen door de rechten die hij de protestante hugenoten had gegund te herroepen. Het beste wat van hem te verwachten viel was machiavellistische neutraliteit. Dus vond Walsingham het vast heel interessant dat het portret van Drake in Frankrijk de ronde had gedaan. Hij had misschien moed geschept uit het bericht dat de populariteit van Drake zo groot was dat de koning kopieën had laten maken voor hovelingen die er dolgraag een voor zichzelf wilden hebben.

Zo was het steeds vertrouwder wordende gezicht van Drake een toetssteen van loyaliteit geworden, zowel in Engeland als erbuiten. Dit betekende niet noodzakelijkerwijs sympathie. Er was iets aan Drake dat zelfs de mensen die hij geweld had aangedaan fascineerde. Het waren zijn vijanden de Spanjaarden die als eersten met gedichten, balladen en toneelstukken zijn opzienbarende en gewelddadige wapenfeiten wereldkundig hadden gemaakt.

Op zijn twintigste was Drake gewoon een onbeduidende kapitein uit Zuidwest-Engeland, die het bevel voerde over een van de schepen in de slaven- en plunderflottieljes van zijn familielid John Hawkins. Maar in 1568 was hij aanwezig bij de catastrofe van San Juan de Ulúa, toen de flottielje van Hawkins in de Mexicaanse haven werd overvallen door een grotere Spaanse strijdmacht, en vrijwel geheel vernietigd. Om zijn schip, de Judith, te redden, was Drake weggevaren. Het enige andere zeewaardige schip, de Minion, had honderden overlevenden aan boord, maar zonder de noodzakelijke proviand om veilig Engeland te bereiken. Zijn lot was gruwelijk. De helft van de mannen werd aan wal gezet, zodat de andere helft zou overleven, maar dan nog moesten de overgeblevenen aan boord ratten en gekookt leer eten. Degenen die probeerden te voet de Franse hugenotenkolonie in Florida te bereiken, stierven tijdens de eindeloze tocht; de rest werd gevangengenomen door de Spanjaarden, gefolterd, opgehangen of voor de rest van hun leven als slaaf naar de galeien gestuurd. Alleen de jonge jongens overleefden het, zij werden afgevoerd naar kloosters om een leven van boetedoening en gebed te leiden, zo ver van Devon als je je maar kunt voorstellen.

Mocht Drake twijfels hebben gehad toen hij wegvoer op de Judith, na de ramp bij San Juan de Ulúa kreeg hij eelt op zijn ziel. Plunderen en roven bleef zijn voornaamste roeping, maar wanneer de doelwitten schepen en koloniën van het Spaanse Atlantische rijk betroffen, golden ze als oorlogshandelingen tegen een vijand van hun geloof. Zijn vader Edmund was misschien de bron van deze tweeledige roeping: een schriftlezende misdadiger. Ene Edmund Drake stond bekend als schapendief die van Devon naar Kent vluchtte. Maar er is ook een Edmund Drake, mogelijk maar niet noodzakelijk dezelfde persoon, die protestant predikant werd in de buurt van de rivier de Medway, en Francis wilde maar al te graag geloven dat zijn vader een vluchteling voor godsdienstige onderdrukking was geweest. Toen de Spanjaarden hem een 'Luterano' noemden, zaten ze er niet helemaal naast, want hij nam het fel antikatholieke *Book of Martyrs* van John Foxe mee op zijn expedities, correspondeerde met de schrijver ervan en las aan boord psalmen en preken, waarmee hij soms de scheepspredikant de loef afstak. Wat hij ook verder nog inbracht in zijn voorspoedige loopbaan, het element heilige oorlog op volle zee was nooit ver weg. Piëteit en piraterij versterkten elkaar wederzijds.

Drake was van mening dat de Reformatie met meedogenloze doortastendheid moest worden verdedigd, net als Walsingham die, toen hij in 1573 lid werd van de Raad van State, Drake aanmoedigde om zich niet in te houden in de Cariben. Spaanse schatten en oorlogsbuit afpakken, en de woede van de vijand wekken, zou helpen om William Cecils geduldige pogingen om een verzoening tussen Spanje en Engeland te bewerkstelligen te saboteren. Walsingham was ervan overtuigd dat vredespolitiek met Spanje een dwaalspoor was zolang de Contrareformatie vastbesloten was om ketterse regimes uit te roeien. Drakes voorliefde voor valse streken en plunderen was precies wat nodig was om de stemming voldoende oorlogszuchtig te houden. Zijn overval op een muildierkaravaan beladen met zilver, een bliksemaanval op Nombre de Dios, de haven in Panama vanwaar in 1573 schatten werden verscheept naar Spanje, waren struikroveracties die gebruikt konden worden om de koningin weg te lokken van Cecils compromissen. Elizabeth zette haar plechtige tut-tut-tutgezicht op en betreurde de wetteloze provocatie. Maar achter de schermen waren er de knipoog, de glimlach, de hand die opgehouden werd om snuisterijen in ontvangst te nemen en het oor om te luisteren naar Leicester en Walsingham toen ze haar vertelden dat Drakes wapenfeiten Spanje de middelen ontnamen om oorlog te voeren.

Aan de andere kant van het conflict maakten de Panama-overvallen Drake berucht in de Spaans-Atlantische wereld. Het onverwacht opduiken van zijn gewapende mannen in snelle, wendbare boten, hun razende aanvallen, Drakes eigen verschijning: klein, pezig, blauwe ogen, een baard die afwisselend als donkerbruin, rood of zelfs blond werd beschreven – door dat alles werd hij een legende voor zijn vijanden. Zo ontstond 'de grote boekanier', *El draque* (*draco*, in het Latijn), de zeedraak; geboren in een soort hels rijk, vuurspuwend en waarschijnlijk ook geholpen door occulte krachten. Zestiende-eeuwse Spaanse epische gedichten en balladen, vol galante fantasieën, hadden een duistere ridder als vijand nodig en buitten wat Drake te bieden had volledig uit. Hierbij hoorden verhalen – die vaak klopten – over Drake die de officieren en edelen aan boord van zijn prijsschepen bijzonder grootmoedig behandelde door geschenken uit te wisselen, hen aan zijn tafel te noden en slaven terug te geven (met name de vrouwelijke). Toen een edelman Drake smeekte om niet zijn extravagante en kostbare garderobe in beslag te nemen (want wat is een hoge heer zonder zijde?), verzekerde Drake hem dat al zijn bezittingen zouden worden teruggegeven, een hoffelijkheid die hij zich meestal kon veroorloven omdat hij de echte schatten al in handen had. Terwijl hij in Spaanse verzen en pamfletten nog steeds beschreven werd als een ketter, gedreven door pure hebzucht die hem op een dag fataal zou worden, was het vleugje bewondering tegen wil en dank nooit helemaal afwezig.

Vreemd genoeg duurde het in zijn eigen land langer voordat Drake beroemd werd en zijn gezicht een Engelse icoon. Gedurende de jaren zeventig van de zestiende eeuw was hij nog Walsinghams geheime wapen – zowel tegen Cecil en de vredespartij als tegen Spanje zelf. Hoewel de koningin altijd blij was om buit te ontvangen – vooral in de vorm van enorme edelstenen – bleef ze aarzelen tussen de twee polen van haar raadgevers. Maar in 1574-1576 liet ze zich, onder invloed van het advies van John Dee – astronoom, geograaf, alchemist en bedenker van de uitdrukking *Brytish Empyre* – overhalen en stond expedities toe om uit te zoeken of er een

Sir Francis Drake, door onbekende kunstenaar, naar een gravure die is
toegeschreven aan Jodocus Hondius, ca. 1583

route rond de Amerika's naar Azië kon worden ontdekt. Net als andere geografen veronderstelde Dee dat een smalle zeestraat het enige was dat Noordwest-Amerika van China scheidde.

Naar die lastig te vinden noordwestelijke doorgang was gezocht, met name door Martin Frobisher, en vele pogingen mislukten, maar Drake en Dee dachten dat er een alternatieve route zou kunnen zijn via de 'Zuidelijke Zee' rond Kaap Hoorn, en dan zo ver mogelijk omhoog naar het noorden langs de Stille Zuidzeekust van Amerika. Voor de eerste Atlantische etappe van die reis had Dee de schepping van een Engelse kolonie bij de monding van de Rio de la Plata voor ogen: de voedingsbodem van een protestant rijk en een doorn in het vlees van Spanje. Toen die zuidelijke kolonie niet van de grond kwam, voer Drakes kleine vloot zuidelijk langs de Atlantische kust, door de Straat Magellaan, en toen naar het noorden om verwoestende aanvallen te plegen op Spaanse havens in Chili en Peru, waar schatten werden opgegraven en opgeslagen voordat ze naar huis werden verscheept. Verder naar het noorden, aan de Stille Zuidzeekust van Mexico, veroverde Drake een schip dat in de wandeling bekendstond als de Cacafuego (min of meer te vertalen als 'hete stront') dat een schat aan goud en zilver aan boord had ter waarde van een vijfde van de totale jaarlijkse inkomsten van koningin Elizabeth. Toen hij nog verder naar het noorden voer, bracht hij Dee's plan ten uitvoer door ergens aan de Noord-Californische kust te verklaren dat Amerika ten noorden van Nueva Hispania nu 'New Albion' was. In latere beschrijvingen van die tocht probeerde Drake de Miwoks, die zich voor hem ter aarde wierpen, te bekeren met een zachtheid die een schril contrast moest vormen met de beruchte wreedheid waarmee de Spanjaarden de indianen aan het kruis onderwierpen. In die verhalen ging het protestantisme samen met handeldrijven, en in Ternate in Oost-Indië (het eerste Engelse contact met Azië) zou Drake het zaad van onderlinge handel hebben geplant. Edward Howes, de puriteinse dominee van het plaatsje Goldhanger in Essex en een groot voorvechter van het 'planten' van protestantisme, zag in Drakes reis om de wereld in elk geval het stichtingsmoment van een rechtvaardig christelijk rijk dat gezegend zou zijn met welvaart.

Ondanks deze wonderbaarlijke prestaties werd de roem waarmee zijn terugkeer in Plymouth in september 1580 begroet had moeten worden, aanvankelijk ingetoomd door staatsbelangen. De blingbling-koningin was opgetogen over zijn geschenk van een gouden kroon, en wilde tijdens een vijf uur durende audiëntie alle details horen van zijn vaartocht om de wereld. Maar omdat kennis van Drakes route op zich al een strategisch

Sir Francis Drake, door Nicholas Hilliard, 1581

wapen was, werd hem verboden details en vooral de locatie van New Albion bekend te maken. Er werd een kaart gemaakt voor de koningin in Whitehall, maar algemene publicatie was ten strengste verboden. (Een ondernemende Nederlandse uitgever slaagde er desondanks in het exemplaar van de piraat te plagiëren.) En de Vlaamse graveur, cartograaf en globemaker Joost de Hondt (alom bekend als Jodocus Hondius), die in 1584 vlak voor de Spaanse herovering uit Gent was ontsnapt, slaagde er in 1589 in de locatie van 'New Albion Bay' te publiceren. Veel mensen die minder verzot waren op de teruggekeerde en tot held verheven piraat bleven snobistisch afwijzend. Toen Drake Cecil probeerde te paaien met een geschenk van goudstaven, werd hem met opgetrokken neus verteld dat het accepteren van gestolen waar écht niet door de beugel kon. De kwestie of de Spaanse buit wel of niet moest worden teruggegeven, werd uitvoerig besproken voordat de koningin hier eindelijk (en voorspelbaar) tegen pleitte.

Drake was nu rijk. Hij schaarde zich bij de grootgrondbezitters, werd burgemeester van Plymouth, parlementslid en kocht de voormalige cisterciënzer Buckland Abbey in Devon. Buckland was vroeger bezit geweest van de rivaliserende Grenvilles (ook slavenhandelaren en piraten) en was, zonder dat zij het wisten, door Drake gekocht via twee tussenpersonen. Hij gunde zich een moment van openbare op-de-borst-klopperij. In 1581 ridderde de koningin hem op het dek van de Golden Hind, die in Deptford voor anker lag, waarbij ze het zwaard waarmee hij tot ridder werd geslagen overhandigde aan de Franse ambassadeur in een poging de kwijnende huwelijksstrategie vooruit te helpen en Frankrijk bij de anti-Spaanse alliantie te betrekken. Ze beval bovendien dat dit schip hier eeuwig in het droogdok moest blijven als monument voor zijn prestatie (de stichting van het eerste historische museum). De geleerden van Winchester College wedijverden met verzen die aan de mast van het vertoonde schip moesten worden geprikt: 'sir Drake die het einde der wereld kent/ die gij geheel omcirkelde/ En die eens beide polen des Hemels zag.../ De starren boven ons zullen u bekend maken/ Al zweeg men hier stil / De zonne zelve zal nooit/ Haar medereiziger vergeten'. De Londense chroniqueur John Stow, die aan het begin van de volgende eeuw schreef, beweerde dat Drakes gezicht zo beroemd werd dat mensen achter hem aan renden op straat en boos werden als iemand kwaad van hem sprak. Het feit dat niet iedereen aan het hof Drake goedkeurde, vergrootte alleen maar zijn populariteit in de taveernes.

Het afbeelden begon. In hetzelfde jaar dat Drake tot ridder werd ge-

Sir Francis Drake, door onbekende kunstenaar, ca. 1580

Sir Francis Drake, toegeschreven aan Jodocus Hondius,
voltooid door George Vertue, ca. 1583
Sir Francis Drake, door Thomas de Leu, naar een schilderij van Jean Rabel, ca. 1583

slagen, schilderde Nicholas Hilliard (ook uit Devon) de miniatuur die voor het eerst dat gezicht uitbeeldde als een wonderlijke combinatie van een gewone man en een hoveling. Het gezicht met het vossige baardje is omlijst door een elegante kanten plooikraag die meestal door de adel werd gedragen, met daaronder een wambuis van sneeuwwitte zijde versierd met een gouden keten, een teken van de gunst die door de vorsten was verleend. De versie van Hilliard, die op de achterkant van een hartenaas-speelkaart was geschilderd (en bovendien eigendom was van de graaf van Derby), tekent de plotselinge glamour van de zwierige held. Twee jaar later poseerde Drake voor een onbekende kunstenaar voor het soort grootse portret ten voeten uit dat voorbehouden was aan vorsten en aristocraten, een formaat dat zijn korte gestalte verhulde. In tegenstelling tot de portretten van zijn beschermheer Walsingham, die zonder uitzondering streng en sober zijn, biedt Drake een onvergetelijke aanblik in koraalkleurige zijde en mouwen met zilveren splitten. Aan de ene kant de gepluimde hoofdtooi die was voorbehouden aan de grootste bevelhebbers (want dat was hij geworden) en koninklijke verdedigers van het rijk; aan de andere kant de globe die het symbool van zijn reis rond de wereld was geworden. Maar de globe werd ook gebruikt als embleem van een universeel rijk, met name door de vader van Filips II van Spanje, Karel V. Dus was de overdracht ervan aan de daadwerkelijke vader van het Engelse rijk op zich al een geschilderde proclamatie.

In de inleiding van de *Statute in Restraint of Appeals* uit 1532, de wet waarmee Henry VIII het hoofd van de anglicaanse kerk werd en die een eind maakte aan elke band met de 'Bisschop van Rome', werd verklaard dat 'dit rijk van Engeland een imperium is en aldus in de wereld aanvaard'. John Dee had dit principe toegepast op de feitelijke geografie. Nu was er in de persoon van Francis Drake een authentieke imperiale held, van bescheiden komaf opgeklommen tot de hoogste toppen van de roem: de gesel van Spanje. Drakes meedogenloze rooftochten in Santo Domingo en Cartagena in de Cariben, en zijn plundering van Cádiz in het jaar voor de armada, maakten zijn reputatie alleen maar groter, zowel in Engeland als in Spanje. Voor Thomas Greepe, die zijn *Trewe and Perfecte Newes of the Woorthy and Valiaunt Exploytes...*[by] *Syr Frauncis Drake* (Het ware en volmaakte nieuws over de eervolle en koene wapenfeiten van sir Francis Drake) publiceerde, is hij de gelijke van zijn vijand Filips II: 'God zij geprezen voor zijn welslagen tot grote gruwel en vrees van de vijand, daar hij als man van lage afkomst zulk een machtig vorst aangrijpt.'

Rond 1583 verscheen er een fraai uitgewerkte prent van Drake – *Fran-*

ciscus Draeck, Nobilissimus Eques Angliae (edelste ridder van Engeland). Hij is niet gesigneerd maar wordt algemeen aanvaard als het werk van 'Hondius' en omvat alle emblematische details van zijn imperiale grootsheid: de 'omvatte' globe met de continenten Azië, Afrika en 'Oceanus' prominent weergegeven, een zicht op Plymouth achter hem, en het zwaard en de helm van zijn ridderschap. Heel aanmatigend, zoals Bruce Wathen opmerkte, nam Drake de draak van Zuidwest-Engeland, de *wyvern*, met zijn gespreide leerachtige vleugels, voor het eerste en derde kwartier van zijn wapen, ook al werd die al gebruikt door een andere familie Drake uit Oost-Devon. Dit was gewoon zijn laatste buit.

Zijn roem was al internationaal: een icoon van de Europese en wereldwijde oorlog om geloof en rijkdommen die werd uitgevochten tussen Spanje en de protestante machten. Ongeveer tegelijk met de prent van Hondius verscheen er een andere, van de graveur Thomas de Leu, naar een inmiddels verloren gegaan portret van Jean Rabel. Deze keer wordt Drake afgebeeld met een schild waarop een zeeslag wordt weergegeven, te vergelijken met het schild van Aeneas dat volgens de *Aeneis* van Vergilius toekomstige gebeurtenissen zou voorspellen, onder andere de stichting van Rome. Expliciete vergelijkingen met befaamde helden uit de Oudheid – Hercules, Odysseus, Aeneas – kwamen eraan. Engeland – of het *Brytish empyre* – was voorbestemd het nieuwe Rome te worden.

De hoofse prent van Hondius, die in Engeland en Europa werd gekopieerd, werd het sjabloon voor de vele andere versies van Drake, waarschijnlijk ook voor het paneel van 30 bij 30 centimeter van Drakes hoofd en schouders, geschilderd op hetzelfde Engelse eikenhout waarvan zijn schepen werden gebouwd. Hoewel er geen bewijs is dat dit het schilderij is dat in april 1588 in Ferrara zou zijn geweest, suggereren het bescheiden formaat en de slijtage aan een van de hoeken dat dit het soort draagbare portret was dat misschien op reis is geweest. Het hangt nu zorgvuldig gerestaureerd en schoongemaakt in de National Portrait Gallery en röntgenonderzoek heeft een ronde of ovale vorm achter Drakes hoofd onthuld, waarschijnlijk de afbeelding van de globe die standaard was geworden in zijn iconografie. Omdat Drakes naam er op zijn Hollands als Draeck is gespeld, was de kunstenaar misschien een van de vele Vlamingen en Nederlanders die, net als Joost de Hondt, in Londen werkten, of is het misschien gemaakt voor de Nederlandse markt, waar anti-Spaanse helden zeer in trek waren. Het schilderij is klunzig vormgegeven en zeker geen meesterwerk, de kunstenaar geen Hilliard of Isaac Oliver. Maar de betekenis zit hem in de eenvoud. Drake was niet langer alleen de 'piraat van de koningin' of een instrument in de strategie van Walsingham. Hij was ontsnapt naar de verbeelding van het volk: de eerste echt beroemde Engelsman.

En dat bleef hij, min of meer voorgoed, ondanks het gebruikelijke ellendige einde dat van helden werd verwacht. Drake had zijn rol gespeeld door ervoor te zorgen dat de Onoverwinnelijke Armada haar naam niet meer waar kon maken, al was hij een ondergeschikte viceadmiraal in de hiërarchie, onder het hoofd van de admiraliteit Howard of Effingham. Howard had geen ervaring in de strijd maar was sociaal de meerdere van Drake; de ridder boog het hoofd voor de graaf. Howard was degene die de fatale vuurschepen inzette, terwijl Drake aanvankelijk de taak kreeg lastige aanvallen uit te voeren op de Spaanse vloot die de Solent en Het Kanaal op stevenden.

Maar Drake kwam met meer glorie uit de strijd, met name uit de beslissende slag bij Gravelines, omdat hij een *capitano* vlaggenschip, de Rosario, had veroverd, al werd wel opgemerkt dat hij het tot zijn persoonlijke buit maakte. In 1589 leverde Richard Hakluyt in *Principal Navigations* (Voornaamste zeereizen) uiteindelijk de eerste degelijke beschrijving van zijn reis om de wereld.

Dit was het hoogtepunt. Daarna volgde de lange anticlimax, waaronder in 1589 een mislukte, indrukwekkend gemobiliseerde tegenarmada, bedoeld om de rest van de Spaanse vloot te verwoesten toen die in de havens van La Coruña en Santander lag. Maar Drakes expeditie wist zijn doelen, de inname van Lissabon en het opwekken van een Portugese revolte, niet te bereiken. De verdediging van La Coruña, waar de burgers het garnizoen te hulp kwamen, werd Spanjes eigen versie van heldhaftig verzet. Nu de Engelse schatkist uitgeput raakte door de kosten van de strijd tegen de armada, moest het vervolg gefinancierd worden door de Kroon en particuliere investeerders, die hun winst zouden halen uit plunderingen door de expeditie. Drake had gerekend op buit, en zijn huis in Londen verkocht om de expeditie te financieren, maar deze gok leverde hem geen winst op. Plotseling ontstond er een epidemie van opgetrokken neuzen aan het hof. Een portret ten voeten uit door de Vlaamse schilder Marcus Gheeraerts de Jongere, die in deze periode ook de koningin schilderde, toont een veel oudere Drake in veel soberder kleding, zij het met een miniatuur van Elizabeth aan een ketting.

Het was een tijd waarin helden – zowel Walter Ralegh als Drake – even hard konden vallen als ze waren opgeklommen. Alles hing af van het recentste succes. Maar in 1595 eindigde weer een ambitieuze reis over de

Atlantische Oceaan in een noodlottige ramp. Drakes doel was het decor van zijn eerste grote triomf, het eindpunt van de muildierkaravaan met kostbaarheden in Nombre de Dios. Maar hij had gehoord dat een groot schip door een storm naar Puertobelo was afgedreven, verder naar het westen. Beide Spaanse bolwerken waren echter gewaarschuwd en beter verdedigd, en ze weerden de zeedraak af. Drake ging in Puertobelo voor anker, waar een verwoestende tropische koorts de vloot teisterde en een van Drakes kapiteins velde voordat hij zelf ten prooi viel aan een 'purgerende' bloedige buikloop, de heftige aanval van dysenterie die hem het leven kostte. Hij werd op zee begraven onder het zingen van psalmen.

Zijn roem overleefde hem. De Spanjaarden die juichten over zijn fiasco konden nu de statuur van hun vijand verhogen; zo kon zijn einde nog beter worden gevierd. De grootste van hun dichters en toneelschrijvers, Lope de Vega, had op de Spaanse vloot gediend en was aan boord van een van de schepen van de armada die de strijd aangingen met Drake. Zijn 'Dragontea' was het meest fantasievolle gedicht, omdat het van El Draque een legendarisch monster maakte:

Zijn geheven oogleden bevrijdden het licht van de dageraad;
Zijn snuivende adem verlichtte de hemelen met vuur;
Zijn mond zond vlammende tongen de lucht in;
Zijn neusgaten stootten zwarte en rokende wolken uit.

Engelse lofredenaars poogden de Spanjaarden dubbel en dwars terug te betalen, maar in plaats van Lope de Vega moesten zij het doen met Charles Fitzgeoffrey, die net als Drake uit Devon kwam:

Niet langer de zee, de hemel zal zijn graf zijn,
Waar hij als gloednieuwe ster tot in eeuwigheid
Doorzichtig zal schijnen voor des toeschouwers oog
Maar voor ons een stralend licht
Hij die voor hen levend blijft was een draak
En zal voor hen wederom een draak zijn...

Steeds wanneer Engeland en Spanje oorlog voerden – en dat was best vaak in de zeventiende eeuw – werd Drakes roem weer bezongen. Er verscheen nog een lang verhaal over zijn reis om de wereld, *The World Encompassed* (De wereld omvat) in 1628. In 1658-1659 werd een volledige opera van William Davenant opgevoerd in de Cockpit aan Drury Lane.

Sir Francis Drake, door Marcus Gheeraerts de Jongere, 1591

Toen Frankrijk de belangrijkste vijand werd, was Spanje meestal zijn bondgenoot, dus bleef de legende van Drake onverslijtbaar en culmineerde later in de mythe van de spooktrom die rond de wereld zou zijn meegevoerd en vanzelf ging spelen telkens wanneer een dodelijk gevaar de kusten van Albion bedreigde. Hoewel hij niet uit zichzelf sloeg, was er wel een trom, misschien afkomstig van het schip de Golden Hind, die als een patriottisch reliek werd behandeld door de pelgrims die, generatie na generatie, Buckland Abbey bezochten. Hij schijnt te zijn gehoord bij de aanvang van de Eerste Wereldoorlog, en misschien nogmaals toen Hitler in 1940 dreigde, en misschien zelfs nog in 1966, toen het Duitse voetbalteam tijdens het WK in Engeland de dreigende vijand was. Mijn vader nam mij in 1953 mee om die trom te zien, vlak voor de kroning, wat me onmiddellijk inspireerde om een kort toneelstuk te schrijven over Drake die 'de baard van de koning van Spanje verschroeit' in Cádiz, een metafoor die ik zo letterlijk opvatte dat ik de wattenbaard van een vriendje in brand stak met de sigarettenaansteker van mijn vader. Die avond sloeg de trom van Drake een ritme op mijn kleine billen, als dank van mijn patriottisch verantwoordelijke moeder.

3
De eerste National Portrait Gallery

Je Franse gast kwam gewapend met het reisgidsje *Les Charmes de Stow*, dus toen hij informeerde naar een bezoek aan het buitenverblijf en het park van de graaf, omdat hij had gehoord dat het ongeëvenaard was in buitenissigheid en moderne smaak, kon je hem naar eer en geweten nauwelijks tegenspreken. Toch vroeg je je af of een plek die zo demonstratief Brits patriottisme lijkt uit te stralen, geen wonden zou openrijten die nog maar net geheeld waren na de laatste ronde van vijandigheden tussen de twee koninkrijken. Maar Robert Benton Seeleys bewonderingswaardig volledige en fraai geïllustreerde *Description* suggereerde een overvloed aan vermakelijkheden: een Chinees paviljoen, een Tempel van de Antieke Deugd, een Tempel van Bacchus en ga zo maar door. Dat kon toch geen kwaad? Nou vooruit dan, roep de diligence maar!

Wat attent van Benton Seeley om de laatste editie van de gids te beginnen met een gedetailleerde routebeschrijving vanuit Londen, waarbij hij de stadjes waar je doorheen kwam opnoemde om te zorgen dat je niet verdwaalde. Dat was handig voor de toeloop van mensen die onderweg waren naar Stowe sinds burggraaf Cobham zijn tuinen had opengesteld ter lering en vermaak. Het was de eerste keer dat een landhuiseigenaar op het idee was gekomen van zijn buitenhuis een toeristenattractie te maken. Op advies van Seeley ratelde de reiziger nu door Uxbridge, Chalfont en Amersham, en stopte misschien in Great Missenden voordat hij de volgende dag verder reisde naar Aylsbury en Wendover om uiteindelijk aan te komen in Buckingham, tachtig kilometer van de hoofdstad. Seeley had bovendien een reeks betrouwbare herbergen uitgekozen waar overnacht kon worden, zoals de Cross Keys, de Cobham Arms of desnoods de George, voor het dikwijls voorkomende geval dat de New Inn, die speciaal was gebouwd om bezoekers aan Stowe onder te brengen, vol zat.

Het was niet moeilijk te zien wanneer je er was. De toegang werd gedomineerd door een enorme Korinthische triomfboog, die eruitzag of hij rechtstreeks uit Rome was geïmporteerd, achttien meter breed en achttien meter hoog, groot genoeg om de poortwachter te huisvesten. Door de poort kreeg je de eerste blik op Stowe House, dat 'trots op de top van een groene heuvel was geposteerd'. Een brede laan voerde je naar de façade met haar grootse colonnade en het onwaarschijnlijke ruiterstand-beeld van George I dat ervoor stond. Een tweede weg leidde omlaag van de boog naar de tuin zelf, waar, schreef Seeley, 'de prachtige aanleg van gazons, bomen en gebouwen van een afstand een soort voorproefje geeft van onze hooggespannen verwachting'.

Die verwachting kan gewoon vermaak en verrukking zijn geweest, want die attracties leverde Stowe zeker: een met schelpen beklede grot-to, een beschilderd Chinees Huis, een kleine rustieke Herdersgrot bij het meer, waar op de muren een opdracht voor zijn hond Signor Fido stond. Je kon toeven in de Tempel van Venus van William Kent, waar het plafond versierd was met scènes uit de *Faerie Queene* van Edmund Spenser, het ge-dartel van Hellidore die was weggelopen van haar oudere echtgenoot en de onmisbare naakte Venus: allemaal ten zeerste afgekeurd door mensen als de moralistische Samuel Johnson. Na al deze opwinding kon je tot rust komen in het Koude Bad of op het ruwe strobed in de cel van St Austin (Augustinus), een hut die van boomwortels en mos was gemaakt en waar je kon doen of je hunkerde naar een leven van eenvoudige zelfkennis.

De heer van Stowe, Richard Temple, burggraaf Cobham, had echter iets ambitieuzers in gedachten dan vermaak. De reden dat Cobham zijn landgoed had opengesteld, was om het publiek te kunnen onderwijzen in de wonderbare geschiedenis van de Britse vrijheid, tenminste zoals hij die zag in de spiegel van zijn eigen leven, in de kroniek van het verleden en in de onsterflijken die haar speciale lotsbestemming vertegenwoordigden. Stowe was het toppunt van Whig-tuinieren.

Zijn leven lang was Temple een voorvechter geweest van de protes-tante zaak die, wat hem betrof, gelijkstond met de strijd voor vrijheid. De familieroeping ging vele generaties terug, tot aan de puriteinse Tem-ples die schapenhouders waren geweest in Warwickshire totdat een van hen, Peter, naar Buckinghamshire verhuisde en land rond Stowe pachtte voor zijn kuddes. Door de bloeiende wolhandel was de familie in staat het landgoed te kopen, samen met de zetel voor Buckingham in het par-lement die eraan verbonden was, en die natuurlijk vele generaties lang door deze noeste zwoegers voor de vrijheid werd behouden. Hoewel ze slimme huwelijksverbintenissen sloten, was de bruidsschat die sir Tho-mas Temple, parlementslid tijdens de regering van koningin Elizabeth, verwierf, niet voldoende om zijn gezin van dertien kinderen te onderhou-den, vooral toen de wolhandel steeds verder in verval raakte. Thomas poogde een deel van het land te verkopen, waarmee hij zijn erfgenaam,

Peter, uitlokte om succesvol obstructie te plegen, ondertussen klagend dat zijn vader meer van zijn jongere broer John hield dan van hem. De volle elizabethaanse baard werd vervangen door een Van Dyck-coupe, en hoewel Peter een voorbeeld van hoofse elegantie was en voor koning Charles de gehate vlootbelasting inde, was hij door die puriteinse wortels stevig verbonden met de parlementaire zaak, wat, gezien de verdere gang van zaken, een goede beslissing was. Peter zat in het Lange Parlement en werd verzocht om als rechter op te treden tijdens het proces tegen de koning. Op dat moment verdween hij uit het zicht, ook een goede zet, want dat gaf zijn zoon Richard de kans om van kamp te veranderen, van het protectoraat van Cromwell naar Charles II, nog voordat de nieuwe koning in de stad was aangekomen. In 1676 besloot deze 3e baron Temple een nieuw bakstenen huis van drie verdiepingen te laten bouwen door William Cleare, een van de belangrijkste assistenten van Christopher Wren.

Maar er was iets veel groters ophanden. De Temples hadden de religieuze en politieke omwentelingen van de zeventiende eeuw overleefd door een verstandig oordeel en goede timing. Ze waren vanaf het begin van de Reformatie protestant geweest en ze bleven protestant. Ze zouden vechten voor de zaak als dat nodig was. Dus was het vanzelfsprekend dat Richard diende in een Engels regiment dat in de Nederlanden was gelegerd en in 1688 triomfantelijk terugkeerde met William III. Deze Richard was aanwezig bij de Slag aan de Boyne in Ierland (1690), waar de katholieke zaak van James II een bittere nederlaag leed, en vocht vervolgens in alle oorlogen tegen Louis XIV en zijn Spaanse bondgenoten. Hij steeg in rang en werd eerst baron en daarna burggraaf Cobham. En net als zijn generaal Marlborough, met wie hij in de Spaanse Successieoorlog vocht, geloofde deze generatie protestante bevelhebbers dat ze hun dominantie moesten vieren door op paleiselijke schaal te bouwen. Vanaf 1711 begon Cobham het huis en het park opnieuw vorm te geven met de autodidactische architect en toneelschrijver John Vanbrugh, die Blenheim, dat verbijsterende stuk architectonisch drama, had gebouwd voor Marlborough en nu zijn nieuwe opdrachtgever en mede-Kit-Catter genoegen deed met een zuilengalerij van vergelijkbare grandeur. Daarna koos Cobham de ene na de andere geniale architect of landschapsarchitect – Charles Bridgeman, James Gobbs (ook al was hij katholiek en Tory) en William Kent – die de beschrijving van groots en indrukwekkend in Seeleys gids waarmaakten. Van latere Temples mochten Capability Brown, Robert Adam en John Soane hun stempel op huis en park drukken.

Nog belangrijker dan de militaire lauwerkransen en sociale pretenties

Richard Temple, 1e burggraaf Cobham, naar Jean Baptiste van Loo, ca. 1740

van burggraaf Cobham was zijn huwelijk met Anne Halsey, erfgename van het grootste brouwerijfortuin in Engeland: de Anchor Brewery in Southwark. Het Stowe dat bewonderd werd door achttiende-eeuwse toeristen, was gebouwd op donker bier. Cobhams leven buiten het leger was, net als bij velen van zijn generatie, een samengaan van uitbundige nationale trots en internationale klassieke smaak. Zijn architecten, Gibbs en Kent, hadden allebei hun leerjaren in Rome doorgebracht. Vooral Kent had de pretentie de Britse Palladio van zijn generatie te worden, maar hij begreep ook dat wat Cobham voor ogen had met de tuingebouwen een dialoog was tussen klassieke en Britse geschiedenis: een palladiaanse brug dicht bij een soort gotische tempel, een systematisch opgebouwde wandeling die zou uitmonden in een door en door patriottische picknick.

Cobham, kennelijk een vrij prikkelbare man, was de patriarch van een groepje dissidente Whig-politici die zich zelfbewust het etiket 'Patriot' opplakten. De vijand van hun patriottisme was de voormalige capo van de Whig-dominantie, sir Robert Walpole, die met het opruimen van de Tory's na de troonsbestijging van de protestante Nederlander William III en de eerste mislukte opstand van de aanhangers van de katholieke James II in wezen de bloei van hun klasse en een stevig aandeel in de regeringsambten had verzekerd. Maar Walpole, was hun overtuiging, was een arrogante oligarch geworden die te veel gewend was dat iedereen naar zijn pijpen danste. Er ontstonden onaangename ruzies. Cobham trok zich terug op Stowe om een deel van zijn uitgebreide familie om zich heen te verzamelen, de Grenvilles, veelbelovende jongeren zoals William Pitt en, niet te vergeten, Frederick, de kroonprins, die gewend was om fel oppositie te voeren tegen zijn vader koning George II en al diens ministers. Samen waren ze de 'Cobhams's Cubs' (Cobhams welpen), oorlogszuchtig wanneer het ging om het verdedigen van het jonge rijk tegen de Fransen en op hun hoede om te zorgen dat het land niet zou afdwalen van de heilige principes van de glorieuze protestante revolutie van 1688. Op Stowe, waar ze elkaar ontmoetten, besloot hun leider in zijn tuinen uiteen te zetten wat de juiste koers was voor de Britse geschiedenis en de poorten open te zetten zodat huidige en toekomstige generaties dat zouden begrijpen en vieren. In bijna elke bocht door de open plekken tussen de eiken zouden jij en de kleine Sophia en Jemmy de onverwoestbare deugdzaamheid en kracht van de ware Britse geschiedenis tegenkomen.

En dat kan nog steeds! Vijfhonderdachtendertig pond betaal je voor vier nachten met vier personen in de Gotische Tempel van James Gibbs, die oorspronkelijk de tempel van de vrijheid heette, een seculiere kerk van voorvaderlijke Angelsaksische vrijheid, uitgevoerd in neogotiek, compleet met toren en belvedère en een nep-middeleeuwse hal met een verguld plafond, door een van Cobhams twee beeldhouwers, John Michael Rysbrack, versierd met de beelden van de Germaanse goden die hun naam aan de dagen van de week hebben gegeven. Ook al was prins Frederick vervreemd van zijn vader, het was algemeen aanvaard dat de Britse vrijheid, die was begonnen in de mist van de Saksische bossen, moest worden hervat tegen het 'Normandische juk', opnieuw tot leven gewekt door het rechtvaardige verzet tegen de autocratische Stuarts, tot zij in 1688 uiteindelijk tot bloei kwam. Met als gevolg dat je kunt gaan slapen onder de schilderingen van Cobhams volledig verzonnen Angelsaksische voorouders die over het plafond paraderen.

In Kent-Cobhams Elysese velden bereikte de les in de tuin zijn hoogtepunt. Kronkelpaden zorgden ervoor dat de drie belangrijkste bouwwerken in de juiste volgorde werden ervaren. Als eerste was er op de route die de gids aangaf een kunstmatige ruïne met de ironische naam Tempel van de Moderne Deugd: een toespeling op de verwoesting die Walpole (schandalig voorgesteld door een koploze figuur die tussen de brokstukken zat) had aangericht in het Britse huis van de vrijheid. Als je doorliep, kon je nadenken over hoe de wijsheid der eeuwen schaamteloos was verlaten als, om de hoek, op een vriendelijk heuveltje Kents Tempel van de Antieke Deugd verscheen: een elegant, rond, overkoepeld paviljoentje omringd door Ionische zuilen. Binnen stonden in nissen voorbeeldfiguren uit de Oudheid: Homerus, Socrates, de Spartaanse wetgever Lycurgus en de Thebaanse staatsman Epaminondas. Allemaal, met uitzondering van Lycurgus, kwamen ze voor in het in 1715 uitgegeven epische dichtwerk van Alexander Pope, *The Temple of Fame*, waarin een glanzend pantheon dat ook Confucius en Perseus omvatte, 'hoog op een rots van ijs' stond. In Cobhams miniatuurversie kregen de klassieke helden de gestalte van voorvaderlijke Whigs; zo heeft Lycurgus bijvoorbeeld 'met voortreffelijke wijsheid een systeem van Wetten ontworpen dat veilig is voor elke Aantasting door Verderf, en dat door het verdrijven van rijkaards weelde, gierigheid en onmatigheid heeft uitgebannen en de Staat voor vele eeuwen van volmaakte vrijheid en onschendbaar gedrag heeft verzekerd'.

Bij het verlaten van de tempel opende zich een verrukkelijk vergezicht, over een water dat de Serpentine werd genoemd, via een met schelpen ingelegd bruggetje naar het hoogtepunt van de rondwandeling van de dag: de Tempel van Britse Achtenswaardigen, zestien in getal, in de vorm van borstbeelden; helden van de geest aan de linkerkant, actiehelden rechts.

De Tempel van Britse Achtenswaardigen, met borstbeelden
van Milton en Shakespeare, 1735

De twee groepen werden gescheiden door een bouwsel met een piramidevormig dak dat als voetstuk voor Mercurius diende. Als god van zowel handel als welsprekendheid was hij de uitverkoren beschermgodheid van het opkomende rijk. Het ontwerpteam was door Cobham zelf gekozen: William Kent was verantwoordelijk voor het gebouw en Peter Scheemakers en Rysbrack beeldhouwden de borstbeelden. Drake is er natuurlijk bij, in het gezelschap van de actiehelden (hoewel Ralegh net zo goed in het gezelschap van de scheppende geesten had gepast), samen met Alfred de Grote, die door de Whigs werd vereerd als de stamvader van de onsterfelijke institutie van Angelsaksische vrijheden; William III, de erfgenaam van die traditie, en koningin Elizabeth. Er was een duidelijke en flagrante omissie, maar zelfs voor deze ultra-Whigs was het nog niet mogelijk om de koningsmoordenaar Oliver Cromwell tot beroemdheid te zalven. Gezien de geschiedenis van de familie Temple moest de rol van het Interregnum in het zekerstellen van de vrijheid worden geëerd, en dat werd minder controversieel belichaamd door de parlementariër John Hampden, die 'nobel verzet pleegde tegen een despotisch hof om de Vrijheden van het land te verdedigen, deze steunde in het Parlement en ervoor stierf op het Slagveld'.

Onder de grote denkers was evenwel een figuur die bijna even brandgevaarlijk was als Cromwell en het proces tegen en de executie van Charles I had verdedigd: John Milton, die geacht werd (in een van de kortste inscripties) een 'subliem en onbegrensd talent' te bezitten en hier vooral was vanwege zijn grote lyrisch-epische gedichten, maar misschien ook dankzij *Areopagitica*, zijn diepzinnige en welsprekende, prikkelende verdediging van de vrijheid van meningsuiting in woord en geschrift. Wat waarschijnlijk geholpen had was dat Milton iedereen de vrijheid gunde behalve de katholieken, net als Locke, die door de Whigs was gecanoniseerd als de filosofische patriarch van een beperkte monarchie 'welke de krachten van de menselijke geest, de Aard, Bedoeling en Grenzen van de Burgerlijke Regering begreep en... het slaafse systeem van onrechtmatige Autoriteit over de Rechten, het Geweten en de Rede van de Mensheid afwees'. Ook Pope, Isaac Newton (natuurlijk), Francis Bacon en Inigo Jones waren erbij en, iets schokkender (tussen de mannen van de geest, hoewel hij een school had gesticht op de plek van een opgeheven klooster) Thomas Gresham, die werd geëerd omdat hij tijdens de regering van Elizabeth de Koninklijke Beurs had opgericht.

De borstbeelden waren gevormd naar reeds bekende gravures van de beroemdheden – Miltons melancholieke blindheid, Lockes sobere uitstraling, het voorblad van het foliant uit 1623 van de kalende Shakespeare door Martin Droeshout. Maar Kent deed iets slims om de sterren dicht bij de toeschouwer te brengen. In plaats van hen in nissen hoog in de gebogen muur te plaatsen, zette hij ze zo'n beetje op ooghoogte van de kijker. Je gaat de drie treden op die over de breedte van het ondiepe amfitheater lopen en staart recht in de ogen van Newton of Francis Drake, die je aankijken door de eeuwen heen. Je bent in dezelfde ruimte en ook in dezelfde geschiedenis; het is alsof deze prominenten je begroeten tijdens een chic dinertje. Van ergens aan de andere oever van de Serpentine kun je horen hoe een band 'Rule Britannia!' begint te spelen, door de heer Arne gecomponeerd voor iemand uit het gezelschap op Stowe, de kroonprins. En hoewel je trots bent op je afkeer van oppervlakkige sentimentaliteit, is die brok in je keel niet denkbeeldig. Het is ergens rond 1760 en, allemachtig, wat voelt het goed om een Brit te zijn.

4

De ster

Hij was dood en toch springlevend; hij sliep de eindeloze slaap maar was toch permanent klaarwakker. Het waren niet alleen de enorme stierenogen die Robert Edge Pine (die ze vier jaar eerder had geschilderd, toen David Garrick nog leefde) nu weer op de toeschouwer liet richten met dezelfde felle intensiteit waardoor de acteur beroemd was geworden, maar ook de wenkbrauwen erboven, die elk hun onafhankelijke ding deden, de ene verder opgetrokken dan de andere. Ze waren zelf een tweepersoonstheatergezelschap, die wenkbrauwen: tragedie en komedie, verdriet en slapstick, dansend op het toneel van zijn gezicht. Gainsborough klaagde dat Garrick zijn lastigste model was doordat die twee niet op hun plaats wilden blijven: 'Toen hij de wenkbrauwen schetste en dacht dat hij de juiste positie had getroffen, en een tweede keer naar zijn model keek, merkte hij dat de wenkbrauwen naar het midden van het voorhoofd waren getrokken, en toen hij een derde keer keek, waren ze als een gordijn over zijn ogen gezakt, zo plooibaar en universeel was de gelaatsuitdrukking van de grote speler.'

Misschien was Pines hoofd, dat in zijn duistere eeuwigheid zweeft, te griezelig voor de vele bewonderaars van Garrick, die alle souvenirs waar ze de hand op konden leggen na zijn dood in januari 1779 verzamelden, want er zijn maar weinig exemplaren van de mezzotint bewaard gebleven. Maar Engeland – en Europa, waar hij ook beroemd was – werd overspoeld met Garrick-souvenirs in elke denkbare vorm. De uitvinding van het calqueerplaatje, omstreeks 1760, betekende dat het inmiddels een eenvoudig proces was om een afbeelding op een oppervlak van keramiek of email aan te brengen. Nu kon je melk schenken uit een aardewerken kan uit Liverpool met Garricks gezicht erop. Staffordshire-keramiek bracht Garrick in beroemde rollen, met name als Richard III, naar de woonkamer. En dankzij Thomas Frye, die zowel schilder als pottenbakker was, kon je je acteur in Bow-porselein krijgen. Als je je huis wilde inrichten met Garrick, kon je de stoelen bekleden met machinaal bedrukte katoen, naar keuze in zwart of rood, met Caroline Watsons stippelgravure naar een ander werk van Pine, ter herdenking van het Shakespeare-jubileum dat de acteur in

Publis'd April 4th 1779 by R. E. Pine

september 1769 in Stratford organiseerde. Daar staat hij, de rechterarm gestrekt, gebarend naar het standbeeld van de Bard dat net was onthuld in het nieuwe stadhuis, terwijl hij zijn voor de gelegenheid geschreven grote Ode declameert. Rondom hem stonden (net als op die regenachtige dag) acteurs gekleed als Falstaff, Lear of Macbeth. Je kon van Garrick-borden eten, uit met Garrick gegraveerde roemers en bokalen drinken. Als je niet genoeg van hem kon krijgen, kon je de muren bedekken met mezzotinten van portretten van Garrick door Hogarth, Gainsborough of Reynolds; Garrick met mevrouw Garrick; Zoffany's schilderijen van hem in zijn glansrollen: Abel Drugger in *The Alchemist* van Ben Jonson; Hamlet in zijn 'bewerking', die niet door iedereen werd gewaardeerd; sir John Brute in dameskleren uit *The Provok'd Wife* van Vanbrugh.

Na 1797 kon je Garrick ook eer bewijzen in de Poets' Corner van Westminster Abbey. Om Garrick niet passief te laten wegzinken in de armen van de dood, zie je op het geïnspireerde gedenkteken, bij de beeldhouwer Henry Webber besteld door Garricks raadsman en vriend Albany Wallis (wiens tienerzoon in de Theems was verdronken), hoe de acteur het doek openhoudt alsof hij, tussen Komedie en Tragedie in, zijn laatste buiging maakt voor het publiek. Er is een zwaarwichtige, hoogdravende inscriptie van de dichter-acteur Samuel Jackson Pratt, die na een carrière van schandalen (een schijnhuwelijk) en mislukkingen op het toneel, een bombastische lofrede schreef voor Oliver Goldsmith en vervolgens de rijmende necrograaf van Engeland werd. De regels komen uit Pratts 'monodie', geschreven ten tijde van de enorme begrafenis die was georganiseerd door Richard Brinsley Sheridan en indrukwekkender was dan alle begrafenissen van overleden Britse vorsten uit die periode. Vijftig rouwkoetsen reden van Garricks huis in de Adelphi naar Westminster Abbey, geëscorteerd door rijen wachters, te paard en te voet, terwijl een menigte van vijftigduizend mensen de lijkkoets langs zag komen. Zoals Garrick zeker zou hebben gewild, verbonden Pratts regels hem onlosmakelijk met de Bard aan wie hij, gaf hij toe, 'alles verschuldigd was'. 'Om de bekoorlijke Natuur te schilderen, met goddelijke opdracht, haar magische potlood in zijn glanzende hand, verrees een Shakspeare [sic], en om zijn roem verder over deze "ademende wereld" te verspreiden, kwam een Garrick. Ofschoon de beelden die de dichter tekende zijn verzonken in de dood, gaf het genie van de acteur ze nieuwe adem... zullen Shakspeare & Garrick als

◄ *David Garrick*, naar Robert Edge Pine, 1779

tweelingsterren schijnen, en de aarde verlichten met goddelijke gloed.'

Het gedenkteken voor Garrick in Westminster staat precies tegenover dat van Shakespeare, wat terecht lijkt, omdat het allemaal was begonnen met de oprichting van het monument voor de Bard zelf in 1741, achtendertig jaar eerder. Tot dan toe was de verzameling monumenten voor genieën rudimentair en dunbevolkt. Chaucer was de eerste niet-vorst, niet-aristocraat, niet-geestelijke die in de Abbey werd begraven, maar lag daar vooral als bouwopzichter. Francis Beaumont, Edmund Spenser en Ben Jonson volgden, deze laatste met een beknopte inscriptie. Al in 1623, het jaar van uitgave van de eerste folio-editie van de toneelstukken, had een van Shakespeares lofredenaars gesuggereerd dat er een monument voor de Bard in de Abbey zou moeten komen, maar Ben Jonson verzette zich agressief tegen dat idee, met het argument dat 'de man zelf al een monument was'. Aan het eind van de eeuw, in 1700, werd een grote geest toegelaten in de persoon van John Dryden, en vervolgens kreeg Isaac Newton in 1727 een enorme en spectaculaire begrafenis voordat hij in de kerk ter aarde werd besteld.

Pas toen in 1741 het grandioze, prachtige monument voor Shakespeare werd opgericht in de zuidelijke dwarsbeuk, veranderde de ruimte in een mausoleum van grote geesten, dat in het geval van de Bard geen verhuizing van botten vereiste. Niemand minder dan de Cobhams Cubs en de kring van Stowe, samen met lord Burlington, die zes jaar eerder de buste van Shakespeare voor de Tempel van Beroemdheden had geschapen, zamelden nu geld in om dit te verwezenlijken. Alexander Pope, de poëtische lofredenaar van Stowe en uitgever van een nieuwe zesdelige Shakespeare, droeg zijn steentje bij, net als Charles Fleetwood, de directeur van het theater aan Drury Lane en een van zijn acteurs, Thomas King. William Kent, Cobhams landschapsarchitect, tekende het ontwerp van het gedenkteken, en Peter Scheemakers maakte een beeld ten voeten uit, met gekruiste benen, verzonken in creatieve gedachten en leunend tegen een stapel boeken. Het stuk was net zozeer trompetgeschal voor de Britse geschiedenis als een monument voor de grootste schrijver van het land. Aan de voeten van de Bard zien we de borstbeelden van drie vorsten: Richard III, Elizabeth (om duidelijke redenen, maar ook wat minder duidelijk als personificatie van het Engelse verzet tegen buitenlanders met kwade bedoelingen), en, aangezien het gedenkteken werd ontworpen en onthuld in tijden van oorlog, met de Britten en de Fransen in verschillende kampen tijdens de Oostenrijkse Successieoorlog, de derde vorst, Henry V.

De voltooiing van het Shakespearemonument werd omgeven met

voldoende trompetgeschal om de aandacht te trekken van Garrick de Bardofiel, destijds net vierentwintig, samen met zijn broer Peter wijngroothandelaar in Londen, maar ook amateurtoneelspeler en schrijver van de populaire komedie *Lethe*. Het zal Garrick geen moeite hebben gekost de verbinding te leggen tussen aanbidding van de Bard en roffelen op de nationale imperiumtrom. Hij zou zijn hele carrière lang aan weerszijden van Het Kanaal op die trom blijven roffelen. Maar ook de geschiedenis van protestante vrijheid had er veel mee te maken. Zijn grootvader David Garrick was een hugenoot uit Bordeaux die naar Engeland was gekomen toen de rechten van Franse protestanten in 1685 werden vernietigd doordat Louis XIV het Edict van Nantes herriep. Net als Drake en burggraaf Cobham wisten de Garricks wie hun vijanden waren. Jaren later zou David als acteur de strijd om Shakespeare tot aan de deuren van de Comédie-Française brengen, waar de Fransen in late adoratie voor hem vielen, net zoals prinses Katherine aan de voeten van Henry V. Garricks vader, Peter, sloot zich misschien onvermijdelijk aan bij het leger van de koning, werd een rekruteringsofficier in het Ierse regiment van Tyrrell en was tijdens Davids kinderjaren gestationeerd in de onlangs veroverde gefortificeerde haven van Gibraltar, de frontlinierots op de zuidpunt van Spanje.

Peter verhuisde het gezin naar Lichfield, in Staffordshire, waar David naar dezelfde school ging als de schrijver Samuel Johnson, die een paar jaar ouder was. Hij was al bezeten van het toneel toen hij naar Londen verhuisde om met zijn broer in de wijnhandel te gaan werken. En omdat de Garricks wijn leverden aan het Bedford Coffee House om de hoek van het theater aan Covent Garden, werd die liefde alleen maar sterker en dieper. Het zou een leuke gedachte zijn, gezien het beroep van zijn vader, dat hij onmiddellijk een bezoek bracht aan de bijzonder grappige komedie van George Farquhar, *The Recruiting Officer*, die een vaste plaats had in het repertoire van Henry Giffards theater in Goodman's Fields, Whitechapel. 'Over de heuvels en door het dal/ Volgen wij het hoorngeschal/ Naar Vlaanderen, Spanje, Portugal/ Zoals de koningin beval/ over de heuvels en door het dal'.

Net als elke acteur-directeur had Giffard zijn goede en zijn slechte tijden. Door de Licensing Act, de censuurwet van 1737, die opvoeringen beperkte tot Drury Lane en Covent Garden, had zijn theater in Whitechapel (het tweede aan Goodman's Fields) kort nadat hij het gebouwd had zijn deuren moeten sluiten. Maar er ging smeergeld over tafel, er werd toenadering gezocht, en in 1740 mocht hij weer open. Garrick moet Giffard hebben gekend, want hij had *Lethe* geschreven, met een voorspelbare stoet sukkels en dandy's die de kans krijgen hun leven vol zorgen te vergeten, ter ere van de benefietvoorstelling voor de directeur. Terwijl hij wachtte tot zijn theater in Whitechapel weer open kon, toerde Giffard door East Anglia met een samengeraapt gezelschap, en het was in Ipswich dat de amateurtoneelspeler Garrick voor het eerst zijn kunst beproefde, aangekondigd als 'Mr Lydall'. Giffard zag iets bijzonders in de kleine man die kon schrijven en spelen, en al genoeg van de bon ton leek te kennen om nuttig te zijn waar die ertoe deed. Er was iets viefs en krachtigs aan Garrick dat Giffard herkende als een frisse wind door het theater.

Op 19 oktober 1741 trad Garrick, nog maar net vierentwintig, op als de moordzuchtige vorst in *The Life and Death of Richard the Third*, ingeklemd tussen een 'vocaal en instrumentaal concert', een dansvoorstelling en 'De Ontmaskerde Maagd'. De hoofdrol werd volgens de aankondiging gespeeld door een 'Heer die nog nooit op enig toneel is verschenen'. Dat was Ipswich.

Die anonimiteit kan een poging van Giffard zijn geweest om de nieuwsgierigheid of zelfs het gebruikelijke sadisme van het publiek te prikkelen dat dan, als alles helemaal misliep, tenminste met een debacle kon worden vermaakt: een onbekende melkmuil die te veel hooi op zijn vork nam. Ze zouden hem bekogelen met boegeroep, gesis, beledigende woorden en harde voorwerpen. Of is het mogelijk dat Garrick de anonimiteit verkoos omdat hij nog niet zeker wist of hij beroeps wilde worden? De ontvangst van zijn Richard was beslissend. De volgende dag schreef hij aan zijn broer Peter: 'Mijn hart heeft zoals je weet altijd bij het toneel gelegen.' Hoewel hij verwachtte dat Peter niet gelukkig zou zijn met zijn besluit

> ik hoop toch dat je wanneer je zult ontdekken dat ik het talent van een acteur kan hebben maar zonder diens zonden minder hard over me zult oordelen en niet beschaamd zult zijn mij als een broer te erkennen. Gisteravond speelde ik Richard de derde tot de verbazing van elkeen & aangezien ik hiermee bijna driehonderd pond per annum zal verdienen & en het werkelijk is waar ik verzot op ben heb ik besloten hiermee voort te gaan.

Garrick had gelijk dat zijn broer zich zou schamen, ook al hadden beiden ontdekt dat het niet meeviel om de kost te verdienen in de wijnhandel. Hoewel sommige acteurs, zoals James Quin, Thomas King en Charles Macklin, heel bekend waren bij het publiek, werd toneelspelen over het algemeen meer als een beroep dan als een vak gezien, en dan ook nog laag aangeschreven, in dezelfde categorie als een vedelaar of een chirurgijn. Het was ook berucht om de promiscuïteit achter de schermen. Erger nog: acteurs leken achteloos hun beruchtheid uit te leven in het schelle licht van de sensatiepers, alsof het goed was voor hun reputatie – wat best wel eens het geval kan zijn geweest. Een van zijn meest bereidwillige en cynische collega's, acteur en criticus (op zich een pikante combinatie) Theophilus Cibber, duldde een ménage à trois in Kensington, maar alleen op voorwaarde dat de minnaar van zijn vrouw zijn opvoeringen zou subsidiëren.

Wat Garrick op het toneel bracht, zou dit allemaal drastisch veranderen. Hoewel hij had samengewoond met de Ierse actrice Peg Woffington (die daarvoor had bijgeklust in een chic bordeel), eindigde hij als een voorbeeldig getrouwd man wiens huwelijksgeluk is afgebeeld op dubbelportretten van Hogarth en Reynolds. Nog belangrijker: hij zou de hele essentie van het acteren veranderen. Veel later zou de acteur-toneelschrijver Richard Cumberland zich herinneren dat hij Garrick in 1746 het toneel op zag 'springen' in *The Fair Penitent*, 'licht en levendig in elke spier en gelaatstrek... het leek of er in de overgang van één enkele scène over een hele eeuw heen werd gestapt.' Alexander Pope was een van de vele tijdgenoten die vonden dat Garrick de eerste was die kon waarmaken dat acteren een echte kunst was.

Londen zag dit onmiddellijk. Garricks Richard iii in Goodman's Fields kwam in de stad aan als een donderslag. Niemand die zijn debuut zag, is het ooit vergeten. Er werd in elk koffiehuis en elke taveerne over gepraat. De straten van Whitechapel stonden een paar avonden vol rijtuigen. Het stuk was niet de oorspronkelijke tekst van Shakespeare, maar een mengelmoes van strofen die bijeengeraapt waren door dc vader van Theophilus Cibber, de acteur-directeur Colley Cibber, samen met brokjes uit *Henry v*, *Henry vi en Richard iii*. Maar de grote momenten uit Shakespeare, inclusief veel van de tekst – de koning die aan de vooravond van de strijd wordt achtervolgd door de geesten van zijn slachtoffers, en natuurlijk Bosworth zelf, met de paardloze koning die tot het bittere eind met zijn zwaard zwaait – werden volledig uitgebuit. Het publiek was gewend de grote acteurs van hun tijd op een retorisch verheven en gemaniëreerde stijl te zien declameren. Meestal deden ze dat met grootse gebaren, lang uitgesponnen pauzes en gewichtige ernst in hun stem. Maar in plaats van het gebruikelijke gebochelde geschuifel en de kakelende spot uit een vertrokken mond kwam Garricks Gloucester op zonder de kenmerken van de

David Garrick als Richard III, door William Hogarth, 1745

verwarde psychopaat. Garrick was er trots op dat hij in staat was de complexiteit van een personage over het voetlicht te brengen en van de ene
stemming naar de andere te wisselen, zowel innerlijk als uiterlijk. Dus de
verleidelijke Richard, de vrolijke Richard, de Richard met zenuwtrekken
en de monsterlijk dappere Richard verschenen allemaal om beurten binnen diezelfde gestalte, elk op zijn moment overtuigend.

In 1745 vond William Hogarth, zelf een rijzende ster, dat er een schilderij moest worden gemaakt van Garricks Richard. Het was voor een
opdrachtgever die voor het nageslacht een weergave van de transformerende kracht van het spel wilde behouden. Garrick voelde zich natuurlijk
gevleid, maar hij had waarschijnlijk ook iets anders voor ogen: het creëren
van een reputatie door middel van gravures naar het schilderij. Hogarth,
die uit een klussenwereld van reclamegravures en spotprenten kwam
voordat hij zelf naam maakte met 'Moderne Zedenschetsen' zoals *The
Harlot's Progress*, de ondergang van een meisje van lichte zeden, zag er onmiddellijk de waarde van, maar hij was ambitieuzer. In zijn hart wilde hij
liefst de grote historieschilder worden waar Groot-Brittannië nog steeds
op wachtte, vooral in de tijd van het ontluikende keizerrijk. Wat daar het
dichtst bij kwam, was zijn schoonvader James Thornhill, die voor het
Royal Naval Hospital in Greenwich ceremoniële plafondschilderingen
had geleverd waarop William III en George I te zien waren. Tot afgrijzen
van Thornhill was Hogarth ervandoor gegaan met zijn dochter Jane. Hogarths poging om te bewijzen dat hij alle kwaliteiten had van een Engelse
Michelangelo, was dus bedoeld als een ongegeneerde verklaring aan zijn
schoonvader en aan het land.

In 1745 zat Groot-Brittannië te springen om historieschilderingen. De
oorlog met Frankrijk was niet zo goed verlopen als verwacht, en het jakobitische leger van Charles Edward Stuart was helemaal tot aan Derby
gekomen. Hogarth zou ook een schilderij van dit heikele moment leveren waarvan de teneur eerder satirisch dan heldhaftig was, *De Mars naar
Finchley*, maar hij greep het moment van Garrick als een mogelijkheid om
de Engelsen aan hun haren terug te slepen naar hun geschiedenis, en wel
op heroïsche schaal.

Het schilderij, zo'n tweeënhalf bij een meter, is groot genoeg om Garrick levensgroot bij ons te brengen, alsof we op de voorste rij in de zaal
zitten of op een balkon dicht bij het toneel. Garricks gekwelde, ontstelde
gezicht is vlak bij het onze. Zijn gebarende hand (een ring is in zijn zwe-
tende angst over het kootje van een vinger gegleden) duwt tegen het oppervlak van het schilderij. De tent – en eigenlijk het hele schilderij – hoe

groot ook, doet claustrofobisch, benauwend aan, het juiste gevoel voor Richard. Op de achtergrond branden vaag zijn eigen vuren en die van de vijandelijke troepen, terwijl zijn laatste bloederige dag aanbreekt.

Hogarth en Garrick hadden samen een compleet nieuw genre uitgevonden, dat tot dan toe bij geen enkele kunstschool bekend was: het theaterportret dat aan de ene kant de uitbeelding van de man leverde (hoewel in het geval van Garrick werd gezegd dat het geflatteerd was, zoals meestal het geval is bij sterren) en een uitbeelding van het spel. In de krachtige weergave van de ongeëvenaarde gave van de acteur om extreme passie uit te beelden – het talent dat hem internationale roem zou brengen – was het schilderij een handboek voor toekomstige generaties. Met zijn Richard III, inmiddels vastgelegd en gereproduceerd op vele prenten, had Garrick het streven van de ware acteur fundamenteel veranderd. Eenmaal bevrijd van de academische stijl, lag de weg vrij om op zoek te gaan naar iets wat hij zag als menselijke waarheid die op het gezicht en het lichaam was geschreven. Garrick vertelde de aankomende acteurs die hem volgden altijd dat ze vooral de rol moesten bestuderen, zich elke regel eigen moesten maken, het personage moesten bewonen, zouden we nu zeggen, zich er volledig door laten bezitten. Van Charles Macklin, die toen hij zich voorbereidde op Shylock zelfs ging kijken hoe sefardische Joden in Londen zich in het dagelijks leven gedroegen, had hij geleerd dat het boek van de natuur dat op de lichamen en gezichten van tijdgenoten was geschreven ook voortdurend moest worden bestudeerd. Garricks raad aan andere acteurs en aan zichzelf was de eigen identiteit verliezen in de rol. Toen Friedrich Grimm hem dit in 1756 zag doen, had hij het over het 'gemak waarmee [Garrick] zijn eigen persoonlijkheid loslaat'.

Garrick kende ook de klassieke kunstliteratuur over de *affetti*, de passies, met name publicaties van Giambattista della Porta en de Franse schilder en academicus Charles Le Brun, beiden schrijver van een soort anatomie van de emoties: hoe emoties tot uiting komen in de gezichtsspieren. Het interesseerde hem hoe de ene stemming op de andere volgde, omdat hij beweerde de evolutie van een personage te kunnen laten zien door de vele gecompliceerde modulaties ervan. (Een van zijn geliefde trucs op feesten en partijen was zwijgend op een stoel zitten, en lust, schrik, angst enzovoort achtereenvolgens op zijn gezicht te laten voorbijkomen.) Dat gold vooral voor zijn Macbeth, die hij in 1744 voor het eerst speelde en die verrassend genoeg gepaard ging met een door hemzelf geschreven waarschuwend pamflet waarin hij zichzelf aanviel, maar dat eigenlijk bedoeld was als contrast met zijn saaie collega's.

Garrick acteerde met zijn hele lichaam. Hij mat maar een meter twee-enzestig, maar de atletische kracht van zijn spel maakte dat hij groter leek, alsof zijn lijf op veren was gebouwd. Tot ongenoegen van sommige andere leden van de troupe, die het graag langzaamaan deden, was hij snel, vitaal, bezield, lichtvoetig, bijna als een danser, en huppelde hij van de ene plek naar de andere. De jaloerse Macklin zei dat hij een en al 'drukte drukte drukte' was, maar zijn energie was zo groot dat wanneer een scène vereiste dat hij absoluut doodstil stond, zoals de eerste keer dat Hamlet de geest van zijn vader of Macbeth de dolk ziet, zijn onbeweeglijkheid een navenant elektriserend effect had. Een bewonderaar zei dat hij kippenvel kreeg nog voordat de Geest gezien was, hoewel dit iets te maken zou kunnen hebben met het hydraulische apparaatje dat Garrick in zijn pruik gebruikte om de haren recht overeind te laten staan. Garricks Richard was onmiddellijk een legende waar nog jaren over werd gepraat, en hij nam hem standaard op in zijn repertoire, waarna alle grote toneelspelers – Kemble, Kean, de Amerikaan Edwin Forrest en zijn rivaal Macready – op hun beurt vonden dat ze deze rol (iets dichter bij de oorspronkelijke tekst van Shakespeare) moesten beheersen.

Trouw aan de menselijke aard was natuurlijk niet onverenigbaar met geld verdienen. Hogarth en Garrick waren volmaakte partners in hun inschatting van deze splinternieuwe commerciële kans: het verkopen van roem. Er zouden gravures worden gemaakt van de Richard uit het Goodman's Fields-theater, de prenten zouden Garricks gezicht beroemd maken, als lokkertje voor de kassa dienen en een nieuwe vraag genereren om hem in levenden lijve én vastgelegd op papier te zien. Het sterrendom was geboren. In eerste instantie was Hogarth verantwoordelijk voor het vertalen van zijn grote Garrick-Richard in allerlei prenten, maar hij kon niet snel genoeg leveren naar de smaak van zijn vriend Garrick, die hem 'Hogy' noemde. En nadat hij partner-directeur was geworden van Drury Lane, nam Garrick zijn publiciteit in eigen hand. In de jaren vijftig van de achttiende eeuw huurde hij Benjamin Wilson in, eigenlijk een decorschilder, om zijn populairste optredens vast te leggen: Abel Drugger, sir John Brute, Lear, Romeo en de rest. De prenten waren niet aan te slepen.

Er werd een groep prentenmakers bijeengebracht die veelal gespecialiseerd waren in mezzotinten, een relatief nieuw medium waarbij de plaat ruw werd gemaakt door het gebruik van een getand 'wiegijzer', zodat er een volledig zwarte pagina zou ontstaan als de plaat op dat moment werd afgedrukt. De geheel bewerkte plaat werd dan selectief geschraapt en gepolijst om een hele wereld aan tinten te creëren, volmaakt voor het uitbeelden van dramatische scènes en expressieve portretten. Ze konden ook sneller en goedkoper worden geproduceerd, in allerlei formaten, voor elke portemonnee. James MacArdell, een Ierse prentenmaker-portrettist met een winkel in Covent Garden, was een van de betrouw-baarste reclamedrukkers, maar de vraag was voortdurend groter dan het aantal prenten dat geleverd kon worden en hij ging samenwerken met Edward Fisher en Richard Houston en vele anderen. Tegen de tijd dat Garrick in 1764 zijn triomfantelijke uitstapje naar Parijs maakte, was zijn roem hem al vooruitgesneld, zodat hij zijn broer George in Londen moest schrijven om snel prenten te sturen waarmee hij zijn bewonderaars tevreden kon stellen. De fraaiste – vaak naar schilderijen van Reynolds en Gainsborough – gaf hij persoonlijk aan zijn voorname fans: de rest ging in de verkoop.

David Garrick was niet alleen een acteur en superster, hij was ook impresario, theaterdirecteur, publiciteitsman, imagobouwer en kritisch kunstverzamelaar, vooral van Venetiaanse – Marco Ricci en Canaletto – en Nederlandse schilderijen, waardoor hij in staat was op basis van we-derzijds begrip met kunstenaars te onderhandelen. Garrick was ook een echte bibliofiel en liet zijn kostbare collectie van dertienhonderd 'Oude Toneelstukken', de eerste grote collectie in dit genre ter wereld, aan het British Museum na. Maar Garrick was op een moderne manier een boe-kenmens: volledig op de hoogte van verschuivingen in het culturele leven. Vanaf 1750 ontstond op de bladzijden van de eerste in tranen gedrenkte sentimentele romans een cultus van natuurlijkheid, van transparantie en oprechtheid – het tegenovergestelde van vorm, gekunsteldheid en de-ftige manieren: het opfleuren van landschappen, het herstellen van het origineel van verbasterde teksten, de vereenvoudiging van de portretstijl. Garricks antenne was scherp afgestemd op deze stemmingswisseling, waar hij een apostel van was. Soms was zijn beeld van zichzelf als een na-tuurlijk mens maar de halve waarheid. Zijn acteerstijl was alleen natuur-lijk in contrast met de hevig retorische manier waarvoor hij in de plaats kwam. Zijn opvoeringen van Shakespeare waren vaak nog steeds 'gewij-zigde versies', soms door hem aangepast, zodat Cordelia niet alleen blijft leven maar ook nog eens het hof wordt gemaakt door Edgar. *A Midsum-mernight's Dream* werd veranderd in een muzikale komedie die *The Fai-ries* heette. Aan de andere kant bracht Garrick Polonius en Laertes, die in de voorgaande opvoeringen van *Hamlet* ontbraken, weer terug in hun ware gestalte, hoewel hij maar zestig regels nodig had om van de dood van Ophelia bij het eind van het stuk te komen. Toch was hij er in zeker opzicht verantwoordelijk voor dat Macbeth in bijna heel zijn shakespeare-aanse integriteit werd hersteld.

Het vastleggen van dit alles vroeg om een betere kunstenaar dan Benjamin Wilson. Garrick zei tegen Hogarth dat Wilson geen 'Nauwgezet Waarnemer van dingen was, zelfs niet van dewelke die voor hem van belang waren'. Hij had een paar onderwerpen voor decors aan zijn vriend Francis Hayman gegeven, maar in Wilsons eigen atelier ontdekte Hogarth iemand die als assistent zwoegde op de kostuums die hij moest schilderen maar precies de kunstenaar zou kunnen zijn die hij zocht, en dat was Johann Zoffany. De familie van Zoffany kwam oorspronkelijk uit Bohemen, hoewel hij in Frankfurt was geboren en in 1760 naar Londen was gekomen. Voordat hij in de overbevolkte wereld van de kunstklussen dook, had hij een tijdlang als klokkendecorateur gewerkt. Aan zijn Noord-Europese, door de Nederlanden beïnvloede achtergrond dankte hij zijn talent voor 'conversatiestukken', het genre van informele taferelen, veel personages op een klein formaat, dat volmaakt was om het soort toneelscènes weer te geven dat Garrick voor ogen had. En hij bedacht nu nog iets als toevoeging aan zijn roem: zijn persoonlijke en huiselijke leven prijsgeven aan de bewondering van zijn fans.

Natuurlijk was het seksleven van acteurs dagelijkse kost in roddelbladen. Garrick was echter gelukkig getrouwd en maakte van deze ongebruikelijke situatie een nieuwe aanwinst voor het huismerk. Het verhaal was stof voor een romantisch drama. Eva Maria Veigel uit Wenen, toneelnaam Violette, viel voor Garrick zodra ze hem op het toneel zag, en hij kon er niet genoeg van krijgen haar te zien dansen. Ze was naast zijn vlammende donkerogige uitbundigheid een Midden-Europese blondine met roze wangen. Eva's beschermvrouwe, gravin Burlington, vond Garrick niet goed genoeg voor de dansende schoonheid die aan Europese hoven had opgetreden, en probeerde de romance tegen te houden, maar *amor vincit omnia* en ze trouwden in 1749. Een paar jaar later maakte Hogarth een dubbelportret van hen, een van de lieftalligste schilderijen die hij ooit heeft gemaakt. De acteur zit te schrijven aan de proloog voor een stuk dat *Taste* heet, maar wordt speels gestoord door zijn vrouw, met bloemen in het haar, die de ganzenveer van hem probeert af te pakken. Garricks glimlach laat zien dat hij die onderbreking helemaal niet vervelend vindt. Het is moeilijk je een zoeter beeld voor te stellen van de ongedwongenheid

David Garrick en Eva Maria Garrick, door sir Joshua Reynolds, 1772-1773 ▸

van een 'harmonieus huwelijk', dat gestoeld is op liefde en vriendschap. En toch schijnt Garrick ontevreden te zijn geweest over het schilderij van Hogarth, vooral over de manier waarop hij was afgebeeld, in elk geval zodanig dat hij het niet wilde hebben, zelfs niet nadat hij de schilder zijn vijftien pond had betaald. Er zijn sporen van een kras door een van zijn ogen en door een, oorspronkelijk, huiselijk decor.

Meer dan twintig jaar later probeerde Garrick het nog eens, en deze keer gaf hij de opdracht aan Joshua Reynolds. Hoewel het latere schilderij wel iets van de vriendelijk grappige intimiteit van dat van Hogarth heeft, is het veel deftiger. Op het hoogtepunt van zijn carrière, slechts vier jaar voordat hij met pensioen ging, heeft Garrick er naast internationale roem ook wat extra kilo's bij, terwijl Eva, gekleed in een koninginnenachtig samenraapsel van zilverige zijde, kant en mousseline, magerder is geworden. In een tuin onder een romantische hemel heeft Garrick zijn vrouw net voorgelezen. Maar Reynolds laat hem poseren met het boek nog geopend, een duim die aangeeft waar hij was; de acteur heeft het laten zakken om naar zijn vrouw te kijken. In plaats van terug te kijken is ze in gedachten verzonken, hoewel die gedachten makkelijk iets konden zijn als: hoelang deze keer?

De tuin lag aan de Theems in Hampton. Het gazon langs de rivier was door de weg naar Hampton Court Palace echter onhandig afgescheiden van de palladiaanse villa. Wat te doen? Een brug zou de buren hebben mishaagd, onder wie mensen als Horace Walpole, dus liet Garrick een tunnel onder de weg aanleggen. In 1762, acht jaar nadat hij de villa had gekocht, vroeg hij Zoffany om een weekend te komen en man, vrouw en vrienden te schilderen. Wilson, die zichzelf als de mentor en de werkgever van Zoffany zag, was razend bij het idee dat hij werd vervangen door zijn eigen ondergeschikte en zei dit tegen Garrick. De acteur zette een van zijn breedste welsprekende glimlachjes op en zei nogal achterbaks tegen de beledigde Wilson dat hij zich niet druk moest maken over wissewasjes. Maar in feite werd Zoffany de motor van Garricks promotiemachine. In Hampton voldeed hij aan de verwachtingen met een serie elegante conversatiestukken waarop het huiselijk leven van de beroemde man was uitgebeeld. Samen vormen ze ook de eerste geschilderde idylle van een Engels weekend: thee buiten aan de rivier, de dwergspaniëls in het gras, een discrete bediende, Charles Hart, die klaarstaat om in te schenken, een vriend van de familie, kolonel George Boden, die het zich gemakkelijk maakt, en Garrick zelf die breed gebarend zit te praten tegen zijn broer George, die staat te hengelen maar zich omdraait om te horen wat David

De tuin bij Hampton House met meneer en mevrouw David Garrick
die theedrinken, door Johann Zoffany, 1762

David Garrick, door Valentine Green, naar Thomas Gainsborough, 1769

te vertellen heeft. Je kunt het gazon, de rivier en de taart ruiken, en het ruikt allemaal lekker.

Op een tweede schilderij leunt Eva op de schouder van haar man voor een achthoekig palladiaans tempeltje met Ionische zuilen dat hij in 1757 had laten bouwen voor zijn alter ego Shakespeare. Door de open deur is nog net het pièce de milieu te zien, een standbeeld van de Bard gemaakt door Louis-François Roubiliac, nog een Londense hugenoot, die Garrick er een enorm bedrag voor rekende (driehonderd of vijfhonderd pond, afhankelijk van de bron). Maar niets was goed genoeg voor Shakespeare. De tempel voor de Bard bevatte heilige voorwerpen: een stoel gemaakt van hout dat van Shakespeares eigen moerbeiboom zou zijn, en andere schatten. En onder aan de toegangstreden staat een laarzenschraper. Wee degene die de schrijn van de onsterflijke zou ontheiligen met modder van de rivieroever of uitwerpselen van dieren!

De obsessie verflauwde nooit. In 1768 was het koninkrijk op zijn hoogtepunt. Groot-Brittannië had Frans-Canada en Frans-India veroverd; het geld van de suiker- en slaveneconomie stroomde binnen van over de Atlantische Oceaan, en mocht er in de Amerikaanse koloniën onaangenaam verzet zijn geweest tegen de belasting die werd opgelegd door de Zegelwet, die vervelende ongeregeldheden leken te zijn afgenomen. De stemming was triomfantelijke zelfverheerlijking, vooral ook voor de grootste schrijver die de wereld ooit had gekend. In datzelfde jaar vroeg de gemeenteraad van Stratford Garrick in een brief of hij een bijdrage kon leveren voor een standbeeld of schilderij in het nieuwe stadhuis. In ruil daarvoor bood de raad hem het ereburgerschap. Garrick, die zich door Gainsborough had laten schilderen, leunend tegen een zuil, met zijn arm om een buste van Shakespeare terwijl de Bard zijn hoofd lijkt te buigen naar zijn bewonderaar alsof hij hun verwantschap erkent, was gevleid en greep de kans aan. Er zou in september van het volgende jaar een gigantische multimediaproductie worden georganiseerd. Er zou vuurwerk zijn, een opvoering van *Judith* van Thomas Arne (misschien vanwege de naam van Shakespeares dochter), een paardenrace, een speciaal gebouwd rond paviljoen voor een groot orkest, een voordracht door Garrick van een ode die hij zou schrijven, en een optocht van de meest gevierde personages van Shakespeare in kostuum, geen echte toneelstukken. Zelfs David Garrick had geen controle over het Engelse weer. Slagregens geselden Stratford. De Avon trad buiten zijn oevers, de paardenrace en het vuurwerk werden afgelast en mensen sopten door het modderige paviljoen waar Garrick nog steeds zo goed en zo kwaad als het ging zijn grote Ode voordroeg, maar hij liet zich niet uit het veld slaan. Toen hij weer in Londen was maakte hij een theaterversie van de jubelode, met een uitgebreider orkest en groter volume en personages uit negentien scènes verdeeld over de ruimte. Dit was ook multimedia, een gigantische hit die negentig keer werd opgevoerd. Na de hoon die samen met de stortbui op het evenement in Stratford neerdaalde, was Garrick zoals gewoonlijk degene die het laatst lachte.

In 1776 boog hij voor het laatst voor het publiek en verklaarde hij zeer emotioneel, en zich bewust van de tweeslachtigheid: 'Dit is een vreselijk moment voor mij.' Als laatste voorstelling speelde hij een heel populaire rol, de jonge Felix in de komedie *The Wonder* van Susannah Centlivre. Maar datzelfde jaar kwam hij ook terug in Lear, en deze keer was de cast niet zoals anders gekleed in achttiende-eeuwse kostuum maar in iets wat moest overeenkomen met de Britten van weleer. Antiquarische geschiedenis was toen in de mode, en daar hoorden ook boeken over kostuums bij. Toen de oude koning werd verenigd met Cordelia, stroomden de tranen over Garricks wangen. Maar het publiek had ook al natte wangen opgemerkt tijdens de scènes met Goneril en Regan, zowel bij de dochters als bij de vader. Het eind van de achttiende eeuw was inderdaad de gouden eeuw van de traan, de overgave aan de roerselen van het hart. Garrick liet die avond de tranen overvloedig stromen. Hij beweerde dat hij zijn beroemde versie van Lear te danken had aan een man die hij persoonlijk had gekend en die zijn dochter had gedood door haar uit het raam te laten vallen, en vervolgens de rest van zijn verdwaasde leven deze handeling eindeloos herhaalde terwijl de tranen hem over de wangen stroomden. Maar op dat speciale moment hoefde David Garrick nauwelijks te acteren.

David Garrick, door Thomas Gainsborough 1770

5
Knappe verschijningen

Wat was er eigenlijk zo bijzonder aan Kitty Fisher? Niet haar schoonheid, zelfs niet afgaande op de beste portretten die Joshua Reynolds van haar maakte. Ze had een gezicht als een donzige perzik, een romige huid en een waterval van haar. Maar Giustiniana Wynne, de Engels-Welshe Venetiaanse die alom geprezen werd om haar schoonheid, begreep niet hoe Kitty met haar vrij onopvallende trekken de kost verdiende, en al helemaal niet hoe ze de Ster van de Stad was geworden. De ultieme connaisseur op dit gebied, Giacomo Casanova, ontmoette haar in Londen, behangen met diamanten, en kreeg haar aangeboden voor tien gienjes. Hij sloeg het aanbod hooghartig af vanwege Kitty's beperkte taalvaardigheden: 'Ze was charmant maar sprak slechts Engels. Daar ik gewend ben met al mijn zintuigen lief te hebben kon ik me niet aan de liefde overgeven zonder mijn gehoor mee te laten spelen.' Desalniettemin deden er talloze verhalen de ronde over Kitty. Casanova meldde ook: 'La Walsh [die de leiding had over een rendez-voushuis voor eersteklas courtisanes] vertelde ons dat het in haar huis geschiedde dat ze een biljet van honderd pond verorberde op een beboterde snee brood.' Zelfs deze stunt was niet origineel (of zelfs apocrief) want vóór Kitty hadden beroemde prostituees al opzien gebaard door zo'n soort dure boterham te eten, om hun onverschilligheid ten opzichte van gewin te tonen, al waren ze daar begerig naar op zoek.

Wat Kitty Fisher destijds echt opvallend maakte in de krioelende bordelen van Londen, was haar verbazingwekkende talent voor marketing. Ze had de gebruikelijke duistere achtergrond – mogelijk een korsettenmaker, mogelijk een zilversmid als vader – en werkte een tijdje als modiste, een beroep dat berucht was als leerschool voor de zonde. Maar als je een mutsje kocht van het meisje met de heldere maar nogal dicht openstaande ogen, had je onmogelijk kunnen voorzien dat ze de maakster en beheerster van haar eigen enorme bekendheid zou worden. Volgens tijdgenoten verwierven zowel klassieke als moderne helden hun roem door heroïsche daden (Drake) of onweerlegbaar en blijvend talent (Shakespeare en Garrick). Maar celebrity's waren louter en alleen beroemd omdat ze zichzelf waren. Ze moesten werken aan hun eigen uiteindelijk triviale aanzien. Het besef dat de mode grillig was en hun tijd in de zon van de publiciteit waarschijnlijk vluchtig, was een uitdaging voor hun talent om hun kans te grijpen en er rijk mee te worden.

Hoewel ze de hulp had van illustere beschermheren en klanten, en van Joshua Reynolds, was Kitty de manager van haar eigen bekendheid en schiep ze zelf de vraag naar haar gezicht, haar lichaam, haar aura van vrolijke sensualiteit. Ze maakte van zichzelf ook een modeplaatje. Drie jaar lang wilden Londense, meestal heel keurige vrouwen weten wat Kitty droeg en imiteerden ze haar lange kanten mouwen en de aanlokkelijke combinatie van sjaal en decolleté. Kitty begreep intuïtief de voorwaarden die haar de kans zouden geven. Ten eerste was het hof, dat zich uit het licht van de openbaarheid had teruggetrokken, vervangen door het enorme, chaotische circus van het Londense leven: een sociaal theater dat zich (net als het echte theater) afspeelde op het ruimere openbare podium van lusthoven, koffiehuizen, salons en parken. De stad was één grote voorstelling, een arena van onverzadigbaar gelonk. De dartel paraderende menselijke komedie van Londen had ook een rijkgeschakeerde bezetting nodig en liet voortdurend vervangers auditie doen wanneer men genoeg had van de persoonlijkheden van vorig jaar. In de voorgaande eeuw was de hang naar wulpse schoonheden bevredigd door de stoet maîtresses van Charles II, die allemaal terechtkwamen op Lely's portretten en vervolgens in de vorm van gravures de bodemloze Engelse honger naar seksuele befaamdheid voedden.

Nu waren het kranten en tijdschriften zoals *Town and Country* en *Public Advertiser* die de roddelmolen lieten draaien en op andere plekken dan aan het hof op zoek moesten naar een reeks maîtresses en courtisanes om hun lezers tevreden te houden. En bovendien wist Kitty uit eigen ervaring dat in Londen seks – althans voor meisjes die net als zij hoog inzetten, en niet zozeer voor de hordes treurige, ziekelijke straathoeren die Covent Garden bevolkten – de edelen en het meisje van lichte zeden samen kon brengen op een manier die verbaasde buitenlanders met afschuw vervulde, omdat zij gewend waren om maîtresses en courtisanes uit het zicht te houden. Nog verbijsterender was het verschijnsel dat mensen uit de gegoede burgerij en de aristocratie zulke schepsels kennelijk van maîtresse tot echtgenote verhieven. De actrice of 'actrice' van deze week kon de volgende week blijkbaar de gravin van zussemezo worden en niemand in St James's Park zou dat een schande vinden. 'Alleen in Engeland!' riepen ze, met hun ogen rollend en hun ganzenveer zwaaiend.

Maar alleen in Engeland waren seks en geweld zo gekoppeld in een dans van openbare roem. Er waren twee soorten affaires die de lezers van *Town and Country* opwonden: het militaire soort en het losbandige soort. Gelukkig voor uitgevers, boekverkopers, prentenwinkels en schilders voelden de twee soorten protagonisten zich tot elkaar aangetrokken. De duizelingwekkende opmars naar een wereldrijk, vooral ten koste van de katholieke grootmachten Frankrijk en Spanje, had Groot-Brittannië een keur aan helden opgeleverd: vaak jong en zwierig en met onbezonnen nonchalance ten opzichte van gevaar, of minachting voor conventies. Ook zij waren modellen voor de modekoningen en schaamden zich niet om gezien te worden aan de arm van hun maîtresse of de meest besproken vrouw van lichte zeden: ze genoten zelfs van de publiciteit. Deze nieuwe aristocratie van vloot, floret en freule, de veroveraar van India, Amerika en de oceanen, poseerde voor portretten ten voeten uit die altijd het voorrecht van de landadel waren geweest.

Joshua Reynolds leerde Kitty Fisher kennen als celebrant van krijgshaftige zwier. Hij was inmiddels eind dertig en had zich gespecialiseerd in heldhaftige officieren die hij neerzette onder stormwolken met een vuurzee in de verte, arrogante onoverwinnelijkheid die op hun gezicht stond te lezen, ongepoederd haar, een lichaam dat rusteloos was van energie, klaar om te vuren. Een wereld die Reynolds, al was hij de zoon van een onderwijzer uit Devon, goed kende; welke jongen uit het westen van het land die was opgegroeid met de heldendaden van Drake was dat niet? Hij was naar Londen gestuurd om te werken bij Thomas Hudson, die ook uit Devon kwam. Van tijd tot tijd keerde hij terug om een portret te maken van plaatselijke grootheden, maar Reynolds – een uitbundig en geaffecteerd gezelschapsmens – was geknipt voor Londen. Hij vestigde zich in de relatief bescheiden buurt rond St Martin in the Fields, maar ging 's avonds op stap naar de koffiehuizen en taveernes, waar hij theatermensen ontmoette, en via hen schrijvers en journalisten. Er is in de annalen van de Engelse schilderkunst niemand bekend die zo'n geboren netwerker was en zo naar roem haakte als hij. Op zijn vijfentwintigste schilderde hij zichzelf, het palet in een vreemde hoek in zijn hand; het licht dat op hem valt is zo fel dat hij zijn ogen afschermt voor het schijnsel, misschien de glans van toekomstige roem.

Een van de helden nieuwe stijl, Augustus Keppel, was zo'n goede vriend dat hij Reynolds, toen die zijn leerlingschap moest gaan afronden met een verblijf in Rome, aanbood hem er gratis heen te brengen aan boord van zijn nieuwe schip. Reynolds bleef drie jaar in de stad, maakte tekeningen van de wonderen en de Michelangelo's, en verkondigde dat hij geleid werd door de verhevenheid van de renaissance, al had hij Rembrandt en Rubens in zijn schildersbloed. Toen hij in 1752 terugkwam in Londen, poseerde een reeks schoonheden en officieren voor hem, en zijn werk was zo schitterend dat hij niet alleen dezelfde prijzen kon rekenen als de gevestigde portretschilders, maar zijn prijzen ook voortdurend opdreef. Elke ochtend begon hij stipt om negen uur, keurig geschoren, gekleed en gepoederd, en werkte door tot vijf uur, zes of zeven dagen per week.

Het was een van zijn modellen, waarschijnlijk Keppel, een van de vele jongens die haar intiem hadden gekend, die Kitty Fisher als eerste meenam naar Reynolds' atelier in april 1759. Of liever gezegd, eigenlijk bracht Kitty zichzelf, want zoals gebruikelijk wist ze precies wat ze van de schilder wilde. Courtisanes van haar generatie hadden zakelijke mogelijkheden die niet beschikbaar waren voor de gewone lichtekooi of de ouderwetse beroepsvrouw die gebonden was aan één enkele klant/beschermer. Zoals grapjassen voor de hand liggend zeiden, kon Kitty Fisher het zich veroorloven een beetje rond te 'vissen', en mensen als Keppel, lord Ligonier en Reynolds' eigen beschermheer Richard Edgcumbe aan de haak te slaan. Ze was nog maar net een jaar bekend bij het publiek, dankzij een van haar beaux, vaandrig Thomas King, die met haar pronkte toen ze er al achter was hoe en waar ze haar koopwaar het best kon tonen, namelijk te paard in St James's of Hyde Park. Het feit dat het sinds kort in de mode was voor vrouwen om een mannenrijjas en laarzen te dragen maakte haar aantrekkingskracht alleen maar groter. In deze uitdossing werd Kitty al snel het voorwerp van lonkende blikken van de beau monde.

Ze ging nog een stap verder en haalde de stunt uit die haar naam zou vestigen. Toen ze begin april een keer aan het paardrijden was in St James's Park, manoeuvreerde ze zich recht voor een troep cavaleristen die aan kwam draven, zodat haar paard steigerde en haar afwierp. (Ongetwijfeld was er enige druk van de sporen uitgeoefend om de tuimeling zeker te stellen.) Tijdens haar val gingen haar rokken omhoog, en dat bleven ze. Omdat ondergoed nog onbekend was, werd er veel van Kitty onthuld aan een juichende menigte toeschouwers. Kitty barstte in tranen uit, misschien omdat ze zich pijn had gedaan of omdat ze zich vernederd voelde, maar toen de tranen even plotseling omsloegen in gegiechel was het duidelijk dat er weinig kwaad was geschied. Vanuit het niets verscheen onverwacht een gesloten draagstoel die het gniffelende meisje wegdroeg naar haar vaardig in scène gezette roem. De grap viel in goede aarde. De scène, die voor een zo groot mogelijk publiek was opgevoerd, werd onmiddellijk beschreven, getekend, gedrukt en bezongen in balladen als 'Het vrolijke

Laurence Sterne, door sir Joshua Reynolds, 1760
Kitty Fisher, door Richard Purcell, naar sir Joshua Reynolds, 1759

ongeluk'. Koffiehuizen en kroegen werden overspoeld met schotschriften en karikaturen met de gebruikelijke types als toeschouwers – loerende mannen die met verrekijkers onder haar rokken keken, giechelende jochies. Binnen de kortste keren verscheen er een 'autobiografie' van haar avonturen, waarin Kitty met gespeelde verontwaardiging kon reageren, en dat hield de praatjes gaande. 'Kitty's Fall' werd een bekend liedje zodra het uitkwam, en de courtisane had zichzelf een naam bezorgd.

Het was nog niet voldoende. Ze moest ook een gezicht zijn, en er was maar één gezichtenschilder die haar het beeld kon verschaffen dat ze in gedachten had. Er werd voor een introductie gezorgd en Kitty meldde zich in Reynolds' atelier, bereid elk bedrag te betalen dat hij zou vragen. Waarom Reynolds zich zou verlagen om een beruchte courtisane te schilderen, vooral omdat hij als doel had de meest vooraanstaande kunstenaar van de hogere kringen te worden? Ach waarom niet? Er was een lange traditie van portretschilders die koninklijke schoonheden schilderden, waarom zou hij niet hetzelfde doen voor de Ster van de Stad? Maar een jaar later moest Reynolds hiervoor boeten, want de nieuwe koning, George III, verkoos Allan Ramsay boven hem en noemde hem 'vergif', ook al zou hij hem een paar jaar later in de adelstand verheffen. Het zegt iets over de ongebonden commerciële aard van de Britse cultuur dat Reynolds meer geïnteresseerd was in de promotionele mogelijkheden van schilderijen (en later gravures) van Kitty Fisher dan in wat het hof ervan vond.

Reynolds zag geen tegenstrijdigheid in enerzijds Kitty Fisher schilderen en anderzijds patriarch van de Britse schilderkunst worden, zolang hij in zijn eigen ogen trouw bleef aan zijn klassieke opleiding in Rome en aan zijn grote rolmodellen Rembrandt en Rubens. Ogenschijnlijk onderschreef hij de mening van Jonathan Richardson, die in 1715 had gepleit voor de rol van de schilderkunst bij het verheffen van de omgangsvormen. Maar de sociale werkelijkheid van Groot-Brittannië in die tijd was dat de barrières tussen de hoge en de lage maatschappij, de lord en de del, de edelman en de actrice, poreuzer waren dan waar ook in Europa. Dat wist Reynolds omdat hij ermiddenin zat. Een klein jaar nadat Kitty voor het eerst voor hem had geposeerd, verhuisde hij naar een veel voornamer huis aan Leicester Square, dat dienst zou doen als een non-stop werkend atelier (en onderdak bood aan assistenten die de uitvoering van details van de kleding of de achtergrond toegewezen kregen, zodat Reynolds' productie niet vertraagd zou worden) en een oord van vertier voor zijn grote, illustere kring vrienden, die met zovelen waren dat een van hen klaagde dat er bij Reynolds altijd meer mensen aan de dinertafel

Miss Nelly O'Brien, door sir Joshua Reynolds, ca. 1762-1764
De actrice Kitty Fisher als Danae, door sir Joshua Reynolds, 1761

zaten dan aangenaam was voor de gasten. Hetzelfde jaar zou een Kunstenaarsgenootschap, grotendeels bekostigd door Reynolds, met jaarlijkse openbare exposities beginnen, waar alle vormen van schilderkunst te zien waren, van miniaturen en conversatiestukken tot historieschilderijen. Het grote, gretige, alle soorten cultuur verslindende publiek stroomde niet zozeer toe voor de morele verheffing die Richardson in gedachten had, als wel om de nieuwste beroemde gezichten te zien, of het nu de laatste literaire sensatie Laurence Stern was, wiens roman *Tristram Shandy* niet te vergelijken was met wat iemand ooit had bedacht of geschreven, of de oppervlakkige, charmante Kitty Fisher. En het was Reynolds, de grote spreekstalmeester van het stadse circus, die het de bezoekers allemaal voorschotelde.

Een tijdlang waren Kitty en Reynolds partners in onbeschaamde wederzijdse promotie. Ze kwam bij hem om haar bekendheid uit te buiten: om een beeld te scheppen dat op een of andere manier zowel verfijnd als flirterig sensueel was. En het is duidelijk dat hij de gelegenheid met beide handen aangreep. Op het eerste van vier portretten leunt Kitty in haar typerende zwarte kant en uitwaaierende mouwen naar voren over iets wat eruitziet als de balustrade van een theaterloge, zodat haar weelderige boezem zo voordelig mogelijk uitkomt. Rond haar hals heeft ze een snoer parels, het zinnebeeld van kuisheid: een aardig detail. Haar armen zijn teder over elkaar geslagen, de vingers van de linkerhand gespreid, zodat het gevoel hoe het zou zijn om die romige huid aan te raken van het schilderij naar de toeschouwer wordt overgebracht. Op de rand ligt een geïnspireerd dubbelzinnig briefje dat van alles zou kunnen zijn, een liefdesbrief, een bericht van een vriend, of een herinnering aan een afspraak, want de enige leesbare woorden zijn 'Liefste Kitty'.

Uit dergelijke hints ontstaan bekende personen. Een paar maanden later werd er al een mezzotint van het schilderij gemaakt door Edward Fisher, die vervolgens uitgegeven en verkocht werd door Thomas Ewart en Robert Sayer. De afbeeldingen die in Sayers zaak verkrijgbaar waren, wakkerden de vraag aan en versterkten de Fishermanie. Versies van Kitty verschenen in elk mogelijk medium, waaronder ook een miniatuur dat was afgedrukt op het ronde kaartje in een horlogekast dat het verfijnde instrument tegen stof moest beschermen. Als je je even verveelde of ongedurig werd aan het hof of op kantoor, kon je het horloge uit je binnenzak halen onder het voorwendsel dat je je zorgen maakte over het late uur, en een snelle blik werpen op het meisje van je fantasieën. Het succes van de naar voren leunende pose en de vaag zoekende blik kan worden

Kitty Fisher, door Nathaniel Hone, 1765
Kitty Fisher als Cleopatra, door sir Joshua Reynolds, 1759

afgemeten aan het aantal schilderijen van over het algemeen heel keurige vrouwen die deze pose voor hun eigen portret overnamen. Reynolds
zelf herhaalde haar in grote trekken voor de courtisane Nelly O'Brien, de
maîtresse van de bullebak burggraaf Bolingbroke. Ook zij leunt iets naar
voren, zodat de zon op haar eenvoudige gezicht en over haar volmaakte
hals, tot in het uitnodigende decolleté, een spel van licht en schaduw kan
spelen. Maar net als Kitty heeft ook Nelly een troostende lieftalligheid:
een landelijke strohoed op haar hoofd, haar poedel die ligt te slapen op
haar schoot, waar anderen misschien hun hoofd hebben gelegd.

Kitty en Reynolds bleven samen aan hun roem werken. Hoever dit ging,
zullen we nooit weten. De schilder maakte deel uit van een cultuur waarin hoge geesten zich konden verlustigen in lage gedachten. Leden van de
Society of Dilettanti, een herenclub die zich richtte op het bestuderen van
de Oudheid, werden door Reynolds afgebeeld terwijl ze vrolijk de O van
copulatie maken met hun vingers, duimen en, in één geval, een kousenband. Dit is niet zo verbazingwekkend wanneer je weet dat een ander lid
van de club, Richard Payne Knight, de schrijver was van een werk over de
cultus van Priapus. Dus mensen zouden zeker gniffelen en elkaar aansto-
ten wanneer ze hoorden hoe vaak Kitty Fisher voor Reynolds zou hebben
geposeerd. En er is een kleine, onvoltooide olieschets van haar, spectaculair topless en met een klein hondje naast zich, die zeker niet was bedoeld
voor het grote publiek en alle kenmerken heeft van een erotisch memento.

Maar voor publiek gebruik moesten de seksuele verwijzingen subtieler
zijn. Het portret van Nathaniel Hone, waarop Kitty een losse sjaal voor haar
verder onbedekte boezem houdt, bevat ook vette knipoogjes: een poesje
op het punt een goudvis te vangen. Op een ander steekt het meisje gevaarlijk een vinger uit om met een papegaai te spelen (Reynolds huisdier).

Het populairste portret, dat ook het meest is gekopieerd als prent, is
toch Reynolds' portret van Kitty als Cleopatra, die indruk probeert te
maken op Marcus Antonius door een parel in een bokaal wijn op te lossen.
Het zorgvuldig gecomponeerde schilderij, dat in 1759 werd gemaakt, een
paar maanden nadat Kitty en Reynolds elkaar voor het eerst ontmoetten,
slaagt erin tegelijkertijd de toppen van verfijning en de diepten van grove
toespelingen te bereiken. Zoals ze ongetwijfeld wilde, is Kitty geheel klassiek, niet alleen in de manier waarop ze haar historische rolletje speelt,
maar ook alsof ze zelf een figuur uit de Romeinse schilder- of beeldbouw-
kunst is. Haar huid is bleek, de kleuren van haar op de Oudheid geïnspireerde kleding zijn puur en ingetogen. Aan de andere kant is wat ze doet
met de parel, of liever gezegd de manier waarop ze het doet, een heel

ander verhaal. Het zou kunnen dat dit de enige manier is om die parel te laten vallen, maar de cirkel die ze maakt met haar elegante duim en wijsvinger zou gezien kunnen zijn als een uitnodiging tot seks, des te schokkender als die gedaan wordt door een vrouw in plaats van de losgeslagen Dilettanti. Daar is ze, de koningin van de passie, beschikbaar en lief en inschikkelijk, maar alleen voor een moderne Marcus Antonius.

Maar wie ze helaas kreeg, was John Norris, kleinzoon van een admiraal en parlementslid voor het kleine kiesdistrict Rye. Hij was een beruchte nietsnut toen Kitty in 1766 met hem trouwde, maar ze dacht misschien dat ze een beter mens van hem kon maken in dit nieuwe leven als zij de rol van echtgenote van de landheer vervulde: uit rijden met de jachthonden en goede werken verrichten voor de armen en zieken. Ze dacht zeker aan een andere schoonheid uit haar tijd, haar rivale Mary Gunning uit Ierland (ook door Reynolds geschilderd), die gravin van Coventry was geworden en met wie Kitty eindeloos kiftte. Toen de gravin haar vroeg waar ze een bepaalde jurk had gekocht, zou Kitty, volgens Giustiniana Wynne, hebben geantwoord dat Mary dat beter aan haar man kon vragen, omdat die hem aan haar had gegeven. Maar de gravin was helaas degene die aan het langste eind trok (en ongetwijfeld in haar vuistje lachte). Nog geen vier maanden nadat ze met Norris was getrouwd, overleed Kitty. Net als bij Venetia Stanley hadden kwade tongen het over het verband tussen schoonheid en gif. Ze had zichzelf vermoord, zei men, door jarenlang voor haar gezicht cosmetica te gebruiken die lood bevatte om haar volmaakt melkwitte teint te behouden.

Moraal. Ga niet naar bed met Roem. Want als je wakker wordt ben je misschien dood.

Lucy Locket lost her pocket,
Kitty Fisher found it;
But ne'er a penny was there in't,
Only ribbon 'round it.

Er waren momenten dat de geridderde voorzitter van de Royal Academy zich op de korte afstand tussen Leicester Square en Covent Garden een weg moest banen tussen hopen afval, wegstuivend ongedierte, jammerende, waarschijnlijk verlaten kleine kinderen, de aangekoekte resten van honden en katten die door karren en koetsen overreden waren, lijven vol drank, doof voor het geraas en gedreun van de stad, buiten westen, met hun hoofd in een goot die overliep van het slijk, omroepers en venters in alle soorten en maten, van sinaasappels en citroenen, van pasteien en broodjes, linten, knopen, messen, spiegels en zwepen, Joden die aan je mouw trokken met oude kleren in een zak en drie hoeden op elkaar gestapeld als een goochelaar uit het variété. Joshua Reynolds wist echter wat hij deed en waar hij naar op weg was. Hij had voldoende belangstelling voor de hoerenkasten en bordelen in Covent Garden om een aantekening te maken wanneer een nieuwe tent, die nog niet in *Harris's List of Covent Garden Ladies* stond, de deuren had geopend: Mrs Goadsby's, bijvoorbeeld, die de competitie aanging met Mother Kelly en de anderen. Hij had modellen nodig om te poseren voor de losjes op klassieke motieven gebaseerde, decoratieve schilderijen waar veel vraag naar was – de bacchante, de dryade, de bosnimf – dus kamde hij de stad uit op zoek naar schoonheid. Het was een kopersmarkt. Een op de acht volwassen en ook niet zo volwassen vrouwen in Londen verkocht haar lichaam op een of andere manier. Sommigen deden het als bijverdienste naast het hongerloontje dat ze verdienden als bediende, winkelmeisje of barmeid, anderen als fulltime beroep: dertigduizend vrouwen, binnen en buiten, in huizen en stegen.

Een van die meisjes trok de aandacht van Reynolds in Soho: enorme donkere ogen, een waterval van kastanjebruin haar, een mond als een vlek kersensap, en voor het overige werd hij herinnerd aan wat zijn vriend Edmund Burke in zijn *Essay on the Origins of the Sublime and the Beautiful* in zijn loftuitingen aan de boezem vrolijk de 'gemakkelijke en gedachteloze welving' noemde. Deze Amy was misschien dertien of veertien, met het krassende accent van Noord-Engeland in haar stem, maar ze stelde niet teleur. Toen hij weer thuis was aan Leicester Square, schilderde hij haar als Venus, Dido en Thaïs. Had ze aanleg voor een ander leven, op het toneel misschien? Het meisje had het warme extraverte gedrag dat nodig was voor het theater. Toen er geen geld meer te verdienen viel met het verkopen van bloemen, moest Frances Abington, nu de aanbeden koningin van het Drury Lane-theater, haar toevlucht nemen tot het bordeel, waar ze heren bediende onder de naam 'Nosegay Fan' (Ruikertje Fan). Kon deze Amy opklimmen uit het leven van straatmadelief? Dat kon ze, maar niet op het toneel dat Reynolds in gedachten had, en ook niet door zijn toedoen.

Op een regenachtige dag in maart 1782 nam Charles Greville zijn zeventienjarige maîtresse mee naar het atelier van George Romney aan Cavendish Square. Greville was de jongste zoon van de hertog van Warwick, en een enthousiast navorser van de Oudheid, van tropische gewassen van het soort dat door zijn vriend Joseph Banks was meegenomen over de Pacific, en van edelstenen die hij probeerde te verzamelen met wat hij overhield van de krenterige vijfhonderd pond per jaar die zijn toelage vormde. En dan waren er de extra uitgaven voor het meisje, Emma (vroeger Amy), dat nu de achternaam Hart droeg die hij haar had gegeven. Ze was harteloos mishandeld door Harry Featherstonehaugh, die haar had ontdekt in een bordeel en haar van Charlotte Hayes ofwel Mrs Kelly had gekocht voor exclusief gebruik. Een tijdlang ging het goed. Emma werd behandeld als vermaak tijdens soirees in zijn landhuis. Het meisje bleek, hoe jong ze ook was, al precies te weten hoe ze haar vele charmes het best kon tonen, in de ene pose na de andere, tot algehele verrukking van zijn vrienden. Leek ze bij zwak kaarslicht niet sprekend een van die Griekse standbeelden? Toen kwam de onvermijdelijke zwangerschap. Gezwollen, opgeblazen Emma, met een huid vol eczeem, beviel haar beschermer niet meer. Hij verzon redenen om haar af te danken: valse beschuldigingen dat de bastaard niet van hem kon zijn.

In haar wanhoop wendde ze zich tot Greville, de enige rustige man in het woeste gezelschap. Greville keek naar haar: als ze een beetje werd opgepoetst, kon ze zijn laatste edelsteen zijn. Hij nam haar mee naar Paddington en gaf haar onderdak, samen met haar moeder Mary, die toen Mrs Cadogan werd genoemd. De straat was Edgware Row, dezelfde rij stadshuisjes met hekken en iepen en herbergen voor veehandelaren waar Tiny Cosmetic zijn dagen zou slijten. In ruil voor zijn liefdadigheid – het was zelfs een voorwaarde – wenste Greville dat Emma de traditie van de boetvaardige, bekeerde hoer zou volgen. Ze moest zich eenvoudig en huiselijk kleden en gedragen en zou een minimum aan beschaafd onderwijs krijgen. Onder geen beding mocht ze door de stad flaneren of met iemand anders intiem worden dan met hem. In aanmerking genomen wat het meisje allemaal had meegemaakt: een verarmde jeugd in een groezelig mijnwerkersdorp in Cheshire, dienstjes in Londen, eerst bij een dokter, toen bij een actrice die haar hoofd op hol had gebracht; heen en weer gestuurd als een leuk pakketje, veroordeeld om haar brood te verdienen met haar bloesemende boezem, tentoongesteld als erotische danseres in de 'Tempel van Gezondheid' van James Graham, waar ze bereidwillig rond het Hemelse Bed dartelde (wat garandeerde dat de impotenten vitaal werden en de sterielen vruchtbaar) en vandaar naar Mother Kelly's House om heren te bevredigen, waar sir Harry, die aparte voorkeuren had, haar vond en als zijn eigen speeltje gebruikte. Hiermee vergeleken waren Edgware Row en Greville een lustoord van tevredenheid.

Greville was naar Cavendish Square gekomen om een portret van zichzelf te laten maken, en George Romney had hem uitstekend geschilderd, of althans op de manier waarop Greville gezien wilde worden: als een tamelijk studieuze man te midden van alle flitsende losbollen, simpel gekleed, met een intense blik van onder de borstelige wenkbrauwen. Maar Romneys eigen blik was elders, namelijk bij het meisje over wie Greville sprak; hoe hij haar zou willen laten schilderen in de een of andere gedaante van onschuldige charme, simpel en zuiver, met een vogel of een spinnewiel of zoiets, en dus had Romney reden om te blijven kijken, en hoe meer hij keek, hoe zekerder hij wist dat hij verloren was.

George Romney zocht al heel lang naar iemand die zo ongekunsteld was. Hij was op het toppunt van zijn roem en net zo in zwang als zijn rivaal Reynolds, met wie hij, zo zei men, 'de stad deelde'. Wat betreft hun vermogen om een gelijkend portret te maken en de virtuositeit van hun techniek waren ze tegen elkaar opgewassen; de beslissing om naar Leicester of naar Cavendish Square te gaan was net zo goed een sociale keuze – wie je kende en van wie de aanbeveling kwam – als een kwestie van smaak. Ze hadden allebei tijd doorgebracht in Rome, hadden allebei een gevoel voor drama dat ze in hun portretten brachten, Reynolds misschien meer in klassieke stijl en Romney meer met een romantisch temperament.

Maar hier hield de overeenkomst op. Waar Reynolds vriendelijk en sociaal was, was Romney berucht eenkennig, angstig en gekweld door zwaarmoedigheid. Reynolds was vanuit Devon soepel de wereld van de societyportretten binnengezeild en had connecties met de roemruchte vloot, maar bleef iets houden van de leerhonger van zijn schoolmeestervader. George Romney was op zijn tiende van school gehaald in zijn dorpje in Cumbria, zodat hij zich kon bekwamen in het vak van zijn vader de meubelmaker. Dat was niet iets om op neer te kijken of weg te wuiven. In zijn bloeiperiode ontwierp en maakte hij zijn eigen lijsten, die op zich kleine kunstwerken waren en zeer in trek. Als hij somber was, kon hij zich terugtrekken achter de draaibank en met de schaaf, weg van het loze gebabbel van de wereld. Net als Reynolds en Hogarth zou hij het liefst een groot historieschilder zijn, en hij dacht dat dat de enige manier was waarop de Britse kunst het hoofd hoog kon houden tegenover de Italianen, maar de historiën waar hij aan dacht en in liefhebberde, waren de wildere dichtwerken van Shakespeare, met name Lear, die hij met immens pathos schilderde terwijl hij bezig is zijn kleren uit te trekken op de vervloekte heide, om een metgezel te zijn voor de arme, naakte, dwaze Tom/Edgar.

Reynolds was het zonlicht, Romney de storm. En hij had zijn eigen geschiedenis van rampen waarmee hij moest leven. Tijdens zijn rondtrek-kende jaren in Noord Engeland had hij het aangelegd met de dochter van zijn hospita die een paar jaar ouder was dan hij, had hij een kind bij haar gekregen en was hij met haar getrouwd. Maar het lot bracht hem elders, eerst naar York en toen naar Londen. Hij zou haar over laten komen wanneer middelen en gelegenheid dat toestonden, zei hij tegen haar, maar deed dat vervolgens nooit, natuurlijk. Die ontrouw bleef als een schaduw aan zijn roem kleven.

Dat duister overschaduwt zijn ogen op het opmerkelijke zelfportret dat hij schilderde rond de tijd dat Emma Hart voor hem poseerde. In tegenstelling tot Reynolds' vlotte zelfvertrouwen is het naar binnen gekeerd, peinzend, wantrouwend en vol zelfkritiek. En de lichaamstaal van de over elkaar geslagen armen is pijnlijk gespannen en heeft niets te maken met een echt spiegelbeeld. In plaats van zelfs maar een hint van penseel en palet heeft Romney zijn best gedaan om de instrumenten van zijn kunst (die zo prominent zijn in de zelfportrettraditie) te verbergen: zijn handen. Rondom zijn hoofd, de zetel van inspiratie, zien we een uitwaaierende vlek schaduw, als een migraine die hem komt worgen in een pijnlijke greep. Sinds *Het leven van Michelangelo Buonarotti* van Vasari was er een traditie geweest van kunstenaars die onder de funeste invloed van Saturnus zouden staan, overheerst door buitensporige zwartgalligheid en geneigd tot heen en weer zwalken tussen de pieken van de scheppende euforie en de afgronden van de zwaarmoedigheid. Reynolds was de uitzondering, Romney de regel.

Emma kwam zijn atelier en zijn leven binnen als een plotselinge lichtstraal in de omringende somberte, dus natuurlijk raakte hij verslaafd aan haar en liet hij haar poseren, tijd met hem doorbrengen, gaf ze hem een reden (geen voorwendsel) om almaar te blijven staren. Het resultaat van een van de eerste poseersessies in 1782 was een kleine olieschets voor een schilderij ten voeten uit van haar als Circe. Het is een visueel lexicon van Romneys eigen verwarde, geprikkelde verlangen: de glanzende lippen, de beschaduwde ogen, de losvallende jurk die uitnodigt om meer te zien. Zij was de verleidster, hoewel er niets grofs aan de schilderijen is. Op het grote schilderij loopt ze op de toeschouwer af, gracieus en soepel, ongedwongen, meesteres van een rijk dat groter was dan Charles Greville en Edgware Row.

Romney was geketend, maar zijn creativiteit bracht onvermoede vrijheid. Zijn penseelvoering was losser, minder berekenend; de talloze schetsen die hij zou maken waren wondertjes van licht en beweging,

Zelfportret, door George Romney, 1784

stralende gewassen inkttekeningen. Het contrast met de overdadig geklede schoonheden van Reynolds had niet groter kunnen zijn. Romney
liet Emma poseren in heel eenvoudige witte jurken van katoen, batist of
mousseline, materialen die zouden zweven en opwaaien en draaien bij de
bewegingen van haar weelderige lichaam. Uit de eerste twee poseersses-
sies kwamen allerlei soorten schilderijen voort. Toen begon Greville zich
waarschijnlijk zorgen te maken over het onhoudbare enthousiasme dat
zijn vriend op het doek vastlegde, en hij merkte dat Emma op gravures de
aandacht begon te trekken. De sentimentele cultus van de natuur begon
vat te krijgen op de hogere sociale klasse. Emma was de incarnatie ervan:
ze riep een herinnering op aan antieke zuiverheid, maar dan zonder de
verstening. Geen enkele vrouw in de Engelse kunst was ooit geschilderd
met zoveel gloeiende warmte van vlees en bloed.

Er werd een punt achter gezet. Romney bleef zestien lange maanden
zonder Emma aan Cavendish Square, maar toen ze in 1784 terugkwam,
waren ze niet meer te stuiten: Emma met een strohoed als een zigeunerin,
een uitdagende hand onder haar kin; Emma als de 'Natuur' zelve met wijn-
bladeren en klimop in haar kastanjebruine vlechten; vele Emma's als bacchante, die toestond wat niet geacht werd toegestaan te worden: de in een
glimlach of een lach geopende mond en in één geval een ontblote borst;
Emma ten voeten uit als Melancholie in een strakke klassieke jurk, en om
het gegniffel de mond te snoeren: Emma als de personificatie van huiselijke deugd, kuis in een japon gehuld, compleet met een lange sjaal die geen
echte spinster ooit tijdens het werk zou dragen, achter haar spinnewiel,
een dunne draad tussen duim en wijsvinger, en nog een die door haar uitgestrekte pink werd geleid. Het decor is rustiek-romantisch (inclusief een
kip), het wiel snort, het meisje in het wit draait haar hartvormige gezicht,
omlijst door een massa donker haar, naar de indringer – naar ons – en we
volgen de schilder in zijn onsterfelijke ineenstorting.

Tussen 1782 (toen er maar twee lange sessies waren) en 1784 poseerde
ze 118 keer voor Romney. Andere modellen, zijn dagelijks brood, werden
afgescheept. De ijverigste portretschilder van Londen kon zich er niet toe
zetten naar iemand anders te kijken. In 1785 had Greville er genoeg van.
Zijn maîtresse was een sensatie geworden. Er waren momenten dat ze
tegen wil en dank de menigte bespeelde. In de Ranelagh-lusttuinen zong
ze voor een massa bewonderaars met op haar hoofd een modieuze kap
die geassocieerd werd met boetvaardige gevallen vrouwen. Greville was
niet gelukkig met de vertoning. Hiervoor had hij haar niet gered van de
verfoeilijke sir Harry en haar onderdak geboden in het huisje aan Edg-

ware Row. Verlangen begon te veranderen in afkeer. Hij was nu thesaurier van het Koninklijke Huishouden, een sinecure die hij had verworven dankzij zijn vader en de jonge premier Pitt, maar hij had geld nodig, het soort geld dat een huwbare erfgename zou leveren. Wat hij niet nodig had was Emma.

Er werd een plannetje bekokstoofd, zo cynisch dat Harry Featherstonehaugh vergeleken daarbij een engel leek. Grevilles oom, William Hamilton, ambassadeur bij het Koninkrijk der beide Siciliën in Napels, oudheidkundige en classicus, geleerde gids voor onverschrokken reizigers die op de Grand Tour de zwavelig rokende Vesuvius wilden beklimmen, was op bezoek geweest en had een seconde of twee langer naar Emma gekeken dan gepast zou zijn geweest voordat hij haastig zijn blik afwendde. Er was een bacchante besteld bij Romney, speciaal voor de weduwnaar Hamilton, om zijn dagen in Napels te verlichten. In 1786 stelde Greville voor dat Emma misschien mee terug zou willen reizen met Hamilton, een beetje charmant gezelschap, weet je wel, voor de vriendelijke oom? In haar onschuld stemde ze toe, wat kon ze anders?

Greville had Hamilton daarentegen een heel ander verhaal verteld: dat Emma meeging als maîtresse en bereidwillig was. Een tijdlang bleef ze onwetend van wat er te gebeuren stond. Greville had haar verteld dat hij zich in Napels bij haar zou voegen. Toen hij niet kwam opdagen en de oom avances maakte, die boos en overstuur werden afgewezen, kwam de akelige waarheid naar buiten. Greville had haar doorgegeven aan zijn oom, als een geldwissel, en nu droeg hij haar op gehoorzaam te zijn en te accepteren dat ze de maîtresse van Hamilton was. En dat na al zijn schijnheilige praatjes om een bekeerde Magdalena van haar te maken, haar in kuis wit te laten schilderen. Emma's brief aan Greville was een explosie van angstige woede: '...nu je hebt bereikt dat ik van je hield, dat ik goed werd, nu heb je me verlaten'.

> ... als je wist hoeveel pijn ik voel bij het lezen van deze regels waarin je me aanraadt om te H[oereren]. Niets kan mijn woede uitdrukken! Ik ben een en al boosheid! Greville, om me dat aan te raden! Jij die jaloers was op mijn glimlach! Hoe kun je me, met koele onverschilligheid, aanraden om naar bed te gaan met hem, sir Wm... Ik zou jou en mijzelf willen vermoorden... Ik zal naar Londen gaan, daar elke onmatigheid van zonde begaan tot mijn dood, een treurige stumper met een gebroken hart, en mijn lot als waarschuwing laten dienen voor jonge vrouwen om nimmer te goed te zijn.

Emma, lady Hamilton, door George Romney, ca. 1785

Maar wat kon ze doen? In Napels was Hamilton tenminste vriendelijk tegen haar, genoeg voor haar om hem uiteindelijk te geven wat hij wilde. In ruil daarvoor behandelde hij haar als de gemalin van een ambassadeur, een *maîtresse en titre*. Naast de geneugten van Emma's sensualiteit was er veel aan haar dat hem beviel: haar argeloze eerlijkheid, haar onverbeterlijke uitbundigheid. In plaats van haar verstopt te houden, nam hij haar mee naar het hof van de Bourbons, waar koningin Carolina bevriend met haar raakte. Emma begon haar gekostumeerde Attitudes op te voeren en bleek een groot talent te bezitten voor het ontwerpen van haar eigen producties. Er ontstond daar tussen de cipressen van Campania oprechte warmte tussen haar en sir William, en Emma was zo dol op hem dat ze over een huwelijk nadacht en sprak. Als lady Hamilton zou ze de wereld iets laten zien en alles wat ze had meegemaakt uitwissen.

In 1790, nog niet getrouwd, keerden Hamilton en Emma terug naar Londen. Toen hij dat hoorde, zegde Romney, helemaal opgewonden, bijna iedereen af die kwam poseren. Ze kwam weer bij hem terug: er werden nog meer schilderijen geproduceerd, vaak versies van de Attitudes. Het merkwaardige trio – Romney, Emma en Hamilton – waren voer voor de bladen. *Town and Country* roddelde, de *Public Advertiser* kwebbelde. Prenten van Emma met steeds wisselende hoeden stroomden van de persen. Haar gezicht verscheen op porselein en snuifdozen. Ze was een cultfiguur. Ze had alle reden om tevreden te zijn.

En toen, zoals in de beste en slechtste sentimentele liefdesverhalen, sloeg de bliksem in. De bliksem was kort, lomp, onbehouwen vrolijk, kordaat en heette Horatio Nelson. De eerste keer dat hij in Napels kwam in 1793 was een vonkje; de tweede keer, toen zijn schepen het hof van de Bourbons en *casa* Hamilton moesten beschermen en de bewoners in veiligheid moesten brengen, ver van de Fransen, naar Sicilië, was een Vesuviaans vuur. Emma kon er niets aan doen en gaf zich eraan over, eerst als verpleegster voor Nelsons verminkte lichaam en pijnlijke oogkas, en vervolgens voor de rest. De arme Hamilton, die nu over de zestig was, legde zich erbij neer en was bereid te lijden onder de vernedering om haar maar niet kwijt te raken. Nelson zelf was getrouwd, en omdat zijn in de steek gelaten vrouw, Frances of Fanny, elke vorm van scheiding weigerde, zat er niets anders op dan een buitengewone *ménage à trois*.

Die verplaatste zich naar Engeland, waar Nelson de villa Merton Park voor hen drieën kocht. De nieuwsjachthonden van de pers smulden hier natuurlijk van, vooral toen Emma opzwol van Nelsons kind, hun dochter Horatia, en de karikaturisten stof voor eindeloze platte grappen hadden.

Nog adembenemender was het als ze met hun vieren in het openbaar verschenen, in de opera en het theater, waar Nelson zich honds gedroeg tegen zijn wreed versmade vrouw. Niet iedereen was gediend van de voorstelling die ze van hun passie maakten. Emma was koopziek en overlaadde Merton Park met Nelson-bling. Lord Minto sneerde met zijn zuinige aristocratische mond dat 'niet alleen de kamers, maar het hele huis, tot en met het trappenhuis, overdekt is met niets dan schilderijen van hem en haar, in alle soorten en maten, en uitbeeldingen van zijn vlootacties, wapenschilden, plaquettes ter ere van hem... de vlaggenstok van L'Orient, &c.'. Het was, besloot Minto, 'in feite een spiegel om de hele dag naar zichzelf te kijken'.

Maar desondanks (misschien omdat ze gewend waren aan alle wisselende ostentatieve passies van de kroonprins) wees Engeland de admiraal en zijn maîtresse niet af. Emma Hamilton, vereerd om niets anders dan dat ze zichzelf was en de mooiste vrouw van Engeland, werd gehuld in de vlag van Nelsons welverdiende faam. Haar uiterlijk werd één met zijn daden. Samen, dacht hij graag, hadden ze zowel Frankrijk als Groot-Brittannië veroverd. Het was natuurlijk gunstig dat Nelson echt belangrijk was: hij paarde moed en durf aan tactisch en strategisch talent. In de Baai van Aboukir had hij het Britse rijk gered, bij Trafalgar zou hij Groot-Brittannië van een invasie redden. Die dreiging was niet onbeduidend. Er lag een leger van 400 000 man te wachten bij Boulogne. Napoleon had een speciale tentoonstelling georganiseerd rond de tapisserie van Bayeux bij wijze van bluf en profetie. De held boorde die ambitie de grond in.

De prijs was fataal. Engeland had nog nooit zo'n begrafenis meegemaakt, niet eens voor een vorst. Nelsons lichaam, dat in een vat alcohol naar huis was verscheept om het te conserveren, lag opgebaard onder Thornhills plafondschildering in Greenwich Hospital, en naar schatting zo'n honderdduizend diepbedroefde Britten paradeerden erlangs. Op de dag van de begrafenis werd zijn lichaam met een boot over de rivier naar de landingsplaats in Whitehall gebracht, in zwarte draperieën. Immense menigten stonden op de bruggen en de straten toen het op een rijtuig dat de vorm had van de boeg van de Victory naar St. Paul's Cathedral werd gebracht. Het rijtuig werd geëscorteerd door dertigduizend gardisten. Er waren ook nog zevenduizend mensen in de kathedraal: alle groten en goeden van het land en vooral van de marine, inclusief – en dat was heel uitzonderlijk – de gewone bemanning van de Victory. De regering was nog steeds angstig voor mensenmassa's, maar wist dat de bemanning de toegang ontzeggen tot oproer zou leiden. Aan het eind van de dienst liet

Horatio Nelson, door sir William Beechey, 1800

men Nelsons lichaam in zijn immense sarcofaag – zo'n enorm gewicht voor een kleine held – door een opening midden onder Wrens grote koepel in de crypte zakken. De vlaggen van zijn schepen zouden erop gelegd worden, maar op het laatste moment pakten de matrozen een van de grootste en scheurden hem ter plekke in stukken zodat ze hem allemaal voor altijd bij zich konden hebben.

Twee mensen ontbraken: de vrouw en de maîtresse, Fanny en Emma, werden beiden buiten gehouden. Hamilton was twee jaar eerder overleden. Emma had haar moeder, mevrouw Cadogan, en haar dochter Horatia. Een tweede dochter was als peuter gestorven. Een paar jaar lukte het haar de schuldeisers buiten de deur te houden – Nelson had haar niet veel nagelaten – en er was publiek voor de Attitudes, hoewel die steeds meer pijnlijke spot uitlokten omdat ze dikker was geworden. De haaien roken bloed. De roem was weg, en alleen bekendheid was niet genoeg om de schijn op te houden. Het huis werd verkocht aan de vriendelijke buurman, de Joodse bankier Asher Goldsmid, die had geholpen met leningen maar uiteindelijk net als zijn broer Abraham, die een enorm feest had gegeven voor Nelson, zelfmoord pleegde. Emma en haar moeder werden van het kastje naar de muur gestuurd en belandden uiteindelijk in Calais, met een bediende, in een klein appartement waar Emma in 1815 overleed. George Romney was zelf in 1802 overleden en had honderden Emma's nagelaten, in alle vormen en maten, half af of beslist onaf, om toekomstige generaties te betoveren met de bekoring van Circe.

6

Zalen vol helden

Het was allemaal prima om helden te vereren en te betreuren in oorlogstijd, maar had Groot-Brittannië ze in vredestijd ook nodig? Zelfs een nuchtere schrijver als John Stuart Mill vond van wel. In 1832, het jaar dat Goethe stierf, schreef Mill dat de moderne tijd gebrek had aan genialiteit, en dat het 'tekort aan reuzen' gevuld werd door een 'voortdurend groeiende meute dwergen'. De helden van de Franse oorlogen waren of dood, zoals Nelson, of veranderd in meedogenloze autoritaire figuren, zoals Wellington. De ultieme romantische held, lord Byron, was weinig heroïsch aan een koortsaanval overleden, al gebeurde dat terwijl hij zich inzette voor de romantische zaak van de Griekse onafhankelijkheid. Shelley was verdronken in de baai van La Spezia. De politiek werd gedomineerd door Whig-edelen zoals lord John Russell of prozaïsche noordelijke industriëlen zoals sir Robert Peel.

Acht jaar later hield Mills vriend Thomas Carlyle, historicus en de gesel van bekrompen lieden, een reeks van zes lezingen in Londen onder de titel *Over helden, heldenverering en de heroïek in de geschiedenis*. Hoewel het houden van lezingen een van de belangrijke culturele fenomenen in de victoriaanse tijd zou worden – Coleridge, Hazlitt, Dickens en Thackeray waren er meesters in – ging het Carlyle niet gemakkelijk af. De man die donderde op papier, bekende dat zijn tong 'droog als steenkool' werd wanneer hij in het openbaar moest optreden. In 1837 werd hij door geldgebrek aangezet tot die beproeving. Zijn *Franse Revolutie* was toegejuicht, maar had hem tot dan toe nog niet veel opgeleverd. Tijdens de weken dat hij de lezingen voorbereidde had hij nauwelijks geslapen, hoofdpijn hamerde in zijn slapen en alleen het dagelijkse ritje op zijn merrie Citoyenne kon hem kalmeren. Toch had Carlyle het gevoel dat hij de 'armzaligheid' van de 'Tijden' zoals hij het noemde aan de kaak moest stellen, de misplaatste bewondering voor de toonbeelden van het zielloze 'machinetijdperk': spoorweg- en scheepsmagnaten, bankiers en fabriekseigenaren, mannen die leefden voor de beloning van de boekhouding in plaats van gevoed te worden door geestelijke verbeelding.

Ooit had Carlyle gedacht dat de wereld was gemaakt door de velen, niet door de weinigen; door 'ontelbare biografieën'; nu was hij tot de slotsom gekomen dat de 'geschiedenis van de wereld niet meer dan de biografie van grote mannen' was. Juist vanwege het wantrouwen in zijn tijd tegenover de groten, te beginnen met de nog verse herinnering aan Napoleon, probeerde Carlyle hun morele en creatieve grandeur opnieuw te bevestigen.

> Ik vergelijk de gemene apathische Tijden, met hun ongeloof, smart, verwarring, met hun apathisch twijfelende personages en onbehaaglijke omstandigheden, die machteloos in nog ergere smart tot onherroepelijke ondergang afbrokkelen; – dit alles vergelijk ik met droge dode brandstof die wacht op de bliksem uit de Hemel om hem te ontsteken. De grote man, met zijn vrije kracht rechtstreeks uit Gods eigen hand, is de bliksem. Zijn woord is het helende wijze woord waar wij allen in kunnen geloven.

Carlyle vond het vooral bezwaarlijk dat genialiteit werd afgezwakt door haar eindeloos in een historische context te plaatsen, dat onafhankelijke geesten tot louter uitdrukkingen van het tijdperk werden gereduceerd.

> Toon onze critici een groot man, een Luther bijvoorbeeld, en onmiddellijk beginnen zij hem ergens toe te 'rekenen' zoals zij dat noemen; zij vereren hem niet, maar nemen hem de maat – en brengen hem naar voren als een klein soort man! Hij was een 'schepping van de Tijd', zeggen zij; de Tijd riep hem op, de Tijd deed alles, hij niets – afgezien van wat wij, de kleine critici, ook hadden kunnen doen! Dat lijkt mij louter droefgeestig werk. De Tijd riep op? Helaas, wij hebben ervaren dat de Tijden hard genoeg *riepen* om hun grote man, maar hem niet vonden als zij riepen! Hij was er niet...

Zo verscheen Carlyle voor zijn publiek, knap, eenvoudig gekleed, de ziener die zich geestelijk afzwoegde om zijn gebrek aan charisma te compenseren. Caroline Fox, de quaker-dagboekschrijfster, was erbij en zag 'een gloed van genialiteit... die uit de prachtige grijze ogen straalde, ver vanuit hun diepe kassen onder dat zware voorhoofd... hij ving aan met een nogal zachte, nerveuze stem en een zwaar Schots accent, maar die werd weldra krachtig en deinsde niet beschaamd terug voor zijn grote taak'. Hij moet het gevoel hebben gehad dat zijn gedachten zo gewichtig waren, meende ze, dat ze zich verzetten tegen overbrenging in het kader en de vorm van een lezing. Carlyle uitte vaak zijn angst voor minderwaardige populariteit, ook toen hij erdoor werd achtervolgd: 'Wanneer het gevoel voor schoonheid of waarheid van de Engelsman zijn weerslag vond in lawaaierig gejuich, wuifde hij ongeduldig, welhaast minachtend met zijn hand, alsof dat niet het soort eerbewijs was dat de Waarheid vereiste.'

Carlyle liet voor het publiek zijn machtige mannen aantreden (natuurlijk uitsluitend mannen) – Maarten Luther en Oliver Cromwell, Dante en Shakespeare, Mohammed en Rousseau – en maakte hun aanwezigheid zo direct en levendig mogelijk. Zijn uitverkoren instrument was de woordenschildering. Hij vond zelf dat portretten meer waard waren dan 'menige biografie', en dat het karakter kon worden afgelezen aan de fysionomie. Hij en zijn vrouw, Jane Welsh Carlyle, hadden de wanden in hun huis in Chelsea behangen met alle mogelijke portretten van de geliefde groten die er maar te vinden waren, geschilderd of gegraveerd, en in zijn lezingen deed hij zijn best om, zonder de hulp van toverlantaarnplaatjes, het uiterlijk van die helden over het voetlicht te brengen: 'In Cranachs portretten vind ik de ware Luther. Een grof plebejisch gezicht, met zijn enorme rotsachtige wenkbrauwen en beenderen, het zinnebeeld van ruwe daadkracht, aanvankelijk, een welhaast afstotend gezicht. Toch is er vooral in de ogen een wilde stille smart.' Soms was het schilderij antiheroïsch, om nog beter te contrasteren met de modellen. Dr. Johnson was een titaan, maar zijn metgezel en biograaf James Boswell werd verraden door zijn gezicht: 'In die omhooggestoken neus, gedeeltelijk omhooggestoken in triomf over zijn zwakkere medeschepselen, gedeeltelijk om de geur van naderend genot op te snuiven en van verre te ruiken; in die slappe wangen, hangend als halfgevulde wijnzakken die nog meer kunnen bevatten, in die ruwe, als een lade getuite mond, die dikke bedauwde kin; wie ziet niet in dat alles voldoende sensualiteit, aanmatiging, onbesuisde domheid.'

De grootste figuur van allemaal, voor Britten en voor de wereld, was William Shakespeare: 'De leider van alle Dichters tot dusverre, het grootste intellect dat, in onze opgetekende wereld, een optekening van zichzelf heeft achtergelaten in de vorm van Literatuur...' De behoefte aan afbeeldingen van Shakespeare was zo groot dat Carlyle zichzelf niet tot woord-schilderen kon brengen en het in plaats daarvan hield bij uitgelaten verbazing dat zo'n genie kon voortkomen uit het geslacht van een 'boer uit Warwickshire' zoals hij het noemde. Maar de hoogste lof die hij Shakespeare kon toezwaaien was dat hij een 'kalm *waarnemend* oog

William Shakespeare, toegeschreven aan John Taylor, ca. 1610

[had]... het is in... portretschilderen, het karakteriseren van mensen en dingen, vooral van mensen, dat Shakespeare groot is... geen *verwrongen* armzalige convexe-concave spiegel, die alle voorwerpen met zijn eigen convexe en concave lijnen weerkaatst; [maar] een volmaakt *gladde* spiegel'. Alleen omdat Shakespeare zo'n waarnemer was, zo'n portrettist, kon hij zulke uiteenlopende mensentypes als Othello, Julia, Falstaff zo volledig en klankrijk tot leven brengen.

Carlyle vond dat Shakespeare de reden was dat je blij mocht zijn als je een Brit was; het weergaloze geschenk aan de wereld. Hij stelde een retorische vraag. Als je werd gedwongen het Indiase rijk op te geven of de werken van Shakespeare, wat zou het dan worden? Eigenlijk een domme vraag, want 'dit Indiase rijk zal in elk geval verdwijnen, maar deze Shakespeare zal niet verdwijnen'. Had Shakespeare maar zijn eigen zelfportret geschilderd! Maar omdat hij dat niet had gedaan, moet Carlyle zeventien jaar later opgetogen zijn geweest dat het eerste schilderij dat aan de net opgerichte National Portrait Gallery werd aangeboden het 'Chandos'-portret van de Bard was (genoemd naar de voormalige eigenaars, de hertogen van Chandos). Het was een geschenk van lord Ellesmere, een invloedrijk man, die eindelijk het parlement had overgehaald om zo'n instituut op te richten en te subsidiëren (zij het op bescheiden schaal). Het pleiten voor een portrettengalerij van historische figuren was een obsessie geweest van een andere aristocraat, burggraaf Mahon, die zelf min of meer historicus was en tegenwicht wilde bieden aan de banaliteit van het machinetijdperk met een verzamelplek waar de Britten in contact konden komen met hun helden. Naar eigen zeggen was Mahon getroffen toen hij iets van dien aard in het historisch museum van Versailles had gezien, en had hij tandenknarsend gekeken naar al die beelden van napoleontische veldslagen en de gezichten van maarschalken, en zich afgevraagd waarom zijn eigen onvergelijkelijk veel grotere natie, de overwinnaar tenslotte, in hemelsnaam niet iets soortgelijks zou hebben. Waarom zou bovendien de Britse geschiedenis worden overgelaten aan de droogstoppels van deze wereld die de lezer gegarandeerd in slaap verveelden met hun muffe boekwerken, allemaal geschreven op een bondige, afstandelijke toon met dodelijk decorum?

Anderen hadden vergelijkbare ideeën. Robert Peel was begonnen met het verzamelen van historische grootheden in Drayton Manor, zijn landhuis in Staffordshire, maar het project werd afgebroken bij zijn dood in 1850. Aan de kant van de Whigs was Henry Vassall-Fox, 3e baron Holland, begonnen aan een galerij van olieverfschilderijen en borstbeelden in Holland House, waar de verzamelde prominenten die hij graag om zich heen had – onder wie Macaulay, Scott en Disraeli – konden mijmeren over de mystieke banden die het Britse verleden en heden aaneenhechtten. De 4e en laatste baron Holland was degene die de schilder G.F. Watts naar Holland House bracht om een bijdrage te leveren aan de galerij, hoewel Watts het veel interessanter leek te vinden om de ietwat puilogige vrouw van Holland, lady Mary Augusta, steeds opnieuw te schilderen. Maar op zijn beurt was het Watts – de meest historisch onderlegde van de victoriaanse schilders, een vriend van Gladstone, lord John Russell en Tennyson en bezig in Lincoln's Inn een frescocyclus te schilderen van wetgevers door de eeuwen heen – die zijn eigen 'Eregalerij' wilde creëren, met 'mensen wier namen verbonden zullen worden aan de toekomstige geschiedenis van het tijdperk', allemaal 'zo ongekunsteld en waarachtig weergegeven als mogelijk'.

Maar dit waren allemaal privéondernemingen in collectieve historische zelfbewondering. Toen de National Portrait Gallery in 1859 eindelijk haar deuren opende in een bescheiden gebouw aan Great George Street, niet ver van Westminster Palace, was het, net als Stowes Tempel en de Poets' Corner, bedoeld als een plek om het publiek te onderwijzen in het grote epos van het Britse verleden. De nationale stemming zwalkte halverwege de negentiende eeuw tussen triomfantelijke zelfgenoegzaamheid en angstig zelfonderzoek. Na de angst dat de arbeidersbeweging in 1848 de revoluties van Europa naar Groot-Brittannië zou doen overslaan, was die beweging uitgedoofd in massabijeenkomsten die zich er niet toe konden zetten de stap te maken van zondagse toespraken naar geweervuur. In plaats van opstand was er de Great Exhibition in 1851 waar miljoenen mensen op afkwamen (soms met kortingskaartjes van de spoorwegen) om zich te vergapen aan de zware machines van het industriële imperium. Niets werkte beter als kalmeringsmiddel voor onvrede dan imperialistische opschepperij. Aan de andere kant ging het de jaren daarop niet overal even goed. Krantenberichten van het front in de Krimoorlog vertelden verhalen over twijfelachtige manoeuvres en levensgevaarlijke ziekenhuizen. De schok van de opstand van de Sepoys (Indische soldaten in het Brits-Indische leger) kwam direct daarna. Het volgende jaar, 1858, was de zomer van de Grote Stank, toen het afval uit de riolen en van de slachthuizen dat de Theems deed klonteren niet alleen stank veroorzaakte maar ook epidemieën onder degenen voor wie een vertrek uit de vergiftigde stad geen optie was. De climax van Dickens' *Little Dorrit*, dat in 1855 uitkwam, is het moment dat het moreel en structureel verrotte

huis dat centraal staat in het verhaal, instort in een stuiptrekking van verwoesting en een geldgeile, gemene, graaiende ethos in de brokstukken
begraaft.

Als een soort uitdagende reactie op deze voortekenen en waarschu-
wingen kende het midden van de eeuw ook een uitzonderlijke opbloei van
culturele instituties, allemaal bedoeld om de Britten ervan te verzekeren
dat ze eigenlijk in het centrum van de 'beschaafde wereld' leefden, en dat
de zegeningen gedeeld moesten worden door hoog en laag, en dat de geschiedenis van Groot-Brittannië, die vrijheid met materiële vooruitgang
combineerde, een hoogtepunt van menselijke prestaties was. In 1856, vijf
jaar na de dood van de grote schilder, werd het legaat van Turner getoond
in het nieuwe onderkomen van de National Gallery aan Trafalgar Square.
In 1857 opende het South Kensington Museum (het latere Victoria & Albert) de deuren van zijn schitterende nieuwe gebouw. Het was vijf jaar
daarvoor gesticht om de beste hedendaagse kunst en kunstnijverheid
toegankelijk te maken voor het publiek, net als onderricht in de materi-
ele kunst. Opbrengsten van tentoonstellingen zouden op hun beurt een
'Museum van Nijverheid' subsidiëren. William Dargan, de grootmogol
van de Ierse spoorwegen, was niet alleen de drijvende kracht achter de
oprichting van de National Gallery van Ierland, maar ook de financier (die
veel geld verloor) van de Dublin Exhibition die in 1853 op Leinster Lawn
werd gehouden. Om niet achter te blijven, kwam Manchester in 1857
met de overtreffende trap van alle exposities, 'The Treasures of Britain':
maar liefst zestienduizend kunstwerken waarin de Britse traditie centraal
stond, uitgestald in enorme tijdelijke hallen van ijzer en glas. De rege-
rende vorsten van Europa, te beginnen met Victoria en Albert natuurlijk,
kwamen allemaal op bezoek, en fabriekseigenaren gaven hun arbeiders
een vrije dag en gratis vervoer om over de prachtige tentoonstelling rond
te lopen. Zelfs Ruskin, die normaal gesproken een hekel had aan alles wat
riekte naar volksvermaak, was gedwongen om er iets, zo niet alles van te
bewonderen. Toen de hallen in oktober 1857 na zes maanden hun deuren
sloten, waren er 1,3 miljoen bezoekers doorheen gelopen. Al deze gigantische openbare projecten waren ontworpen om de Britten en de rest van
de wereld ervan te doordringen dat het samengaan van creatieve vormgeving, handel en technologie een grote moderne Britse renaissance aan-
kondigde.

De man die in het brandpunt van de tentoonstelling in Manchester
had gestaan, de artistiek leider, was de kunsthistoricus, boekillustrator
en schilder van klassieke oudheden in Klein-Azië George Scharf, die be-

Interieur van de zuidvleugel met zittende sir George Scharf, South Kensington,
door onbekende fotograaf, 1885

wees dat een carrière in de kunst niet noodzakelijkerwijs onverenigbaar was met efficiënt bestuur. Lord Ellesmere, die de Chandos-Shakespeare aan de National Portrait Gallery had geschonken en betrokken was bij vrijwel alle culturele ondernemingen van die tijd, inclusief de expositie in Manchester, maakte Scharf tot eerste secretaris van de National Portrait Gallery, waar hij in 1882 tot directeur werd gepromoveerd. Hij zou die positie behouden en van tijd tot tijd in *Notes and Queries* wetenschappelijke artikelen publiceren over het bezit van het museum, met name over de Chandos-'Shakspeare' (zoals hij het hardnekkig bleef spellen).

Vergeleken bij de reusachtige schaal van de tijdelijke exposities en de ambities van de musea in Kensington, was de National Portrait Gallery een stulpje van geschilderde herinnering. Het bescheiden onderkomen aan Great George Street betekende dat er niet meer dan een stuk of veertig schilderijen konden worden uitgestald. De trustees, onder wie Macaulay en Carlyle (die het bijna nergens over eens waren, inclusief hun eigen reputatie, behalve hierover), hadden de tentoongestelde portretten beperkt tot eminente doden, waardoor ze geen toegang gaven aan schilderijen van begaafde schilders als Watts, die gretig schrijvers en politici van zijn eigen tijd vastlegde. Maar het museum werd dan ook geacht werk aan te schaffen naar aanleiding van het historische belang van het model, en niet vanwege artistieke kwaliteiten.

Ondanks al deze problemen werd het museum, zodra het meer ruimte kreeg in South Kensington, zo populair dat het personeel zich zorgen maakte dat het te vol werd, vooral tijdens het lange paasweekend toen beschrijvingen van de schilderijen gratis beschikbaar waren. De toeloop was zo groot dat paraplu's en wandelstokken bij de ingang moesten worden achtergelaten.

Tussen de rijen aanzienlijken was maar één portret in de vroege collectie een blijvend meesterwerk: het onvoltooide portret van de abolitionist William Wilberforce door sir Thomas Lawrence. Het schilderij, dat werd voltooid in 1818, twee jaar voor de dood van Lawrence en vijf voor die van Wilberforce, was de ontmoeting van twee dramatisch verschillende carrières. Op het toppunt van zijn roem was Lawrence de grootste idealiseerder van Groot-Brittannië, altijd bereid om de prins-regent slanker, knapper en zwieriger te maken dan hij ooit was geweest, om flitsende lichtaccenten en fraai weergegeven stoffen en vlees aan zijn schoonheden en soldaten te schenken. Niemand van zijn generatie kon de stoeiende speelsheid van kinderen met zoveel vrijheid vastleggen, waarschijnlijk omdat hij zelf een wonderkind was geweest, door zijn vader, die aan de lopende band failliet ging, gedwongen om iets te snel volwassen te worden. De zesjarige Tommy moest voor mensen als David Garrick aantreden en gedichten voordragen of ter plekke een portret in pastel maken. Lawrence, die noodlottig verliefd was op beide dochters van Sarah Siddons, en zijn passie van de een naar de ander overhevelde, raakte ze allebei kwijt, trouwde nooit en hield zijn emoties stevig onder de duim. Maar hij maakte schitterende portretten. Actrices, prinsen en generaals kregen allemaal de Lawrence-behandeling van stralende kleuren, poses die subtiel het diepste wezen van degene die poseerde suggereerde: de vurige vrolijkheid van de actrice Elizabeth Farren, de dodelijk verheven minachting van Wellington.

De opdracht voor Wilberforce was een nieuwe uitdaging voor de president van de Royal Academy. De abolitionistische held zou niet lang meer op de wereld zijn. Hij was tien jaar ouder dan Lawrence en een encyclopedie van kwalen: vanwege een zwerende dikkedarmontsteking, slechte ogen – in feite was hij bijna blind – en chronische pijn in zijn ruggengraat had hij in 1826 zijn zetel in het parlement moeten opgeven, net toen de campagne om de slavernij op te heffen echt op gang kwam. Lawrence werd ingehuurd om voor de natie de herinnering aan een evangelische held te behouden, en het formele vocabulaire waarmee dat gedaan kon worden moest zowel sober als vriendelijk zijn.

Lawrence slaagt erin de beroemde innemendheid van Wilberforce' persoonlijkheid vast te leggen door iets wat er op het eerste gezicht uitziet als een ontwapenend informele pose: de aanzet van een glimlach, de ogen tegelijk hartelijk en onderzoekend. Zijn ontzagwekkende voorhoofd, mooi haar dat zilver is geworden door een leven lang campagnevoeren, het hele gezicht een al beminnelijkheid, en des te stralender omdat het afsteekt tegen de donkere krans van de uitgewreven achtergrond. Dat de jas, die gewoonlijk een prominente rol speelde op de spectaculaire showportretten van Lawrence, vrij en prachtig is geschetst, maar onvoltooid blijft, bewijst als het ware de onbeduidendheid van kleding naast de statuur van de man.

In feite had Lawrence wederom een van zijn voorbeelden van schone schijn geschapen, maar deze keer als een transformerende daad van empathie. Waar het lijkt of Wilberforce' ontspannen opzij leunt, is het in wezen het gevolg van de toestand van zijn rug: zo'n extreme kromming van de ruggengraat dat hij gedwongen was een metalen apparaat te dragen om een complete instorting van de wervels te voorkomen. De schuine stand van het hoofd, waardoor het lijkt alsof hij de toeschouwer met

William Wilberforce, door sir Thomas Lawrence, 1828

milde spot aankijkt, was eveneens een discreet uitgevoerde weergave van het naar voren hangende hoofd waar hij langzaamaan de controle over kwijtraakte. Alleen de niet-zichtbare beugel die zijn nek ondersteunde, verhinderde dat Wilberforce' hoofd volledig op zijn schouder of borst viel. Op een of andere manier lukt het Lawrence te verwijzen naar deze kwellingen zonder van Wilberforce een slachtoffer te maken. In plaats daarvan lijkt de verlammende pijn bedwongen door de kracht van het onoverwinnelijke fatsoen en de menselijke vriendelijkheid van de held. 'Ben ik geen man en geen broer?' was het beroemde motto dat de abolitionisten voor hun kruistocht kozen, altijd begeleid door het beeld van een geketende slaaf. Het had ook gekozen kunnen worden voor het grote portret, zodat liberale victoriaanse vaders en moeders die hun kinderen meenamen naar de National Portrait Gallery ze voor het schilderij konden neerzetten en zeggen: 'Kijk, dit is een Brit.'

7
Afscheid van de beroemdheden

De duistere dag moet in 1955 zijn geweest. Ik herinner me dat het koud was, maar het kan ook zijn dat ik de rillingen kreeg van de ramp. Het was de dag dat ik afscheid moest nemen van mijn eigen portrettengalerij, al mijn beroemde ooms en tantes: van Jack Hobbs en Stanley Matthews, Steve Donoghue de jockey en Ted 'Kid' Lewis de Joodse bokser, narc George Formby en lieve meneer Attlee, George Bernard Shaw en Bud en Ches en de Crazy Gang, Winston Churchill en onze Sally *down the alley*, Gracie Fields, die me veel geluk wenste en uitwuifde. Maar ik kon niet met haar meezingen, en ik zou ook tante Vera Lynn niet geloven wanneer ze me beloofde *we'll meet again*, en dat de *bluebirds* echt over de *white cliffs* van je weet wel waar zouden vliegen. Ze waren allemaal weg, mijn beroemdheden.

John Lewis had daarvoor gezorgd; niet het dure warenhuis John Lewis, maar de gevaarlijke, meedogenloze John Lewis, tien jaar oud, nct als ik, en die nu, moest ik toegeven, de opperste patser was van spelletjes met sigarettenplaatjes. We gingen gelijk op tijdens de middagpauze op het speelplein: zijn verzameling tegen de mijne, een strijd op leven en dood van *flicksies, dropsies* en de dodelijkste, alleen voor de echte pro's, *topsies*. Flicksies was het opwarmertje, een kind van zeven kon het: je tikte jouw plaatje tegen het plaatje dat tegen de muur stond, en als dat viel kreeg je ze allebei, enzovoort. Dropsies was voor mietjes: jouw plaatje hoefde alleen maar boven op het andere te liggen. Maar topsies was cen kwestie van vrij tikken *en* bedekken, en het was beslist niet voor kinderen onder de tien of voor zenuwpezen. Het was moeilijk om voor elkaar te krijgen, dus lagen er veel plaatjes op de grond te wachten op een die de vorige bedekte. Maar ik had veel partijtjes topsies gewonnen. Op deze dag regenden de plaatjes, de Ogdens en de Players, de W.D. en H.O. Willsen echter allemaal onbeslist op de grond. Mijn verzameling raakte op, en snel. John Lewis, met zijn korte haar en strakke mond, leek onmetelijke reserves te hebben. In mijn wanhoop werd ik gedwongen het ondenkbare te doen: een Gally inzetten. Gally's waren de Gallahers: de dikste, stijfste, mooiste sigarettenplaatjes van allemaal, sterk genoeg om het gebod van een tienjarige tik uit te voeren. Ik had er nog zes. Ik zette alles op alles.

CHARLES CHAPLIN.

Rt. Hon. DAVID LLOYD GEORGE.

Mr. GEORGE BERNARD SHAW.

JACK B. HOBBS.

Sigarettenplaatjes eindigden als de portrettengalerij van het volk, maar begonnen hun bestaan in het laatste kwart van de negentiende eeuw zuiver functioneel als een toevoeging aan het pakje tegen het pletten. Het idee om er afbeeldingen op te drukken als lokaas voor trouw aan het merk begon in de Verenigde Staten, waar rokers werden aangemoedigd om hele teams basketbalspelers of vaudeville-artiesten te verzamelen. Groot-Brittannië begon typisch hoogdravender door victoriaanse portretten van de groten te recyclen – veel van dezelfde namen die in de National Portrait Gallery bewonderd konden worden en al gebruikt waren voor cartes de visite. En zo waren foto's van Disraeli, Gladstone, de koningin en de kroonprins, militaire helden zoals Charles Gordon en Kitchener – zelfs een heel vroege foto van de hertog van Wellington – een bonus om trouw te blijven aan dit of dat merk. Er waren ook variétésterren, koormeisjes, societyschonen, schrijvers als Wells en (voor zijn val) Wilde, en als je er zin in had zou je ook nog een hele set van de maîtresses van Edward VII kunnen verzamelen.

De Eerste Wereldoorlog mag een begraafplaats zijn geweest voor het traditionele soort pantheon, roken had het land zowel in de loopgraven als aan het thuisfront veroverd, en was zowel een gewoonte van vrouwen als van mannen geworden. Mode en sporthelden werden toegevoegd aan de canon, en op de achterkant van de plaatjes werd nu in kleine lettertjes een compacte beschrijving gedrukt: over de carrière van een bokser of over de films van een ster uit de stomme film. Waar het om ging was de series zo uitgebreid maken dat de verzamelaars-rokers niet zouden haken naar de Virginia Gold van Blogg en hun golfers of renpaarden. Politici werden nu vaak afgebeeld met kunstig elegante beelden van cartoon- of karikatuurtekenaars van het tijdschrift *Punch*, die gewend waren beroemdheden in *Vanity Fair* en *Bystander* te tekenen. Van tijd tot tijd werden voor de plaatjes echte talenten gebruikt, zoals Alick Ritchie, die was opgeleid aan de School voor Schone Kunsten in Antwerpen voordat hij commercieel kunstenaar en ontwerper van affiches in Londen werd. Ritchie verwierf zich een reputatie met zijn spottende avant-gardekunst, vooral kubisme, maar hij had zelf een soort art-deco-esthetiek, en zijn miniatuurportretten van mensen als Chaplin, Lloyd George en Shaw zijn hoogstandjes van beschrijvend steno.

◄ *Charlie Chaplin, David Lloyd George, 1e graaf Lloyd-George, sir John ('Jack') Berry Hobbs, George Bernard Shaw*, door 'Alick' Ritchie, 1926

Naast de beroemdheden waren er plaatjes van alles wat je kon bedenken dat de verzamelwoede kon opwekken: vlinders en motten, oude rozen, dandy's door de geschiedenis heen, Britse kastelen, heersers van de Balkan, treinen en stoomschepen. De teksten op de achterkant werden zo gedetailleerd dat ze een miniatuurlezing over het gekozen voorwerp bevatten. Niet voor niets stonden de series plaatjes bekend als de 'encyclopedie van de armen'. Mijn eerste eigen boek, dat ik op mijn achtste schreef, was een geschiedenis van de Britse marine die vooral bestond uit sigarettenplaatjes, met onderzoekjes over schepen die aan de achterkant waren ontleend, variërend van de Mary Rose uit de tijd van de Tudors tot het vliegdekschip HMS Ark Royal.

Het was maar goed dat die schatten niet beschikbaar waren voor mijn laatste wanhoopsworp. Van de zes overgebleven Gally's tikte ik er twee: een hazewindhond en een societyschoonheid. Toen kwam de catastrofe. De Ogden van John Lewis landde precies op een van mijn cricketers, bedekte hem helemaal. Er steeg een gejoel van vrolijkheid op uit de muur jongens die naar het aftroggelen stonden te kijken, een beetje vergelijkbaar met het janken van jachthonden wanneer de prooi is gepakt en er bloed heeft gevloeid. Lewis zat op handen en knieën zijn winst op te vegen, mijn verloren schatten. Ik vluchtte weg van het toneel met mijn laatste vier Gally's tegen de borst geklemd, zo ontroostbaar snikkend dat zelfs een warm broodje met marmite de tranen niet kon stelpen.

Ik was mijn portrettengalerij kwijt. Nu moet ik hem om de hoek van Trafalgar Square gaan bekijken.

IV
Het gezicht in de spiegel

1

...spiegeltje, spiegeltje

Een knappe tiener ziet zichzelf in het spiegelende water van een vijver. Omdat dit lang voor de tijd van de platte spiegel gebeurt, is het de eerste keer dat hij zijn eigen rozerode lippen, donkere ogen en krullenbos ziet. Niet slecht, zou een tiener kunnen denken, nergens een pukkeltje, en hij zou luchtkusjes werpen naar zijn eigen grijns. Maar voor deze zestienjarige is het geen grap. Hij is hoteldebotel, gegrepen door een woeste aanval van liefde. Narcissus staart, durft geen vin te verroeren, en is onvatbaar voor alles en iedereen, in het bijzonder voor de nimf Echo, die hij al harteloos heeft afgewezen. Arme, eertijds zo babbelzieke Echo, gestraft omdat ze de misdragingen van Zeus niet verklapte – alsof iemand daar een verslag van nodig had – is beroofd van de gave van het beginnen van een gesprek en kan alleen nog het einde van alles wat ze toevallig hoort herhalen. Ze doet wat ze kan met deze beperkte contactmogelijkheden. 'Iemand hier?' roept Narcissus als hij het gevoel krijgt dat iemand naar hem kijkt. 'Hier,' roept Echo klaaglijk, onzichtbaar bevend in het bos. Dat is niet echt een manier waarop een meisje indruk maakt. Gekwetst door zijn onverschilligheid kwijnt ze weg, en er blijft alleen een bergje broze botten over voordat ze helemaal verdwijnt in wat er over is van haar stem.

Echt, mannen, wat een droevig stelletje! De godin Nemesis besluit Narcissus te straffen door hem aan den lijve te laten voelen hoe onbereikbare liefde je einde kan betekenen. En daar komt de poel, vijver, bron, fontein, afhankelijk van hoe je het fons van Ovidius vertaalt. Narcissus kan zoveel kijken als hij wil, op het moment dat hij zijn hand, zijn lippen naar zijn geliefde uitsteekt, verdwijnt de mooie jongen in de rimpelingen. Toeschouwers zien een idioot huilen en tegen zichzelf praten. 'O prachtige jongeling,' snikt hij hoofdschuddend, waardoor het visioen in het water breekt: 'Waarom ontvlucht je me?... Waarom verdwijn je wanneer ik naar je toe kom, juist wanneer ik mijn hand naar je uitsteek?... wanneer ik glimlach, doe jij dat ook; wanneer ik huil, zie ik tranen over jouw gezicht stromen...' Hij is niet de slimste, onze Narcissus, hij is zelfs zo stom dat ongelovige schrijvers later de mythe aanpassen en hem een zusje geven voor wie hij een incestueuze passie opvat, en hem laten denken dat het haar gezicht is dat in het water verschijnt. (Het moest een verbetering voorstellen.) In beide gevallen eist de wanhoop zijn tol. Zijn gestalte wordt dunner, en *bleker en bleker, tot er alleen nog maar een spookverschijning over is. Onder de goden heerst medelijden met zijn ellendige toestand, maar ze zijn te laat. Narcissus is een krans van witte bloemblaadjes met een geel hart, geworteld naast het spiegelende water. In de tweede eeuw n.C. beweerde de reizende aantekenaar Pausanias dat hij de plek van Narcissus' transformatie had gevonden op de kille top van de Helicon, naast de bron van Lamus. De koude en vochtige bloem was precies goed voor begrafenissen, maar pas op: de geur kon grote, zij het aangename doezeligheid veroorzaken: de toestand die de Grieken* narke *noemen. Kennelijk was zelfdweperij het eerste narcoticum.*

Bijna anderhalf millennium na Ovidius zou Leon Battista Alberti in Florence schrijven dat dit moment van narcotische vervoering de oorsprong van alle schilderkunst was. In Boek II van *Della Pittura* (1436), de eerste echt theoretische verhandeling over kunst, definieert Alberti schilderen als een visioen van diepte, een illusie die op een volmaakt plat oppervlak wordt geprojecteerd. 'Ik vertelde al mijn vrienden dan ook dat volgens de dichters Narcissus, die een bloem was, de uitvinder van de schilderkunst was, want aangezien schilderen de bloem der kunsten is, voldoet het verhaal van Narcissus volmaakt aan ons doel, want wat is schilderen anders dan een omhelzing, door middel van kunst, van het oppervlak van de poel?'

Echt iets voor de humanistische optimist uit de renaissance om het beste van een slechte situatie te maken. Eerdere commentatoren en hergebruikers van de mythe hadden de moraal altijd als een vermaning gezien. 'Heeft het verhaal van Narcissus u beangstigd?' vraagt Petrarca in zijn *Secretum*. Hoed u dan voor de betovering van ijdele verschijningen. Verwar nooit oppervlakte met diepte, illusie met werkelijkheid. Maar Alberti wuift de zedenpreek weg. Het pathos van de florale metamorfose wordt juist een zelfgenoegzaam boeketje dat schilders zichzelf aanbieden. Perspectief legt vast wat Narcissus was ontgaan. Door het toepassen van optische berekeningen kon het spiegeloppervlak veranderen in een open raam waarachter geschilderde voorwerpen en figuren een onafhankelijk leven krijgen. Platheid wordt doorgeprikt om de oneindige diepte te bereiken waarin verhalen uitgebeeld konden worden. Zoals renaissanceschrijvers gewend waren, eet de vindingrijke Alberti van twee walletjes en elders bekent hij dat schilders heel goed begrijpen dat ze de boel flessen. Zelfs als kunst zich toelegt op het laten verdwijnen van het verschil tussen onze waarneming van de werkelijkheid en onze waarneming van een schilderij, weet ze dat ze niets meer te bieden heeft dan een mooie truc – maar aan de andere kant: waarom zou je dat niet willen?

Lucian Freud was vijfentwintig toen hij Narcissus verdiept in zijn eigen spiegelbeeld tekende. Hij had van de uitgevers MacGibbon en Kee opdracht gekregen om Rex Warners repertorium van mythen, *Men and Gods*, te illustreren. Al zijn uitverkoren helden – Actaeon, Hercules en Hyacinthus – kwamen slecht aan hun eind, de laatste was post mortem ook een florale metamorfose. Maar Freud, die later beweerde dat al zijn werk uiteindelijk autobiografisch was, beeldde niet zichzelf af in de rol van de door zichzelf verblinde minnaar. In plaats daarvan is het de rokende jongen met dikke lippen die hij ergens in de buurt van Delamere Terrace, waar hij woonde, had getekend. In deze hoek van Paddington, even ten westen van Little Venice en het Grand Union Canal, was nog geen skinny latte te bekennen. In plaats daarvan waren er prostituees en schimmige types die bij de brug rondhingen, en daarom voelde Freud zich aangetrokken tot de wijk. 'Delamere was extreem en ik was me daarvan bewust. Het tegenovergestelde van een nette woonbuurt, gewelddadige buren. Er hing een soort anarchistische sfeer van niemand die voor iemand werkte.'

In de loop van zijn lange carrière spiegelde Freud zichzelf steeds opnieuw. Hij was meestal tevreden met wat hij zag, maar dat ontaardde nooit in narcisme, hij gruwde van elk soort misleide zelfliefde, of zelfs van ongecontroleerde onthoezemingen. Expressionisme moest koste wat het kost vermeden worden. Alsof Lucian Freud – uit verzet tegen zijn grootvader die beweerde dat we allemaal, of we het nou leuk vinden of niet, het product zijn van onze onderdrukte infantiele wensen – zich ten doel had gesteld het instinctieve onder de duim te houden. Zijn ego haalde nooit de laars van de nek van zijn Es. In 1948, toen hij rondhing in Paddington en Maida Vale, mat hij zich een air aan van mij hoef je niets wijs te maken, cool avant la lettre. Zijn schilderijen en tekeningen waren onbehaaglijk scherp, lineair en stekelig (niet alleen anders dan, maar het tegenovergestelde van de stijl die hem tot een beroemd kunstenaar zou maken). Op een vroeg zelfportret uit 1946 kijkt hij van opzij (een pose die vaak zou terugkomen) naar een distel op een vensterbank, een symbool van zijn eigen prikkelbaarheid.

Zijn hele leven verkeerde Lucian Freud graag in het gezelschap van dieren, soms opvallend meer dan in het gezelschap van mensen. Als schooljongen dreef hij een keer een kudde schapen de hal van zijn school binnen. In de jaren veertig was hij echter meer bezig met dode dieren – een gestorven, half verschrompelde aap, een rottende papegaaiduiker, een hoop ongeplukte kippenonderdelen in een emmer, zijn beminde opgezette zebrakop – dan met de levende versies. Maar er was één soort huisdier waar hij vooral dol op was. In Palmers dierenwinkel kocht hij roofvogels, waaronder, zelfs tot ontzetting van zijn ruwste buren, een buizerd. Hij zou later zeggen dat er niets vergelijkbaar was met het aanraken van het verenkleed van een wilde vogel, en het was duidelijk dat hij een mysterieuze affiniteit voelde met de snelle en dodelijke jagers met hun scherpe ogen. In 1947 tekende hij een sperwer op het hoofd van een paard (ook een van Freuds favoriete dieren), en rond die tijd maakte hij een pastel van een van de vogels, de gele snavel verontrustend frontaal. Je hoeft geen genie te zijn om dit te herkennen als een vroeg zelfportret in nauwelijks bevederde vermomming.

Freud liep toen niet het risico om in de val van het Narcissussyndroom te trappen. In plaats daarvan gaat de blik naar de corduroy jongen, maar zelfs dan is het iets anders dan gebiologeerde eigenliefde. De jongen met zijn lange wimpers, zijn hoofd in zijn handen, staart naar zijn spiegelbeeld, maar de reflectie is zo afgesneden dat je het terugkijken van de blik niet ziet, waardoor de verdubbeling onvolledig is. Vervoering is vervangen door een uitdrukking van intens maar behoedzaam peinzen.

Pas later raakte Freud ervan overtuigd dat zijn verf vlees kon namaken. Dat was omdat hij het besluit had genomen om te schilderen zonder te tekenen, een vaardigheid waarover hij zich niet helemaal ten onrechte altijd onzeker voelde. De jonge Freud streed tegen die angst door kunst te maken die zelden iets anders was dan tekenen: een en al platte contouren zonder textuur. Geen wonder dus dat hij bijna net zo weinig greep op de werkelijkheid had als Narcissus. In juli 1954 publiceerde hij zijn 'Thoughts on Painting' in het tijdschrift *Encounter*, waarin hij eindigde met de bespiegeling dat:

> een moment van volmaakt geluk nooit voorkomt bij het scheppen van een kunstwerk. De belofte is voelbaar tijdens het scheppen zelf maar verdwijnt naarmate de voltooiing van het werk nadert. Want dan realiseert de schilder zich dat het maar een afbeelding is die hij aan het schilderen is. Was dat niet het geval, dan zou het volmaakte schilderij geschilderd kunnen worden en zou de schilder na de voltooiing met pensioen kunnen. Deze grote ontoereikendheid drijft hem voort.

En in Freuds geval zou de 'grote ontoereikendheid' hem voortdrijven om veel dichter bij het levensechte effect te komen, vooral als het hemzelf betrof.

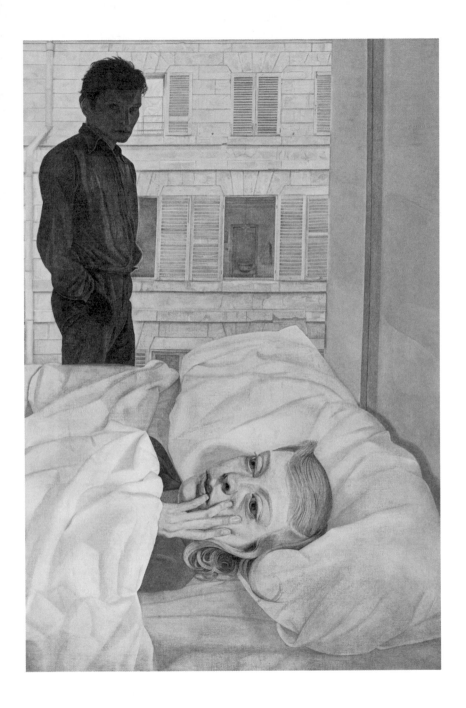

Hotelkamer, door Lucian Freud, 1954

In 1954 was hij nog een bedachtzame toeschouwer: de havik op zijn uitkijkpost. Dat jaar nam hij zijn tweede vrouw, de mooie Caroline Blackwood, mee naar Parijs. En hier schilderde hij hen beiden; haar, merkte een vriendin op, veel ouder dan ze feitelijk was, gekweld en doodsbang in bed, de knokige vingers neurotisch in haar wangen gedrukt, alsof ze op het punt staat de huid weg te scheuren. Op het bijzonder onaangename schilderij schildert Freud zichzelf met satanisch genoegen in sinister silhouet, afgetekend tegen het hotelraam, terwijl hij zonder enig medeleven naar zijn ongelukkige vrouw kijkt. Zijn handen diep in zijn zakken begraven zoals gebeurt wanneer walging, zonder een greintje schuldgevoel, vriendelijkheid vertrapt. Maar wat heeft vriendelijkheid met kunst te maken? Laat de havik zich erdoor stuiten in zijn vlucht?

2

Dit ben ik

Het eerste zelfportret in de Engelse kunst vermijdt zorgvuldig ons aan te kijken. Dat is omdat de kunstenaar belangrijker dingen aan zijn hoofd heeft dan zich tot het nageslacht richten: de verlossing bijvoorbeeld, en de aanbeveling van de opdrachtgever die een heilig boek heeft besteld, vol met zijn briljante afbeeldingen. Dus wanneer William de Brailes zichzelf rond 1240 afbeeldt als de maker van verluchte bijbels, psalters en een getijdenboek, is het niet om zijn ego te strelen, niet helemaal in elk geval, maar eerder een uitgewogen combinatie van zelfpromotie en zelfwegcijfering. In het getijdenboek dat bedoeld is voor de acht dagelijkse bidstonden, van de metten in het holst van de nacht tot de completen als laatste gebed van de dag, introduceert William zichzelf in de gehistorieerde hoofdletter C waarmee de terts (rond de noen) wordt afgesloten. De C staat voor *Concede nos* (Geef ons), en in de letter knielt de getonsureerde William in gebed, met gesloten ogen, terwijl de hand van God, twee vingers zegenend gestrekt, hem geruststelt met een vriendelijke aanraking tegen de zijkant van zijn gezicht. Een en al nederigheid dus. Geen van de vier bekende afbeeldingen van William zelf is een spiegelbeeld, niet alleen omdat de spiegels die er waren, van ruw gepolijst staal en zilver, een berucht vervormend oppervlak hadden, maar ook omdat kunstenaars zich er sterk van bewust waren dat hun werd aangerekend (ook al was de Kerk afhankelijk van afbeeldingen) dat ze zich bezighielden met het schilderen van uiterlijke schijn, de ijdelheden van deze wereld.

Zodra hij een gevestigd illuminator was, een goede dienaar van de Kerk en verspreider van vroomheid, kon William de Brailes zich uitleven in een beetje goedgeplaatste reclame. In de kantlijn naast de hoofdletter staat een minuscule rode inscriptie, met een verfijnde hand in het Frans geschreven: 'W de brail q(ui) me depeint' (William de Brailes heeft me afgebeeld). En aangezien het handschrift niet de stijl van een kopiist heeft, en de rode marginaliën instructies bevatten over de algehele opmaak van de bladzij voor de kopiisten die de tekst schrijven, moet het de kunstenaar zelf zijn geweest die, wanneer het boek openligt bij de terts, zijn opdrachtgeefster (het is inderdaad een vrouw, die ook elders in het boek is gete-

Zelfportret in een getijdenboek, door William de Brailes, ca. 1240

kend, gekleed in roze en rood) in herinnering wil brengen wie het boek zo mooi en levendig had gemaakt als het was.

In een psalter (een psalmenboek voor dagelijkse godsdienstoefeningen) van latere datum verschijnt De Brailes opnieuw, deze keer in een half medaillon in een miniatuur van het Laatste Oordeel. Terwijl het duidelijk de aandacht op hem vestigt, weet hij dat te doen op een manier die niet onbescheiden of onfatsoenlijk overkomt. Want de kunstenaar plaatst zichzelf niet tussen de rechtschapen gezegenden, maar zweeft ergens boven de naakte, ineengedoken massa van de verdoemden, terwijl de aartsengel Michaël, die hen met zijn zwaard in zijn rechterhand naar de verdoemenis begeleidt, de andere hand beschermend gebruikt om De Brailes te behoeden voor hun lot.

Zelfs met dit evenwicht tussen eigendunk en vrome onderwerping kon William de Brailes alleen maar verder gaan dan de signatuur van de kopiist in het colofon en een zelfportret maken, omdat hij voor een nieuw soort opdrachtgever en in een heel nieuwe wereld voor het boek werkte: de wereld van lekenlezers. Tot de dertiende eeuw waren gewijde manuscripten vrijwel uitsluitend geproduceerd voor en door kloosters en geestelijken; ze werden geschreven in het scriptorium en gebruikt door de broeders van de gemeenschap. Hoewel onder leken een enkeling geletterd was, waren het er niet genoeg om de vraag te genereren die de eeuw daarna zo spectaculair zou bloeien. William de Brailes werkte in Oxford omdat de universiteit een centrum was waar traditionele kerkelijke lectoren en kopiisten verkeerden met mannen van de universiteit en een nieuwe groep vrome leken die begerig waren naar boekwerken die ze ook konden bezitten en bij zich houden voor hun persoonlijke godsdienstoefening. Dit was de geboorte van de individuele lezer, en om aan de vraag te voldoen, ontstond er een hele industrie van onderling verbonden ambachten: kopiisten, perkamentmakers, binders en verluchters zoals William. Samen veranderden ze radicaal wat een boek was en hoe het gebruikt zou worden. De belangrijke manuscripten die eigendom waren van de kloosterorden en de hoge geestelijken hadden het grote formaat nodig, zodat ze als een schat van de hele gemeenschap tentoongesteld konden worden. Als leken een boek bestelden, wilden ze dat het lichter en draagbaarder was, zodat ze het overal mee naartoe konden nemen voor hun persoonlijke godsdienstoefeningen. De nieuwe boekenindustrie voldeed aan die vraag, met veel dunner perkament, een onverslijtbare band van houten platen bedekt met kalfs- of varkenshuid, en een formaat dat in de buurt kwam van onze paperbacks. Maar al waren ze klein, de tekst moest groot

Zelfportret in een psalter, door William de Brailes, ca. 1240

zijn en overduidelijk voor de lezende leek, en afgewisseld met een verscheidenheid aan illuminaties. Ze waren net zo'n grote doorbraak voor de lezer als onze tablets, ongeveer even groot, en vol felle kleuren en christelijk vermaak. William de Brailes was eigenlijk een filmtekenaar (de beste) die toevallig met stilstaande beelden werkte, vergelijkbaar met de manier waarop de eerste Disneytekenaars hun vakjes schilderden.

Het ging William voor de wind: hij kocht een huis en in zijn atelier aan Catte Street, het centrum van de boekenindustrie in Oxford, had hij waarschijnlijk een aantal assistenten in dienst, die hij opleidde in wat kunsthistorica Claire Donovan zijn typerende 'huisstijl' noemt. Die stijl droeg het kenmerk van De Brailes' eigen tekentalent. In een bijbel van halverwege de eeuw, met veel taferelen uit het Oude Testament, verdeelt De Brailes de bladzijde met de plaag Duisternis uit Exodus verticaal in tweeën. Links berispen Mozes (met de gebruikelijke hoorns) en Aäron de farao, die aan de rechterkant in het donker zit, alleen zijn gouden kroon licht op, terwijl talloze horden angstige Egyptenaren geschrokken terugdeinzen. Noachs zondvloed is vol gestileerde overstromingen met gezichten van de verdronkenen en, daaronder, een massa reddeloos verloren kuddes. Op een andere pagina drijft een engel de dieren twee aan twee de loopplank op en de ark in, die al zo enorm vol is met kleine beestenkopjes dat er onmogelijk nog plek lijkt te zijn, wat zou verklaren waarom de familie Noach, zelf dicht opeengepakt op het bovenste dek, zo bezorgd kijkt.

Vele anderen zouden De Brailes voorbeeld volgen, maar slechts weinig gotische illuminatoren in middeleeuws Engeland konden zijn energieke animaties en trefzekere ontwerp evenaren. Het uitbundige talent dat zijn afbeeldingen zo gedenkwaardig maakt, komt overeen met een persoonlijkheid die niet te bedeesd was om reclame te maken voor zijn auteurschap. Maar de reclames waren in eerste instantie maar aan één lezer gericht: de enige opdrachtgeefster, die gevleid was dat ze was opgenomen in de verluchtingen van het getijdenboek. Deze eerste zelfportretten zijn dus in geen enkel opzicht een statement over de held-kunstenaar in al zijn bijzonderheid, de poëtische buitenstaander in de wereld die hem werk gaf. Ze zijn eerder bijna het tegenovergestelde: een bewijs van de nauwe band met zijn boekenpartners, de opdrachtgevers, de vrome leken die afbeeldingen nodig hadden om hun dagelijkse godsdienstoefeningen te inspireren, en ze zijn niet in de laatste plaats een verklaring dat een kunstenaar-illuminator ook een godvruchtige zoon van de Heilige Moederkerk moest zijn.

In Engeland duurde het nog drie eeuwen, tot 1554, voordat een kunstenaar in de spiegel keek en schilderde wat hij daar zag, met palet en al.

Gerlach Flicke, een Duitse immigrant uit Osnabrück, heeft een uitdrukking op zijn gezicht die in eerste instantie op intense zelfingenomenheid lijkt. Maar het zou een anachronisme zijn om daarvan uit te gaan. De eerste editie van het grote boek over kritische zelfkennis, de *Essays* van Michel de Montaigne, zou pas in 1580 uitkomen, en John Florio's vertaling was pas in 1603 beschikbaar voor een Engels lezend publiek. Het is veel waarschijnlijker dat zijn werkomstandigheden de gespannen blik van de kunstenaar verklaren. De spiegel waarin hij keek was waarschijnlijk een klein rond of vierkant plaatje staal met zilver, dat, hoe je het ook poetste, vol putjes en corrosie zat, en ook als het betrekkelijk nieuw was een veel donkerder spiegelbeeld moet hebben opgeleverd dan de modernere soort van kristalglas, tin en kwikzilver die is uitgevonden op het eiland Murano in de lagune bij Venetië en alleen voor enorme bedragen beschikbaar was. Het slechte en waarschijnlijk verwrongen spiegelbeeld is ook verantwoordelijk voor het verlies aan scherpte, vergeleken met het portret naast hem. Bovendien schilderde Gerlach Flicke, ook bekend als Gerlin of, in de Londense buurt waar hij woonde, als Garlick, op een smalle strook papier van ongeveer 10 bij 15 centimeter, die hij op een gegeven moment op een simpel houten paneel bevestigde. Dus om een redelijke gelijkenis te maken, moet de schilder hulp hebben gehad van een kaars of een lantaarn om de kamer te verlichten, waar het tamelijk donker zal zijn geweest, want Gerlach Flicke zat in de gevangenis.

Zijn celgenoot was de andere figuur op het tweeluik: Henry Strangwish, gentleman-zeerover, ook bekend als Strangways, Strangeways en, om redenen die duidelijk worden uit Flickes briljante portretje, de Rode Piraat van Het Kanaal. Het was een merkwaardig stel celgenoten. Uit de formulering in Flickes testament weten we dat hij katholiek is gebleven, maar niet lang nadat hij in Engeland was gearriveerd, waarschijnlijk rond 1546, schilderde hij het inmiddels canonieke portret van de theoloog en grondlegger van de Reformatie, Thomas Cranmer. Na Flickes portret, een van de belangrijke iconen van de Engelse Reformatie, is het onmogelijk Cranmer op een andere manier te zien dan dreigend en somber, passend bij zijn onwrikbare roeping, om nog maar te zwijgen van de overlevingskunst die hem hielp het bewind van Henry VIII uit te zitten.

Flickes eigen politieke weerhaantje was misschien niet zo fijn afgesteld, of, liever gezegd, hij nam alle opdrachten aan die hij kon krijgen, vooral als ze kwamen van een belangrijk heerschap als Thomas Howard, hertog van Norfolk, die ten val zou komen onder het bewind van Elizabeth, of van Peter Carew, uit een oude dynastie van lagere adel uit De-

Gerlach Flicke en Henry Strangwish, door Gerlach Flicke, 1554

vonshire. Carew was parlementslid maar behoorde tot de adel die leefde van wat de zee te bieden had, zonder zich erom te bekommeneren of het allemaal wel binnen de wet was. Zijn broer George had de pech dat hij op de Mary Rose zat, het grootse vlaggenschip van de Tudors, toen het kapseisde in de Solent, maar hij wist te overleven. Peter, die door Flicke in al zijn arrogante stoerheid is geschilderd, handen op de heupen, wambuis met splitten op de stoeremannenmanier van die tijd, was zelf ook een beetje een avonturier.

In 1554 kwam Carew ernstig in de problemen. Het was de bedoeling dat hij de zuidwestkant vormde van een driehoek van rebellie tegen het voorstel van koningin Mary om met Filips II van Spanje te trouwen. De opstand, onder leiding van Thomas Wyatt, werd ook geacht een strijdmacht op de been te brengen in Kent en de Midlands, onder leiding van de hertog van Suffolk. Alleen in Kent wist Wyatt zelf honderdvijftig arme stakkers over te halen hem te volgen, maar hun zwakke gelederen vielen uiteen bij de eerste aanblik van de regeringstroepen. Elders, ook in Devon, was de opstand een fiasco. Wyatt, een zoon van de beroemde hoveling-dichter Thomas Wyatt, en Suffolk werden allebei onthoofd, maar Carew wist op tijd naar Vlaanderen te vluchten en kwam tijdens het bewind van Elizabeth terug om zijn selectief misdadige vaardigheden voor de wrede kolonisatie van Ierland in te zetten.

Misschien dat Flicke op een of andere manier met zijn opdrachtgever werd geassocieerd, voldoende in elk geval om in de gevangenis te belanden, waarschijnlijk in de Tower. Hier ontmoette hij Strangwish, de zeerover die precies uit dezelfde wereld in Zuidwest-Engeland kwam als de Carews (en de Drakes), waar de grens tussen het wettige en het onwettige gedienstig was vervaagd, vooral nadat de wet op de piraterij achttien jaar eerder was ingevoerd. Strangwish was een behoorlijk succesvolle piraat geweest in de Solent en Het Kanaal, bedreigend genoeg voor de regering om twee slagschepen op hem af te sturen. Zijn voornaamste doelwit was de Spaanse scheepvaart, wat hem misschien niet uit de problemen maar wel uit de gevangenis zou hebben gehouden tijdens het bewind van Edward VI, maar waardoor hij kwetsbaar werd toen Mary de troon besteeg. Beide delen van het tweeluik waren dus zijdelings het slachtoffer van de plotselinge overgang van een protestante naar een katholieke vorst.

Nu ze hun leven niet zeker waren, zullen de zeerover en de schilder de vriendschap hebben gesloten die Flicke op het idee bracht hen samen af te beelden in één ruimte, met een trompe l'oeil-scherm tussen hen in dat geschilderd is alsof een muur naast elkaar gelegen cellen scheidt. De Engelse

Thomas Cranmer, door Gerlach Flicke, 1545-1546

Sir Peter Carew, door onbekende Engelse kunstenaar, naar Gerlach Flicke,
midden tot eind zestiende eeuw.

inscriptie, prachtig en zorgvuldig geschilderd, net als het hele portret, met veel ondertekening onder de verflaag, lijkt een moment van galgenhumor, zij het met een paar dik aangezette woordspelingen. Flicke schrijft:

Strangwish, thus strangely, depicted is
One prisoner, for thother, hath done this
Gerlin, hath garnisht, for his delight
This woorck whiche you se, before youre sight,

'Garnish,' schrijft Tricia Bracher, was in die tijd slang voor wat gevangenen aan hun cipiers moesten betalen voor hun levensbehoeften, zelfs als ze in de Tower opgesloten zaten. Dus misschien heeft Flicke, die in Osnabrück een vermogend man was maar in Londen bescheiden leefde, het schilderij gemaakt als bijdrage aan hun gezamenlijke welzijn.

Aan de andere kant van het schilderijtje, boven zijn zelfportret, slaat de inscriptie een heel andere, elegische toon aan, en ook nog in het Latijn, de taal van geleerde gravitas. Hier schrijft Flicke: 'Aldus was het gezicht van Gerlach Flicke toen hij een schilder was in de stad Londen. Dit schilderde hij zelf naar een spiegel voor zijn dierbare vrienden. Opdat ze een herinnering van hem zouden hebben na zijn dood.'

Hoewel de wens nogal een cliché was in die tijd, klinkt het alsof Flicke het ergste vreesde. Was hij plotseling overvallen door angst (die ongegrond bleek, want hij leefde nog tot 1558 en stierf in zijn huis in Cripplegate), had hij zich bedacht over het eigendomsrecht van het schilderij en nam hij het terug? Alles draait erom hoe we 'his delight' in de Engelse inscriptie lezen. Als het was gemaakt voor het delight/genoegen van de zeerover, zou Strangwish het hebben meegenomen; hij bleef zijn piraterij voortzetten onder Elizabeth, maar nu als officieel kaper samen met Martin Frobisher, en zou uiteindelijk omkomen tijdens een rooftocht in Rouen in 1562. Maar als het verwijst naar Flickes eigen 'delight', zal de verwachting dat hij niet veel langer te leven had overheersend zijn geweest en is de zeerover van zijn 'garnish' ontdaan, zodat Flicke de herinnering aan zijn 'dierbare vrienden' kon geven.

We zullen het antwoord nooit weten. Maar ook al blijft het lot van het schilderij onopgelost, het kan toch gelezen worden als een volmaakte uitdrukking van de twee gespiegelde temperamenten: schurkachtig en somber, uitbundig en melancholiek, de zeerover en de schilder. Je weet nooit welk gezicht vandaag in je spiegel zal opduiken.

3
De historieschilder

Iedereen wist wat een echte schilder was. Je hoefde maar naar de geridderden te kijken: sir Peter Paul Rubens of sir Anthonie van Dyck. De cavaliers met bibliotheken zaten hoog te paard, maar waren ook doordrenkt van oude en moderne dichtkunst: van Vergilius tot Tasso en alles ertussenin. Op een of andere manier kregen ze het ook voor elkaar om als persoon nonchalant te zijn en tegelijkertijd hartstochtelijk in hun kunst. Ze hadden Giambattista della Porta op de plank staan, dus waren ze bedreven in de vele manieren waarop de affetti, de emoties, op het gezicht geschreven staan. Horror en pathos, lust en bedrog waren hun sfeermuziek. Ze wisten hoe ze een Maria zo ontroostbaar moesten laten rouwen dat je tranen in je ogen kreeg bij het zien van haar blauwe mantel van verdriet. Geweld was hun tweede natuur. Ze schetsten een roodogige arend die lunchte met de lever van Prometheus, en vervolgens vulde hun atelier de details in op een doek van 1,20 bij 1,80 meter. Hun zijde en satijn waren watervallen, de vrouwen die ze droegen waren weelderig gevormd en puilden gastvrij uit hun lijfje. De schilders-cavaliers waren kritische kunstkenners. Als ze in Rome of Napels vertoefden, waagden ze zich in gevaarlijke steegjes op zoek naar mannen met rouwranden onder hun nagels die een vettige lap opensloegen om een camee van een patricische vrouw uit de tijd van Diocletianus te onthullen, de haren hoog opgestoken op haar achterhoofd. Ze gaven de man wat hij vroeg, namen de schoonheid mee terug naar Antwerpen, legden haar in een kabinet van ingelegd rozenhout en stuurden hun vrienden een uitnodiging om te komen delen in het plezier.

Tijdgenoten beschreven hen als de vorsten van de kunst, intimi van pausen en koningen die op het juiste moment bewonderaars ontvingen in huizen die kleine hofhoudingen waren. Ze voelden zich op hun gemak in het gezelschap van vorsten en bewandelden het smalle pad tussen informaliteit en aanmatiging met angstvallige precisie. Als Van Dyck zijn eigen gezicht schilderde, overgoten met het weerspiegelde licht van een enorme zonnebloem die de bijzondere gunst van de koning moest verbeelden, was dat geen loze opschepperij.

Maar wie zou voor koning Charles II worden wat Van Dyck voor diens vader was geweest? Hoewel Charles, die een groot deel van het interregnum in Holland had doorgebracht, de voorkeur bleef geven aan buitenlanders – Peter Lely en Godfrey Kneller – zag Isaac Fuller, die recht uit de Engelse klei was getrokken, geen reden waarom hij niet de 'Serjeant Painter', hofschilder en -decorateur, van de koning zou kunnen worden. Hoewel lasteraars hem afschilderden als een dronken, lompe boerenkinkel, kon hij Martialis en Juvenalis citeren als de beste, ja, en ook de scholastici. Was hij in Parijs niet in de leer geweest bij François Perrier, de kunstenaar die beroemd was om zijn etsen en schilderijen naar antieke borst- en standbeelden? Het is zelfs mogelijk dat Fuller in Perriers atelier was tegelijk met Charles Le Brun, die later de voornaamste historieschilder voor Louis XIV in Versailles zou worden, en de auteur was van de invloedrijkste tekst over het tekenen van emoties sinds Della Porta. In navolging van zijn leraar publiceerde Fuller zelf ook een leerboek over etsen in de stijl der antieken. Het was dus niet zo gek dat hij meende alles in huis te hebben om de eerste echt autochtone historieschilder van Engeland te worden. De tijd was toch zeker gekomen dat het land zich bevrijdde van al die Vlamingen en Nederlanders, Duitsers en hugenoten, die zo'n beetje het monopolie hadden op de kunst van Groot-Brittannië?

Het grappige is dat de Fuller die ongenaakbaar op ons neerkijkt vanuit een levensgroot, heroïsch zelfportret, met een blik op zijn gezicht die wel erg doet denken aan Van Dycks Charles I, alles te danken heeft aan de Nederlandse en Vlaamse prototypen die in Engeland bekend waren. De frontale pose, de helder verlichte figuur tegen een donkere achtergrond, de rekwisieten en het extravagante kostuum – het roodfluwelen, zwierig schuinstaande hoedje, de theatrale gestreepte zilverkleurige sjaal om de hals – doen allemaal denken aan de Nederlandse adepten van de Caravaggio-stijl, en vooral aan de vioolspeler van Gerard van Honthorst. Onder de *paragones*, de grote voorbeelden die in Fullers ambitieuze visie aantraden, waren misschien Frans Hals, diens Haarlemse volgeling Jan de Bray en, ongetwijfeld, de parademeester van duizend poses in de spiegel: Rembrandt van Rijn.

Isaac Fuller wist dat hij werd beschouwd als een jolige jongen in het rijk van de jolige koning Charles II: een decorateur van taveernes, een schilder van toneeldecors. Goed, hij ontkende het niet, een man moest de kost verdienen, maar had de grote Rembrandt zichzelf ook niet geportretteerd als bezopen slemper, een schurk en een desperado, en was hij desondanks geen nobel kunstenaar geweest? De Nederlander had laten zien dat er meer manieren waren om je kennis te tonen toen hij de hand

Zelfportret, door Isaac Fuller, ca. 1670

van de filosoof op het hoofd van Homerus legde; nu legde Fuller zijn ene hand op het voorhoofd van zijn muze, Athene, en omklemde hij met de andere een bronzen beeldje van haar pleegvader, Triton, die de zeeën doorkliefde met zijn drietand en rovers wegblies met zijn trompetschelp. Isaac was ook een goede vader voor zijn zoons, Isaac en Nicholas. Een van hen wordt hier afgebeeld terwijl hij met een uitdrukking van angst en respect naar zijn vader kijkt.

Het heroïsche kunstenaarsego, dat geneigd is om in afgronden van depressies te verzinken alvorens op te stijgen naar de toppen van inspiratie, was een eeuw eerder voor het eerst onthuld in *De levens van de grootste schilders, beeldhouwers en architecten* van Giorgio Vasari, vooral in zijn beschrijving van Michelangelo, en in de autobiografie van Benvenuto Cellini, een elegie voor de vrije, van tijd tot tijd moorddadige demiurg. Zelfportretten van de virtuosi – Albrecht Dürer, Leonardo da Vinci, Titiaan – ontkwamen alleen aan profane zelfgenoegzaamheid door zich te omringen met een aura van heilige wijsheid; hun behaarde gezichten leken sterk op heiligen of, tamelijk schokkend in het geval van Dürer, dat van de Heiland in eigen persoon. De irritant onverzettelijke Michelangelo deed een weinig overtuigende poging tot christelijke nederigheid door zichzelf in *Het laatste oordeel* af te beelden als de heilige Bartolomeüs, met zijn eigen gevilde huid in de hand. In Fullers tijd waren er andere kunstenaars, zoals Salvator Rosa, die zichzelf met een air van majesteitelijke ongenaakbaarheid schilderden en erom bekendstonden dat ze hun opdrachtgevers minachtten.

Net als alle anderen had Fuller nooit de bedoeling te bijten in de hand die hem voedde. Maar het zelfportret dat hij tegen het eind van zijn leven heeft geschilderd, is het toppunt van een moedige façade, een ongegeneerde replick op de spotters. Bainbrigge Buckeridge, die begin achttiende eeuw als eerste over specifiek Engelse kunst schreef, verwonderde zich over Fullers succes, gezien de 'rauwheid van kleuren', maar erkende zijn 'grote Talent voor het Tekenen en Ontwerpen van Historiën'. Buckeridge vertelt dat Fuller rond 1660 zo gerespecteerd werd dat hij opdrachten kreeg voor minstens drie kapellen in Oxford: Magdalen College, All Souls College en Wadham College, waar hij met een virtuoze techniek in twee kleuren een schilderij op doek maakte. Kennelijk werd Fuller beschouwd als een betrouwbare royalist en derhalve een geschikte kandidaat voor het opnieuw decoreren van plekken in Oxford die, nadat het hof van Charles I uit de stad was verdreven, voor straf waren beroofd van decoraties. Hij greep de kans aan met het animo dat zijn handelsmerk was. In All Souls

zijn fragmenten van zijn *Laatste oordeel* bewaard gebleven waaruit overduidelijk Fullers ambitie blijkt om de Engelse Michelangelo te worden.
Hij is inderdaad geslaagd in de radicale verkorting die nodig is voor
plafondschilderingen, zodat er machtige voeten en handen uit lijken te
steken in de ruimte eronder. En er zijn andere details die suggereren dat
Fuller niet helemaal een sukkel was als het ging om het uitvinden van een
inheemse Engelse barok. Het hoofd van een van zijn liggende figuren is
een grootogige schoonheid met sappige lippen en blonde lokken die wap-
peren in de wind. Maar het hele effect wordt tenietgedaan door Fullers
minder trefzekere vormgeving van armen en benen, die eruitzien of ze
geamputeerd waren en chirurgisch weer aan schouders en heupen vastgezet. Toen Buckeridge over het effect van de gigantisch vlezige maar
ontwrichte dijen en gespierde biceps zei dat de 'gespierdheid te sterk en
te prominent' was, was dit absoluut een understatement.

Volgens latere opvattingen was Fullers stijl in elk geval te werelds en
heroïsch voor gewijde decoratie. Toen John Evelyn de schilderingen in de
All Souls zag, merkte hij op dat er 'te veel naakten' in de kapel waren, hetgeen betekende dat ze waarschijnlijk niet lang zouden overleven. In feite
waren de schilderingen gedoemd te verdwijnen, en niet zozeer vanwege
Fullers wens om renaissancistisch maniërisme in Oxford te introduceren,
als wel omdat hij ze in olie rechtstreeks op ongegronde houten panelen
schilderde. In 1677, vijf jaar na zijn dood, waren ze er zo slecht aan toe dat
er al plannen waren om ze te vervangen, en die plannen werden de volgende eeuw uitgevoerd door James Thornhill. Maar men vond ook dat Fullers
werk ongerijmd aards en volks was voor zo'n voornaam en waardig decor.
Buckeridge stelde dat zijn ontwerpen niet waren uitgevoerd met 'passend
Fatsoen, noch volgens een Historische stijl, want hij was te zeer verslaafd
aan het Moderniseren en parodiëren van zijn Onderwerpen'. Dat was ook
wel te verwachten van een kunstenaar die bekendstond om zijn voorliefde voor het straatleven. De 'Extravaganties', snoof Buckeridge, kwamen
geheel overeen met ''s mans manieren'.

Uiteindelijk kwamen de critici tot de slotsom dat Fuller geschikter was
om taveernes te beschilderen dan kerken. En zijn andere nering maakte inderdaad een belangrijk deel uit van zijn werk. De Grote Brand van Londen
in 1666 had werk geschapen voor kunstenaars, toen de herbergen van de
stad die in de vuurzee waren verwoest, herbouwd werden (weer van hout),
en binnen met schilderingen werden opgesierd ter vermaak van de clientèle. De Mitre (mijter) in Fenchurch Street was een van de taveernes die vertier boden aan mannen uit de elite en de regering op zoek naar gezelschap,

zoals Samuel Pepys, die er regelmatig vrienden mee naartoe nam. De eigenaar, Dan Rawlinson, bestelde bij Fuller een spectaculair schouwspel dat zijn wanden en plafond bedekte met een voltallige bezetting van goden en saters die zich vermaakten met bokalen vol drank – Silenus, Bacchus, Dionysus en de anderen – en ook een bevallige jongen met een duivelse grijns die op een geit reed. Midden in het drankzuchtige gezelschap was een enorme mijter: de hoge Kerk omringd door laag-bij-de-grondsheid.

Deze willekeurige vermenging van genres beschadigde Fullers reputatie bij de critici van de volgende eeuw – en daarna werd hij vergeten. Een paar portretten die bewaard zijn gebleven – zoals een fraai portret van de politieke 'rekenkundige' William Petty – maken duidelijk dat Fuller, als hij zin had, prima in staat was gepolijste formele portretten te maken. Maar de volkse genrestukken die hem ondanks de jaren in Parijs makkelijker afgingen, werden gebruikt om aan te tonen wat een ongegeneerde Engelse historieschilderstijl zou kunnen zijn.

In 1660 publiceerde de lexicograaf Thomas Blount (diep gekrenkt omdat zijn woordenboek was verdrongen door *The new World of English Words* waarin veel van zijn lemma's werden geplagieerd) een populaire historie, *Boscobel: or the History of His Sacred Majesties most Miraculous Preservation*... een geschiedenis van wonderen. Het epos, nog steeds leuk om te lezen, bevatte alles: een trouwe bende van zes broers, de Penderels – dienaren, huisbewaarders, een molenaar en zo meer – allen toegewijd aan het redden van de koning; de onversaagde Jane Lane met wie Charles, onder de naam Wil Jones, een houthakker met een bijl, een paard deelt. Bovendien stond de held van het verhaal erom bekend dat hij het te pas en te onpas steeds weer opnieuw wilde vertellen, niet in de laatste plaats aan Samuel Pepys, aan boord van het schip dat Charles terugbracht naar Engeland na zijn ballingschap in de Nederlanden. In latere edities van *Boscobel* werd Pepys' verslag toegevoegd aan Blounts versie van het ontsnappingsverhaal.

In de eerste jaren van Charles' bewind werd Blounts boek de heilige schrift van de Restauratie, en iemand gaf Isaac Fuller opdracht om een epische cyclus van schilderijen te maken waarin een paar van de 'mirakels en wonderen' van het verhaal werden naverteld: de koning die sluimert in de takken van de grote eik in het bos van Boscobel, die zich vermomt in de kleren van een houtvester en, in de beschrijving van Blount, een versleten leren wambuis en een groene broek draagt, met kousen waarvan de geborduurde boord af was gesneden, 'oude schoenen, gesneden en gespleten om de voeten ruimte te geven, een oude, grijze, vettige muts zonder voering, een hemd van het grofste linnen, zijn gezicht en handen groezelig gemaakt met behulp van bladeren van de walnoot'.

De rolwisseling van koning en gewone man, compleet met het ruilen van kleren, was een oud volksverhaal. De *gestes* van Robin Hood stonden er vol van, de komedies van Shakespeare en tijdgenoten speelden ook vaak met hetzelfde motief, en vaak met hetzelfde doel, dat een gevallen of verbannen prins de deugden van het gewone volk ontdekte, een natuurlijke adel die verre te verkiezen was boven het pure toeval van geboorte. Maar het is bijna onmogelijk je voor te stellen hoe de vader van Charles II zijn wangen insmeerde met verf van walnootblad, omdat de Stuartkoningen er juist naar streefden de monarchie zo ver mogelijk van het gewone volk verwijderd te houden: om James en Charles te zien als 'kleine goden op aarde' die aan niemand verantwoording verschuldigd waren behalve aan de Almachtige zelf. Voor dat doel waren de grote barokke vliegmachines van plafondgoden die Rubens schilderde en de majesteitelijke paarden van Van Dyck perfect.

Maar nu, na het trauma van het Interregnum, was er iets anders nodig. Charles II was waarschijnlijk geen ziertje minder autocratisch dan zijn vader, en het plafond van zijn slaapkamer in Whitehall was ook beschilderd met een zwaar allegorisch relaas van de terugkeer van de Gouden Eeuw. Maar dat de nieuwe koning meer contact had met de gewone man was niet helemaal een mythe, en het was een leidmotief in de geschiedenis van de Restauratie dat zijn troonsbestijging beantwoordde aan een diep volksverlangen in het land, een idylle die gesteund leek te worden door de enorme, oprecht verheugde massa's die zijn terugkeer begroetten. Dus zonder de hoofse iconografie van goddelijk recht helemaal op te offeren, werd het tijd voor een geschilderde begeleiding bij het boek van Blount, om munt te slaan uit de al dan niet afgedwongen hartelijke betrekkingen van Charles II met zijn redders.

En daar komt Isaac Fuller om de hoek kijken. Aangezien de vijf schilderijen die hij maakte gigantisch zijn – zo'n 2,15 bij 2,50 meter – lijkt het waarschijnlijk dat het een opdracht was van een royalistische aristocraat, mogelijk de graaf van Falkland (in wiens landgoed ze terechtkwamen), die beschikte over een grote zaal waar ze konden hangen. Ze vormen een soort bombastische versie van Rubens' immense reeks voor Maria de' Medici, de koningin-moeder van Frankrijk, die gedwongen was haastig uit Parijs te vluchten. En Fullers talent om koninklijk beeldwerk op te ruwen tot het deel uitmaakte van de folklore van de gewone man was precies geschikt voor die taak.

Koning Charles II en kolonel William Carlos (Careless) in de koninklijke eik,
door Isaac Fuller, ca. 1660
Koning Charles II en Jane Lane rijden naar Bristol, door Isaac Fuller,
ca. 1660

Fuller gaat aan de slag. Hij beeldt het knappe gezicht van de koning veeleer af zoals hij in 1661 was dan tien jaar daarvoor, toen hij een broekje van eenentwintig was, zodat de mensen het verhaal beter konden identificeren met de Charles die ze nu kenden. Maar ontdaan van elk zweem van koninklijke kledij lijken Charles en de houtvester bedrieglijk op elkaar. De houtvester had de koninklijke lokken afgeknipt en de koninklijke wangen besmeurd. En wat Fuller mist aan verfijnde stijl, compenseert hij met een heus talent voor het vertellen van volksverhalen. Verborgen in de beroemde 'koninklijke eik' van Boscobel slaapt Charles met zijn hoofd in de schoot van zijn trouwe kolonel Careless, die moet zorgen dat de koning niet uit de takken valt. Fuller schildert de kolonel, die natuurlijk angstig klaarwakker is, met zijn armen wijd, klaar om Charles te vangen, voor de zekerheid, want hij had de koning nooit rechtstreeks vast durven houden. Fuller houdt soms wel en soms geen rekening met het wisselende gevoel van ontluistering van de koning. De molenaarsknol waarop hij moest rijden is duidelijk allang aan de paardenvilder toe, en Fuller geeft Charles een uitdrukking van ontzette afschuw over de vernederende absurditeit van zijn positie. Het verhaal gaat dat hij Humphrey Penderel, de molenaar, vroeg waarom die 'slome knol' zo langzaam draafde, waarop de eerlijke man antwoordde dat het kwam doordat het dier 'het gewicht van drie koninkrijken op zijn rug' droeg.

Achter de paardengrappen zat natuurlijk de ontzagwekkende grootsheid van Van Dycks ruiterportretten van Charles I. Dus als diens zoon Charles II uiteindelijk op weg gaat naar Bristol (nog steeds langzaam om de patrouilles van Cromwell te ontwijken), op het paard van Jane Lane, geeft Fuller de schimmel meer fut en vuur. Sterker nog, hij slaat door, want hij laat het paard op zijn achterhand staan in de levade-houding die op schilderijen bijna altijd is voorbehouden aan belangrijke generaals en vorsten, en volstrekt onmogelijk is uit te voeren met twee berijders. Jane Lane, de zuster van een andere royalistische kolonel, was een soort volksheldin geworden in de overlevering, doordat ze uiteindelijk zelf naar Parijs ontsnapte, waar ze zo vertrouwd raakte met de jonge koning dat de voorspelbare verhalen opdoken.

We hebben geen idee hoe Fullers historiestukken zijn ontvangen, maar het feit dat de schilderijen bewaard zijn gebleven betekent dat ze geen complete mislukking kunnen zijn geweest. En al haalde de Charles-cyclus het niet bij wat Le Brun voor Louis XIV in Versailles zou doen, het werk had zeker een uitgesproken Engelse toon. In de aardsheid van de schilderijen, hun overeenkomst met populaire historieprenten, hun trouw aan de verhalende traditie en hun volkse humor zijn ze een voorafspiegeling van de visuele vertelkunst die in de veel getalenteerder handen van Hogarth de Engelse manier zou worden om hun verleden af te beelden.

Hij zou nooit sir Isaac worden. Nederlandse en Duitse kunstenaars, met hun lompe hoogdravende stijl, zouden nog steeds bepalen hoe historiestukken eruit dienden te zien. Fuller zelf verzonk in een poel van drank in de pubs die hij had beschilderd. Geen wonder dus dat op zijn flamboyante zelfportret tegen het eind van zijn loopbaan de brutale zelfpromotie wordt overschaduwd door op zijn minst een tikje trieste spijt.

Zelfportret, door Jonathan Richardson, 1736

4

'Aan mezelf.
Een onvoltooide schets' 1731

Nu hij aan het 'staartstuk van het leven' was gekomen, zoals hij het noemde, en zich overgaf aan Gods genade bij het naderen van dat waar ieder mens uiteindelijk voor moet zwichten, erkende Jonathan Richardson dat volmaaktheid misschien niet altijd het belangrijkste aspect van de portretkunst was. Als hij, zoals elke ochtend, naar zijn eigen trekken in de spiegel keek terwijl hij de *Morning Thougths* verzamelde die hij in dichtvorm zou noteren, had hij nog meer waardering voor Rembrandts toewijding aan de onopgesmukte waarheid.

Twintig jaar eerder was Richardson een heel andere mening toegedaan. In zijn *Essay on the Theory of Painting*, de eerste theoretische verhandeling over de schilderkunst die ooit door een Engelsman werd geschreven en die in 1715 werd gepubliceerd, had hij benadrukt dat het werk van een portretschilder eruit bestond 'zijn ideeën te verheffen boven wat hij ziet en in zijn eigen geest een voorbeeld van volmaaktheid te vormen dat niet te vinden is in de werkelijkheid'. 'Gewone natuur' was 'net zo min geschikt voor een schilderij als onverbloemd vertellen voor een gedicht'. Meesters uit de Klassieke Oudheid begrepen dat goed toen ze verfijnde en sierlijke gelaatstrekken schiepen die je niet snel op straat of op de agora tegen zou komen. Wat moesten ze anders met goden en helden? Ook Michelangelo en Rafaël plachten een keuze te maken uit de fraaiste onderdelen van gezicht en lichaam en die tot schoonheid te componeren. Was dat niet de bedoeling van de kunst? Als kunst verwerd tot pure transcriptie van wat ze toevallig zag, waar was dan de poëzie? Dan was ze niets meer dan een gewone kopie. Hoe kon zo'n platte weergave de condition humaine verheffen boven het ruwe en het grove (waaraan geen tekort was in de wereld)? De schilder diende juist 'de gehele soort te verheffen en te voorzien van elke voorstelbare schoonheid, en gratie, waardigheid en volmaaktheid; ieder individueel personage, of het nu goed, slecht, vriendelijk of verwerpelijk is, moet sterker zijn, en volmaakter'.

Maar deze, in alle oprechtheid geuite, hoogdravende overtuigingen waren opgetekend toen hij portretschilder was voor de society en vervolgens voor de grote genieën van zijn tijd, zoals zijn vriend Alexander Pope, wiens verheven geest en welgekozen poëtische taal nooit af te lezen waren geweest aan zijn fysieke verschijning, want hij was klein en gebogen. Het eerste, niet het laatste moest worden overgebracht in elke fatsoenlijke gelijkenis. Het *Essay* was bedoeld om de status van de schilderkunst onder zijn landgenoten op te krikken, zodat ze niet meer als een medium voor ondergeschikt vermaak zou worden behandeld, maar, in de woorden van Richardson, als een taal, een medium voor het overbrengen van ideeën. In dat licht gezien hoefde ze niet onder te doen voor de vermeende superioriteit van poëzie en proza. Literaire taal was tenslotte voornamelijk beschikbaar voor degenen die die taal deelden, terwijl schilderen universeel was. En bovendien was er de directheid van haar communicatie. De schilderkunst 'stort ideeën in onze geest; woorden laten die slechts druppel voor druppel vallen'.

Jonathan Richardson had een visioen voor ogen van een grootse Engelse schilderschool die zich kon meten met de school van de Italianen en de Fransen, en die zelfs kon vervangen door landgenoten met de 'geest van vrijheid'. Het probleem was dat de beoefenaars voor het grootste deel buitenlanders waren, of anders onwetende en zelfs potsierlijke ambachtslieden. Een waar kunstenaar was tegelijkertijd historicus (in het bezit van de kennis die nodig is om te weten hoe de Grieken en Romeinen leefden) en dichter (die 'zijn figuren zo kon uitbeelden dat ze dachten, en spraken en handelden zoals een dichter in een tragedie zou doen'), en wilde hij een waardig tekenaar zijn, dan moest hij eigenlijk ook wiskundige en werktuigkundige zijn. Dergelijke virtuozen, erkende hij, waren op dat moment dungezaaid, maar des te meer reden om de lat hoog te leggen. Wat nodig was, naast Inventiviteit, Expressie, Compositie, Kleur en Handeling (de titels van zijn lessen) was een gevoel voor de 'Elegantie en Grandeur' waarvan de majestueuze werken van iemand als Rafaël waren doortrokken. Op een dag zou er een Engelse Rafaël opstaan die zich kon meten met het origineel, dat wist hij zeker.

Als we George Vertue (uitgegeven en venijnig aangedikt door Horace Walpole) moeten geloven, werden Richardsons hoogdravende voorschriften giechelend en hoofdschuddend ontvangen, in elk geval buiten zijn onmiddellijke vriendenkring. 'Bij de lachers en de afgunstigen' kreeg zijn boek evenveel spot als bewondering. Het hielp ook niet dat Richardson zelf de neiging had zich heel formeel te gedragen, langzaam en luid te spreken, alsof elke zin zuchtte onder het gewicht van zijn betekenis. Een koffiehuisgesprek kon veranderen in een gehoorzaallezing vol sonore kritiek uit de pruimenmond in het vollemaansgezicht van de arbiter van schilderkunstige waardigheid. Ook ontsnapte het niet aan de aandacht, in elk geval van de kwaadwillenden, dat Richardsons teksten vervuld waren van 'vuur en inzicht', maar 'zijn schilderijen van beide niet veel bezaten'. Doordat hij zich strikt aan een leven volgens de gouden regel van zelfbeheersing en matiging hield, en zowel libertinisme als extreme soberheid vermeed, zakten de schilderijen naar een doorsneeniveau, waar ze wegkwijnden in redelijke middelmatigheid. Hoewel hij 'vol... theorie en diepe beschouwingen over zijn kunst was, tekende hij onder het hoofd niets goed, en was hij gespeend van fantasie', schreef de onbarmhartige Vertue; 'zijn poses, draperieën en achtergronden zijn banaal en nietszeggend, zo slecht heeft hij de scherpzinnige Regels en aanwijzingen die hij aan anderen oplegde op zijn eigen uitoefening toegepast'.

De meeste van deze bijtende aanvallen kwamen na Richardsons dood, hoewel ze hard moeten zijn aangekomen bij zijn zoon Jonathan junior, die zeer toegewijd zijn vaders nagedachtenis en literaire erfgoed bestendigde. Maar in het horzelnest van de Londense letterenwereld zal de vader er ook niet ongevoelig voor zijn geweest. Misschien deed hij ze af als haarkloverij van rancuneuze en jaloerse lieden. In 1720 had hij inmiddels een goede reputatie, vooral als portretschilder, en rekende hij ongeveer hetzelfde tarief als erkende meesters als Kneller. Hij werd nu en dan uitgenodigd om voor het hof te schilderen, maar wees de kans hooghartig van de hand, omdat hij liever de letterenaristocratie en de goede heren van de Kerk portretteerde. Hij was verhuisd van een respectabel onderkomen in Lincoln's Inn Fields naar een nog fraaier huis aan Queen Square, waar hij de rest van zijn leven zou wonen. Hij had een vrouw, Elizabeth, die hij op handen droeg. Tien van hun elf kinderen hadden de gevaren van de eerste jeugd overleefd, en de meeste (niet allemaal) gaven hem voldoening.

En toch. Na Elizabeths plotselinge overlijden aan 'koudvuur van de darmen', waardoor ze getroffen werd tijdens een uitvoering van Händels *Rodelinda*, nam Richardson de tijd om het bestek op te maken van tegenslagen en zegeningen, en van zijn eigen deugden en tekortkomingen, en moest zich toen afvragen of hij eigenlijk wel was wat hij leek te zijn voor de wereld die hem ruim had bedeeld met zegeningen. Natuurlijk begreep hij dat de goedkeuring (of afkeuring) van de wereld van weinig belang was, afgemeten aan alle hogere waarden. Wat vanbinnen leefde was wat werkelijk telde. 'Geest geheel helder indien vanbinnen zo,' schreef hij in een van zijn vele aantekeningen voor zichzelf. Dus stond Richardson tussen 1730 en 1740 elke ochtend vroeg op en keek bij het licht van de nakende dag, of anders van kaars en lamp, naar zijn eigen gelaatstrekken om te zien of hij er in moreel opzicht op voor- of achteruit was gegaan. Horace Walpole beweerde, in navolging van Vertue, dat er geen dag voorbijging zonder dat hij potlood op velijn zette of een zelfportret met krijt op blauw of roomkleurig papier, en dat er bij Richardsons dood in 1745 'honderden' van waren. Dat was waarschijnlijk overdreven, maar de vele die bewaard zijn gebleven, vormen het meest dwangmatige en meedogenloze zelfonderzoek in de gehele Britse kunst.

De reeks begon als een visuele autobiografie. Richardson had een gedicht geschreven dat 'The Different Stages of My Life' heette en voornamelijk bedoeld was voor zichzelf en zijn directe omgeving. Maar toen zijn poëzie werd gepubliceerd door zijn zoon, werd er nogal spottend op gereageerd. De regels die hij had gelezen, merkte Walpole zuur op, 'wekken geen nieuwsgierigheid naar meer'. En inderdaad dansen de regels niet echt over het papier, en ze laten zich zelfs nauwelijks scanderen. Maar hun onbevallige amateurisme heeft op zichzelf wel iets ontroerends.

As here I sit and cast my eyes around
The history of my past life is found
The dear resemblances of those whose names
Nourish and brighten more the purest flames.

In het *Essay* schreef Richardson: 'Geschilderd sterven we nooit, geraken we nooit in verval, en worden we nooit ouder', en toen hij de personages die zijn leven bevolkten begon te schetsen, tekende hij hen in het stadium waarin hij hen wenste vast te leggen in zijn liefdevolle herinnering. Alexander Pope, die rond 1730 al stevig middelbaar was, werd getekend in de kracht van zijn leven, toen Richardson hem leerde kennen. Richardsons vrouw Elizabeth werd getekend in de bloeitijd van hun huwelijk; zijn oudste zoon, Jonathan junior, die toen de middelbare leeftijd naderde, als zeven jaar oud cherubijntje, en ook als tienjarige, met bolle wangen en volle lippen. De aanleiding om een van zijn andere zoons, Isaac, te tekenen, kan een recente tragedie zijn geweest. De jongen wordt getekend als een lieve knaap, maar op de achterkant van het velijn schreef Richardson: 'Naar zee gegaan, 9 augustus; aan land gezet 10 november 173[onleesbaar]'. 'De afbeelding van een afwezig familielid, of vriend,' had hij geschreven met een karakteristiek evenwicht tussen warme emotie en koele redelijkheid, 'helpt om de gevoelens die dikwijls verslappen door afwezigheid vast te houden, en kan nuttig zijn om vriendschap, en vaderlijke, broederlijke en huwelijkse liefde en plicht te onderhouden en soms te versterken.'

Richardson zelf verschijnt in deze eerste serie ook op verschillende tijdstippen van zijn leven, van de serieuze jongeman tot de nog ernstiger oude criticus, soms met een lange pruik, soms met geschoren hoofd, een andere keer met zijn zachte muts. En toch, wat opvalt is dat de pose, ondanks de veranderende aankleding – en overigens ook Richardsons uitdrukking –, vrijwel altijd hetzelfde is: die van een man die zijn passies goed onder controle heeft, nadenkend, met de neiging tot hoogdravendheid, niet overmatig familiair maar ook niet streng afstandelijk. Een middelmatig soort kerel met een ietwat superieure geest.

Als held van zijn eigen verhaal in poëzie en beeld overdreef Richardson misschien de 'zwaarmoedigheden' en 'pijnen' die zijn leven hadden getekend, om het beter te kunnen kleuren met de sentimentele tinten waar de achttiende-eeuwse roman dol op was. 'De stappen van mijn eerste kinderjaren/ Werden door mij ongastvrij en zwaar ervaren,' schreef hij, maar in werkelijkheid was zijn vader een zijdewever in Bishopsgate, succesvol genoeg om bij zijn dood vierhonderd pond na te laten, geen gering bedrag voor een handwerksman of kleinhandelaar. Maar Jonathan verwees waarschijnlijk naar het vagevuur waarin hij terechtkwam toen zijn stiefvader hem in de leer deed bij een klerk (of notaris), waar hij zes jaar zwoegde terwijl zijn rusteloze fantasie kreunde in die schrijfketenen. Hij werd bevrijd door de portretschilder John Riley, wiens leerling hij werd en bij wie hij inwoonde. Riley, die in 1691 jong overleed, was een vaardig en opmerkelijk kunstenaar die niet alleen koningen en hovelingen schilderde, maar ook, en dat was ongebruikelijker, koninklijk personeel zoals dienstbode Bridget Holmes, die het tot haar plichten mocht rekenen de po van Charles II te legen en op het schilderij van Riley betrapt wordt door een page achter het zware damasten gordijn dat meestal voorbehouden blijft aan vorsten en edelen, haar bezem in haar handen als een musket, klaar om elke indringer uit het koninklijke privaat te weren. Riley, die afgebeeld is op een van Richardsons elegantste tekeningen, was duidelijk een actieve mentor en meester voor zijn leerling, introduceerde hem bij zijn eerste opdrachtgevers en misschien bij zijn toekomstige vrouw, die mogelijk zijn nichtje was.

Richardson zou zelf niet zo lankmoedig zijn tegenover relaties onder zijn dak. Als hij sprak over zijn latere leven, 'bezoedeld door huiselijke kwellingen', dacht hij niet alleen aan een van zijn dochters die aan waanzin bezweek, of aan een andere die leed aan een 'langdurige ziekte', maar aan een derde, Mary, die zo onbezonnen was ervandoor te gaan met Ri-

Zelfportret, door Jonathan Richardson, 1735
Zelfportret, door of naar Jonathan Richardson, tussen 1730 en 1740

Zelfportret met stoffen muts, door Jonathan Richardson,
ca. 1730-1735
Zelfportret, door Jonathan Richardson, ca. 1733

chardsons leerling-assistent Thomas Hudson, zonder zelfs maar om toe-stemming te vragen. De gekrenkte vader reageerde kwaadaardig door Mary haar bruidsschat te ontzeggen, en hoewel hij Hudson opnam in zijn reeks tekeningen, en ze dus op enig moment waarschijnlijk verzoend waren, heeft hij haar nooit meer gegeven waar ze recht op had.

Jonathan junior daarentegen was zijn vaders oogappel: hij was zozeer een toonbeeld van deugd, discipline en kinderlijk respect, dat hij nooit trouwde maar liever voor zijn vader zorgde toen die ouder werd, vooral na een kleine beroerte, zodat Horace Walpole hen tweeën 'liefhebbers van kunst en elkaar' noemde. Op een zeldzaam en ontroerend dubbelportret tekende Richardson hen beiden samen, twee druppels water, nauwelijks verschillend in leeftijd, allebei met dezelfde licht uitpuilende ogen (een kenmerk van portretten uit die tijd), kuiltje in de kin en prominente neus, het gezicht van de vader een beetje afgetobd vergeleken met de pudding-achtige volheid van de zoon.

Zijn voorbeeldige zoon was de enige uitzondering op de laatste be-zigheid die Richardson zichzelf nog toestond toen hij zich langzaam te-rugtrok uit het professionele portretschilderen en zich nog maar op één model concentreerde: zichzelf. De late krijttekeningen werden niet meer gedreven door de behoefte om zijn leven over te brengen zoals het zich had ontwikkeld, maar eerder om met meedogenloze concentratie te on-derzoeken wat de staat van zijn karakter op dat moment was. Het was eigenlijk een beeldende versie van de aloude *ars moriendi*, de voorberei-dingen die goede christenen treffen voor hun verscheiden, als het maar enigszins mogelijk is in staat van genade. Richardsons routine, die nooit erg was veranderd, was nu zo zuiver herhalend als zijn lichaam hem toe-stond: nog steeds de ochtendoverdenkingen en -gedachten die op rijm werden gezet; nog steeds het wandelen en paardrijden dat daarop volgde; de steeds soberder maaltijden; de bezoekers zorgvuldig gekozen en afke-rig van uitspattingen. Het is gemakkelijk te begrijpen waarom Vertue en Walpole hem obsessief vonden, de manier waarop hij zichzelf elke dag bekeek en tekende, want de serie heeft ontegenzeglijk iets monotoons: het driekwart profiel naar links of rechts; de blik uitzonderlijk streng en zoekend of, tegen het eind, net drie jaar voor zijn dood in 1745, iets min-der gespannen: het kuiltje in de kin comfortabel op zijn plek en, opvallend genoeg, Richardsons eigen haar, informeel geborsteld, het zilver gesug-gereerd door het zwarte en witte krijt.

Richardson hoopte en geloofde dat hij meer als schrijver dan als schil-der herinnerd zou worden. Op het zelfportret in olieverf dat hij maakte, staat hij met ganzenveer en papier in plaats van met penselen en doek, en voordat hij stierf, trof hij maatregelen om zijn boeken in het Frans te laten vertalen, en inderdaad werden ze tamelijk populair in Frankrijk, al was die populariteit vermengd met ongeloof dat de Engelsen überhaupt over kunst konden schrijven terwijl ze in de praktijk zulk inferieur werk maakten. In 1719 had Richardson het *Essay on the Theory of Painting* laten volgen door twee boeken waarin hij beschreef hoe je kunstcriticus wordt (onderscheid maken tussen goed en slecht, tussen originelen en kopie- en, een onderwerp dat hij subtieler behandelde dan je zou hebben ver- wacht), en *A Discourse on the Dignity, Certainty, Pleasure and Advantage of the Science of a Connoisseur*, bedoeld ter lering van kunstverzamelaars (Richardson zelf had bij zijn dood een verbijsterende verzameling teke- ningen). Als iemand, in welke cultuur dan ook, de dubieuze eer te beurt kan vallen een Engelse 'kunstwereld' te hebben geschapen, een nexus die kunstenaars, critici, opdrachtgevers en verzamelaars verbindt in een mi- lieu dat niet afhankelijk was van hof en staat maar zelfstandig functio- neerde, is het Richardson wel.

Dit culturele wonder, de wedergeboorte van wat ooit straalde in Grie- kenland en Rome en in het Italië van Rafaël en Michelangelo, zou nu, verkondigde Richardson, in Engeland plaatsvinden: 'Welk een degene- ratie ook mag zijn binnengeslopen... geen natie onder de hemel gelijkt zo sterk op de oude Grieken en Romeinen als wij. Er heersen onder ons een waardige moed, een verhevenheid van denken, een nobelheid van smaak, een liefde voor vrijheid, een eenvoud en een oprechtheid die we van onze voorvaderen hebben geërfd, en die bij ons horen als Engelsen.' Shakespeare en Richardsons geliefde Milton waren slechts de voorlopers van dit nieuwe rijk van de kunst, en Richardson zou tijdens zijn leven de bloei niet meer meemaken, omdat de ontkiemende zaden nog maar net aan het rijpen waren. Hij vertrouwde erop dat er in Engeland een grote heropleving zou komen van kunst en goede smaak, maar alleen wanneer 'Engelse schilders, zich bewust van de waardigheid van hun land, en van hun beroep, besluiten beide eer te bewijzen door vroomheid, deugd, edel- moedigheid, welwillendheid en ijver; en verachting voor al wat werkelijk onwaardig is.'

Met andere woorden: als Jonathan Richardson langs die lange Romein- se neus van hem in de spiegel naar de tekenen van alle hogere deugden van de ware kunstenaar zocht, begon hij te onderscheiden wat het gezicht van Engelse kunst zou moeten zijn. Het zou feitelijk iemand in de trant van Joshua Reynolds zijn.

Reynolds en Richardson zouden niet helemaal hun zin krijgen. In 1753 verscheen de *Analysis of Beauty* van William Hogarth, en dat was een rechtstreekse aanval op de balans tussen klassiek idealisme en hoge kunst. Hogarths eigen werk was alomvattend en katholiek waar Richardsons regels select en precies waren. De kenmerken die volgens Richardson niet tot de fatsoenlijke smaak behoorden – het knoestige en onregelmatige, het onaantrekkelijke en zelfs misvormde, gapende monden van vreugde, waanzin of pijn – zouden allemaal worden omhelsd door de kunstenaar voor wie de natuur inderdaad de enige ware god was. In een nog latere generatie keken ogen de toeschouwer aan, niet elegant en intelligent van opzij zoals op Richardsons eigen driekwart profielen, maar recht naar de toeschouwer, frontaal, verontrustend, ogen die priemden op de geëxalteerde manier die is voorbehouden aan religieuze openbaring.

5
Oud leven op je twintigste

De blik gaat dwars door ons heen en er aan de andere kant weer uit. Wij zijn irrelevant voor Samuel Palmers zelfobservatie, de scherpste in de hele Britse kunst. We worden, bijna indecent, toegelaten tot de kracht van zijn concentratie, die tegelijkertijd heel precies en visionair is. Ondanks de hamsterwangetjes is hij, in 1826, op zijn eenentwintigste een aantrekkelijke jongeman, maar hij is zich bewust van de ijdelheid van de geest en de verraderlijkheid van het lichaam. Vanwege zijn zwakke longen kuchte en piepte hij zo alarmerend dat Mary Ward, die zijn kindermeisje was geweest, voor hem bleef zorgen, ook toen hij naar Shoreham in Kent verhuisde.

Voor dit moment van uitputtend zelfonderzoek is Palmer volmaakt beheerst, geheel verdiept in het inventariseren van zijn uiterlijke verschijning en zijn diepste innerlijk. Elk haartje van de stoppeltjes op zijn bovenlip en onder zijn onderlip is nauwkeurig vastgelegd. Het slordige, misschien door hemzelf geknipte haar wordt in zwart krijt met meer liefde behandeld dan een kapper kon hebben gedaan, en ook met veel meer aandacht, want Palmer heeft een manier gevonden om individuele haren die stijf staan van het vuil en het zweet zo te tekenen dat ze vettig aan elkaar plakken en glimmende stukken van zijn voorhoofd vrijlaten. Het vaalgele papier waarop hij tekent dient als contrast voor het warme licht dat op hem valt, zelfs in Surrey of Kent. Een streek en een veeg van zijn witte krijt benadrukken deze bovennatuurlijke gloed op zijn voorhoofd, een snelle haal doet de neusbrug en het glinstertje in zijn rechteroog oplichten. De schaduw van zijn kin op de opstaande kraag, de beweging van zijn losjes gestrikte halsdoek en de fel verlichte knoop zijn zo vrij en mooi behandeld dat Rubens en Rembrandt zich er niet voor geschaamd zouden hebben. Toevallige sporen van romantische impulsiviteit blijven ongecorrigeerd op het papier: een spat op de revers van zijn jas, een onbedoelde krijtvlek, als het litteken van een duel, onder de onderlip. Toch is, naast zijn zelfverzekerdheid, Palmers motoriek even nauwkeurig als die van een horlogemaker. Het lijkt alsof hij kan tekenen zonder zijn ogen een moment af te wenden van wat hij in de spiegel ziet; de hand gehoorzaamt automatisch de blik, of misschien is het

Zelfportret, door Samuel Palmer, 1826

omgekeerd: dat zijn gevoel voor zelfbeschrijving zo zit ingebakken dat hij nog maar zelden naar het spiegelbeeld kijkt.

Maar het zijn natuurlijk twee organen, de ogen en de mond, die het uiterlijk bepalen en het gezicht beheersen, want wat voor mysticus Palmer ook mag zijn, het zal geen zwijgende soort zijn. Hij overdekt zijn schetsboeken met een massa woorden: gedetailleerde instructies over de geest en de finesses van hoe en waar hij zijn hand moet zetten. Hij houdt een dagboek bij, schrijft lange, gepassioneerde brieven aan vrienden, doet verslag van de toestand van zijn ziel. Zo is hij, om een voorbeeld te noemen, steeds hartstochtelijker, met het vuur in zijn jongvolwassen ogen, met eendrachtig hyperbolisch bonkend hart en hoofd, op een missie om zijn blik hoger te richten. Charme, en vooral wat in zijn tijd voor de charme van de natuur wordt aangezien, is de vijand. Zijn gezelschap van 'Antieken', denkt hij, zou geen genoegen moeten nemen met zulke goedkoop verworven beminnelijkheid. Hij wil dat de Antieken het commercieel schilderachtige, 'de pest van de moderne kunst', laten varen en in de kunst uit het verleden het materiaal voor een grootse verlossing zoeken. Samuel Palmer zit barstensvol met dit soort woorden, stortvloeden van woorden, net zoals zijn idolen Milton en Blake, die in hun poëzie beelden en uitspraken, verschijningen en uitroepen, ingewikkelde gedachten en liedverzen door elkaar husselen in een magnifieke gulle chaos. Wanneer hij naar zichzelf in de spiegel kijkt, ziet Samuel dat zijn volle, jongensachtige lippen droog en hier en daar gebarsten zijn, en hij beschrijft die prikkende scheurtjes en openingen op een manier die mindere talenten niet eens zouden kunnen bedenken. Maar uiteindelijk zijn het de enorme koolzwarte ogen, de vochtige onderrand van zijn oogleden, aangegeven met een klein streepje wit krijt, waaruit de opperheerschappij blijkt, op dit precieze moment, van zijn visie, die eerder spiritueel dan optisch is.

Samuel Palmer kijkt door zijn eigen gezicht heen naar zijn innerlijk, waar de enige landschappen die de moeite waard zijn ontluiken en doorschemeren: appelbomen die uitbarsten in kwakken, klodders en klonters van schuimende bloesem, schaapsherders die sluimeren op de wollige rug van hun kudde, schaduwgevende olmen in de vorm van reusachtige paddenstoelen, een nachthemel doorbroken met vlekken en plakken wolk, die als zilveren vodden boven een lage, gezwollen maan hangen en drijven, imploderende sterren als lovertjes in het zwart, een zakkende zomerzon die korenschoven roostert in de kleur van dikke honing. Als u hier bedenkt dat dit allemaal vooruitloopt op die andere missionaris van de moderne tijd, Vincent van Gogh, hebt u volkomen gelijk.

Waar kwam al die manische uitbundigheid vandaan (afgezien van de onmiskenbare mogelijkheid dat hij een manisch-depressieve persoonlijkheid had, net als Van Gogh)? Recht uit de ziel, zou Palmer hebben gezegd, hij zei het zelfs echt: 'omdat de blikken van de ziel volmaakt zijn, vormen ze de enige echte maatstaf om de natuur mee te beoordelen'. Die visies ontwikkelden zich voor het eerst toen hij zich als jongen verdiepte in de boeken uit de winkel van zijn vader in Newington, ten zuiden van de Theems. Samuel Palmer senior was (ook net als de vader van Van Gogh) een doopsgezinde bekeerling en lekenprediker, en dus werd Bunyans *Pilgrims Progress* behandeld als een tweede heilige schrift, en voorgelezen aan het astmatische jongetje dat opgroeide aan de rand van Southwark, waar het vuil van de stad langzaam plaatsmaakte voor weidsere, groenere landschappen in Blackheath, Clapham, Dulwich en Greenwich. Omdat ze Palmer heetten (wat pelgrim betekent) en zeer religieus waren, is het nauwelijks voor te stellen dat Samuels ouders hem niets verteld hebben over de middeleeuwse pelgrims die, met het gouden Jeruzalem in het vizier van hun geest, door lanen en velden naar het Heilige Land waren gewandeld (*sauntered* in het Engels, dat volgens Thoreau zou zijn afgeleid van *aller à la sainte terre*). Palmbomen – symbool van eeuwigheid en herrijzenis en de gewijde plant van de Passie – doken ook op in Samuels eigen landschappen, al had de rest meer van Kent dan van Palestina. Hoe verschillend konden schaapsherders en hun kuddes tenslotte zijn? Op een vel in zijn schetsboek uit 1824 loopt hijzelf als pelgrim, staf in de hand, langs een gestileerde palm waaromheen zich kuddes maagden en schapen verzamelen.

Voor hun romantische tochten, te voet of in hun verbeelding, waren de Palmers niet uitsluitend afhankelijk van inkomsten uit de boekwinkel, wat maar goed was ook, want ze verdienden er erg weinig mee. Samuels moeder, Martha Giles, was amateurmusicus en -componist, en ze lijkt een zekere harmonie in het gezin te hebben gebracht. De familie Giles stond sociaal en economisch een treetje boven de Palmers. Martha's vader, William, was bankier; Samuels neef John een effectenmakelaar die een onmisbare steun was toen Samuel aan zijn nieuwe leven in Shoreham begon en probeerde te leven zoals de Antieken. Een welkome, zij het bescheiden erfenis van de bankierende grootvader zou de portemonnee van de onafhankelijke schilder spekken, belangrijk, aangezien het de jonge visionair moeite kostte om serieus genomen te worden bij de Royal Academy, laat staan om kopers te vinden. Geldzorgen waren als een zwarte jachthond die voorlopig was weggeschopt van Palmers deur, maar uiteindelijk terug zou komen om zijn vrijheid te verjagen.

Het geld van de familie Giles gaf Samuel senior ook de tijd om de voornaamste leraar van zijn zoon te worden toen die het na twee semesters niet meer redde op de middelbare school. Daarna was de vader degene die de amechtige jongen onderwees in Latijnse en Italiaanse poëzie, Shakespeare en vooral Spenser, Milton en Blake, die met hun lyrische gedichten de Engelse dichtkunst probeerden te onderwerpen aan klassieke cadans en metrum.

Uit bezorgdheid voor de astma van de jongen probeerden de Palmers zijn longen lucht te geven met landelijke uitstapjes naar de weilanden, glooiende heuvels en hellingen rond Dulwich, maar het tegengif tegen de rook en het roet dat zelfs in Surrey zijn longen verstikte, was nog verder Kent in te trekken. Om zijn luchtpijp met ozon te reinigen nam Martha hem soms mee naar Margate (waar een van Samuels idolen, Turner, zich had gevestigd), en hier maakte de jongen op zijn zevende een tekeningetje van een strandtafereel, met een molen op de achtergrond en een man die staat te vissen vanaf een golfbreker, waar al een ontluikend talent uit sprak. Hij werd eerst naar een tekenleraar gestuurd, waar hij weinig leerde dat hij niet al wist. Maar hij ontmoette John Varley, een voortreffelijk aquarellist, en kreeg zo'n reputatie als wonderkind dat zijn werk tentoongesteld werd in de British Institution en zelfs verkocht toen hij nog maar veertien was. Twee jaar later maakte hij een aquarel van een naderende storm die een vergelijking met Thomas Girtin of Turner prima zou doorstaan. Hij had zijn weg gevonden.

Samuel Palmers leven als wonderkind verliep, als een modern evangelie, als een aaneenschakeling van persoonlijke ontmoetingen die allemaal een profetische en apostolische betekenis hadden. De eerste was in 1822 met de schilder John Linnell, een vriend van dichters als Shelley en gespecialiseerd in plein-air landschappen die, vergeleken met de prestatie van zijn protégé, conventioneel lijken. Maar voor de zeventienjarige Palmer was Linnell de boodschapper van de openbaring. 'Het heeft God behaagd,' schreef hij, 'de heer Linnell als een goede engel uit de Hemel te sturen om mij uit de hellepoel van de moderne kunst te trekken.' Hoewel de relatie tussen de twee – Linnell was twaalf jaar ouder dan Palmer, en vanaf 1837 zijn schoonvader – Palmers leven en carrière zou vormen en later zou misvormen, moet we de oudere man nageven dat hij in Palmer iets had onderkend dat voor de romantici van onschatbare waarde was: argeloze kunst, het wonderbaarlijke behoud van de onschuldig naïeve visie van het kind, op een of andere manier onbedorven gebleven te midden van de schone schijn van de maatschappij, al had hij wel de fatterige neiging om zich een heel eigen kledingstijl aan te meten. Het was een geloofsartikel voor de romantici dat de kindertijd onbezoedelde natuur was, de volwassenheid een en al machinaties, omgangsvormen en listen. Het werk van een ware dichter-schilder was eigenlijk het herontdekken van de eerste onder het harde schild van de tweede. Dat was ook precies waar Wordsworth zijn belangrijkste dichtwerk aan wijdde. Hoewel hij niet echt een toonbeeld van kindervisie was, nam Linnell zijn jonge volgeling mee om de Europese landschappen te zien die volgens hem dat gevoel van bedauwde onschuld bevatten: de houtsneden van Lucas van Leyden, de prenten van Albrecht Dürer, de heuvels en velden van wat ze de Vlaamse 'primitieven' noemden.

Er waren ook uitstapjes naar de landelijke voorsteden. Om zichzelf ervan te overtuigen dat het ware landleven de geest herstelde van het verpletterende materialisme van de stad, moesten de romantici hun ogen sluiten voor de ruwe realiteit van het moderne Britse platteland, waar hekken, het onverbiddelijke verdwijnen van gemeenschappelijke weidegrond en de opkomende revolutie van dorsmachines ertoe hadden geleid dat kleine pachtboeren failliet gingen, landarbeiders aan de bedelstaf raakten, dat er felle aanvallen op de machines oplaaiden, ordetroepen naar de dorpen kwamen en veel bewoners vertrokken naar de krotten van de steden en de muil van de fabrieken. Als je Palmers arcadische idylles ziet, zou je nooit denken dat Kent, dat hij een hemel op aarde vond, eigenlijk een oord was van chronische onrust en geweld. En wanneer hij commentaar gaf op de rellen, was het altijd om ze aan de kaak te stellen en neerbuigend te spreken over 'onze heerlijke Britse boerenstand', die op een dwaalspoor was gebracht door kwaadwillende radicalen. Tijdens de verkiezingen van 1832, de eerste na de parlementaire hervorming, publiceerde de zevenentwintigjarige Palmer een verzoek aan de kiezers van Kent met de waarschuwing dat ze het land zouden overleveren aan een jakobijnse revolutie als ze niet stemden voor de Tory-kandidaat.

Politiek gezien stond Samuel Palmer dus lijnrecht tegenover William Blake, en toch beschouwde hij de oude man, die aan het eind van zijn leven stond, als niets minder dan een openbarende profeet en patriarch. John Linnells werk viel in een volkomen andere categorie dan dat van Blake, in die zin dat het eerder gewoon en fris was dan mystiek-extreem. Maar niemand was een groter adept. Het was Linnell die Blake, toen hij eind zestig en ziekelijk was, een reeks opdrachten bezorgde, waardoor de last van zijn laatste jaren werd verlicht, en het was ook Linnell die Blake, uit bezorgdheid om zijn gezondheid, uitnodigde in zijn huis in Hampstead om even weg te zijn uit zijn benauwde logies in Fountain Court aan de Strand.

In oktober 1824 nam Linnell Palmer mee op bezoek terwijl Blake werkte aan tekeningen ter illustratie van Dantes *Divina Commedia*, een taak die de oude man zo serieus nam dat hij probeerde een spoedcursus Italiaans te volgen voordat hij aan de reeks begon. Blake lag in bed met een verbrande voet (of been), maar Palmer vond hem 'niet passief; hoewel zevenenzestig jaar oud, en hard werkend, zat hij kaarsrecht als een van de patriarchen uit de Oudheid of een stervende Michelangelo op een met boeken bedekt bed. Dan en daar maakte hij op de bladen van een groot boek [een folio van Chinees papier dat Linnell hem had gegeven] de subliemste tekeningen van zijn (hem niet overtreffende) Dante'. Vervolgens gunt Palmer zich een kleine zelfgenoegzame opmerking. 'Hij zei dat hij aan deze [de tekeningen] begon met angst en beven. "O! Ik heb genoeg van angst en beven," zei ik. "Dan," zei hij, "bent u geschikt."' Maar Palmer erkent vervolgens op een ontroerende manier hoe Blakes toewijding aan zijn kunst het licht was geworden dat hij moest volgen. Toen hij hoorde dat Blake had doorgewerkt aan Linnells Dante-tekeningen terwijl hij ziek was en pijn leed, vergaarde Palmer de moed om

hem enige van mijn eerste pogingen in tekenen te tonen; en de innemende bemoediging die hij me gaf (want Jezus zegende kleine kinderen) leidde geenszins tot aanmatiging en luiheid, maar maakte dat ik die middag en avond harder en beter werkte. En na mijn bezoek aan hem komt het tafereel me nadien voor als een soort visioen en in deze uiterst valse, verdorven en aanstellerig domme stad ziet mijn geest zijn woonst (de triomfwagen van de zon) als ware het een eiland te midden van de zee – welk een plaats voor primitieve grandeur.

Waren de pogingen die Palmer aan Blake durfde te laten zien misschien de onuitgewerkte tekeningen in een schetsboek, dat op wonderbaarlijke wijze de brandstapel die zijn zoon van vele andere maakte heeft overleefd, en dat hier en daar qua sfeer erg aan Blake doet denken? God die de zon en de maan schept, uitgerekt als een figuur van Michelangelo, boven een platform van merkwaardig gelijkmatig verspreide sterren? Maar in het schetsboek staan ook onderwerpen die typerend zijn voor Palmer: een fabelachtige viervoeter, niet helemaal een muilezel maar ook geen paard of ezel, met een kameelachtig stoppelbaardje op zijn kin en monsterlijk grote oren, meer die van een haas; het beest staat tussen een boomgaard en een tarweveld. Op een ander blad ligt Satan, niet Christus, op zijn rug op een kruis, zijn hoofd gekroond en zijn mond wijd open in een kwaadaardige grimas.

In de loop van het volgende jaar, 1825, begon Palmer echt een eigen stijl te ontwikkelen. Hij meende dat hij het voorbeeld volgde van Blakes 'fresco's', waarop aquarelverf werd gebonden met Arabische gom. Maar Palmer gebruikte de gom om de sepia inktvisinkt en waterverf te binden voor de zes fantastische tekeningen waarin zijn individualiteit zich aankondigt. Dat ze bij elkaar een zelfbewuste stellingname waren, blijkt uit de grote handtekening, met kalligrafische zorg uitgevoerd in een glooiende curve die de hoek van de heuvels volgt, waarmee zijn naam een integraal onderdeel wordt van de decoratieve compositie.

Door de veroudering van de gom zijn deze beelden nu erg donker geworden, maar ook toen Palmer ze schiep, diende de inktzwarte diepte om zijn favoriete lichteffecten een dramatische lading te geven: het licht van een maansikkel met een halo, het glanzende schijnsel van de dageraad dat van achteren een onaardse boom belicht waaronder (als je goed kijkt) mannen en vrouwen te zien zijn, die zich hier verzameld hebben als om de dag te begroeten met een gebed, terwijl voor op het schilderij een helder verlichte haas staat, doodstil, de lange oren alert gespitst. Op een ander schilderij is een zwellende, ronde cumuluswolk feller verlicht dan de voorgrond, terwijl op *De vallei vol graan* een volle maan een opgezette bol is geworden waar vleermuizen voorlangs flitsen.

Al wat Palmer in Dulwich of Shoreham om zich heen zag, was niet meer dan een springplank voor zijn grenzeloze fantasie. Terwijl het een achttiende-eeuwse gemeenplaats was geworden, vooral in Engeland, dat de landschapskunstenaar zich altijd moest laten leiden door 'natuurgetrouwheid', spreekt uit Palmers werk, en zijn fraaie handschrift, de overtuiging dat natuur en kunst eigenlijk twee verschillende terreinen waren, en dat het de rol van de kunstenaar was om de indrukken die hij van het ene had om te vormen naar het 'goud', zoals hij het noemde, van het andere. Dus gooit de twintigjarige in de sepiatekeningen al ongeveer alles overboord wat hij zou moeten hebben geleerd en zou moeten toepassen. Het openen van diepe ruimtes door middel van perspectief – de standaardmanier om de weidse panorama's te produceren die garant stonden voor een goede expositie in de Academy – werd vervangen door decoratieve manipulatie in een ondiep vlak. Heuvels komen naar voren en hellen over, drommen samen en sluiten in. Bomen staan breed en groot helemaal voor op het schildervlak. Op *De vallei vol graan* is de figuur van de slapende pelgrim, die wel wat weg heeft van de puriteinse prediker Bunyan, veel te groot voor het heuveltje waar hij tegenaan rust. De korenschoven onder aan de heuvel wiegen als een corps de ballet, de bomen in de verte hebben de vorm van bollen wol. Het hele beeld lijkt eigenlijk eerder geweven of gebreid dan getekend: het tegenovergestelde van een karton voor een wandtapijt, eerder een tekening die hier juist wandtapijt of borduurwerk is geworden, waarin alle vormen zijn vereenvoudigd voor de uitvoerende ambachtsman. De teksten bij de beelden, of ze nu uit de Bijbel, Bunyan of Shakespeare komen, bieden een andere weg naar het fabelachtige. We bevinden ons in een droomlandschap van poëtische magie. Verwacht geen hooiwagens.

Volgens Palmer had Blake de 'vlezige sluier' opzij getrokken om diepere mysteriën te onthullen die geen pendant hadden in de zichtbare natuur. Blake stond tamelijk onverschillig tegenover het conventionele of onconventionele landschap. En afgezien van de literaire geheugensteuntjes en het mystieke schijnsel leken de sepiatekeningen in niets op wat Blake ooit had gemaakt. Op Palmers taferelen geen voorwereldlijke bliksemflitsen en creatieve kolossen. Ze zijn juist intens aards: kleiig en uitbottend, alles in een staat van waanzinnige vruchtbaarheid of slaperige volheid. Blake is zwaar, Palmer zwanger. Blakes universum draait en tolt, dat van Palmer gaat liggen slapen tussen het rijpende graan en het hangende fruit. Blake wordt aangedreven door een raket, Palmer nestelt zich in het dal en op het beschutte weitje. De ene schiet naar het paradijs tussen de tollende sterren, de andere, al is hij nog maar een jongen, lijkt het gevonden te hebben in de dromerige noten van de fluitspeler en de koesterende heuvels. Blake is de demiurg, Palmer het kind dat zich laat troosten door de torenspits aan de horizon.

Uiteindelijk waren ze heel verschillend: Blake, gesteund en beschermd door een paar mensen – Linnell, en zelfs Thomas Lawrence, die een totaal andere smaak en stijl had maar toch een bewonderaar was –, volhardde koppig in zijn originaliteit en publiceerde zo veel mogelijk. Palmer daarentegen, die zich, niet in de laatste plaats door zijn schoonvader Linnell, had laten weglokken van zijn unieke visie naar een acceptabeler stijl 'dicht bij de natuur' zoals de wereld die zag, verstopte zijn briljantste werk, en zijn schetsboeken werden na zijn dood op een na vernietigd door zijn eigen zoon. Maar in 1825 was de jonge Palmer zo ontroerd door de kracht van Blakes onverzettelijke integriteit dat hij zijn eigen originaliteit een jaar of vijf onbedwingbare vrijheid gunde. Veel later, toen hij was verplicht tot compromissen om zijn brood te verdienen, dacht hij terug aan dat moment. Achtentwintig jaar na Blakes dood herinnerde Palmer zich hoe hij in Blake de zuivere personificatie van een kunstenaarsleven had gezien:

> Je zag in hem onmiddellijk de Maker, de Uitvinder; een van de weinigen in elk tijdperk: passend gezelschap voor Dante. Hij was de energie zelve, en verspreidde een opwekkende invloed om zich heen; een sfeer van leven, vervuld van het ideaal... Hij was een man zonder masker, zijn doel eenvoudig, zijn weg rechtlijnig en zijn behoeften klein; dus hij was vrij, edel en gelukkig.

Het is verleidelijk te geloven dat Palmer tegen de tijd dat hij zijn eigen zelfportret ging tekenen Blakes obsederende blik in de spiegel had gezien, het zelfportret waarin de wijd uit elkaar staande kattenogen je recht aankijken, met samengeknepen lippen alsof hij zichzelf uitdaagt voor een gevecht. Maar op een gegeven moment was confronterend recht aankijken de standaardpose geworden voor de romantische blik. Het was de manier waarop de jonge Turner zichzelf tientallen jaren geleden had afgebeeld en hoe de kunstenaar in spe William Hazlitt zichzelf bestudeerde voordat hij zijn gekozen loopbaan opgaf en in plaats daarvan een woordschilder werd, een essayduellist.

Na Blakes dood op 12 augustus 1827, nadat hij druk aan een van de Dante-aquarellen had gewerkt, schreef Palmers jongere vriend George Richmond hem dat vlak voordat Blake stierf 'Zijn Gelaat licht werd – zijn Ogen Opklaarden en Hij uitbarstte in Gezang over de dingen die hij in de Hemel Zag'. Linnell leende weduwe Catherine geld voor de begrafenis op Bunhill Fields en wilde dat ze in zijn huis in Hampstead kwam wonen, waar hij had gehoopt dat Blake een atelier zou betrekken. Palmer had de vereerde man al de bijnaam de Interpreet gegeven, alsof hij was voorgegaan bij het ontsluiten van hemelse plaatsen op aarde. En die ene ontmoeting met Blake was de aanleiding dat Palmer en zijn vrienden zich vestigden als aparte groep kunstenaars die de gedevalueerde moderne smaak verwierpen en zich daarom de *Ancients*, de Antieken, noemden. Ook Richmond, toen net veertien jaar oud, Edward Calvert, Welby Sherman, Frederick Tatham, Oliver French en de niet schilderende maar in effecten handelende neef John Giles werden in de groep opgenomen. Er is vaak gezegd dat de Antieken een voorbeeld namen aan de Duitse Nazareners, onder leiding van Johann Friedrich Overbeck, die zich ook wijdden aan een wederopbloei van de prerenaissancistische gewijde kunst in de moderne tijd

William Blake, kopie door John Linnell, 1861

Zelfportret, door William Blake, ca. 1802

De vallei vol graan, door Samuel Palmer, 1825

Samuel Palmer, door George Richmond, 1829
Samuel Palmer, door George Richmond, ca. 1829
Zelfportret, door George Richmond, 1830

en een strenge gemeenschap vormden. Er is echter geen direct bewijs dat de Londense jongens die ietwat landelijke Antieken waren geworden veel van de Duitsers wisten, en hun kunst had niets van het moeizame, porseleingladde anachronisme van Overbeck. De Antieken waren eigenlijk de eerste Young British Artists: bohemiens tussen de koeienstallen, 'gek op Jezus' en (een poos lang) een leven van uitroeptekens en lofzangen.

Maar ze leefden niet echt samen zoals Palmer had gewild. Hij was de enige die uit Londen vertrok, in 1825, naar het dorp Shoreham, waar een aantal van de sepiatekeningen waren gemaakt en waar hij meende zijn visionaire lotsbestemming te kunnen vervullen. Zijn vader had hem in 1824 voor het eerst meegenomen naar Shoreham, en in 1827 verkocht Samuel senior de zieltogende boekwinkel en verhuisde met zijn zoon en Mary Ward naar het Waterhouse aan de rivier de Darent, weer een van die creatieve samenlevingsvormen van vader en zoon waar ook de Richardsons en de Turners toe behoorden. Twee jaar terug was Palmers onderkomen vrij vervallen en primitief geweest: hij noemde het de 'Rat Hall' en zijn mede-Antieken kwamen meestal maar tamelijk kort langs. Edward Calvert had een jong gezin te onderhouden. George Richmond, de meest getalenteerde van de groep, klampte zich vast aan Palmer, maar was te jong om een radicale breuk te veroorzaken. Richmond maakte overigens wel twee tekeningen van Palmer, plus een beeldschone miniatuur van de wedergeboren Samuel met een breedgerande pelgrimshoed, een lange mantel en een Jezusgezicht met korte baard en schouderlang haar. (Hier hielden de Nazareners ook van.)

Hoeveel ideeën de Antieken ook mogen hebben gedeeld, Palmer was de enige die de visuele taal vond om die ideeën concreet vorm te geven, een taal die niet, zoals die van de Nazareners en van de vroege prerafaëlitische Bijbelse schilderkunst, een opgefrist anachronisme was, maar echt iets revolutionairs, in een zo verbluffend ongebruikelijke stijl, zozeer de illustratie van een droomwereld en niet het decor van een landidylle in Kent, dat het van meet af aan op afwijzing kon rekenen. Zelfs de aarzelende pogingen in die richting die hij de Academy aanbood, werden standaard afgewezen; andere, die wel geëxposeerd werden, konden rekenen op wrede spot. Een criticus voor het tijdschrift *European* beschreef ze sarcastisch als zo 'verbazingwekkend' dat hij stond te trappelen om kennis te maken met het slag man dat ze had gemaakt, en raadde hem aan zichzelf op de expositie tentoon te stellen met een etiket om zijn nek, zodat hij op die manier nog een paar centen kon verdienen.

Dat het werk werd afgedaan als een excentrieke jeugdzonde deed pijn, want Samuel Palmer besteedde veel aandacht aan de technische vereisten van zijn composities. Het opschrijfboekje uit 1824 doet verslag van zijn vastberaden wens om het 'mystieke schijnsel' vast te leggen 'zoals hetwelk onze dromen verlicht', maar is opmerkelijker als verslag van voortdurende observaties en praktische aanbevelingen voor zichzelf:

> Nuttig te weten hierbij wanneer men in een gebouw met vele hoeken tegen de hemel de scherpte van het licht tegen een of meer daarvan wil neutraliseren dat te doen door dit kantwerk dat het gebouw verrijkt en het steviger maakt. Ook groeien op de muren de meest dwaze dingen wat een contrast! en soms staan ze bij grote groepen kastanjebomen misschien met bladeren zo lang als de onderarm van een man, ook *zacht* fluwelen mos op een *harde* bakstenen muur, mos *groen* muur *rood*. De kleur van rijp koren geeft de groene bomen eromheen versterkte diepte en transparante rijkheid.

Soms geeft de strenge opziener van materiële zaken zichzelf ook barse uitbranders! 'Plaats je memoranda netter in je boek jij vuige schurk – dan kun je er in toekomstige tijden met genoegen naar verwijzen en zien dat je aan de andere kant van de bladzijde begint of ik zal hier staan als getuige tegen jou.' De gewoonte felle zelfkritiek te leveren verliet hem nooit:

> Enige van mijn fouten. Slappe eerste conceptie door lichamelijke zwakte [hij hoest nog steeds]... Geen rijke, vlakke hoeveelheid plaatselijke kleuren als ondergrond... Witten te rauw, Groenen ruw, Grijzen koud, Schaduwen paars... Ga voort met tekenen tot ware verlichting is verkregen. Onderzoek bij een eenvoudig voorwerp wat de eigenschappen van verlichting en schaduw zijn... laat alles kleur zijn en niet bezoedeld door zwart.

Deze laatste berisping lijkt te dateren van het moment dat Palmer, ondanks het zuinige commentaar van buitenstaanders en zijn eigen angstige voorbehoud, toch de sprong had gewaagd van tekeningen in inkt en krijt naar de gloeiende waterverfgouaches die het hoogtepunt van zijn vroeg ontwikkelde talent vormen. Ze lijken op niets wat tot dan toe in de Europese kunst is gezien, hoewel ze met hun sprong van de figuratieve verbeelding naar zuiver kleurenspel vooruitliepen op iets wat vele generaties later uiteindelijk zou komen. Er zijn maar heel weinig van deze schitterende aquarellen, maar waarom ze geen centrale rol hebben gespeeld voor een beter begrip van de overgang van naturalisme naar een heel andere opvatting van wat met verf gedaan kan worden, is een kunsthistorisch mysterie. Of misschien ook niet. Het verhaal van de moderne kunst gaat eerder uit van het loslaten van godsdienstige overtuiging dan van vroomheid. Maar dit zijn vooral intens vrome beelden, zij het niet in formeel theologische zin. Ze combineren Palmers koortsachtige pantheïsme, zijn blijde lofzang op de wereld van de natuur, met christelijke verering, tot het een de uitdrukking van het ander wordt. Op *De magische appelboom* is een torenspits te zien, maar de blik moet ernaar op zoek tussen een aanrollende heuvel vol stralend gouden tarwe en een enorme samenklontering van massa's vruchten; honderden en nog eens honderden appels, op elkaar gepakt als granaatappelzaden, hangen en druipen van een gebogen tak zoals geen aardse appeloogst ooit heeft gedaan. Alleen de spits is zichtbaar, onder aan de helling die overspoeld is met al die bloei. Terwijl hij alle conventies van het schilderen overboord gooide, ontdeed Palmer zich ook, net als de late Van Gogh en de expressionistische landschapschilders, van drieënhalve eeuw perspectief, zodat de verbinding van de vlakken volledig afhankelijk is van de rangschikking van kleur, en hij heeft ook afstand gedaan van elke conventionele interpretatie van diepte. Dit is wat Palmer wil: een soort gewijde claustrofobie; de horizon – voor zover die er is – verbroken door bomen die naar elkaar toe buigen en hun blad verstrengelen om een puntige boog te vormen, het basiselement van de architectuur van de natuur zelf: de gotiek.

Op *In een tuin in Shoreham* ontploft een borrelende wolk roze en witte bloesem boven een spookachtige vrouwelijke figuur met een rode rok in de deuropening van het huisje. Ze staat volmaakt stil terwijl de bloesem woest overkookt op het tuinpad, waar Palmer klodders en kwakken waterverf binnen zijn lijnen van Oost-Indische inkt heeft getamponneerd en gedruppeld. Zijn penseel beeft van puur plezier, zo onbeheerst dat de klodderige ejaculatie opstijgt als zeepsop dat de lucht in spuit, het hele krankzinnige verzinsel bekroond door een nimbus van een soort gouden vegetatie, geen goudenregen maar honingkleurige herfst midden in een uitbarstende lente. 'Overdaad is de wezenlijke bezielende geest,' schreef hij rond deze tijd in zijn opschrijfboekje. 'We moeten niet beginnen met middelmaat maar altijd in overdaad denken, en middelmaat alleen gebruiken om overdaad woest overdadiger te maken.'

Palmers zoon, die niet wist wat hij van deze producties moest vinden, beweerde dat de kunstenaar ze zelf aan heel weinig mensen liet zien en ze bewaarde in een map met het etiket 'Shoreham Curiosa'. Gezien zijn gretigheid om de nagedachtenis van zijn vader te zuiveren, is het een wonder dat ze het hebben overleefd. Maar het was genoeg om zijn mentor Linnell ongerust te maken over de richting die de jonge Antiek insloeg. Tijdens bezoeken aan Shoreham ried hij hem aan meer rechtstreeks naar de natuur te schilderen, te observeren en te transcriberen, en minder aandacht te schenken aan het dolzinnige wenken van zijn innerlijke visie. Een tijdlang ging Palmer ermee door, misschien met Blakes majestueuze koppigheid in zijn achterhoofd, hoewel hij rond 1835 (als hij eind twintig is) al bedachtzamer schildert. De taferelen in de natuur rond Shoreham baden in palmeriaanse gloed, maar ze deinen en bonzen niet meer en trekken de toeschouwer niet meer mee in het elixer van verzadigde kleur. De herders zijn er nog, maar de engelen zijn weg. Het is niet meer het paradijs, het is Kent.

Palmer had weinig keus. Het huwelijk met Linnells dochter Hannah, de komst van kinderen, het uitblijven van verkopen: dit alles maakt dat hij precies de koers inslaat die hij zich voorgenomen had niet te nemen. De Antieken werden ouder en volwassen, Calvert en anderen gniffelden om hun gezamenlijke jeugdige waanideeën. Toen Palmer met Hannah naar Italië vertrok op een twee jaar durende huwelijksreis, vond Linnell hem onverantwoordelijk. De spanningen tussen hen leidden tot een openlijke breuk. Palmer leefde nog een halve eeuw na zijn tijd onder de 'sprankelende' (een van zijn lievelingswoorden) sterren en de volle manen met vleermuizen ervoor. Hij maakte victoriaans snoepgoed: zonsondergangen in het paars-en-lavendelkleurige licht waar hij in zijn vroegere aantekeningen zo op tegen was; gotische ruïnes boven slingerende rivieren, weidse panorama's en diepe, doorgroefde, oude eiken. In 1884, drie jaar na Palmers dood, maakte een vriend, Charles West Cope, een ets van de oude man; een kop even rond en glanzend als een van zijn vroegere Kentse heuvels: witte baard, handen gevouwen, licht voorovergebogen. Het gezicht lijkt vol melancholie. Op een grafiettekening, waarschijnlijk gemaakt toen Palmer nog leefde, lijkt zijn gezichtsuitdrukking heel anders: de ogen minder somber geloken, de mondhoeken minder strak naar beneden. Dat kan gewoon het effect zijn van de omkering van de pose. Maar aan de andere kant, wie weet? Onder het gezicht van de oude man is de Antiek misschien toch blijven bestaan.

6

De lichamen van vrouwen

Daar zijn ze, de meisjes van de Slade School of Fine Art in 1905. Ze hebben goed opgelet dat er tijdens de aardbeienpicknick geen vlekken kwamen op hun zomerjurken, die ze speciaal voor hun diploma-uitreiking hebben aangetrokken, en nu poseren ze voor hun klassenfoto. Er zijn ook wat mannen, maar die zijn allemaal naar de zijkant van het beeld geduwd en staan aan de rand van de groep als een houten golfbreker naast de schuimende branding van de Nieuwe Vrouwen. Ook al hebben ze nog geen stemrecht, hun moedige en welsprekende zusters zijn op pad om dat te eisen, brandend van militante vastberadenheid. De Nieuwe Vrouwen fietsen, ze roken, ze hebben de huissleutel in hun tas. Ze hebben allemaal de queue de Paris afgezworen, velen van hen hebben met een zucht van verlichting het tirannieke korset uitgetrokken. Sommigen dragen hun haar in een wrong, de Franse stijl die past bij de Slade School, een uitgesproken Frans kunstinstituut midden in Bloomsbury.

Dat ze op deze dag een breedgerande hoed dragen en hun taille hebben ingesnoerd, is hun eigen keuze en bedoeld om de veelbelovende gelegenheid zwier te geven. Ze voelen zich niet langer verplicht om over de hele linie te zijn wat mannen in een partner schijnen te zoeken. Mannen moeten hen maar nemen zoals ze zijn, of anders niet. En ze houden ook niet meer hun mond, zoals hun grootmoeders moesten doen als ze een echtgenoot aan de haak wilden slaan. Wanneer ze belaagd worden door verwaande mannen die niets bijzonders zeggen maar dat wel heel erg luid doen, spreken ze hen tegen, zelfverzekerd en duidelijk. En nu maken deze meisjes kunst.

De Slade School of Fine Art opende zijn deuren in oktober 1871 als een instituut van het University College London (ook de eerste universiteit die vrouwen toeliet tot de colleges), dankzij de erfenis van Felix Slade, advocaat en vrijgezel, verzamelaar van glas en bijzondere uitgaven. Slade subsidieerde drie leerstoelen, maar ook zes beurzen aan het University College, geslachtsneutraal. Niet lang na de oprichting werd de Slade School in Gower Street vereenzelvigd met de missie om vrouwen gelijke toegang te geven tot een kunstopleiding, iets wat voordien ondenkbaar

Slade School of Fine Art, *klassenfoto*, door onbekende fotograaf, 1905

was geweest in Engeland. Eeuwenlang was de bescherming van mannen, meestal binnen de familie, voorwaarde geweest om een leven als beroepskunstenares te kunnen overwegen. Vaders, echtgenoten en broers konden wel een getalenteerd vrouwelijk familielid aanmoedigen, maar vaak in de veronderstelling dat ze de kunst als roeping zou opgeven zodra ze trouwde en moeder werd. De opvallende uitzondering op deze conventie was de succesvolle en populaire zeventiende-eeuwse portrettiste Mary Beale, wier echtgenoot optrad als manager en manusje-van-alles in het atelier. In de achttiende eeuw waren twee vrouwen, Angelica Kauffmann en Mary Moser, medeoprichters van de Royal Academy, maar sindsdien zou niemand toegelaten worden als volwaardig lid, tot Laura Knight in 1936.

In de eeuwen daarvoor werd tekenen (samen met muziek) beschouwd als een belangrijk, zelfs noodzakelijk onderdeel van de opvoeding van een beschaafde vrouw. Aquarellandschappen en -stillevens werden charmant gevonden door mannen die welwillend over de ezel leunden. De kost verdienen als onafhankelijk kunstenares, met pretenties om portretten of historiestukken te schilderen, was heel iets anders, en een opleiding in die richting werd alleen toegestaan door verlichte vaders en echtgenoten met voldoende middelen. Een van de succesvolste victoriaanse kunstenaars, Lourens Alma Tadema, gespecialiseerd in grote Romeinse historiestukken waarop vaak fraaie volmaakte naakten rond indolente mannen gedrapeerd lagen in lome orgies, wilde best zijn echtgenote en dochter aanmoedigen, omdat ze allebei echt talent hadden, maar de vrouwen hadden een heel klein atelier op de begane grond van hun grote huis in Londen, terwijl Alma Tadema de hele eerste verdieping in beslag nam, waar hij in grandioze luister aan zijn enorme doeken werkte. Milly Childers, die in 1887 een schitterend zelfportret schilderde, was eveneens afhankelijk van een welwillende vader, parlementslid en minister, voor voortdurende ondersteuning en introducties bij opdrachtgevers. Talloze getalenteerde vrouwen konden een basiskunstopleiding krijgen op kleine particuliere scholen zoals de Female School of Art en werden na de benodigde strijd toegelaten tot de scholen van de Royal Academy. Wat onmogelijk bleef, was het idee dat vrouwen naaktmodellen van enigerlei kunne zouden schilderen. Ze waren gedoemd te werken naar gipsen afgietsels of af en toe een gekleed model.

De Slade veranderde dat allemaal. Hoewel de docenten natuurlijk mannen waren en zelf in heel verschillende stijlen schilderden – Edward Poynter vermaakte zich met sidderende naakten in klassiek-mythische

Henry Tonks, door George Charles Beresford, 1902

contexten (een bibberende Andromeda, stormnimfen met roomkleurige boezem friemelend aan hun goud), Alphonse Legros was meer ingesteld op historiestukken en Frederick Brown maakte portretten en anekdotische genrestukjes – deelden ze een hartgrondige hekel aan de institutionele arrogantie van de Royal Academy. Alle drie hadden ze banden met Frankrijk. Legros was opgegroeid in Dijon, zonder veel succes te hebben in de salons van het Second Empire, ondanks of dankzij het feit dat hij een vriend van Rodin was. Poynter had gestudeerd aan de Académie Julian in Parijs, en Brown had de onschatbare ervaring samen met James McNeill Whistler gestudeerd te hebben, ook in Parijs. In 1886, zeven jaar voordat hij de derde docent aan de Slade werd, richtte Brown de New English Art Club op, uitdrukkelijk als een plek waar kunstenaars die waren afgewezen door de Academy hun werk konden tonen en zich onderdeel konden voelen van een moderne, bevrijde golf van schilder- en beeldhouwkunst.

Vrouwen waren niet alleen welkom op de Slade, ze werden ook geacht naar naaktmodellen te tekenen, maar niet tegelijk met de mannelijke studenten. Aangezien de filosofie van de Slade was gebaseerd op leerzame verbondenheid met de grootsten onder de oude meesters – vooral Rembrandt, Velázquez en Titiaan, schilderkunst die stoelde op tekenvaardigheid – speelden deze lessen met naaktmodellen een enorme rol in de vorming van jonge kunstenaars. Fred Brown meende dat hij in Henry Tonks, die aangenomen was als assistent-tekendocent, de volmaakte leraar had gevonden om deze lessen aan de jonge vrouwen van de Slade te geven. Hij had Tonks leren kennen als student op de Westminster School of Art. In 1888 volgde de jongeman avondlessen omdat hij nog een ander leven en een andere carrière had: geneeskunde, en in het bijzonder chirurgie. Tijdens zijn kunststudie werd Tonks ook toegelaten tot het Royal College of Surgeons, de chirurgieopleiding, dus als hij anatomie de basis voor de tekenkunst noemde, wist hij waar hij het over had.

Misschien doordat hij iets van de disciplinaire strengheid van zijn medische opleiding meebracht naar de Slade, kwam Tonks bekend te staan als de schrik van de school, meedogenloos in zijn kritiek, die hij bracht met een scherpe tong, terwijl zijn half geloken ogen de vooruitgang of catastrofe volgden die op het papier plaatsvond. Zijn achtergrond lokte voor de hand liggende metaforen uit. Paul Nash, die een hekel aan hem had, sprak over Tonks' chirurgische blik. De schampere opmerkingen van Tonks werden legendarisch. 'Je papier is gekreukt, je potlood is bot, je ezel wiebelt, je zit in je eigen licht, je tekening is afschuwelijk slecht en nu huil je en je hebt niet eens een zakdoek' was zeker niet de ergste.

Tonks geloofde dat hij zijn vrouwelijke studenten geen gunst bewees door hen anders te behandelen dan de mannen. Als ze zichzelf wilden harden voor de zware weg die voor hen lag in een kunstwereld die nog geheel door mannen werd gedomineerd, konden ze maar beter wennen aan scherpe kritiek en aan zwijgende minachting voor excellent werk. Sommigen van de vrouwen die les van hem kregen, raakten eerder geïnspireerd dan geïntimideerd door Tonks' grofheid.

Een van hen, Gwen John uit Pembrokeshire, wist dat Tonks trots was op zijn talent voor spotprenten en tekende een karikatuur van hem (en van de andere docenten), in de vorm van een vreemd beest: 'De Tonk: ... een vraatzuchtige vogel die leeft van de tranen van dwaze meisjes. Zijn hatelijkheden zijn iets verschrikkelijks, maar meestal zeggen ze: "Goed zo, ga door."'

Zoals bij veel kunstenaressen die hun roeping hadden gevonden, was Gwen Johns eerste fan haar moeder, Augusta. In Haverford West, waar haar man Edwin als notaris werkte, moedigde ze twee van haar vier kinderen, Augustus en Gwen, aan om hun talent te ontwikkelen en te schetsen wat ze tegenkwamen op wandelingen, thuis, overal. Maar Augusta stierf onverwacht en onverklaarbaar toen Gwen nog maar acht jaar oud was. Edwin verhuisde met het gezin naar Tenby, maar ook hij steunde het vroege ontluiken van zijn zoon en dochter. We moeten de broer nageven dat hij nooit enige twijfel had aan zijn zuster. 'Vijftig jaar na mijn dood,' zei Augustus John op het hoogtepunt van zijn fenomenale roem en wereldsucces, 'zal ik herinnerd worden als de broer van Gwen John.'

Dus toen Augustus in 1894 naar de Slade vertrok, waar hij begon als keurige jongeman maar al heel snel ontdekte hoe hij zichzelf kon omvormen tot luidruchtige bohemien met bijpassende baard en bodemloze zucht naar drank en meisjes, was er geen sprake van dat Gwen hem niet zou volgen, zoals een jaar later ook gebeurde. Hoe tenger en verlegen ze ook was, ze had een ijzeren wilskracht en een onmiskenbaar talent. Terwijl ze op de Slade zat, maakte ze minstens één opmerkelijk portret, van haar werkster, mevrouw Atkinson. Een van de decreten van Tonks was dat je te allen tijde moest vermijden aan gezichten en gestaltes af te lezen wat het karakter van het model zou kunnen zijn. Maar aan mevrouw Atkinson te zien zou Gwen John dat advies nooit ter harte nemen. Het hoofd van de oude dame, dat uit de piramide van een eenvoudige zwarte mantel opduikt, ziet eruit als een kip die zich zorgen maakt over de nabije toekomst. John laat haar angstig opzijkijken, onzeker van wat er van haar wordt verwacht, maar bereid om haar ter wille te zijn, terwijl ze er ellendig en ongemakkelijk uitziet tegen het afschuwelijke gevelouteerde behang van Johns kamer. (Augustus, die zijn zusje graag plaagde, spotte dat ze het liefst 'krotten en kerkers' schilderde.) Maar het portret is geen spot, integendeel, het is even vol tedere empathie als de schilderijen die Gwen gezien zal hebben in de Hollandse zalen van de National Gallery.

Ze was niet bereid om haar opleiding te laten ophouden met een aardbeienpicknick op de Slade. Samen met twee goede vriendinnen, Gwen Salmond en Ida Nettleship (die met haar broer zou trouwen), schreef ze zich dic herfst in aan de Académie Carmen op de boulevard Montparnasse in Parijs. Het hoofd van de academie, die de school naar een favoriet model had genoemd, was James McNeill Whistler, die nog slechts zes jaar te leven had, maar tot Gwen Johns verrukking nog steeds een toonbeeld van vitaliteit en dandyachtige opgewektheid was; zijn krullen waren doorschoten met grijs en wit, maar zijn ogen blikkerden en zijn geest was formidabel. Wat misschien nog verrassender was, gezien zijn reputatie als leeftijdloze zwerver en donjuan, was dat Whistler als het om kunst ging zeer gedisciplineerd was. En van hem leerde Gwen wat je kon verwachten: de poëzie van de toon, de muziek van de kleur, de schoonheid van het formeel ontwerp. Maar net zoals ze Tonks minachting voor expressieve gevoelens had genegeerd, negeerde ze ook Whistlers overtuiging dat kunst uitsluitend bestond binnen haar eigen formele en decoratieve termen. Harmonie was niet alles.

Toen ze in 1899 terugkwam in Londen, stroomde ze over van whistleriaans zelfvertrouwen. Er was nog een andere gebeurtenis die enorme invloed op haar had: een tentoonstelling van Rembrandt in de National Gallery, en zijn werk op papier in het British Museum. Haar naam komt voor op de lijst van kopiisten in de Gallery, dus al deze stromen vloeiden samen naar haar zelfverzekerdheid. Het resultaat was een spectaculair krachtig zelfportret. Er waren al eerder vrouwelijke zelfportretten geweest, maar Mary Beale, Angelica Kauffmann, Maria Cosway en Milly Childers hadden er allemaal voor gekozen om zichzelf heel moedig af te beelden met palet en penselen, ezel en doek; door een pauze te nemen tijdens hun werk vroegen ze serieus genomen te worden. Gwen John gaf dit alles op ten gunste van een ongegeneerd rembrandteske uitdaging. Ze staat daar niet met haar werkmateriaal, maar met haar handen in de zij, en met een overdreven grote, zwierige strik om haar hals (ook een handelsmerk van Whistler); haar lippen zijn zo rood dat ze misschien lippenstift heeft gebruikt, die inmiddels te koop was in papieren buisjes. Het haar is heel praktisch naar achteren getrokken in de modieuze Franse

*William Orpen, Augustus John, Gwen John, Albert Rutherston,
lady Edna Clarke Hall, sir William Rothenstein, Alice Mary, lady Rothenstein
en anderen*, door onbekende fotograaf, 1899

wrong, waarmee aangegeven werd dat deze vrouw het serieus meende; de ogen zijn openhartig en de handen zijn de handen van een vrouw die ermee werkt. Het is in wezen het grote zelfportret van de eeuwwisseling, bruisend van een soort schitterende vitaliteit en vastbeslotenheid.

En daarom is dat wat er zou gebeuren met Gwen John zo hartverscheurend.

Een andere kunstacademie, mijlenver van de Slade, geografisch en inhoudelijk. De dertienjarige Laura Johnson zit als 'student toegepaste kunst' op de Nottingham Art School. Ze is een jaar jonger dan Gwen John maar begint vijf jaar eerder met de lessen dan haar tijdgenote uit Wales. Ze moest wel. Ongetwijfeld zijn de vrouwen uit de familie Johnson, die in behoeftige omstandigheden verkeren, trots op hun wonderkind, maar de keuze komt ook voort uit noodzaak. De Nottingham-school was oorspronkelijk gesticht als een overheidsopleiding voor design, in een stad die leefde van de kledingindustrie – modeshows, textiel en kant – waar Laura's familie bij betrokken was geweest. Het 'kunst'-onderwijs werd er eerder opgevat in de oudere betekenis van ambacht en commerciële toepassing dan als het streven naar geschilderde en gebeeldhouwde schoonheid. Hoewel die hogere kunstwaarden niet uitgevlakt moesten worden, zou de Nottingham Art School nooit Whistlers 'kunst omwille van de kunst' als pedagogisch motto op de muren schilderen.

Laura's grootvader van de kant van haar moeder Charlotte was eigenaar geweest van een kantmachinefabriek, die echter voorbij was gestreefd door nieuwere procedés. Er was een fabriek die zelf kant en tule maakte, in Saint Quentin in het noorden van Frankrijk, en die door haar ooms werd geleid. Maar de Nottinghamse afdeling was failliet gegaan. Er waren nog meer tegenslagen geweest. Charlie Johnson, Laura's vader, had zich verbeeld dat hij met een goede partij trouwde, en toen hij de ontnuchterende waarheid ontdekte, ging hij nog zwaarder aan de fles dan voordien en eindigde hij beroepsmatig als caféhouder, gevolgd door een vroege dood, waarschijnlijk levercirrose. Ze groeide dus op met vier generaties vrouwen ('Grote Grootmoe' plus twee zusjes).

Parijs was hun droom. Voordat ze met die lamlendige Charlie trouwde, had haar kunstleraar op school al gezegd dat een getalenteerd meisje als Charlotte in Parijs zou moeten gaan studeren. In 1880 liet Charlotte Laura achter bij haar grootmoeder en vertrok, en kon toen – verbluffend voor een meisje uit de Midlands waar dat soort dingen ondenkbaar was – naaktmodellessen volgen. Maar het waren tijden dat verheven idealen weer met beide voeten op de grond moesten komen. Omdat het met het familiebedrijf bergafwaarts ging, moest Charlotte, de enige volwassen kostwinner, kinderen kunstlessen geven op de plaatselijke middelbare school in ruil voor een gratis opleiding voor haar dochters. Maar Laura werd naar de familie in Saint Quentin gestuurd, waar ze een paar ellendige jaren doorbracht, koud, eenzaam en voortdurend hongerig. Ze werd gered door het bankroet. Zelfs het bescheiden schoolgeld dat de Franse school vroeg was te veel voor haar moeders portemonnee.

De vriendinnen en tijdgenoten van Gwen John aan de Slade waren bijna allemaal welgestelde meisjes uit de middenklasse die, nadat ze Tonks hadden overleefd, naar huis gingen in Kew of Hampstead voor thee met cake. Laura had een zwaardere jeugd. Daar zat ze, op de Nottingham Art School, met een moeder die na schooltijd haar eigen opleiding wilde voortzetten en zich neer moest leggen bij het onvermijdelijke feit dat Laura in alle opzichten beter was dan Charlotte. Toen haar moeder kanker bleek te hebben was de enige manier om de eindjes aan elkaar te knopen voor Laura, dat ze zelf haar moeders lessen overnam – een vijftienjarige voor een klas kinderen die maar iets jonger waren dan zijzelf, terwijl zij probeerde haar opleiding aan de Art School af te maken. De doodsklokken luidden. Haar oudste zus Nellie stierf aan influenza, gevolgd door haar moeder, haar overgrootmoeder en haar flinke grootmoeder.

Ze was niet helemaal alleen. Op de Nottingham Art School was ze bevriend geraakt met Harold Knight, een sociale rang boven haar en drieenhalf jaar ouder. Ze waren eerst tienervrienden, daarna wat intiemer, zij het nog niet de door hartstocht overmande minnaars in de stijl van D.H. Lawrence. Maar wel zo intiem dat ze ervan uitgingen dat Harold na de dood van Charlotte min of meer voor Laura zou zorgen. En dus ging het stel hokken.

Of ze echt elkaars gelijken waren in de kunst, is een ander verhaal. Harold was degene die in 1896 naar Parijs vertrok met vijfenzeventig pond en een koffer vol hoop. Harold was ook degene die nog geen tien maanden later terugkwam, verpletterd door armoede, anonimiteit en een bezweken zelfvertrouwen. Er was verandering van omgeving nodig om wat nog over was te herstellen: ergens waar de inzet minder hoog was. Vissersdorpen waren voor het eind van de negentiende eeuw wat herders waren voor de barok, en hout sprokkelende boeren voor de School van Barbizon. De aantrekkingskracht van de getijden trok schilders bij bosjes naar de Engelse zeekust, hoe ruwer hoe beter. De grote Amerikaanse schilder Winslow Homer ging naar Cullercoats aan de kust van Northumbria,

Zelfportret, door Gwen John, ca. 1900

Harold en Laura hoorden dat ze Staithes in Yorkshire moesten proberen. De New English Art Club (NEAC) was helemaal voor het plein-airschilderen: alles moest fris en licht, weg met het roest, bister en oker van de Royal Academy. Laat de spetters maar komen. Het stel spetterde, kocht een loodsboot, waar ze niet mee overweg konden, en schilderde de plaatselijke bevolking, waar ze wel mee overweg konden. Elders wachtte nog meer vis, in Holland natuurlijk, waar ze hun tenten opsloegen in de kunstenaarskolonie in Laren.

In 1903 besloot Laura dat het tijd werd om te trouwen en vertelde dit aan Harold. Zij was zesentwintig, hij negenentwintig. Haar vrolijke afbeeldingen van kinderen – verfrissende schilderijen met een helder en lachend palet – waren spekkie naar het bekkie van de NEAC en kwamen ook op exposities van de Academy te hangen. Harold was niet onsuccesvol, maar had niet het vlotte penseel van zijn vrouw. Waar kon de zon schijnen op Harold Knight en zijn slaperige doeken? Cornwall, waar kunstenaars zich in tal van oorden met sleepnetten en nettenboeters hadden gevestigd, was het antwoord. Waar zou de Engelse schilderkunst zijn geweest zonder pubs met visnetten aan de balken? De Knights, zoals ze nu heetten, kozen voor Newlyn, waar ze het quotum bohemiens tussen de makreel en de kreeft opkrikten. Ze kleedden zich nonchalant, dronken veel, slempten met poëtisch ruige schilders, haalden dansers en actrices uit Londen om te poseren, exposeerden plein-airschilderijen bij plaatselijke galeries en tentoonstellingen en stuurden de beste naar de Academy en de NEAC.

Seks was nooit ver weg, maar toen Dame Laura hier op latere leeftijd brutaal over werd ondervraagd door een biograaf, antwoordde ze vinnig: 'Niet mijn interesse.' Alcoholische picknicks waar het hoofdgerecht bestond uit hevig flirten met andermans vrouw of man waren één ding, de ranzige puinhoop die er soms op volgde was heel iets anders, want dat stond Laura's gedisciplineerde ijver in de weg. De bespottelijk zelfbewuste, fatterige, verwaande Alfred Munnings, die later de zelfbenoemde gesel van het modernisme werd, arriveerde en flirtte met de elegante Florence Carter-Wood. Tijdens hun huwelijksnacht nam ze cyaankali, een nogal extreme vorm van zich bedenken. Het was niet voldoende om aan dood te gaan, maar een jaar of twee later slaagde ze er wel in. Een van Laura's andere modellen werd doodgeschoten door haar jaloerse schilder-minnaar.

Toen ze halverwege de dertig was, had Laura Knight het dan toch voor elkaar. Haar schilderijen hingen in 1910 naast die van Vanessa Bell op de Biënnale van Venetië. Datzelfde jaar hadden de nieuwe docent kunstgeschiedenis op de Slade en een van de uitgevers van het pas opgerichte *Burlington Magazine*, Roger Fry, een tentoonstelling georganiseerd in de Grafton Gallery, 'Manet and the Post-Impressionists', waarmee ze het Britse publiek een geheel nieuwe kijk boden op wat kunst kon zijn en doen. Cézanne, Van Gogh en Gauguin, Matisse en Picasso kwamen opzetten als donder en bliksem, verblindend en verlichtend tegelijk. Virginia Woolf vond dat de expositie de mensheid in één klap had veranderd. Laura en Harold moeten geweten hebben van de revolutie die door één expositie teweeg was gebracht, maar in hun brieven of memoires is daar geen spoor van te vinden. Toch wilde Laura op haar heel eigen manier verder. In 1909 had ze een gloriemoment in de Royal Academy met *Het strand*, zo plein-air als maar kon: kinderen, om precies te zijn meisjes, verzameld bij een poeltje in de rotsen. De kleinste kijkt omlaag naar haar eigen spiegelbeeld, haar oudere zusje (waarschijnlijk) houdt haar bij de hand om te zorgen dat ze niet uitglijdt. Beneden bij de waterlijn is alles glashelder: de volwassenen zitten in het zand of wandelen langs de kust. Het zonlicht werpt zijn spikkelingen. Het zachtblauwe water strekt zich uit tot in een nog zachtere lucht. De rode hoofddoek van het kleine meisje (Knight komt in haar rode tijd) en haar donkergroene schort accentueren de witblondheid van de hele rest. Het is Engels impressionisme: onschadelijk, volmaakt voor een spoorwegposter of een ansichtkaart. Ik wou dat je hier was.

Maar dan, alsof ze het bandje van een badpak van een schouder af liet glijden, schoof Laura door naar iets riskanters. De kleine meisjes werden vrouwen die zonnebaadden 'zoals de natuur het bedoeld had', zoals 'naturalistische' publicaties het graag formuleerden: topless, in Lamorna Cove, hun privacy beschermd door een granieten rots. Het schilderij was naar de natuur geschilderd. Ze had aangekondigd dat ze buiten naakten wilde gaan schilderen, en Londense modellen die zich in de openlucht even vrolijk (of misschien zelfs vrolijker) uitkleedden als ze binnen zouden hebben gedaan, zaten op de gladde rotsen, dompelden zich onder in de zee of liepen rond terwijl de kustbries om hun lichaam speelde. De plaatselijke bewoners die getuige waren van wat hier allemaal gaande was, waren fatsoenlijk gechoqueerd en deden hun beklag bij de landeigenaar-magistraat, de jonge kolonel Paynter, die – dit was tenslotte het kunstzinnige Newlyn – hun burgerlijke preutsheid met een breed gebaar van tafel veegde. Maar de verontwaardigde dames hadden zich de moeite kunnen besparen.

De felste vijand van *Dochters van de Zon*, zoals het schilderij theatraal heette, was de vrouw die het gemaakt had. Een eerste versie werd opgegeven, een tweede werd naar de Academy gestuurd en verrassend genoeg tentoongesteld tijdens de zomerexpositie van 1912, waar het geen of bijna geen vijandige reacties opwekte, waarschijnlijk omdat de figuratieve stijl niet heel verschillend was van wat victoriaanse mannelijke kunstenaars deden wanneer ze naakten schilderden die zich vermeiden in Romeinse baden of mythische grotten. Alleen voor mensen die goed keken, brak Knights schilderij met allerlei conventies. Het decor was eigentijds, combineerde geklede en ongeklede figuren en sprak van zusterschap, vooral dankzij de vrouw die het geschilderd had. En toch was ze niet tevreden over het doek. Ze zette de schaar erin. Het enige wat over is van het prachtige schilderij is de korrelige zwart-witfoto die in 1912 door *The Studio* werd gepubliceerd.

Het zou prettig zijn geweest als Laura haar schilderij niet kapot had gemaakt, maar de eigenhandige vernietiging was geen onherstelbaar verlies voor de toekomst van de Britse kunst. *Dochters van de Zon* was even keurig en gezond als *Het strand*, maar dan met minder kleren. Geen van Knights biografen denkt dat ze lesbisch was, maar aan de andere kant zijn de criteria waarop ze dit oordeel stoelen vaak naïef en beperkt. Dat ze amoureuze warmte voelde voor haar eigen sekse, hoeft natuurlijk niet te betekenen dat ze niet op dezelfde manier voor mannen kon voelen, onder wie haar echtgenoot, of dat ze niet een heel spectrum van gevoelens had, van milde verrukking tot woeste lust, ondanks haar hardnekkige verzekering dat het niet haar 'interesse' had. Laura kan wel en niet seks hebben gehad met haar intieme vriendinnen, onder wie de edelsmid Ella Naper, die zowel door haar als door Harold 'bewonderd' werd, zoals het eufemisme luidde. Voor zover we weten was er geen vrolijk triootje of vrouwenruil in de sardienige branding. Dit betekent echter niet dat wat Laura voor die vrouwenlichamen voelde alleen bewondering voor decoratief menselijk landschap was. Rond de tijd dat de volmaakt gekloofde perzik van Ella Napers derrière in Knights meesterwerk *Zelfportret* uit 1913 verscheen, maakte Laura er ook liefdevol een foto van. Hoewel Ella in een weiland in Cornwall is geposteerd, is haar pose die van de *Venus voor de spiegel* van Diego Velázquez, een doek dat in die tijd tot veel ophef, om niet te zeggen verafgoding leidde. De foto gehoorzaamt aan de eerste wet van erotische uitnodiging, namelijk meer verhullen dan er onthuld wordt, terwijl *Dochters van de Zon*, ondanks alle zorg die Knight aan het zonlicht besteedde, dat ze koeler maakte om de warmte beter van de rotsen te laten weerkaatsen, grappig seksloos is in zijn luchtige ongedwongenheid. De helderheid van het licht en de stijl werkt verdovend, net als in de illustraties uit vroege nudistische tijdschriften, en de lichamen op de rotsen zijn kwieke gedichten van potige gezondheid, niet echt opwindend.

Is het mogelijk dat Laura Knight haar topless *Dochters* vernietigde juist omdat ze onschadelijk waren? Vond ze het jammer dat ze niet verder was gegaan in het uitdagen van de normen waarmee mannen het afbeelden van vrouwelijk naakt voor zich opeisten, vooral als het aankwam op de gevaarlijke grens tussen esthetische naaktheid en bloot onfatsoen?

De onoprechte betamelijkheid waarmee schilders taferelen van on-geklede badende vrouwen schilderden, inclusief de veelbeschreven wel-lustige mannen, jong en oud, die toeschouwers de gelegenheid gaven hun eigen voyeurisme te projecteren op de verlekkerd loerende figuren, bestond al bijna even lang als schilderen op een ezel. De Bijbel en Ovi-dius waren een grote hulp. Opdrachtgevers bestelden bijvoorbeeld een badende Diana bespied door Actaeon die, in tegenstelling tot de eige-naar van het schilderij, om zijn overtreding verscheurd zou worden door jachthonden. De apocriefe Susanna, die bij het baden wordt bespied door verlekkerde oude mannen (en altijd een hoop blote huid toonde), was nog zo'n favoriet. Alleen Rembrandt, zowel in de *Susanna* uit 1634 als de *Bath-seba* van twintig jaar later, draaide opzettelijk de rollen om en betrok de toeschouwer bij het voyeurisme, waardoor de schilderijen studies in ge-schonden zedigheid werden.

De modernistische revolutie begon met een confrontatie van deze li-berale traditie van het verslindende mannelijke oog, en produceerde het ene schilderij na het andere dat de voyeur dwong te erkennen waar hij mee bezig was, meestal door een vervangende figuur op te nemen, het-zij met zijn rug naar ons toe, hetzij als beeld in de spiegel. Maar waar de bekeken lichamen niet langer decoratieve 'naakten' waren, maar blote vrouwen ontdaan van elke vorm van idealisering, waren de mannen nu ook geen klassieke of Bijbelse helden en boeven meer, maar klanten. Voor het eerst werden de twee soorten geldtransactie waarvoor je je moest uit-kleden en naar je laten staren (poseren en prostitutie) en de twee manie-ren van staren (door schilders en hoerenlopers) versmolten. Het baden ervoor en erna speelde een grote rol bij dit alles voor een generatie die zich terecht grote zorgen maakte over geslachtsziekten en de wijze waar-op die bijdroegen aan de plaag van dat tijdperk, 'degeneratie', en komt vaak terug in het werk van kunstenaars die inderdaad veel in het gezel-schap van prostituees verkeerden: Manet, Degas, Toulouse-Lautrec en, in Engeland, de hoofdverdachte, Walter Sickert.

De modernistische parade van onbeschroomdheid – de kunstenaar die

Zelfportret (Dame Laura Knight en Ella Louise Naper),
door Dame Laura Knight, 1913

niet zozeer poëtisch de loftrompet steekt als wel aan timesharing doet – is misschien ook nauwelijks een vooruitgang te noemen ten opzichte van de traditionele mannelijke heerschappij over het recht naar vrouwenlichamen te kijken. Er waren baadsters te over in de impressionistische parade in Parijs – Renoirs bloemen met weelderige boezem uit 1897, en dan natuurlijk de trossen hangende vruchten uit Cézannes latere groepen vrouwen, samengebracht in zorgvuldig geconstrueerde architectonische ordening –, allemaal ingelijfd door de nieuwe esthetica, die zichzelf presenteerde als zuiverende modernistische waarheid. (Alleen Vincent van Gogh, de nieuwe Rembrandt, die in Den Haag zelfs samenwoonde met een dronken prostituee die hij hoopte te bekeren, was liefhebbend genoeg om haar af te beelden zoals ze werkelijk was.) Maar wat de rest betreft, waren hun radicale revisies wel zo anders, behalve wat de vorm van de voorstelling betreft, dan het toegangskaartje tot de harem dat je krijgt bij de odalisken van Ingres of zelfs de *locus classicus* van badende tietenkitsch in de branding, *De geboorte van Venus* van Bouguereau?

Alleen vrouwelijke kunsthistorici zoals Lisa Tickner en Griselda Pollock hebben voldoende begrepen en uitgelegd hoe de modernistische intimiteit met de lichamen van hun modellen, de geslachtsdaad als voorwaarde voor de kunstdaad, een minstens even heerszuchtige schending was als de oude hypocrisie, misschien zelfs erger, omdat die nu werd aangewend in de naam van de avant-garde. Het is niet het feit dat Gauguin, Rodin, Sickert, Picasso, Lucian Freud, en vele anderen allemaal met hun modellen naar bed gingen dat tegen de borst stuit, het is eerder de huichelachtige stelling dat de kracht en vrijheid van hun portretten het rechtstreekse resultaat waren van onontbeerlijk vleselijk verkeer, en dat de tactiele kennis die nodig was om vlees om te zetten in verf alleen bereikt kon worden in en op het lichaam van het model, die onverteerbaar is. Hoe ze het ook brachten (en de meesten van de seriële copuleerders, met name Freud, vonden het niet nodig zich er druk om te maken), wat zij opdrongen was het kunstenaars-*droit de seigneur*, het soevereine recht om te bepalen hoelang een model in een pose gevangen moest zitten (in Freuds geval kon dat een hele nacht zijn) en het precieze moment waarop ze de pose moest verbreken om naar een ander soort gehoorzame medewerking over te gaan.

Of dergelijke overwegingen een rol speelden in Laura Knights beslissing om iets ongekends te doen en zichzelf volledig gekleed af te beelden tijdens het schilderen van een naaktmodel wier weelderige naaktheid verdubbeld wordt – in haar livepose en op de ezel – zullen we nooit weten, want ze sprak maar zelden over wat verreweg haar belangrijkste werk was: tegelijkertijd conceptueel complex, heldhaftig onafhankelijk, ingenieus van vormgeving en liefdevol sensueel. Hoewel de verfbehandeling niet was wat de avant-garde wellicht had gewild na het zien van Cézanne en Van Gogh, waar de textuur van de penseelstreken voor een 'retinale huivering' zorgde, zoals Duchamp het noemde, was er absoluut niets conventioneels aan Knights schilderij. Het was zo volstrekt verschillend van al het andere wat ze had gedaan – en de volgende halve eeuw nog zou blijven doen – dat een van de grote meesterwerken van de Britse kunst onverkocht bleef en zich nog in haar eigen collectie bevond toen ze in 1970 overleed.

Knight wist precies wat ze deed met 'Het model', zoals het aanvankelijk heette. Zelf in haar kunstenaarskleren verschijnen terwijl ze werkt met een vrouwelijk model wier beeld verdubbeld is in het schilderij was een regelrechte aanval door een van de Nieuwe Vrouwen op de huichelachtige pose van de nieuwe kunst die door Fry was ontmaskerd. Er waren drie beroemde schilderijen, tussenstations in de modernistische canon, die geklede en naakte mensen verenigden en zich allemaal afspeelden op de heikele grens tussen de bekende werkelijkheid en artistieke fantasie. Op Manets *Déjeuner sur l'herbe* was de maker alleen impliciet, maar zowel op *L'atelier du peintre* van Gustave Courbet als op *The Artist's Studio* van Sickert uit 1906 komen staande naaktmodellen voor, samen met de gebiedende figuur van hun bewaker-schilder, de een op de troon, de ander als portier bij een peepshow. Allebei spelen ze met toegankelijkheid en ontzegging. Courbet, die elders zijn ultrarealistische hymne aan de vrouwelijke schaamdelen *L'origine du monde* noemde, laat zijn model en profil staan, tussen een groep fans die allemaal het landschap op zijn ezel bewonderen. Hoewel men heeft geprobeerd de waterval op het doek te laten rijmen met de vloeiende plooien van de draperie van het model (Courbet gaf zijn decor graag een seksuele lading), is het de loskoppeling van het onderwerp van zijn werk en het toevallig beschikbare naakt dat dit gigantische werk zijn kracht geeft.

Sickerts atelierscène is, typerend voor hem, veel verontrustender, het is in feite een verhaal over lijfeigenaarschap, het favoriete onderwerp van onze man uit Noord-Londen.

Hij portretteert zichzelf als een spiegelbeeld met zijn rug naar het model, dat zoals gewoonlijk met Sickerts groezelig roomwitte penseelstreken is geschilderd, terwijl hij zijn arm vastberaden voor de deuropening houdt en ons op die manier belemmert zijn uitzicht te delen. Het is schilderen (zoals meestal het geval was bij de schilderijen die in Camden Town werden gemaakt) als een ruw ambacht, en alleen de kunstenaar heeft het recht om het uit te oefenen.

De kunstenares kan echter terugvechten, haar eigen zichtbaarheid en blootstelling inzetten. In tegenstelling tot, zeg maar, de *Carmenina* van Matisse uit 1903, waar het model met haar dikke dijen zichzelf frontaal aan ons beschikbaar stelt, terwijl de schilder die toestemming verleent in een spiegelbeeld op de achtergrond verschijnt, is op Knights *Zelfportret* niemand recht van voren afgebeeld. Zijzelf staat en profil, er valt een schaduw van haar favoriete hoge zwarte gleufhoed, en ze heeft haar hoofd in volledige concentratie naar haar model gewend. Ze werkt: een onzichtbaar palet in de linkerhand, de rechterhand naast haar met het penseel, de blik strak op haar onderwerp gericht. Er is geen spoor van koketterie in dit alles. Dit is werk, geen spel, hoewel het een niet noodzakelijkerwijs het ander hoeft uit te sluiten.

Het spel gaat hier om schilderen, compositie en decoratie en is van de hoogst denkbare conceptuele orde. Aan de meesters die hun sporen hadden verdiend in de exposities in de Grafton Gallery geeft Knight haar eigen antwoord: het rode werkjasje, weergegeven in losse, instinctieve likjes verf die u misschien bij Van Gogh of Bonnard hebt gezien; het steenrode halfhoge wandje achter Ella Naper vertoont strepen en een spleet in een opzichtig vertoon van virtuoze schilderkunst. Haal Ella weg en je hebt het gespleten rood van Barnett Newman. Men denkt dat al dit schitterende rood een reactie kan zijn geweest op *L'atelier rouge* van Matisse uit 1912, dat inderdaad op Fry's tweede postimpressionistische expositie hing en in z'n eentje beslist een revolutie teweegbracht. Maar *L'atelier rouge* maakt korte metten met perspectief en schildervlak, zodat ogenschijnlijke voorwerpen worden opgeslokt door de naadloze, randloze, vrij zwevende ondergrond.

Het tegenovergestelde geldt voor het geweldige schilderij van Knight, dat de verschillende oppervlakken en omlijstingen manipuleert zonder ooit de verbindende constructie van de compositie los te laten. De rood-zwarte dialoog is de sleutel tot deze gecompliceerde, hypnotische dans van lijnen, zoals ook het geval was bij het Russische constructivisme en bij de geometrische abstracties van De Stijl, die tegelijkertijd ontstonden en in een Nederlands milieu dat Knight heel goed kende. Zo moet de zwarte rand waarop het gestreepte kleed ligt aan de ene kant horizontaal gelezen worden maar, meerduidig, horizontaal of verticaal aan de andere kant. Horizontale strepen op Laura's kraag rijmen met die op het kleed, terwijl de verticalen die het geheel bij elkaar houden – het zwarte scharnier van het scherm en de rand van het doek – in een duizelingwekkend ambigue ruimtelijke relatie met elkaar staan. Er is eigenlijk geen rand aan de rand. Het is alsof Piet Mondriaan aan was komen zeilen en in haar oor fluisterde.

Afgezien natuurlijk van de lichamen van de vrouwen. Laura Knight heeft ze in haar eentje heroverd op de Courbets en de Sickerts en de integriteit hersteld zonder concessies te doen aan de complexiteit en grootsheid van de kunst. Kijk naar Ella's pose. Die heeft ze eerder geprobeerd voor een van de *Dochters van de Zon*, en doet denken aan klassieke standbeelden, misschien zelfs de gipsen beelden die Laura moest kopiëren in de sombere klaslokalen van de Nottingham Art School, maar nu heeft ze er de gloeiende warmte van vrouwelijk leven aan gegeven. In een van haar twee memoires beschreef Knight die beperkingen als 'dodelijk', en veroordeelde ze het resultaat als mistroostige houterigheid. Het *Zelfportret* is vergeleken daarbij een prikkeling. Ella's pseudo-Griekse pose, die een beetje aan de Aphrodite van Praxiteles doet denken, toont atletische elegantie in de spanning van de schouderspieren, en de holte van de ruggengraat is tot een verrukkelijke curve gevormd. Maar er zit ook vlees aan: de rozige bloosbillen met een heel klein kuiltje onder de linkerbil, het zachte vallen van de borst. En wat het meest opvalt is de verdubbeling van dit lichaam: de vrouwelijke schilder, die met de virtuositeit van de geschetste versie het heroïsche thema van het hele schilderij toont: emancipatie.

Want buiten en misschien ook in Cornwall komen vrouwen in opstand. Velázquez' *Venus voor de spiegel* zal kapotgesneden worden om stemrecht te krijgen. Maar Laura is geen kapotsnijder. Ze is een schilder en heeft haar eigen manier om tot gelijke behandeling op te roepen: in de lijn blijven van mannen die het naakt, of het nu neogrieks is of het ruige werk uit Camden Town, als hun privéterrein van expertise beschouwen.

Dit weerhoudt Claude Phillips, de kunstcriticus van de *Daily Telegraph*, er niet van om naar aanleiding van 'Het model' te sneren dat 'op een of andere wijze een vrouw die een vrouw schildert in haar werk nooit de hogere charme van het "eeuwig vrouwelijke" weet te vangen'. Omdat het van een onbekende conceptuele planeet kwam, wisten commentatoren op Laura Knights meesterwerk niet wat ze ervan moesten vinden en dus namen ze, zoals de zwakste kunstcritici vaak doen, hun toevlucht tot zalvende laatdunkendheid. Vrouwen zouden het moeten houden bij de verfijnde dingen die van nature bij hen pasten: pastels, aquarellen, stillevens, dat soort dingen weet je wel? Op deze betuttelende manier betreurde de criticus van *The Times* het dat 'Mevrouw Laura Knight, die zulke goede tekeningen naar het Aquarelgenootschap stuurt, een uitermate schrander [een afkrakende term in het anti-Bloomsbury lexicon van die tijd] schilderij heeft geproduceerd van de rug van een schilderes en van haar model, dat, vrezen wij, een niet geheel bewonderende glimlach zal uitlokken'.

Er is een foto bewaard gebleven van een groep die zich heeft verzameld rond Laura Knights schilderij, dat voor het eerst in de Passmore Edwards Gallery in Newlyn werd geëxposeerd, en hun glimlach lijkt absoluut bewonderend. Het is waar dat de onmiskenbaar gemengde ontvangst ertoe leidde dat Knight vrij lang wachtte voordat ze ooit nog zoiets zou proberen. Er was een periode in de jaren twintig dat ze portretten maakte van vrouwen, onder wie een saxofoniste, en van de pianiste Ethel Bartlett, en profil en weergegeven met zo'n keramische koelte dat het doet denken aan Ingres of vooruitloopt op Giorgio Morandi. Maar onze Nottinghamse vriendin was al een lieveling van de natie geworden; ze droeg haar steentje bij met thuisfrontafbeeldingen van arbeidsters in de wapenfabrieken tijdens de Eerste Wereldoorlog en van vrouwen in bommenwerpers in de Tweede. Ze was altijd een sociaal wezen geweest, en een beetje theatraal. Na een driftbui over de uitzichtloosheid van haar kunstacademie was ze de deur uit gestormd en had ze auditie gedaan bij een theater. Nu werd ze aangetrokken door menselijke kleurrijkheid: circus, ballet, jazz. De hele comédie humaine maakte haar vrolijk op doek, of het nu ging om een mooie zigeunerin of een zwart gezicht in Maryland.

Dus werd ze ingelijfd. In 1922 werd ze gekozen als aankomend lid van de Royal Academy en in 1936 als volwaardig lid. Ze schilderde iedereen: George Bernard Shaw, geïmporteerde societydebutantes en hun moeders, Indiase politici, de jonge Paul Scofield, nazigevangenen tijdens de processen van Neurenberg...

Ze schilderde zelfs af en toe een naakt, maar nooit meer met zichzelf volledig gekleed in hun gezelschap, wat onvermijdelijk betekende dat ze waren bevroren tot onschadelijke kunst en helemaal hun angel hadden verloren.

'Meester. Ik ben geen kunstenares. Ik ben een model en ik wil voor altijd uw model blijven.' Dit schreef Gwen John aan haar minnaar Auguste Rodin, nog geen drie jaar nadat haar zelfportret de wereld had verkondigd dat zij een Nieuwe Vrouw was. In 1905 en 1906 hield ze zich inderdaad lange tijd aan haar woord en gaf ze het tekenen en schilderen helemaal op. Het enige wat ze deed was poseren voor Rodin, meestal 's middags, en dan eindigde ze de dag met seks met hem. Als een soort forens pakte hij vervolgens zijn spullen om terug te gaan naar Meudon en Rose Beuret, de vrouw met wie hij al veertig jaar was. Dan ging Gwen terug naar haar flatje, eerst aan de boulevard Edgar-Quinet 19, daarna in de rue St-Placide, waar ze nauwelijks at, haar kat voerde en een van de ontelbare lange brieven schreef die uit de diepten van haar passie voor haar 'meester' opborrelden. Uit een getekend zelfportret uit die tijd spreekt haar extatische wanhoop. De Europese kunst zit vol vrouwen met brieven, maar er is niet een als deze. In tegenstelling tot de brutaliteit van haar eerste zelfportret ten voeten uit is dit alleen hoofd en schouders. In haar rechterhand heeft ze een van Rodins brieven, tenminste, het is vrijwel zeker geen brief van haar maar van hem, tussen haar borst en haar hals. Johns mond staat open, alsof ze tot haar meester spreekt: is het vol verdriet, beschuldigingen of zelfvernederende dankbaarheid, die allemaal voorkomen in hun ongelijkwaardige correspondentie, we zullen het nooit weten. 'Ik heb uw kaart ontvangen, Meester,' schrijft ze op een avond, 'en die heeft me zeer veel vreugde bezorgd. Mijn kamer is kalm.' (Rodin zei altijd tegen haar dat ze moest kalmeren.) 'Ik heb lange tijd nagedacht over de brief die ik u ga schrijven, ik dacht dat ik in deze kalmte gemakkelijk met u kan praten over mijn harstocht... u kunt uit de ontoereikendheid van deze brief opmaken dat het zeer moeilijk is over een grote liefde te schrijven.'

De voormalige Nieuwe Vrouw is onzeker over absoluut alles: over haar werk, over waar haar kat uithangt, over haar toekomst, maar bovenal over de bestendigheid van haar Meester, niet alleen seksueel (hoewel ze hier weinig illusies over heeft) maar ook over de bestendigheid van wederzijdse liefde, en of hij eigenlijk wel van haar hield. Rodin had benadrukt dat de oorsprong van alles wat de moeite waard was, en met name de schoonheid en verlichting die zijn kunst nastreefde, seks was. Zijn vriend, de dichter Rilke, met wie zij ook bevriend was geraakt, zei ongeveer hetzelfde. En het tengere meisje uit Wales en van de Slade stortte zich met ongeremde energie in seksuele genoegens, tot verrukking van Rodin, die het opwindend vond dat de kleine 'Mary', zoals hij haar noemde, voor de buitenwereld ingetogen Welsh was, maar hem op deze manier genot wilde bezorgen. Rodin kende de beeldhouwster Hilda Flodin, ook een model, ook een minnares, die op vrouwen viel, en hij vroeg John een keer of ze konden vrijen terwijl Flodin toekeek, en dus stortte ze zich hier ook in. Ze zou alles doen, alles om hem niet kwijt te raken, alles om iets van hem te hebben, wat er ook gebeurde, elke dag.

Zelfportret, door Gwen John, 1905-1906

Zelfportret, door Gwen John, 1902

Hoe had het zover kunnen komen met de Nieuwe Vrouw? Het *Zelfportret* in de bruine blouse werd gevolgd door een tweede, in een rode blouse, opvallend anders van toon en temperament, naar binnen gekeerd, nadenkend en gereserveerd, terwijl het eerste openhartig en extravert was. Zelfs haar kleren spraken een andere taal: de rode blouse tot bovenaan dichtgeknoopt, een opstaand kraagje met een antieke camee van een vrouwenkopje om haar hals. Was het eerste een act en dit de echte Gwen? Het was in elk geval het enige dat ze signeerde.

Ze was wel altijd in voor avonturen. In 1903 besloot Gwen naar Rome te wandelen, samen met haar nieuwe vriendin, de gevaarlijk mooie Dorelia McNeill, een juridisch secretaresse die lessen had gevolgd aan de Westminster School of Art (onder anderen van Tonks). Het zou een bedevaart worden, en ver weg van Bloomsbury en de bohemiens zou ze zich gaan bezighouden met serieuze kunst. Tot verbijstering van al hun vrienden reisden Dorelia en Gwen per schip naar Bordeaux en gingen ze vervolgens zoals gepland op pad langs de kronkelige loop van de Garonne, die gemakkelijk begint en daarna zwaar wordt. Ze sliepen waar ze iets konden vinden: schuren, velden en soms, als ze hondsmoe waren, ploften ze gewoon langs de kant van de weg neer. Beesten, meestal van de tweebenige soort, maakten het hun lastig op hun tocht, zoals ze van tevoren geweten moeten hebben. Ze zongen – letterlijk – voor hun avondeten en schetsten portretten voor hun ontbijt, waarover ze soms kritiek kregen van de plaatselijke bewoners. Iedereen in Zuid-Frankrijk was óf een criticus óf een kunstenaar. In een onbekend dorp zagen ze een gezin aan het avondmaal zitten en ze klopten op de deur om te vragen of ze misschien wat brood konden kopen, maar dat werd geweigerd. 'Sauvages!' riep Gwen toen ze wegsjokten. Gegriefd rende de pater familias haar achterna, protesterend dat ze dat niet waren, en bood een brood aan, maar de meisjes hielden liever vast aan hun misprijzen. Er was een ontmoeting met een rondzwervende Belgische beeldhouwer, Leonard, die de euvele moed had om Gwens tekeningen te bekritiseren terwijl hij onmiddellijk verliefd werd op Dorelia. Iedereen werd onmiddellijk verliefd op Dorelia, inclusief Augustus John, die inmiddels getrouwd was met hun vriendin Ida Nettleship, maar dat weerhield Augustus nergens van.

Ze zaten de winter uit in Toulouse, waar ze leerden hoe gemeen het weer in januari kan zijn in Zuid-Frankrijk. Toen de wereld weer begon uit te botten, was hun behoefte om helemaal te voet over de Alpen naar Italië te trekken weggeëbd. Gwen herinnerde zich hoe gelukkig ze was geweest op de Académie Carmen, aangestaard door de glinsterende ogen van

Whistler en zittend onder de kastanjes, dolblij om bij het gezelschap kunstenaars te horen, zelfs als beginneling. Ze verlegden hun koers naar het noordoosten, naar Parijs. Ergens onderweg haakte Dorelia af. Augustus was beledigd over de vermetelheid van de Belgische beeldhouwer, had met de vuist op tafel geslagen en geëist dat ze bij hem terugkwam, ook al was hij niet van plan om Ida te verlaten. Ida hield tegen Gus vol dat ze alles wilde wat hij wilde, iedereen liefhad die hij liefhad, en dat kwam de begunstigde van de ménage à trois natuurlijk goed van pas. Dorelia deed wat haar opgedragen werd en nam genoegen met een stukje van Augustus John, net voldoende om later helemaal in haar eentje op Dartmoor te bevallen van een zoontje dat ze Pyramus noemde.

Gwen ging terug naar Montparnasse, vond er de onwelriekende kamer aan de boulevard Edgar-Quinet, en een kat die ze Edgar Quinet noemde. Ze tekende en schilderde zelfs een beetje, maar de enige manier waarop ze in haar levensonderhoud kon voorzien was poseren. Dat vond ze heerlijk. De kleine Gwen had een sterk, soepel lichaam, dat ze graag in ambitieuze poses wrong. Tijdens de jaren op de Slade en later toen ze in Fitzrovia woonden, hadden de vriendinnen vaak voor elkaar geposeerd, gekleed en ongekleed. Nu deed ze hetzelfde voor iedereen die ervoor wilde betalen: vaak vrouwelijke kunstenaars, Engelsen, Amerikanen, wie dan ook. Op een middag ontdekte ze aan het eind van de rue de l'Université de werkplaatsen van Parijse beeldhouwers, waar assistenten blokken marmer ateliers in sjouwden. Ze volgde bijna willekeurig een van hen en klopte op de deur. Hilda Flodin, die ze maar al te goed zou leren kennen, deed open. Het leven hield zijn adem in.

Rodin zei dat ze zich moest uitkleden, maar volgens haar was het eerder een hoffelijke uitnodiging dan een kortaf bevel. Het hoorde bij het werk, tenslotte, en ze was trots dat ze er goed in was. Rodin stond erom bekend dat hij om veeleisende poses vroeg, en het werk dat hij van Gwen wilde was geen uitzondering. Het onderwerp betekende ook iets voor haar, want het was een officieel aandenken voor haar oude leraar Whistler, en ze zou neergezet worden als zijn muze: dus moest Gwen, om Rodins bedoeling te volgen – en had ze de keus? – een knie omhoog houden terwijl haar hoofd gebogen was, wat weer betekende dat haar ruggengraat flexibel genoeg moest zijn om dat uren achter elkaar vol te houden. Rodin, de anglomaan, die zeer onder de indruk was van de Britse stijl van rond de eeuwwisseling, hield van zijn kleine 'Mary John', ook al had hij maar weinig greep op haar Welshe kant. Ze had het soort lichaam waar hij graag mee werkte: tenger, met smalle schouders, smalle heupen, als een nimf, de vorm die volgens hem de archaïsche Griekse beeldhouwkunst had gehad voordat ze ordinair gespierd werd.

Van haar kant kwam Gwen weelderig tot bloei en ze hield zich voor dat hij de Meester was op wie ze had gewacht. De resolute, blozende mannen die haar leven hadden bevolkt – Tonks, haar broer, Whistler – verbleekten allemaal bij Rodin en zijn enorme, besnorde, intellectuele, gepassioneerde charisma. Hij werd haar mentor en nog veel meer, liet haar Schopenhauer en Wilde lezen en verwachtte de volgende keer dat ze voor hem kwam poseren er een levendige discussie over te voeren.

De rest was voorspelbaar. De Nieuwe Vrouw verdween in hopeloos ongelijkwaardige liefde. Eerst was er de lichte kus van de ouwe jongen tijdens het poseren, daarna de niet zo lichte, en vervolgens verdween elke terughoudendheid. Gwen voelde zich herboren, geheel tot leven gebracht. 'Wat mij vreugde bezorgt, wat min of meer bij me blijft,' schreef ze in het zorgvuldige Frans dat ze probeerde te vervolmaken voor haar Meester, 'zijn de gedachten of gevoelens die voortkomen uit de liefde met u.' Haar dagen waren ervan vervuld en liepen ervan over. 's Ochtends had ze aan haar eigen kunst kunnen werken, maar dat deed ze niet, de middagen waren van hem, de routine van het poseren gevolgd door vrijen. Soms kwam hij naar haar appartement, waar Edgar Quinet naar hem blies en zij wegsmolt in onuitsprekelijk geluk.

Ook het volgende hoofdstuk was voorspelbaar. De verdwaasde heftigheid van haar liefdesbrieven begon het tegenovergestelde effect te krijgen van wat ze beoogde. Tactvol (hoewel dat niet zijn sterke punt was) vroeg Rodin haar om er misschien een beetje variatie in aan te brengen, en stelde vervolgens voor dat Gwen zou doen alsof ze aan een vriendin schreef in plaats van haar minnaar, zeg maar cnc Julie. Verbazingwekkend genoeg, of bang dat ze ook maar een millimeter van zijn nabijheid zou verliezen, gehoorzaamde ze en schreef babbelige ditjes en datjes aan 'Julie'. Het was alleen maar uitstel van executie. Langere pauzes tussen poseersessies, tegenzin om ze te laten uitlopen in amoureuze omhelzingen. Er ontstonden ruzies als kleine bosbrandjes. 'Hij vindt het leuk om me woedend te maken,' schreef ze aan haar vriendin Ursula Tyrwhitt. 'Ik heb scènes getrapt [maar] hij is uiteindelijk altijd zo aanbiddelijk. Ik merk dat deze scènes noodzakelijk voor hem zijn maar wilde dat ze mij niet zo ziek maakten.' Iedereen verwende hem, zij was de enige die hem kon uitschelden, en ze zou het vaker moeten doen, ook al gleed het van hem af 'als water van de rug van een eend'. Gwen begon te lijden aan de verliefde illusie dat zij de enige was die hem begreep, die zijn inwendige kind kon

Zelfportret, door Gwen John, ca. 1908

verzorgen, hem kon straffen als hij stout was. 'Ik aanbid hem en het is vreselijk om zo boos op hem te zijn. Ik zie echter dat ik dat moet zijn.'

De afspraken en poseersessies begonnen minder regelmatig te worden. Gekweld door het gemis, wanhopig in haar behoeftigheid, nam Gwen af en toe de trein naar Meudon en verborg zich in de buurt van Rodins huis, in de hoop een glimp van hem op te vangen. Het werd allemaal vernederend, triest en vernietigend. In een jammerklacht van verward verdriet schreef ze: 'Ik ben niets dan één bonk lijden en verlangen.'

Een klein stukje van wat er over was van de Nieuwe Vrouw wist wat ze moest doen om te overleven, en dat was natuurlijk weer aan het werk gaan, maar misschien in een andere geest en op een andere toon dan de schilderijen uit haar Londense tijd. Ze verhuisde een, twee keer, steeds in hetzelfde quartier Montparnasse, en eindigde in de rue du Cherche-Midi, in een kalme en lieve kamer die balsem voor haar emotionele wond was. Haar visie en haar tekeningen, en vervolgens haar schilderijen, verhuisden naar binnen, naar die kamers die baadden in bleek licht, naar een vredig gebied. Terwijl Laura op het strand was, zat Gwen in haar stoel Edgar Quinet te aaien, dronk het flakkerende zonlicht in en keek, niet ongelukkig, naar de muren, door de ramen, en nu en dan naar zichzelf in de spiegel. Wanneer ze zich uitkleedde en keek, zag ze een schim: half wel en half niet aanwezig, een lege lijn, haar schaamstreek duidelijker afgetekend dan haar gezicht, en dat schetste ze ook, een hele serie naakte zelfportretten, uitgevoerd met een soort weemoedige aarzeling, beelden die zich een beetje lijken te roeren en te bewegen in de lege witte ruimte, alsof er een tochtvlaag door het raam kwam.

Geleidelijk aan werd Gwen John weer een kunstenares, een portretschilderes om precies te zijn, van vrienden uit Engeland die bij haar langskwamen. Ze wilde vrouwen als onderwerp en schilderde hen meestal heel verstild, waarmee ze visuele echo's opriep van Vermeer en het Nederlandse verleden, maar dan minder glanzend en zonder de kristallijnen gloed. In plaats daarvan zaten ze gevangen in een soort helder maanlicht bij dag: een schrijnend patina, ook als de modellen luidruchtig giechelden en roddelden. Het uitdagendst was Fenella Lovell, die koketteerde met pruilende hartstochten die volgens haar bij een zigeunerin hoorden, waar Gwen zich dood aan ergerde. Maar uit de irritatie kwamen twee verbazend ontroerende portretten voort, het ene gekleed, het andere naakt: moderne Maya's, maar zonder een zweem van de behaagzieke erotiek waarmee Goya zijn opdrachtgever ter wille was.

De naakte Fenella is op een geheel eigen manier even radicaal in de geschiedenis van de kunst als Paula Modersohn-Beckers zelfportret van haar zwangerschap. En wat is het in dit portret, dat het alleen door een vrouw geschilderd kan zijn? Het is opvallend dat Gwen Fenella vanaf het middel naar beneden half met een draperie bedekt, precies zoals Rodin haarzelf neerzette in het ondraaglijke *Whistler*-beeld (dat nooit voltooid zou worden), om de idee van klassieke beeldhouwkunst op te roepen en er ook weer afstand van te nemen. Er is immers absoluut niets aan dit portret dat inspeelt op laatste resten klassiek idealisme of de deinende orgastische krampen van Rodins rapsodieën. In plaats daarvan is het ontroerend doordat het vrouwelijke waarheid portretteert, een beeld dat net zo goed vanuit het innerlijk als vanaf het oppervlak van het lichaam lijkt te komen, elke centimeter van de zakkende schouders, de ietwat hangende borsten, de lange porseleinen buik. Het hoofd op zijn lange stengel van een nek toont het minst schuldbewuste gezicht in de moderne kunst, niet gestileerd om te behagen, zoals de uitgerekte figuren van Amedeo Modigliani. Gwen laat Fenella niet haar ogen sluiten maar laat haar rechtstreeks, uitdagend en ongegeneerd kijken, zoals zijzelf ook deed in haar vroege zelfportretten. Die blik brandt zich in het geheugen, zo vurig on-Engels.

Ze ging vooruit en verinnerlijkte. Uiteindelijk accepteerde ze dat het met Rodin niet meer zou worden zoals het de eerste twee jaar van hun delirium was geweest, maar ze bleef hem schrijven en bleef brieven terugkrijgen tot 1916, het jaar voordat hij stierf. Ze zagen elkaar nog, en vreeën zelfs af en toe. In 1912 verkocht Rodin een stapel van haar tekeningen voor haar, waar ze blij mee geweest had moeten zijn, maar omdat hij niet persoonlijk het geld kwam brengen sloeg haar stemming om in treurnis. 'Ik wilde dat je kwam zodat ik wat liefde zou krijgen. Dat je je assistent stuurde heeft mijn hart tot ijs bevroren.' De dag daarvoor had ze nieuwe kleren gekocht en toen drie uur gewacht in het Gare des Invalides om ze aan hem te showen voordat ze het opgaf. Ondanks deze wreedheden kon ze het verlangen niet helemaal afschudden. 'Ik heb me vreselijk gehaast om hem te zien,' schreef ze in augustus 1913. 'Hij kwam niet. Ik heb hoofdpijn en verlang naar de zee.'

Tijdens deze lang uitgesponnen kroniek van hopeloosheid, kwijnde de *Whistler* waarmee alles begonnen was, hoewel de figuur onmiskenbaar Gwens sterke neus en dauwdruppelvormige gezicht had. Toen de Duitsers naar Parijs oprukten, ontsnapte Rodin naar Engeland terwijl Gwen in Frankrijk bleef. Ze had zich bekeerd tot het katholicisme, begon zichzelf 'Gods kunstenaresje' te noemen en verhuisde naar Meudon (nota bene). Ze schilderde prachtige portretten van nonnen en vriendinnen die

Naakt meisje (Fenella Lovell), door Gwen John, 1909-1910

onder haar hand de eenzelvige kennis van het klooster leken te bezitten. Ze werd een geweldige kunstenares, maar dat werd alleen ingezien door haar broer, die haar bewonderde en liefhad, en door haar enige opdrachtgever, de Amerikaan John Quinn, die haar werk kocht en voorschotten stuurde waardoor ze kon leven zoals ze wilde, ook al moest hij zelf het geduld van een heilige opbrengen, wachtend op werk dat nooit leek te komen. Ze had één expositie in de Chenil Gallery in Londen aan het begin van de zomer van 1926.

Haar vriend Michel Salaman, die ze kende sinds het wandelavontuur met Dorelia, formuleerde het volmaakt: 'Het was voorwaar een louterende vreugde daar te staan tussen die bleke, stille liederen van jou – als luisteren naar de stille muziek van de klavecimbel – alleen is er niets antieks of archaïsch aan je werken, ze zijn zo intens modern in alles behalve hun vredigheid.'

7

Het boetseren van vlees

Toen Lucian Freud zijn stijl eenmaal had gevonden, leek Rodin vergeleken bij hem een feminist. Hij was ongegeneerd. Het ging altijd en eeuwig over hem: elk model was een verlengstuk van zijn persoonlijkheid en bestond in zijn werk alleen voor zover het volledig bezit was van zijn heerszuchtig ego. 'Al mijn werk is autobiografisch,' zei hij, en hij meende het schaamteloos. De Freud die opdook in het spiegelbeeld van zijn zelfportretten had nog strategisch de macht over het beeld. In een briljant verontrustend werk legt hij de spiegel op de grond zodat zijn gezicht er vervormd boven hangt, samen met twee van zijn kinderen, die hij manisch blije gezichten geeft.

Er waren lieden die in de categorie van Lucians 'mensen' vielen en alleen vrienden waren, of – in twee terecht beroemde gevallen, de maatschappelijk werkster Sue Tilley en de confronterend clowneske Leigh Bowery – lieden die hun gevangenschap in zijn atelier tartten met hun kolossale bergen vlees. In navolging van Walter Sickert had Freud niet zozeer de ambitie om vlees weer te geven als wel om het na te maken met zijn verf, wat betekende dat hij van de scherpe lineaire stijl van zijn vroege werk overging op dikke textuur, sculpturaal geboetseerd. In het beste zelfportret dat hij ooit heeft geschilderd – van zijn hoofd en blote schouders – had hij precies de juiste balans te pakken tussen intuïtieve vrijheid en krachtig boetseerwerk. Later waren er naakte zelfportretten waarin het oppervlak verbrokkeld was in botte streken, hetzelfde soort heroïsche ruwheid dat in de laatste jaren van Titiaan en Rembrandt verschijnt.

De zelfachting die de kern van zijn werk vormde was altijd heroïsch, taai als de oude laarzen waarmee hij zichzelf schildert in 1993, verder helemaal naakt in een zelfportret ten voeten uit. Maar hij poseert (en niets wat Freud ooit deed was onbewust) met een geheven paletmes, precies in de houding van de *Apollo Belvedere*.

Ook zag hij nooit een probleem in de gevangenschap die hij oplegde aan mensen die voor hem poseerden. Vlees namaken in verf kon zwaar werk zijn, en nachtelijk werk. Het atelier was een cel, hij was de cipier, hun bevrijding zou de verwezenlijking in verf zijn. En het was geen geheim dat de route naar die verwezenlijking bij veel van zijn modellen via Freuds bed ging, zoals dat ook het geval was geweest bij Rodin, Picasso en vele anderen.

Het laatste zelfportret zegt alles, zij het niet in de titel, die zedig en huichelachtig luidt: *De schilder verrast door een naakte bewonderaarster*. De bewonderaarster is in feite zijn model en laatste vriendin, en aan de foto waarop de scène voor de camera van David Dawson is nagespeeld kunnen we zien dat ze op het schilderij een veel wanhopiger skelet lijkt dan ze in werkelijkheid was. Het is alsof Freud hen bij het bekijken van zijn eigen ingevallen torso, mager en pezig, gelijk wilde trekken zodat hun botten tegen elkaar zouden rammelen. Het vlees en de belangstelling ervoor was weggevallen. De ongelijkwaardige verhouding tussen hen tweeën wordt belichaamd door het model, dat zich met gesloten ogen in een houding van overgegeven adoratie aan de broekspijpen van de man vastklampt terwijl hij zich weer omdraait naar wat echt van belang is: het doek in wording van dezelfde scène. Het groteske egotisme van het schilderij wordt versterkt door de nonconformistische kledij die Freud zichzelf heeft aangemeten: de eeuwige sjaal en de slonzige trui die hij inderdaad een groot deel van de tijd droeg.

De terechte reputatie van Freud als Engelands belangrijkste naoorlogse portretschilder was en is zo sterk dat niemand iets gezegd schijnt te hebben over het schilderij als een uitdrukking van de naakte macht van de kunstenaar over zijn slavin-model. En ook heeft niemand opgemerkt dat er een prototype is voor dit vernederingsdrama met een naakte vrouw die kruipend op handen en knieën, in een abject ontluisterende houding, om de aandacht smeekt van de almachtige meester die in de tegenovergestelde richting wegloopt, vergezeld door de engel van zijn talent. Het was een werk van Rodins voormalige model, minnares en zelf ook een sterke beeldhouwster, Camille Claudel. Ze maakte de sculptuur zo'n twee jaar voordat Rodin Gwen John ontmoette, en net zoals Gwen alle energie uit zichzelf zou wegspoelen, heeft ook Claudel haar eigen trieste lichaam gereduceerd door het te onderwerpen. In tegenstelling tot John die, althans een tijdlang, bevrijd raakte door het langzame uitrafelen van haar relatie met Rodin, werd Claudel erdoor in een afgrond van depressiviteit gedreven, tot ze zelfs moest worden opgenomen in een psychiatrische inrichting, waar ze de rest van haar leven doorbracht. Maar na Rodins dood teerde ook Gwen John weg, ze hongerde zichzelf uit en gaf uiteindelijk het schilderen helemaal op. Toen in 1939 de oorlog uitbrak, probeerde ze terug te komen naar Engeland, maar ze was te zwak voor de reis en stierf in een ziekenhuis in Dieppe.

We leven nu in een tijd dat het gezicht het minst belangrijk is. De rest van het lichaam is het theater van zelfportrettering geworden, en de toneelstukjes die ermee gespeeld worden, worden meedogenloos herhaald in de galeries. Wie heeft er belangstelling voor de ogen als de vensters van de ziel, zoals Palmer had, als de idee van de ziel verloren gegaan en waarschijnlijk dood is? De intensiteit van het soort morele zelfonderzoek waar Jonathan Richardson zich aan onderwierp, is ingekrompen tot het gegiechel van de selfie of de blik in de spiegel van de mens van middelbare leeftijd op zoek naar tekenen van onheil dat op de loer ligt. Het ontbloten van de ziel is vervangen door het ontbloten van al het andere. Terwijl ooit werd gedacht dat het gezicht in de spiegel het wezen van de mens kon onthullen, is de invalshoek nu verplaatst naar de plek waar met name de seksuele geschiedenis het lichaam heeft getekend, en naar de fysieke objecten waarop de gewonde reis van de geschiedenis is gemarkeerd, getatoeëerd, gekerfd en tot litteken geworden. Lucian Freud mag dan elk onderwerp dat hij schilderde hebben ingelijfd in het domein van zijn ik, Tracey Emins kunst is niets anders dan de geschiedenis en de seksuele odyssee van haar lichaam. De installaties waarmee ze beroemd is geworden – de tent waarop de namen van *Iedereen met wie ik ooit geslapen heb* waren genaaid, en *Mijn Bed*, waarin diverse stijf gebalsemde kwakjes liggen – zijn de verlaten decors van haar erotische speelplaats, troosteloos en aangekoekt met postcoïtale somberheid. Het meest dramatische en aangrijpende van deze werken was het daadwerkelijke 'Hier' van *Het Laatste Wat Ik Tegen Je Zei is Laat Me Hier Niet Achter*: een strandhuisje in Kent van het soort dat de zelfbenoemde 'Gekke Tracey uit Margate' goed zal hebben gekend. Dit specifieke strandhuisje, dat door Emin en haar vriendin en medehistorica van het lichaam, Sarah Lucas, is gekocht voor wat nu een luttele 30 000 pond zou zijn, staat voor een soort gevangenis, verbeeld of werkelijk, en we zien haar hier, op foto's die door Mat Collishaw zijn genomen, verlaten en, net als Camille Claudel, in houdingen die van haar een slachtoffer maakten, geschonden of gestraft in gevangenschap. Of het opzettelijk is of niet, de foto's zijn zo zelfbewust mooi, als klassiek beeldhouwwerk, haar lichaam is zo glad, de gouden ketting om haar nek zo delicaat, dat de verfijning het effect van lijden en ellende tenietdoet, waardoor het strandhuisje er geteisterder uitziet dan Tracey.

De zelfportretkunst van vrouwenlichamen hoeft geen vertoon van onderwerping te zijn. Helen Chadwick heeft de nagedachtenis van Echo gewroken door Narcissus van geslacht te laten veranderen en met zichzelf te laten vrijen, waarbij het gezicht natuurlijk in schaduw gehuld blijft,

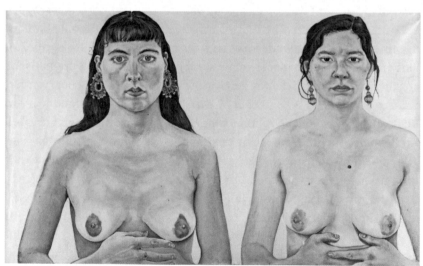

Het Laatste Wat Ik Tegen Je Zei Is Laat Me Hier Niet Achter (1),
door Tracey Emin, 2000
Twee meisjes (Ishbel Myerscough en Chantal Joffe),
door Ishbel Myerscough, 1991

maar haar borsten, waarvan er een haar spiegelbeeld raakt, fel belicht zijn. Chantal Joffe en Ishbel Myerscough beelden hun vriendschap af, in een traditie die teruggrijpt op de schilder en de piraat in de Tower, maar op een of andere manier ontdaan lijkt van vriendschappelijk geluk. De gezichten zijn onbehaaglijk grimmig, alsof ze de kijker uitdagen om hen af te keuren, de tepelhoven zijn gevechtsklaar, maar prachtig afgebeeld.

Er is echter één soort naakte zelfportretkunst door vrouwen die deze verdedigende houding laat varen en toch haar onderwerp onttrekt aan de gevangenschap van het poseren. Paula Modersohn-Becker was de eerste, toen ze zichzelf naakt en hoogzwanger schilderde. Daarna maakt ze die pose nog liever en vreugdevoller als ze, opnieuw zwanger, over de grond rolt met haar blote kind, samen één vlees geworden. In een serie grote, mooie en vloeiend geschilderde beelden presenteert Chantal Joffe zich als dubbelmoeder: het lichaam waaruit haar kind is gekomen en het lichaam dat het beschermende speelkameraadje van haar dochter werd.

Dit zijn de nieuwe madonna's, die onstuimig de niet-onbevlekte aard van het lijflijke verbond van moeder en kind vieren. Jenny Saville heeft deze twee fysieke en krachtige scheppingsdaden – baren en afbeelden – bij elkaar gebracht. Ze maakt vaak dankbaar gebruik van de manier waarop Freud het vlees reconstrueert met zuiver schilderkunstige textuur en massa, maar in wezen heeft ze het model bevrijd uit haar onderdanigheid aan Freuds blik en hand door haar eigen model te worden. Het verschil in de manier waarop iedere kunstenaar besluit zijn of haar naakte kinderen af te beelden is veelzeggend. Die van Freud zijn op de rand van de puberteit, ijzingwekkend nauwgezet en objectief bekeken door hun vader. Het resultaat is niet zozeer afschuwelijk verknipt als wel afschuwelijk griezelig, het betrekt iedere toeschouwer bij de manier waarop het schilderij gemaakt is en daagt iedereen uit om zo zijn twijfels te hebben.

Precies het tegenovergestelde geldt voor Savilles afbeeldingen van haarzelf met haar kleine kinderen: allemaal naakt. Deze keer zijn de kinderen geen schepsels die door de schilder worden gebruikt, laat staan de producten van eeuwen van sentimentele projectie. Het zijn juist woeste natuurkrachten: met rauwe dierlijke energie, een tyfoon van onbeheersbare beweging, een storm van geworstel. De bewegingen zijn briljant gevangen in wat elders pentimenti zou heten, maar hier een ritmisch web zijn van lijntjes die het maaien, schoppen en zwiepen volgen. In het oog van de menselijke storm zit de moeder, Jenny, even stil en vorstelijk frontaal als Dürer toen hij zo vermetel was zichzelf af te beelden als de Heiland. Maar Saville is niet de Maagd. Net als haar wilde kinderen is zij vlees, een lichaam dat uiteindelijk niet vastgelegd kan worden door kunst omdat het ook verandert, beweegt, zich verzet tegen een definitieve vorm en lijn, en transformeert tussen verschillende soorten leven. Haar portret is de tijdelijkste van alle gelijkenissen die in de spiegel zijn gevangen, en misschien dat het daarom weigert te verbleken.

De moeders, door Jenny Saville, 2011

V
Gezichten van het volk

1

Zwart, wit en kleur

Is het een kus of een fluistering? Het is in elk geval een geintje. In hetzelfde jaar dat Charlie Phillips foto's begint te maken van de Piss House-pub, 1968, zegt Enoch Powell tegen de Conservatieven in Birmingham dat hij, 'net als de Romein de Tiber [ziet] schuimen van het bloed' mocht een 'volk van immigrantenafkomst' zich vestigen en vermenigvuldigen in Engeland. De op Jamaica geboren Charlie ziet iets anders: momenten van zorgeloos geluk, veel ervan in de Piss House op de hoek van Blenheim Crescent en Portobello Road, en hij legt zwart en wit in zwart-wit vast. Later dat jaar is Charlie rustig met zijn eigen dingen bezig als hij door de straat iets hoort naderen wat klinkt als een oproer. Het is het eerste carnaval, een grandioze herrie: trommels, bands, calypso, ska, reggae, Red Stripe, luidruchtig plezier. Charlie grijpt zijn Kodak Retinette en neemt foto's van een zee van gezichten, ook een heleboel witte, maar allemaal jong en verwachtingvol terwijl de muziek voortrolt. Het is het antwoord op de paranoia van Powell: geen rivieren van bloed, maar een golvende zee van geluk die wiegt en schuifelt en met de heupen draait.

Charlies wereld is Notting Hill en de Grove, lang voordat de lattes en de designerjeans van tweehonderd pond verschenen, toen de naam 'Notting Hill' nog herinnerde aan de gruwelijke rassenrellen van 1958. In de tijd dat Charlie zijn krantenwijk liep, was ik de slungelige witte jongen op puntschoenen die door straten liep die volgens mijn ouders onveilig waren: Rachman-huizen die onderverdeeld werden in één kamer voor twee mensen, twee kamers voor vier, en gemeenschappelijke keukens op de overloop ('Zonder Rachman zouden een heleboel mensen op straat hebben gestaan,' zegt Charlie), mannen met kleine hoeden, gefrituurde makreel, hoeren in paarse hotpants, Jamaicaanse ska-bands als de Skatalites of de Clarendonians, en een rocksteady beat die uit een open raam schalde. Mijn school lag aan de rand van de buurt.

Na de zoveelste keer nablijven sprong ik, zonder het iemand te vertellen, zelfs mijn beste vrienden niet, op bus 28 en reed door de overbevolkte wijken van Powells nachtmerries. Mijn ouders dachten dat ik braaf de Talmoed zat te bestuderen met de manke leraar, de eerwaarde Halpern (bij

De Piss House Pub, door Charlie Phillips, 1969

wie ik inderdaad een enkele keer tactisch mijn opwachting maakte), maar af en toe stak een kleine avonturendrang smekend de kop op en dan nam ik de 28 langs de zoutvleestentjes in Willesden, langs de pubs van het Ierse Kilburn, over de rommelige High Road naar 'North Kensington', de Grove in, waar het leven zich op straat afspeelde, waar de bewoners van beide seksen anders liepen, anders tegen muren hingen, alles anders deden, en waar geen beige, tweed of corduroy was. Buiten de bus ving je een vleug wiet op, hoewel ik toen geen idee had wat dat was, gewoon iets branderigs en schroeierigs. Ik volgde het aroma als een straathond de geur van worst. Wat voor koffie zijn ze híér aan het branden, vroeg ik me af. Dan leunde ik in een deuropening tegen afbladderende stuc en stak met mijn hand om de vlam een Gitane of een Abdullah op, alles waarvan ik vond dat het sterk en stoer rook. De bewoners lachten, de honden gromden. Ze waren allemaal aan de grote kant.

Charlie, ook bekend als Smokey, is de portrettist van die tijd en die plek, die straten en hun mensen, van wie de meesten inmiddels ten zuiden van de rivier wonen, net als de fotograaf zelf. Hij is ook een visueel dichter, kroniekschrijver, verdediger en getuige van een verdwenen wereld, opgeslokt door de doorsnijdende verwoesting van de Westway en de komst van het grote geld. De Piss House is nu een restaurant met meerdere verdiepingen en een cateringbedrijf. De gewijde schrijn van grunge en punk om de hoek, Rough Trade Records, is het enige ruwe dat nog over is, en er wordt tegenwoordig meer gepiercet dan gepiest.

Maar Charlie is wonderbaarlijk onaangepast. Vanmiddag, op de bovenste verdieping van de voormalige Piss House, draagt hij een ossenblocdrode borsalino, een boterbloemgele sjaal over een donkerblauw overhemd en een stropdas bespat met oogverblindende carnavaleske schittering. Een selectie van zijn foto's ligt uitgespreid op tafel – een jonge, zwarte man, handen in de zij voor metrostation Westbourne Park; een big-mama zangeres in de Cue Club, witte handschoenen tot aan de ellebogen, ogen dichtgeknepen van de soul; een vader met zijn zoontje op de vrijdagmarkt, die met hun blik alle sociologische vroomheden over verdwenen papa's beantwoorden; nog een Piss House-kus, deze keer een echte smakkerd, zwart op wit. Hier wil Charlie allemaal niet over praten, niet op de manier die ik wilde horen: Waar? Hoe? Waarom? Toeval of expres? Hij heeft nooit iemand laten poseren. 'Ik ben gewoon een jager op zoek naar een prooi,' zegt hij. Hij kende de meeste mensen die hij fotografeerde persoonlijk en kon dus gewoon 'scherpstellen, schieten en achteraf vragen stellen'. De pub-, club- en straatmomenten hebben een spontane directheid, maar er zijn andere waar hij over nagedacht moet hebben. Een ervan, een jong stel, de jongen met een ernstig gezicht, een beschermende arm om de schouder van het knappe vriendinnetje, is een feelgoodsymbool geworden. Maar toen hij hem nam waren de rellen in Notting Hill nog niet lang geleden en was het een uitdagende moedige daad. Charlie herinnert zich dat er in de Grove hufters uit autoraampjes hingen die in het voorbijrijden 'Nigger lover' riepen. Het mooie aan de foto is de manier waarop angst en vastbeslotenheid erin samenkomen. Charlie heeft gezien hoe het beeld een soort sociologische rorschachtest is geworden over rassenopvattingen. 'Wat zie jij erin?' vraagt hij me. 'De vastberadenheid van liefde,' zeg ik.

Hoewel hij niet gevoelig is voor symbolen, ziet Charlie zijn foto's toch als een archief van een gemengd Notting Hill dat uit Londens geheugen is weggebulldozerd, samen met de straten die gesloopt zijn om plaats te maken voor de Westway. Op een van zijn foto's ligt een berg afval op straat – banden en willekeurige stukken meubilair – terwijl een oudere blanke vrouw langsloopt met het handje van een klein zwart jongetje stevig in de hare. Je hoort de pneumatische boren hun doodsreutel galmen terwijl de buurt uitsterft en bewoners verhuizen naar voorbij Golborne Road, of naar het zuiden, naar Brixton en Mitcham, waar Charlie nu woont. Het is nu een ander Notting Hill. 'Ik noem ze [de nieuwkomers] Notting Hillbillies, het enige waar ze het over hebben op hun dinertjes zijn huizenprijzen.'

Hij is bang dat dit Notting Hill het enige zal zijn dat de vijfde generatie zwarten uit de Cariben – de jongsten – zullen kennen. De herinneringen zijn allemaal mondeling en zullen weldra verdwenen zijn. Hij is duidelijk ontroerd als hij het zegt, zijn ogen glinsteren achter zijn bril. 'Sorry, sorry, dat ik zo emotioneel word,' zegt hij erg Brits. Maar hij kan het niet laten het persoonlijk op te vatten, de geschiedenis van het zwarte Notting Hill is ook de zijne. Hij was elf toen zijn vader in de jaren vijftig het gezin vanuit Jamaica hiernaartoe bracht. Hij is verontwaardigd – en waarom niet? – over wat er toen, en nu, gezegd werd en wordt over immigranten; hoe iedereen er altijd van uitging dat ze berooid waren, hoewel ze in werkelijkheid vijfenveertig of vijfenzeventig pond moesten hebben om over te komen, en een boerderij of winkel moesten verkopen om te 'beantwoorden aan de roep' om arbeidskrachten toen blanke Britten naar Australië en Canada vertrokken. Op Jamaica stond Groot-Brittannië nog voor cricket, fair play en de koningin. Charlies oma had hem meegenomen naar de hoofdstad Kingston om haar langs te zien zoeven op een dag

Stel uit Notting Hill, door Charlie Phillips, 1967

dat het zo heet was dat ze een zakdoek met water doordrenkte en op zijn hoofdje legde. Hij dacht dat de koningin misschien zou stoppen en vragen: 'En hoe heet jij, jochie?' Maar Hare Majesteit ging voorbij terwijl de massa juichte en de kleine padvindertjes zo hard ze konden 'God Save the Queen' zongen.

Notting Hill was een ruwe schok; de opschriften met NO COLOUREDS op de deuren, waarvan Charlie de archivaris er een fotografeerde. De vijandigheid leidde tot hechtheid. Moeders en vaders zorgden ervoor dat de jongeren om acht uur thuis waren, anders kregen ze een oorvijg. Toch wist je nooit wanneer er een steen door je raam zou komen. Maar er was pepper-potsoep en jerky en gebakken banaan om de snijdende mist van november te doorstaan. En er waren de zwarte GI's uit Mildenhall en de andere legerbases, wanhopig op zoek naar iets anders dan pastei en niertjes en Watney's Red Barrel-bier. Ze hadden gehoord van de illegale kroegen in de Grove en brachten hun eigen muziek mee, samen met hun losse manieren en katachtige dansbewegingen. Ze namen grammofoonplaten mee naar de kroegen, en naar Hammersmith Palais: Fats Domino. Na Fats Domino wilde niemand nog dansen op Joe Loss. Soms, herinnert Charlie zich, werden de GI's ladderzat wakker, zonder geld om terug te gaan naar de basis. Een van hen had zijn Kodak Retinette bij zich en verkocht hem voor vijftien pond aan Charlies vader, en die gaf hem door aan zijn dertienjarige zoon, die wat geld verdiende met een krantenwijk waarbij hij voortdurend werd uitgescholden voor 'nikker' of erger. De Retinette was een schat. Charlie investeerde zijn krantenwijkgeld in een Johnson's Packet, waar alles in zat wat je nodig had om foto's te ontwikkelen en af te drukken. Hij begon foto's te maken van zijn schoolvriendjes, kinderen, zowel blanke Ierse als zwarte Jamaicaanse, die gekke gezichten trokken en jouwden, West-Londense grijnzen. Een van Engelands grootste portretfotografen danste de wereld in.

Toen hij door de Grove liep om allerlei momenten vast te leggen, kwam het niet bij Charlie op dat dit zijn leven zou worden; hij was van plan scheepsbouwkundig ingenieur te worden, terwijl zijn leraren op de Clarendon-school zeiden: 'Ach, misschien iets in transport, of op het postkantoor?' Charlie ging bij de koopvaardijvloot, zag heel wat van de wereld en bleef foto's maken, tijdens de ban-de-bomjaren, in Parijs en Rome. Toen hij in de jaren zeventig thuiskwam, was de buurt al aan het veranderen, een of andere viaductenmaniak had een grote rode streep getrokken door 'North Kensington'. Dankzij de nieuwe woningwet was huisjesmelker Peter Rachman verdwenen, maar huizenbezit in de wijken W9, W2 en

W11 was al buiten bereik. De migratie naar het zuiden was begonnen.

Charlie begon foto's te maken van begrafenissen: prachtige voorstellingen, gedrenkt in verdriet en berusting. Maar het waren de Grove en zijn Notting Hill waar hij om rouwde. Little Miss voor haar eettentje aan het eind van Portobello Road, schoolbordmenu, rijst met van alles, ging naar Amerika; een van zijn andere maten ging naar Duitsland, anderen gingen gewoon dood, net als de wijk zelf. Charlie glimlacht, zucht even en doet nog wat heerlijke Emotie voordat hij opstaat om naar zijn oude straat daar beneden te kijken. Dan pakt hij een stapel van zijn prachtige foto's, vol herinneringen, waarvan er sommige, eindelijk, in het Victoria & Albert Museum zijn opgenomen als onderdeel van een archief van het zwarte Engeland. 'Foto's liegen nooit,' zegt hij. 'Waarheid is schoonheid.' John Keats zei ongeveer hetzelfde, maar uit Smokeys mond klinkt het beter.

Over de kwestie van Afrikanen en of ze in staat waren om portretten te maken, zei Joshua Reynolds in 1759 dat het belachelijk was om daaraan te twijfelen:

> Ik veronderstel dat niemand eraan zal twijfelen als een van hun Schilders de Godin der Schoonheid zou schilderen, dat hij haar zwart zou afbeelden met dikke lippen, platte neus en kroeshaar; en het komt me voor dat hij zeer onnatuurlijk zou handelen indien hij dit niet deed: immers, volgens welk criterium kan iemand de juistheid van zijn idee betwisten! Wij zeggen inderdaad dat de vorm en kleur van de Europeaan te verkiezen is boven die van de Ethiopiër; maar ik weet dat daar geen andere reden voor is dan dat we daar meer aan gewend zijn.

Twee jaar later, in 1761, besteedde Reynolds veel aandacht aan de figuur van een zwarte dienares die de extreem witte Elizabeth Keppel een guirlande aanreikt om rond een buste van Hymen, de godin van het huwelijk, te hangen. Het was een zinspeling op Elizabeths rol als bruidsmeisje bij de bruiloft van George III en koningin Charlotte in september van dat jaar. Ongebruikelijker waren de twee keer dat Reynolds het zwarte model apart liet poseren, beide keren opgetekend in zijn poseerboek. Afbeeldingen van zwarte bedienden waren heel gewoon in de achttiende eeuw, maar het waren bijna altijd mannen en ze hadden maar zelden de bezielde levendigheid, met wapperend haar, die Reynolds deze vrouw meegaf. Desondanks zullen we nooit weten wie ze was, want Reynolds noteert haar in zijn boek alleen als 'Negerin'.

Zuid-Afrikaanse danseressen in de Cue Club, door Charlie Phillips, 1970

Net als een groot deel van zijn vriendenkring ageerde Reynolds voor de afschaffing van de slavernij en hij moedigde zijn vrienden aan om in te tekenen op memoires van bevrijde slaven zoals Ottobah Cugoano. (Mogelijk heeft hij zelfs Cugoano aanbevolen bij de Cosways, die hem inhuurden als bediende op Schomberg House.) Een van de bevrijde slaven die hun weg vonden naar Londen werd aangesteld als Reynolds' lakei en stond misschien model voor een spectaculair heroïsch portret, dat ooit werd aangezien voor Francis Barber, de protegé van Samuel Johnson (ook een fel tegenstander van slavernij), die een opleiding had gekregen op kosten van Johnson en in diens testament stond. Hoewel het onvoltooid was, werd Reynolds' portret door zoveel leerlingen en volgelingen gekopieerd dat het zo'n beetje een ideaalbeeld van de zwarte man werd. Lakei of niet, de figuur van Reynolds draagt geen van de gebruikelijke tekenen van zijn positie: geen livrei, geen tulband, geen pagebroek. In plaats daarvan is hij gekleed als vrije Europeaan of Amerikaan: een foulard om zijn hals, een jas met kraag. Door zijn hoofd opzij te draaien zodat het zachte licht op zijn voorhoofd en wang valt, creëerde Reynolds de ideale personificatie van lijden in slavernij, het soort waar hij en zijn vrienden op reageerden in memoires. De mooie grote ogen van de Afrikaan staren naar iets in de verte, de benarde omstandigheden van zijn volk, dat behandeld werd als roerend goed.

De schilderkunstige romance van de bevrijde slaaf was een generatie eerder begonnen toen Ayuba Suleiman Diallo poseerde voor William Hoare onder de lampen van een salonatelier in Bath. Zoals bij latere helden van de abolitionistische beweging was het de bedoeling om gravures van het portret te gebruiken voor de voorpagina van de memoires van de Afrikaan, in dit geval opgetekend door zijn redder en mentor, de advocaat Thomas Bluett. Maar terwijl lichamelijke schoonheid en vertoon van wijsheid de criteria waren voor latere schilders en polemisten, was het bij Diallo zijn vroomheid – islamitische vroomheid ook nog eens – die hem voor zijn bewonderaars tot een voorbeeld van gekrenkte rechtschapenheid maakte.

Zwarte bevrijde mannen dragen later in de achttiende eeuw op hun portret Europese kleren, zoals in werkelijkheid ook het geval zal zijn geweest, waarmee ze uitstralen dat ze tot de rangen van de verlichten behoorden. Diallo daarentegen draagt (vrijwel zeker op zijn eigen verzoek) het traditionele kostuum van zijn West-Afrikaanse cultuur, de Fulani uit Senegambia. Het was zijn anders-zijn dat hem had bevrijd, vooral zijn islamitische vroomheid, die hij om zijn hals draagt in de vorm van een

Een jonge zwarte (?Francis Barber), in de stijl van sir Joshua Reynolds, datum onbekend

van de drie Korans die hij uit zijn hoofd had opgeschreven tijdens zijn gevangenschap en later. Maar het was ook zijn geloof dat hem – tot verlegenheid van zijn verdedigers – de kans gaf zelf bezitter en handelaar van mensen te zijn, zolang het maar heidenen waren. Het was dan ook op een van zijn expedities om slaven en papier te verhandelen dat Diallo gevangen was genomen door een groep Mandinka en verkocht aan een handelaar. De Mandinka hadden zijn hoofd geschoren zodat hij er niet meer uitzag als een goede moslim maar gewoon als een van de Afrikanen die als handelswaar gevangen waren genomen. Zijn verleden als slavenhandelaar bood hem de kans om te ontsnappen aan slavernij. Diallo was bij de kapitein bekend als slavenverkoper, dus kon hij hem overhalen zijn vader te schrijven om losgeld. Maar toen dat niet op tijd kwam, zag de kapitein er geen been in om Diallo te behandelen als lading. Aan de andere kant van de oceaan werd hij verkocht aan de eigenaar van een tabaksplantage op Kent Island in Maryland, maar hij was te tenger, te verfijnd voor werk op het veld, en toen hij in plaats daarvan het vee moest hoeden wist hij te ontsnappen. Hij werd weer gepakt en gevangengezet, en vervolgens voorgeleid aan Thomas Bluett van het Genootschap voor de Verspreiding van het Evangelie.

Wat de Afrikaan ook was, het was Bluett duidelijk dat hij geen heiden was. Door zijn weigering om sterkedrank te drinken, zijn voortdurende verwijzingen naar Allah en Mohammed en de toewijding waarmee hij vijf keer per dag bad, werd hij de personificatie van islamitische vroomheid. Bovendien had hij, vond Bluett, een natuurlijk soort adel over zich die niet geknakt was door zijn slavernij: 'Uit zijn innemende houding en de bedaardheid van zijn gelaat konden we opmaken dat hij geen gewone slaaf was.' Dit alles was voldoende om Diallo te verlossen van de gruwelijke ellende van een landbouwslaaf in Amerika, maar hij kreeg zijn vrijheid niet terug. Voorspraak van de gouverneur van Georgia, James Oglethorpe, leidde ertoe dat Diallo naar Londen werd overgebracht, hoewel hij eigendom bleef van zijn Amerikaanse meester.

Hij werd al snel een veelgeroemd wonder, vooral omdat zijn kennis van het Arabisch van onschatbare waarde bleek voor Hans Sloane, de oprichter van het British Museum, die Diallo vroeg Arabische inscripties op munten te vertalen. Zijn plotselinge faam en het aanzien dat een geletterde student Engels genoot, redde hem vrijwel zeker van een samenzwering waarin beloofd werd dat hij teruggebracht zou worden naar Afrika, maar waarvan Diallo zelf vermoedde dat hij in werkelijkheid terug zou worden gebracht naar de schepen. Nog opmerkelijker was het dat er,

Ayuba Suleiman Diallo (genaamd Job ben Solomon), door William Hoare, 1733

nadat zijn verhaal was verteld en gepubliceerd door Thomas Bluett, een intekening werd georganiseerd om hem vrij te kopen. De hogere klasse moest hem ontmoeten, George II en koningin Caroline ontvingen hem aan het hof. Bluetts biografie werd in verschillende edities uitgegeven, met Hoares portret, en Diallo werd de eerste grote cause célèbre van de actie tegen de slavenhandel die succesvol zou eindigen met de wet op de afschaffing van de slavernij in 1807. Dat hij zelf ook slavenhandelaar was geweest, moest maar snel vergeten worden; en wat ook over het hoofd werd gezien, was dat Diallo bij terugkeer in Senegambia ontdekte dat zijn vrouw was hertrouwd en dat hij bovendien nog kort gevangen werd gezet door de Fransen.

Deugdzame zwarten waren de eersten die hun weg vonden naar soloportretten, maar ze werden gevolgd door mooie zwarten. Joshua Reynolds zette een traditie voort die was begonnen met Dürers prachtige portret van zijn zwarte bediende Katharina. Maar vooral het zwarte lichaam, dat gezien werd als het superieure voorbeeld van de menselijke torso, werd het object van gefascineerde aandacht, zelfs van mensen die vonden dat hun schoonheid bij de nek eindigde. Het aanprijzen van het zwarte lichaam was natuurlijk ook wat slavenhandelaren en veilingmeesters deden wanneer ze de hoogste prijs wilden voor hun bezit, en het proza waarmee de kunstenaars de pracht van de musculatuur beschreven, lijkt maar een heel klein beetje minder onfatsoenlijk dan het proza van de veilingen.

De modellen waren vrij, geen slaven, en velen van hen kwamen als vrijgemaakten uit Amerika naar Engeland, waar ze, paradoxaal genoeg, terugvertaald moesten worden in Afrikanen (soms met hun eigen medewerking) om de grootste aantrekkingskracht te hebben. De spectaculairste en zeker de beroemdste was een zeeman die eenvoudigweg Wilson heette, geboren in Boston en aangekomen in Londen rond 1810. Met een of andere verwonding kwam hij terecht in de spreekkamer van Anthony Carlisle, chef-anatoom van het Royal College of Surgeons. Hier kunnen we uit opmaken dat Wilson een soort beschermheer had, maar wie dat precies was blijft een mysterie. Hij zou er evenwel nog vele krijgen. Hoewel hij geen praktiserend kunstenaar was op de manier van Tonks, had Anthony Carlisle zowel een medische als een kunstopleiding, de laatste op de Royal Academy Schools. Hij merkte dat hij als anatomisch tekenaar en arts bewonderend naar het lichaam van Wilson keek toen hij diens verwonding behandelde. Wat hij onder ogen had, was een levende versie van de klassieke standbeelden (of afgietsels daarvan) waarop zijn hele opleiding was gebaseerd maar die hij nooit in levenden lijve had gezien. Het lijf waarin de Hercules Farnese tot leven was gekomen, was echter niet wit als marmer maar zwart als ebbenhout. Al zijn aannamen werden op hun kop gezet. Hij vertelde zijn vriend Thomas Lawrence, de voorzitter van de Academy en de beroemdste portrettist van Engeland, over Wilson. Lawrence inspecteerde het wonder en verklaarde ook dat Wilson de reïncarnatie was van Antinoüs, de incarnatie van mannelijke schoonheid voor Hadrianus, en hij vond dat de 'Afrikaan' moest poseren voor kunstenaars zodat ze de ideale menselijke vorm op een andere manier konden zien dan alleen in gips of steen.

Wilson verdiende twee gienjes per week met poseren voor de kunstenaars van Londen: alle schilders die de schok van zwarte schoonheid wilden vastleggen op hun historiestukken. De edele wilde was in de mode: bewoners van eilanden in de Stille Zuidzee, Indiase vorsten en Noord-Amerikaanse opperhoofden peinzend over het lot van hun stam waren visuele uitspattingen vergeleken bij de voorspelbare taferelen van mutsjes en hoge hoeden, grenadiers en kinderen met appelwangen. Maar mensen konden ook te opgewonden raken door de gelegenheid die Wilson bood. George Dawe schilderde Wilson terwijl hij worstelde met een buffel en de vechtpartij blijkbaar won met een houdgreep, hoewel de buffel, te zien aan zijn uitdrukking (uitvoeriger vastgelegd dan die van de man) deze uitkomst fel bestreed. Dawe schijnt het verhaal over het gevecht van Wilson zelf te hebben gehoord, wat eens te meer aantoont hoeveel zelfs het meest wereldwijze deel van de Londense society nog over Amerika moest leren.

Terwijl Wilson in het ene atelier na het andere poseerde, zag Benjamin Robert Haydon, die brandde van ambitie om de grote historieschilder te worden waar Groot-Brittannië op had gewacht, groen van jaloezie. Haydon was chronisch blut, bedelde eindeloos om geld bij vrienden als Turner en zijn werken werden eeuwig afgewezen door de Royal Academy, behalve de werken die hijzelf minachtend als trivia beschouwde. Hij zocht wanhopig naar een doorbraak en Wilson was zijn kans. Ondanks de kosten huurde hij hem in om een hele maand exclusief voor hem te poseren, dus het kan zijn dat hij Wilson niet betaalde, of anders (wat waarschijnlijker is) wel betaalde en zoals gewoonlijk hoopte dat iemand anders hem uit de penarie zou helpen. Gretig keek hij zijn ogen uit en tekende aan één stuk door, vanuit alle hoeken, vooral verbijsterd door Wilsons lenigheid. Hij kon bijvoorbeeld zijn voet in zijn nek te leggen, een prachtige souplesse die om voor de hand liggende redenen ontbrak bij sculpturen uit de Oudheid: 'Zijn omtrekken waren golvend en de natuur vermocht deze schoonheid in geen enkele positie te belemmeren.'

Dit leidde ertoe dat Haydon, die er niet in slaagde een historiestuk te maken waarin de volmaakte zwarte een rol speelde, een experiment deed: hij wilde een gipsen afgietsel maken dat op een of andere manier de elasticiteit en 'golving' die hij zo bewonderde zou bevriezen. Dus begon hij Wilson in gips te pakken, zeven ladingen van het spul, en de zwarte man met wit te bedekken, maar hij deed dat zo overdreven en enthousiast dat hij plotseling met een schok besefte dat hij de man onder het gips aan het verstikken was. In paniek brak hij het open. Wilson overleefde het, maar Haydons project niet. Ergens in 1811 verdween de volmaakte zwarte man in Londen. Vijfendertig jaar later, nadat hij er niet in was geslaagd zijn ambities te verwezenlijken en diep in de schulden, probeerde Haydon zichzelf dood te schieten. Ook hierin was hij een mislukkeling, en hij maakte er een eind aan door zijn keel door te snijden.

Wilsons legendarische torso werd gezien door een handvol kunstenaars en kunstkenners, maar in precies dezelfde tijd – 1810-1811 – konden tienduizenden mensen een ander zwart lichaam bezichtigen: het lichaam van de bokser Tom Molineaux, een voormalige slaaf uit South Carolina, die in hetzelfde jaar als Wilson naar Londen was gekomen en zichzelf op een heel andere manier snel beroemd had gemaakt. Zijn promotor en trainer was een andere zwarte pugilist, van een oudere generatie, de grote Bill Richmond, de 'Black Terror', die slaaf was geweest in Virginia. De Britten hadden slaven die aan hun kant meevochten de vrijheid geboden, en waarschijnlijk was Richmond op die manier oppasser van Hugh Percy geworden. Percy en zijn leger verloren de oorlog, maar niet voordat hij het fenomenale potentieel in Richmond had gezien, die toen al een solide reputatie had opgebouwd met bokswedstrijden tegen andere voormalige slaven. Percy nam hem mee naar Engeland, bezorgde hem een leerplaats bij een meubelmaker in Yorkshire en begon hem in te zetten bij serieuze bokspartijen. Richmond bewees al snel dat hij enorm bedreven was, zodat hij twee weken voor de Slag bij Trafalgar, in 1805, zijn krachten moest meten met de onbetwiste Britse kampioen, de ruige en schijnbaar onverwoestbare Tom Cribb. Het was een meedogenloos gevecht en Richmond verloor. Hij trok zich terug en richtte niet veel later een boksacademie op in Leicester Fields. Wat hij echter niet verloor, was een diepe drang om zich op Cribb te wreken, vooral, waarschijnlijk, omdat er zoveel raciaal gekleurde spot over zijn pretenties was uitgestort.

Toen hij Molineaux ontmoette – 1,75 meter (in die tijd een behoorlijke

Bill Richmond, door Robert Dighton, 1810
Tom Molineaux, door onbekende kunstenaar, ca. 1818-1815

lengte) en 88 kilo – dacht Richmond dat hij het instrument had gevonden om zichzelf en zijn volk te rehabiliteren. Om de jongen te harden probeerde Richmond hem uit op Tom 'the Tough' Baker en een vechter uit Bristol, Burrows, die hij met name had gekozen omdat ze protegés waren van Tom Cribb, die zelf al triomfantelijk met pensioen was. De totale vernedering van de blanke boksers onder de handen van Molineaux, die nu Black Ajax werd genoemd, was bedoeld als prikkel voor Cribb, en het werkte. Hij kwam terug uit zijn pensioen om tegen Richmond te vechten in Cropthorne, bij East Grinstead. Het regende natuurlijk: schrale, gure, koude plensbuien. Maar het vooruitzicht van de zwarte veelbelovende bokser tegen de geharde blanke kampioen was zo'n droommatch dat er twintigduizend mensen kwamen opdagen om het te zien. Richmond had ervoor gezorgd dat Molineaux goed getraind was, terwijl Cribb in de veronderstelling leefde dat zijn tegenstander een beginnertje was. Hij merkte al snel dat hij het mis had, Cribb werd verschrikkelijk in elkaar geslagen. Op een gegeven moment sloeg Molineaux hem knock-out en werd hij gered doordat het publiek, dat natuurlijk voor de Brit was, de ring bestormde; in de vechtpartij brak Molineaux een van zijn vingers. Vergeet niet dat er met blote vuisten gevochten werd. Zelfs toen nog had Black Ajax de overhand, zozeer dat een van Cribbs helpers de partij stillegde en Molineaux ervan beschuldigde dat hij met gewichten in zijn vuisten vocht. De onderbreking hielp de oudere bokser en langzamerhand nam hij de wedstrijd over, en Molineaux moest het na uren meedogenloos stompen opgeven. Beide gezichten waren tot pulp geslagen.

Richmond was ongelukkig met de uitslag, en terecht: hij had het gevoel dat de winst hem was ontnomen door rassendiscriminatie die het resultaat vervalste en alles deed om de winst te behouden. Hoewel Cribb aanvankelijk aarzelde, werd een returnwedstrijd georganiseerd die plaatsvond in september 1811, rond de tijd dat Haydon Wilson met gips bedekte. Deze keer was de conditie van de twee boksers omgekeerd. Kapitein Barclay, expert in veldtraining, had Cribb weer in topvorm weten te krijgen, terwijl Tom Molineaux slachtoffer was geworden van zijn eigen roem. Richmond had hulpeloos moeten toekijken hoe Molineaux de ster van de stad werd, gekleed door Beau Brummell, gefrequenteerd door dandy's, dronken onder de tafel, bordeel en bajes in en uit. Op al die manieren, klaagde Richmond, was zijn mannelijkheid ondermijnd. Molineaux verloor in twintig minuten van Cribb en herstelde nooit meer van de vernedering. Black Ajax had afgedaan als serieuze kandidaat en zakte al snel af naar optredens op kermissen en jaarmarkten, en stief in 1819 in dronken armoede op vierendertigjarige leeftijd.

Zijn gekrenkte trainer Richmond floreerde daarentegen met zijn academie en werd een soort senator van de sport, wat voordien de Joodse bokser Daniel Mendoza was geweest: beschermer en patriarch van elke jonge zwarte bokser die naar de academie kwam, hoewel geen van hen zich zo bewust was van zijn potentieel als Black Terror, of het zo vermorste als Black Ajax had gedaan. Richmond zag heel duidelijk hoe er met twee maten werd gemeten door blank Engeland wat betreft zwarte mannelijke artiesten. De viriliteit van hun lichaam werd geromantiseerd terwijl ze vaak werden gereduceerd tot een 'prachtig' fysiek specimen. Wanneer zwarten serieus genomen wilden worden om hun wijsheid, verstand en verbeelding, stond die lichamelijkheid in de weg.

Er waren een paar uitzonderingen. Thomas Gainsborough schilderde het portret van Ignatius Sancho, die absoluut geen prijsvechter was, maar was geadopteerd door de aristocratische Montagu's, eerst als bediende en daarna, vergelijkbaar met Samuel Johnsons Francis Barber, als educatief project. Een van de Montagu's liet Sancho zoveel geld na dat hij een kruidenierswinkel kon beginnen in Westminster, en Sancho's brieven over de gruwelen van de slavernij waren een belangrijke bijdrage aan de strijd voor de afschaffing. Maar toch bleef Sancho – zijn naam was voor hem gekozen omdat zijn welgedane nuchterheid deed denken aan het personage van Cervantes – een kruidenier.

De test kwam in 1825, toen een jonge zwarte acteur het waagde Othello te spelen, in eerste instantie in een theater in East End en acht jaar later in Covent Garden. Net als Richmond en Molineaux was ook Ira Aldridge een Amerikaan, en dat speelde een rol in de manier waarop de Britten hem bekeken als een specimen van roekeloze lef, deels bewonderenswaardig en deels beklagenswaardig om precies dezelfde eigenschap. Aldridge, die op zijn zeventiende Hamlet had gespeeld, was de zoon van Daniel Aldridge, een vrije zwarte voerman en stroverkoper in New York. Maar Daniel was ook een evangelische lekenprediker, en uit dat preken, en uit zijn vaste voornemen Ira een goede opleiding te geven op de African Free School, ontstond de liefde van de jongen voor 'declameren'. Dit was precies in de tijd dat vrijgemaakte en sommige niet-vrijgemaakte slaven het terrein van hun retorische talenten uitbreidden van de kerk naar de zeepkist en het theater. Het feit dat in steden als New York, waar nog een groot aantal slaven woonde, vrijgemaakte slaven te maken kregen met bittere raciale vijandigheid, maakte het verlangen om gehoord te worden alleen maar groter.

Tot groot ongenoegen van zijn vader, die wilde dat hij een roeping als prediker volgde, was Ira al jong dol op het toneel en sloot hij zich aan bij William Browns Afrikaanse theater, dat naast kluchten en muzikale satires versies van Shakespeare speelde, vooral de favorieten *Hamlet* en *Richard III*. Browns gezelschap had voortdurend te maken met pesterijen en werd soms aangevallen door gewelddadige meutes, zodat ze weer moesten verhuizen. Het was daarom moeilijk en gevaarlijk voor de jonge Ira om vooruit te komen, laat staan een menswaardig loon te verdienen als hij al zijn hoop op het theater vestigde, en daarom werkte hij een tijd als hofmeester-matroos. Op een van die reizen over de oceaan zag de acteur James Wallack dat Ira als een sensatie – de zwarte die tragedies van Shakespeare speelde – verkocht kon worden aan een Brits publiek.

Op die manier werd in de herfst van 1825 met 'A Gentleman of Colour' geadverteerd op het programma van het Royalty Theatre. Als naam van de Gentleman werd 'Mr Keene' opgegeven, misschien omdat de tiener, die Ira nog was, vereenzelvigd hoopte te worden met de grootste naam in het Shakespearetheater en een legende in Amerika, Edmund Kean. Maar het Royalty was geen Covent Garden of Drury Lane. Deze twee theaters hadden het exclusieve recht om de grote tragedies te spelen, dus de Royalty-versies van *Othello, Hamlet* of *Macbeth* waren meestal ingekort en ingeklemd tussen lichte komische kost en muzikale acts. Toch was het iets heel bijzonders om voor het eerst de Moor gespeeld te zien worden zonder zwarte grime. Het publiek – overal in Groot-Brittannië, vooral in de provincie – was dol op Ira, wat onvermijdelijk betekende dat sommige critici het niet waren. Vooral zijn Othello vonden ze vaak provocerend, omdat hij overduidelijk was ingelijfd door de abolitionistische beweging, die op weg was om het hele instituut slavernij overal in het Britse rijk af te schaffen. De blanke schurk Iago die de goedgelovige Moor ten val bracht, werd misbruikt voor het verbitterde debat. *The Times* kreeg geld om het abolitionisme af te keuren, wat tot gevolg had dat de recensie van de Othello door Aldridge bijzonder venijnig was en sneerde hoe absurd het was dat een zwarte zich verbeeldde de regels van de onsterfelijke Bard uit te kunnen spreken, aangezien zijn dikke lippen dat onmogelijk maakten. Andere recensenten waren wat ruimhartiger, de *Public Ledger* bekende 'verrast [te zijn] dat de held zo vaardig werd geportretteerd', al hoeft het geen betoog dat het de lichaamstaal van Aldridge was die hij het beste vond: 'de fraaiste voorstelling van lichamelijke angst waar we ooit getuige van zijn geweest'. Maar diezelfde recensent kon het niet laten om op een schoolmeestertoontje te zeggen dat hij 'Mr Keene

Ira Frederick Aldridge als Aäron in 'Titus Andronicus',
naar William Paine, ca. 1850

striktere aandacht voor de tekst van de auteur' aanbeval.

Aldridge was nog een tiener, maar hij koos heel slim een repertoire dat hem werk en een publiek zou bezorgen: Oroonoko, tegen wil en dank de tragische leider van een slavenopstand in Suriname, Gambia de goede neger, en zo meer. Hij opereerde ook in het kielzog van een paar vernederende parodieën op zwarten en maakte zijn eigen komedies, parodieën op de parodieën. Hij werd gastvrij ontvangen bij de kleinere theaters, het publiek viel voor 'Mr Keene', en hoe verder van Londen – vooral in Ierland, waar hij een sensatie was – hoe beter. In 1826, nauwelijks een jaar na zijn debuut, was hij beroemd genoeg om te poseren voor James Northcote. Het was een bijzondere samenloop van omstandigheden. Northcote was een leerling van Joshua Reynolds geweest en inmiddels tachtig jaar oud. Aldridge was pas negentien. Het is niet verbazend dat Northcote teruggreep op Reynolds' portret van de knappe jonge zwarte, misschien Francis Barber, misschien niet, zodat Aldridge ook die nobele glans heeft; het afgewende hoofd, in een romantisch vluchtige ruimte. Het schilderij is eigenlijk heel mooi, en kwam terecht in het Royal Manchester Institution.

Aldridge ging in 1833 terug naar Londen om Othello te spelen in Covent Garden. Een slecht moment. Een dodelijke griepepidemie had de stad in haar greep. Wie weg kon, was weg, de mensen die bleven, waren niet van plan om naar het theater te gaan, omdat daar het besmettingsgevaar heel groot was. Aldridge, die inmiddels zijn echte naam weer gebruikte, speelde voor een halfgevulde zaal, maar het publiek, voor zover dat er was, was enthousiast en hij kreeg een open doekje. Natuurlijk kwamen de critici, op een paar uitzonderingen na, weer met spot en vijandigheid, niet zozeer vanwege deze vertolking, als wel vanwege het idee dat een zwarte man het lef had zich aan de onsterfelijke Bard te wagen. Wat waarschijnlijk niet echt hielp, was dat Aldridge getrouwd was met de blanke Margaret Gill, dochter van een kousenwever in Yorkshire, hoewel hij een verhaal verzon over een veel deftiger afkomst. De sympathisanten legden als gewoonlijk de nadruk op de fysieke kwaliteit van zijn optreden: een val achterover op het podium, met zijn hoofd naar het voetlicht, een actie waar hij beroemd om werd en die door de grote Amerikaanse acteur Edwin Forrest gestolen werd toen hij die rol speelde. Ira ging tussen 1840 en 1860 door met hetzelfde repertoire, maar waagde zich ook aan 'witte' Shakespeare-rollen als Richard III en Macbeth. In Frankrijk, Duitsland en Rusland – culturen die niet zo bezitterig deden over elk woord van de tekst – was hij een echte ster, een beroemdheid, en hij stierf op zijn zestigste in Łódź in Polen.

Toen hij beroemd werd, voelde hij natuurlijk de behoefte om zijn New

Ira Frederick Aldridge, naar James Northcote, ca. 1826

Yorkse afkomst te verfraaien en verzon hij een verhaal dat deed denken aan het echte verhaal van Ayuba Diallo, minus de islam. Hij zei dat hij een Senegalese vorst was, die het slachtoffer was geworden van een stammenoorlog en zijn toevlucht had gezocht in Amerika. Dat was allemaal een beetje triest. Ondanks alle klappen die hij te verduren had gekregen, was Ira Aldridge een geweldig acteur en, nog belangrijker, een geweldige man. Zichzelf zijn had voldoende moeten zijn voor zijn biografische portret. Maar dat is het maar zelden voor mensen die moeten vechten om erkenning.

2

Verscheidenheid

De titelpagina van William Hogarths manifest *The Analysis of Beauty* begon zoals het ook verder zou gaan: met iets schokkends. Het logogram dat normaal gesproken het Hebreeuwse tetragrammaton, de letters van God, zou hebben omvat, is vervangen door Hogarths bindende principe, de kronkellijn, de heidens-Egyptische slang, compleet met kop, die tegelijkertijd wijsheid en elegantie betekende. Daaronder zette Hogarth het motto dat hem had begeleid bij zijn leven en zijn kunst: VERSCHEIDENHEID.

Hoewel hij af en toe van leer was getrokken tegen critici die zijn kunst plat, chaotisch en minderwaardig vonden, had de in 1697 geboren Hogarth gewacht tot hij ruimschoots de middelbare leeftijd had bereikt om niet alleen een beginselverklaring en instructies voor de praktijk uit te brengen, maar in zekere zin ook een complete *apologia pro vita sua*, hoewel dat in werkelijkheid helemaal niet nodig was, want hij was, rond 1750 tenminste, rijk, gerespecteerd en succesvol. Er was echter sprake van de oprichting van een soort door de staat geautoriseerde academie, zoals in

Frankrijk allang bestond: geen plek die volgens Hogarth als model voor de Britse schilderkunst zou moeten dienen.

Erger nog, de opleiding aan die academie zou zich baseren op het kopiëren van gipsen afgietsels van klassieke sculpturen. Misschien terugdenkend aan Richardsons *Essay on the Theory of Painting*, waarin het klassieke werd verheerlijkt en het weergeven van de trekken van 'de lagere soort' helemaal geen kunst werd genoemd, haalde Hogarth fel uit naar de 'blinde verering van de Oudheid', de cultus van de klassieken die 'de mens tot een soort religieuze eerbied had verleid'. Wat we nu de 'kunstwereld' noemen, haatte hij om het kudde-instinct: de troepen milords op hun Grand Tour, die zich vergapen aan de *Laocoön* en aan de marmeren beelden op de Capitolijnse heuvel en een paar bustes mee naar huis nemen voor de salon van hun buitenhuis, en de parasitaire 'connaisseurs' (of 'kunstadviseurs', zoals we nu zouden zeggen), door Hogarth ook wel 'kwakzalvers' genoemd, die het op de lichtgelovige rijke klasse hadden gemunt. Er zat een sterk element van gespierd protestant patriottisme in.

In 1737 lanceert Hogarth, in een essay dat hij ondertekent met 'Brittofiel', een aanval op de kwakzalvers die leuren met 'scheepsladingen dode Christussen, Heilige Families, Madonna's en andere troosteloze duistere onderwerpen, welke noch vermakelijk noch ornamenteel zijn, waarop [handelaren] de verschrikkelijk gewrongen Namen van Italiaanse meesters krabbelen, en waarmee ze ons arme Engelsen uitmaken voor Universele Onnozelaars'. Hogarth verzint een van deze mensen uit de kunstwereld en noemt hem 'Meneer Bubbelman'; hij probeert een klant een Venus te verkopen die in werkelijkheid minder mooi is dan de gemiddelde Engelse 'keukenmeid'.

Hogarths tegengif tegen dit dorre en formele classicisme was het Moderne Leven. In plaats van gipsen afgietsels uit de Oudheid te kopiëren, adviseerde hij naar directe hedendaagse ervaring te tekenen. Metafysische noties van schoonheid waren uitzichtloos, schoonheid gebaseerd op empirische observatie was eeuwig vitaal, bezield, Engels. Tegenover verstilling propageerde hij beweging; tegenover de rigiditeit van de rechte lijn (inclusief het Kruis), het wuivende en golvende, omdat feitelijk elk bot in ons lichaam kronkelde en welfde. Tegenover karigheid prees hij overvloed aan; tegenover gereguleerde eenvoud de eindeloze complexiteit van onderling verbonden vormen; tegenover het stenige het uitbotten van de natuur; tegenover het mechanisch geordende en de binnenplaats vol beelden het drukke stadsgewoel; tegenover de stilte geluid, vooral dat van muziek; tegenover plechtigheid vreugde; tegenover gewicht lichtheid; tegenover dodelijke bleekheid de 'tedere tint' van een vrouwenborst, de edelste curve; tegenover uniformiteit de onvergelijkelijke en oneindige verscheidenheid van het menselijk bestaan.

Op manieren waarvan hij zich waarschijnlijk niet eens bewust was, vormde het heerlijke ratjetoe van zijn boek een voorbeeld van zijn eigen principes, want hoewel het een verhandeling is, is het volgepropt met de veelsoortige materie van de wereld: peterselieblaadjes (vooral de inkepingen), baleinen, een volwassen man in babykleren, gezien op de Bartholomew Jaarmarkt, de beweging van een schip dat over de golven zeilt (golvend), een mechanische eend, de krullen, rimpels en spiraalvormen van schelpen, alles wat op varens lijkt, een lok krullend haar, 'het lichtzinnige krulletje' dat, zegt hij, het geheim was van seksuele opwinding, de kringeltjes rook van een braadspit, de proporties van halfnaakte boksers, de geschakeerde tinten van de lederhuid, de eindeloos slingerende stappen van een menuet, de elegante bewegingen die gemaakt dienden te worden door de hand die een snuifdoos of een waaier aanreikte aan een heer of een dame, de oefeningen waarmee ouders hun kinderen zouden moeten leren niet hun hoofd te laten hangen of het extreem rechtop te houden als een mannequin. Er heeft nooit een boek over kunsttheorie bestaan dat zo vibreerde van het echte leven, zo vastbesloten was niet uit dat ritme te raken bij de vertaling naar kunst.

De strijd tussen de stedelijke dierentuin en de klassieke orde was het verhaal van vader en zoon Hogarth. Richard was schoolmeester geweest, had een Latijns thesaurium gepubliceerd dat hem wel respect maar geen geld had opgeleverd, zoals zijn zoon zich bitter herinnerde, en had 'academies' bedacht waar alleen Latijn de voertaal zou zijn.

Richard Hogarth zat gevangen in de krioelende wereld van Smithfield Market en Bartholomew Close, waar zijn zoon was geboren. Hij had geprobeerd een koffiehuis op te zetten en uit te baten, speciaal voor de literaire kringen en de latiniseerders, en dat was een tijdlang gelukt. Maar toen het in 1707 failliet ging, moest Richard vier jaar naar de schuldenarengevangenis, een periode van vernedering en armoede die zijn zoon nooit zou vergeten en waardoor hij het vaste voornemen opvatte nooit een dergelijk lot te moeten ondergaan. William werd eerst naar een zilvergraveur gestuurd en tekende daarna spotprenten over de waanzin van die tijd en die stad, vooral over het failliet van de South Sea Company. Zijn grote kans kwam toen hij trouwde met Jane, de dochter van de eerste historieschilder van Engeland, James Thornhill. Daardoor kon hij weg uit de ongure buurten van Londen en meer op stand gaan wonen. Af en toe kreeg hij een opdracht voor een historiestuk: hij mocht enorme schilderijen maken van de Bron van Bethesda en de Barmhartige Samaritaan voor St Bartholomew's Hospital, waar hij dankzij zijn nieuwe connecties verzekerd was van lidmaatschap van het bestuur. Het levendigst waren de passages waar Hogarth personages uit de straten van Smithfield – de blinden, de gekken, de geslachtszieken – in de plechtige compositie verwerkte. Hij deed ook een poging tot een groepsportret, en wel van een commissie van het Lagerhuis over gevangenissen, die voor hem poseerde ín de gevangenis, een thema dat, gezien de ervaringen van zijn vader, een bijzondere bijklank moet hebben gehad. Maar het resultaat was stijfjes. En als hij opdrachten voor portretten accepteerde, werd zijn creativiteit gesmoord door de verplichting om te flatteren. In memoires die na zijn dood werden gepubliceerd, herinnert hij zich dat er op hem werd neergekeken om zijn portretten. De 'gangbare aanmerking' was dat

portretten niet mijn terrein waren; en ik kwam in de verleiding om de enige lucratieve tak van mijn kunst op te geven, aangezien ik door de uitoefening ervan een heel nest troniekladderaars op mijn nek kreeg, alwaar dezen zoemden gelijk even zovele hoornaars... mijn compositie en gravures [zijn] verachtclijk. Dit stuittc mc zo tegen de borst dat ik soms verklaarde nooit meer enig portret te zullen schilderen; en dikwijls weigerde wanneer ik ertoe verzocht werd; aangezien ik uit krenkende ervaring wist dat wie wil slagen in dit vak te werk moet gaan in de trant die wordt aangeraden in een van de fabels van Gay, en allen die voor hem poseren tot godheden moet maken. Of er ooit een einde zal komen aan dit kinderachtige vertoon is twijfelachtig; geen van hen die hebben getracht dit te hervormen is daarin geslaagd, en tenzij portretschilders in het algemeen eerlijker worden, en hun klanten minder ijdel, is er veel reden om te verwachten dat zulks ooit zal gebeuren.

Hogarth was vastbesloten 'meester van [zijn] eigen tijd' te worden en zijn werk sloeg een radicaal nieuwe richting in. Terwijl Hogarth niet afzag van opdrachten voor speciale familieportretten, of voor bijzondere mensen met wie hij bevriend was, personificaties van goede doelen, zoals de Fieldings of de weldoener van het vondelingenziekenhuis, kapitein Coram, richtte zijn ambitie zich niet zozeer op individuen en werd hij liever de collectieve portrettist van het menselijke circus, of op zijn minst van dat overweldigende deel ervan dat dagelijks in Londen optrad. De machtige figuren die normaal gesproken opdrachtgevers zouden zijn geweest – rechters, geestelijken, aristocraten en de betere standen – werden nu getekend met al hun karakteristieke kenmerken, als personages in een beeldverhaal. Zijn observatievermogen werd encyclopedisch. In *Personages en Karikaturen* en *De vijf Pruikenstanden* maakte Hogarth visuele anthologieën van types, hoewel hij benadrukte dat hij zich nooit verlaagde tot spotprenten en slechts de menselijke waarheid vastlegde.

De menselijke realiteit onder de deftige mantel van het gezag blootleggen was op zichzelf al een subversieve daad. De hoogwaardigheidsbekleders van Groot-Brittannië wilden zich geportretteerd zien als goden of Caesars, of allebei. De toenmalige heersers, de landadel of, in Londen, de stadspatriciërs, eisten allemaal waardigheid en fatsoen voor hun publieke imago. Hogarths groteske komedies, de nauwkeurigheid waarmee hij opgeblazen buiken, wratten op neuzen, ingevallen wangen, spillebenen en halskwabben zag en tekende, maakten het veel moeilijker om gebrek aan eerbied te verdoezelen en achting af te dwingen. Mensen op hun plaats zetten was natuurlijk sinds de tijd van Shakespeare altijd een vast onderdeel geweest van het Britse/Engelse theater, maar tot Hogarth had het geen plaats gekregen in de visuele kunsten, die veel langer een aura van onverstoorbaar gezag waren blijven uitbeelden. Nu waren al die magistraten, paraderende heren, lords en geile bokken alleen nog maar personages in het doorlopende sociale circus van Londen.

Ze bevolkten de Moderne Zedenschetsen – *A Harlot's Progress* en *A Rake's Progress* –, waarmee Hogarth in de jaren dertig van de achttiende eeuw beroemd en tamelijk rijk werd – betrekkelijk laat voor een kunstenaar. Naast algemene types – hoeren, rijke opdrachtgevers, gewetenloze advocaten, zeverende predikanten – stonden op deze prenten ook duidelijk herkenbare personages, maar altijd mensen die hij veilig kon bespotten, zoals de 'verkrachtingsmeester' kolonel Francis Charteris, die werd opgehangen voor een laatste infame gewelddaad, en 'Moeder Needham', de beruchtste bordeelhoudster in Londen.

Hogarth breidde het spectrum van modellen verder uit dan voordien voorstelbaar was geweest. Door zich niet te beperken tot hoge heren die hun portret aan hun eigen muur zouden hangen, maar er juist van uit te gaan dat de gravures voor een breed publiek bestemd waren, verplaatste hij de portretkunst van de voorname salon naar de tafel in het koffiehuis. Zo kon iedereen die op dat moment populair was, zijn onderwerp worden, zoals Jack Broughton, de felle, onverwoestbare bokser, die als eerste vaste regels opstelde die de bloederige sport van het boksen met de blote vuis-

John ('Jack') Broughton, door William Hogarth, ca. 1730

Sarah Malcolm, naar William Hogarth, 1733

ten in goede banen moesten leiden. En op 5 maart 1733, rond de tijd dat hij de Moderne Zedenschetsen ten doop hield, schetste hij Sarah Malcolm, de 'Ierse Wasvrouw', in haar cel in Newgate, waar ze zat te wachten tot ze twee dagen later voor moord zou worden gehangen.

Het was de sensatie van het jaar. Malcolm was tweeëntwintig ten tijde van de misdaad, de welopgevoede dochter van middenklassenouders. Toen er slechte tijden aanbraken, verhuisde het gezin naar Ierland, en daarna terug naar Londen. Het verhaal van het glibberige pad was maar al te bekend: moeder sterft, vader verlaat dochter om terug te gaan naar Ierland, dochter werkt in schimmige taveerne en komt in slecht gezelschap dat haar tot kruimeldiefstallen aanzet. Sarah treedt dan in dienst bij een tachtigjarige weduwe, Lydia Duncomb, en haar zestigjarige gezelschapsdame, waar ze de was doet en om boodschappen wordt gestuurd. Het gaat van kwaad tot erger; het huis in Temple Bar wordt tot doelwit gekozen. Op 4 februari laat Sarah de gebroeders Alexander, de slechtsten van het slechte gezelschap, binnen. Terwijl ze zilver en gienjes stelen, wurgen ze de twee oude dames en snijden de dienstmeid de keel door, op 'een barbaarse wijze', zoals de kranten en de rechtbank het noemen. Sarah staat als uitkijk op de trap en beweert dat ze pas toen het al gebeurd was een vermoeden kreeg van de moorden.

Als haar huisbaas veertig gienjes, een zilveren drinkkan en een bebloede rok in haar kamer vindt, laat hij de nachtwacht komen. De broers en Sarah worden gevangengenomen, maar merkwaardig genoeg wordt alleen Sarah veroordeeld en gestraft. Een hele stoet ernstige heren, de kerkelijk rechter van Newgate en nog een andere geestelijke kregen haar niet zover dat ze haar verhaal veranderde: ze had wel meegedaan aan de beroving maar was onschuldig aan moord. Het bloed op haar rok, zei ze, was niet anders dan menstruatiebloed. De schok die ze teweegbracht door dit te zeggen maakte het er niet beter op, sterker nog, haar verbluffende openhartigheid bevestigde slechts de opvatting dat ze eerder een dier was dan een vrouw.

Hogarth, die een neus had voor dit soort dingen, rook naast het bloed ook geld. Zijn bezoek aan de gevangeniscel werd op zich al nieuws, wat ook zijn bedoeling was, aangezien publiciteit de dienares van de winst is. Sarah was zo gevleid dat ze haar mooiste rode jurk droeg (een slechte kleurkeuze, gezien de omstandigheden), die Hogarth veranderde toen hij het opmerkelijke portret uitwerkte aan de hand van zijn schetsen. Hij wist natuurlijk alles van gevangenissen en maakte de cel bijzonder somber, met gekruiste en versterkte tralies in de zware eikenhouten deur. Maar hij kon ook briljant een personage dramatiseren. Sarah was in werkelijkheid pas tweeëntwintig, maar hij laat haar er ouder en sterker uitzien met die vlezige, blote onderarmen. Omdat ze katholiek is, ligt er een rozenkrans op tafel, en haar kleding is die van een keurig dienstmeisje: het schort, het kapje, de losse kraag en de volumineuze rok. Hogarth kende zijn publiek en zorgde ervoor dat haar schoongeboende gezicht berouw uitdrukte, of standvastigheid in haar verweer dat ze onschuldig was aan de misdaad waarvan ze werd beschuldigd.

En natuurlijk was het de bedoeling dat er gravures van het schilderij kwamen, niet als 'kunstprent' maar om de taveernes, koffiehuizen en prentenwinkels te overspoelen, en de gelegenheid zo goed en zo snel mogelijk uit te buiten. De prenten, waarop de irrelevante achtergrond – de cel, de rozenkrans – was weggelaten, kostten een halve stuiver per stuk, zodat ze (samen met de 'biecht' – waarin ze volhardde in haar versie van het verhaal – verteld aan ene Piddington de avond voor de ophanging) als zoete broodjes over de toonbank gingen.

De sensatiemarkt bood kansen voor een portretkunst die niet meer afhankelijk was van opdrachtgevers van wie Hogarth zich (net als Gainsborough later) vervreemd voelde. En wie zou hij niet kunnen portretteren, na Sarah Hamilton? Struikrovers, hoeren, verleiders, oplichters: de onderwereld in heel haar carnavaleske smerigheid? Maar dat deed hij niet; hij verwerkte de types liever in zijn beeldverhalen dan te specialiseren in soloportretten van beruchte lieden. Voor Hogarth was het een kwestie van trots dat hij zich naar believen presenteerde als een klassieke historieschilder of een maker van genrestukken, die zowel respectabele als beruchte burgers bediende. Een enkele keer bracht hij het op hol geslagen paard van zijn verhalen tot stilstand om mooie, gedenkwaardige afbeeldingen te maken van het gewone volk, zoals Broughton de bokser en het schilderij waar iedereen terecht dol op is, het anonieme 'Garnalenmeisje' met haar strohoed en stralende ogen, lief in haar straatverkopersenthousiasme. Maar er waren ook momenten dat hij de zittende pose verkoos, om studies te maken van mensen die hij politieke onverlaten vond: de oude jakobitische lord Lovat, die niet meer van zijn tijd was, en het loensende radicale idool van het gewone volk, John Wilkes.

Over het algemeen specialiseerde Hogarth zich echter in meervoudige portretten en maakte hij meesterwerken van sociaal theater – de menigten in de stad, in de niet-bestaande Beer Street en Gin Lane, de mensenmassa's die staan te kijken naar het ophangen van de Luie Gezel, en naar zijn afschuwelijk Nijvere dubbelganger die zich als Burgemeester gewich-

Simon Fraser, 11de baron Lovat, door William Hogarth, 1746

JOHN KAY

Drawn & Engraved by Himself 1786.

Zelfportret, door John Kay, 1786

tig een weg baant door het gedrang – zowel in de vorm van schilderijen als van prenten. Hoewel de Nederlanders al een eeuw zulke 'krioelende afbeeldingen' van het gewone leven produceerden, hadden ze nooit voet aan de grond gekregen in de Britse kunst, tot Hogarth.

En de grote oproeren en massataferelen in *De mars naar Finchley*, *De jaarmarkt in Southwark* en *De poort van Calais* (waar hijzelf in optreedt terwijl hij zit te schetsen voor de poort en wordt gearresteerd als spion, omdat dat verboden was), de briljante, rouwdouwerige serie over de 'Verkiezing' die door David Garrick werd gekocht, met rivaliserende bendes partijboeven die elkaar afrossen, ouwe knarren die herinneringen uit het leger zitten op te halen voor een pub, het gekozen lid dat op het punt staat uit zijn triomfstoel te kukelen – alle handeling bijeengehouden door Hogarths slangachtige Schoonheidslijn. Dit slingerende compositielint was bedoeld om de aanzwellende overvloed aan narratieve handeling en welbespraakte interpellatie in bedwang te houden; de pieken en golven van overstromende komedie. De verhaal- en schoonheidslijn was volmaakt uitgevoerd om te voorkomen dat al dat oproerige tumult zou ontaarden in vormeloze chaos. Hogarth wist dat chaos, net zo goed als uniformiteit, uitermate saai was. Dus terwijl hij het oog naar de vrolijke heksenketel van verhalen en leven leidde, werd dat alles ook op zijn plek gehouden door de kronkelende arabesk, de golvende achtbaan van zijn weergaloze tekenkunst.

Net als elke radicale vernieuwer in de Britse kunst was Hogarth uiteindelijk onnavolgbaar, zowel in de elegantie van zijn springerige lijn als in het scherpe vernuft van zijn morele verbeeldingskracht. En ook al was hij de ontwerper van het beeldverhaal, hij hoorde onomstotelijk tot het gezelschap van Britse verhalenvertellers – Fielding, Smollett en Sterne – die zelf ook iets nieuws op papier schiepen. Na hem volgde een hele nieuwe generatie portrettisten die zich bezighielden met een van de vele genres waarin hij pionierde: satirici en karikaturisten zoals Gillray en Rowlandson, die allebei de slangenlijn overnamen om hun komedies in toom te houden en niet in chaos te laten verzanden. En er waren andere, minder bekende kunstenaars op andere plekken dan Londen die de ambitie hadden een sociale encyclopedie te maken van hun wereld, bevolkt met het hele scala aan mensentypes waarin Hogarth zich had uitgeleefd. Zo ontstond, in de enige Britse stad die zich met Londen kon meten qua sociale rijkdom, een portretkunst die niet alleen over het volk ging, maar ook gemaakt werd door iemand die heel nadrukkelijk van het volk was: John Kay uit Edinburgh.

Hogarth had dicht genoeg bij de straat geleefd om zijn toneelstukjes en portretten de onmiskenbare smaak van authenticiteit te geven. Kay stond echter nog dichter bij het straatleven van Edinburgh dat bijna onherkenbaar was veranderd, van een bevolking van zo'n vijftigduizend halverwege de achttiende eeuw tot drie keer zoveel bij Kays overlijden in 1826, en van een verzameling kruip-door-sluip-door oude straatjes en het bastion van het kasteel tot de spectaculair elegante vierkante en ronde pleinen van New Town. Voordat het ene Edinburgh het andere verzwolg, maakte Kay, in honderden etsen, een onvergelijkelijk portret van de stad, een plek waar de hoogopgeleiden zij aan zij leefden met de ongeletterden, de nieuwlichters met de koppig conservatieven, de deftige heren met de fanatici. John Kay had een groot deel van zijn leven gezichten en hoofden bestudeerd, want het beroep dat hij had uitgeoefend sinds hij op zijn dertiende gezel was geworden, was dat van pruikenmaker en barbier. (Turner was ook een kunstenaar die opgroeide in een pruikenwinkel, die door zijn vader werd gedreven.) Het was een van Kays vaste klanten, William Nisbet uit Dirleton, die de barbier tegen betaling van de gebruikelijke vier gienjes per jaar voor zijn diensten uitnodigde in zijn buitenhuis, waar zijn gastheer zo onder de indruk raakte van zijn schetsen van paarden en honden dat hij vond dat Kay die kant serieuzer moest aanpakken. En dat deed hij, dwangmatig, obsessief tekende hij alles wat langs de etalageruit van zijn winkel aan de Royal Mile trok, de Edinburghse passeggiata, met schalkse vaardigheid en gevatheid. Bij zijn overlijden bleek Nisbet zijn aanmoediging niet omgezet te hebben in een geldbedrag, maar zijn erfgenaam gaf Kay een jaargeld van twintig pond, waardoor hij de rest van zijn leven kon doen waar hij het beste in was.

In zijn zelfportretten zien we onmiskenbaar zijn intelligentie (en zijn kat), maar Kay had ook de gave om de juiste mensen eruit te pikken in de enorme parade van types die zijn stad bevolkte bij de overgang van de achttiende naar de negentiende eeuw: soldaten en stadswachters, courtisanes en advocaten, pastoors en dominees (heel veel), professoren van de universiteit, grote geleerden als de jurist lord Kames en James Hutton, de geoloog, en figuren als Jamie 'de *Baillie*' (ambtenaar) Duff, kortweg beschreven als 'Een Idioot'. En voort trokken ze in zijn eindeloze Schotse charivari: personages van wie hij wist dat ze zijn publiek en soms zijn personages zouden aanspreken, hoewel die vaak niet veel in te brengen hadden. Onder hen was een verrassend groot aantal honderdjarigen, zoals Mortar Willie, die nog tegen de jakobieten had gevochten, elke dag om vier uur opstond, 106 werd en van wie werd gezegd dat hij, 'als hij geen verwonding had opgelopen bij een val, nog diverse jaren zou hebben geleefd'. Een andere was Andrew Donaldson, de geleerde Grieks en Hebreeuws, die het in zijn hoofd had gehaald dat de mens volmaakt was geschapen en dat derhalve elke 'aanpassing' van die schepping, zoals scheren, zondig was en voorgoed moest worden opgegeven. Donaldson kleedde zich als een Hebreeuwse profeet in een lang gewaad met bijbehorende baard en liep lezend in zijn Hebreeuwse psalter door de stad. Alexander McKellar, de 'Haan van de Green', althans in eigen ogen, was een obsessief golfer, altijd te vinden op de Bruntsfield Links, dag en nacht (dan speelde hij korte holes bij lamplicht), bij zonneschijn en ijzige sneeuw, wat riskant zou zijn geweest als McKellar niet zo vreselijk slecht was geweest in zijn uitverkoren sport, wat voor veel jolijt onder zijn kennissen zorgde. 'By the la' harry this shall not go for nothing,' riep hij altijd optimistisch als er weer eens een pluimbal de onbestemde ruimte in vloog om nooit meer teruggezien te worden. Maar niet alles belandde in de zandbak, want 'wanneer de zege toevallig zijn inspanningen bekroonde, gaf hij altijd een paar seconden toe aan zijn vreugde door rond de golfholes te dansen'.

Er kwam geen eind aan de parade: Miss Burns, die 'niet beter was dan ze moest zijn' en werd achtervolgd door joelende jongetjes wanneer ze haar verbluffende embonpoint door de Royal Mile torste; reuzen, vaak Ieren; fatterige dwergen die van top tot teen gekleed waren in de nieuwste miniatuurmaatpakken; de negentig centimeter lange Pool Joseph Boruwłaski, die zo gekwetst was als hij gepest werd dat hij in tranen uitbarstte, maar niet zo gekwetst dat hij geen drie shilling en zes pence rekende voor privébezichtigingen, in een rijtuig begeleid door zijn vriend de grote advocaat Neil Fergusson; de eenogige kolonel Monro, ooit een 'Held van de Highlands' maar nu onder het tamelijk wrede oog van Kay veranderd in een 'Bedelaar met blauwe mantel' in de gerafelde vodden van zijn geruite tartan; John Wright de Commies, die het profiel krijgt dat je zou verwachten, met een snavelachtige neus waarop de bril naar voren schiet voor een sappig verhoor; Thomas White, 'Adelborst en Moordenaar', die wordt opgebracht tussen twee potige wachters; de Turken Mahomet en Ibrahim, blakend achter hun baard; Vincent Lunardi, de onverschrokken ballonvaarder die de wolken van Caledonia binnenzeilde in zijn heteluchtballon, niet een of twee keer, maar liefst vijf keer, God zegene hem; en ten slotte last maar absoluut niet least, de grote Domenico Angelo Malevolti Tremamondo (door zijn plaatsgenoten afgekort tot 'Ainslie'), de eerste particuliere pikeur in Edinburgh, die piekfijn gekleed door de stad galoppeerde, voorzien van een waslijst uitgevochten duels,

Met de klok mee van linksboven:
Jamie Duff, door John Kay, 1812
Joseph Boruwłaski en Neil Fergusson, door John Kay, 1802
William Wilson, door John Kay, 1815
Alexander M'Kellar, door John Kay, 1803

John Rae, Charles Oman en Hamilton Bell, door John Kay, 1792

veroverde gravinnen, gezongen liederen en getemde paarden. Al deze mensen en nog vele andere, de bezoekende actrice Sarah Siddons en de revolutionair Tom Paine, allemaal verkrijgbaar in de winkel van John Kay.

Hij had nooit gebrek aan klanten, al kochten ze soms stapels prenten om te vernietigen, omdat ze zich aangetast voelden in hun ijdelheid. Veel mensen vonden het leuk zichzelf in de etalage van zijn winkel te zien; andere vatten het helemaal verkeerd op, om onverklaarbare redenen, moet Kay hebben gedacht. Hamilton Bell is een voorbeeld. Op een avond had de pompeuze Bell starnakel zat gewed dat hij een snelwandelwedstrijd van Edinburgh naar Musselburgh zelfs zou kunnen winnen met een barknecht op zijn rug. En hij deed het ook nog! De weddenschap werd gewonnen, dus je zou denken dat Hamilton helemaal blij was dat de grootse daad werd vereeuwigd. Maar niets was minder waar. In plaats van te genieten van zijn roem, nu zijn heldendaad op een prent was vereeuwigd, deed hij Kay een proces aan wegens smaad. Het was niet verstandig om John Kay in de wielen te rijden. Op een 'wraakprent' laat hij zien hoe hijzelf wordt ondervraagd en van blaam gezuiverd (want hij had 'slechts de waarheid' gepubliceerd), terwijl Hamilton Bell en zijn vriend erbij zitten met uitpuilende ogen van apoplectische razernij.

Het was een complete wereld van curiositeiten die Kay in de loop van zijn lange leven produceerde. Zijn stijl werd met de jaren wat formeler, zonder ooit zijn scherpe humor te verliezen. Maar zijn werk was ook iets anders: een bijzonder collectief portret van de grote stad, die steeds groter werd en op het punt stond zich op te delen in patricische en volkse wijken, scholen en plaatsen voor werk en vertier. Kay maakte dat onderscheid niet, hij kende geen grens tussen New Town en Old Town. Op zijn prenten gonst en druist het; er wordt geschreden en geklost; er worden ideeën en poetsen uitgewisseld; de verheven geesten en lagere lieden drommen allemaal samen voordat de verandering zich voltrekt en het gefluit en gezang, het geschreeuw en geroddel, wegsterven onder de galop van aanstormende paardentrams.

3

De schaar erin

Wat doe je wanneer je land is verslagen, vier van je broers zijn gesneuveld in dienst van de keizer en je eigen militaire eretekens prulletjes lijken waar je niets aan hebt om je dagelijks brood te verdienen? Dan steek je vanuit je geboortestad Duinkerken Het Kanaal over, naar het land van de overwinnaars, en hoopt er het beste van. Het was niet gemakkelijk voor Augustin Edouart. In Londen bood hij zijn diensten aan als leraar Frans, ondanks de oorlogen nog steeds een gewilde bekwaamheid. Maar het werd al snel duidelijk dat Engeland werd overstroomd door subjonctieven. Toen herinnerde Augustin zich een trucje dat hij als kleine jongen met veel succes had vertoond, lang voordat hij de sjako van de Grande Armée droeg. Hij maakte miniatuurafbeeldingen van honden met gebruik van hun eigen vacht en verzegelde het resultaat met een beetje was. De baasjes kwispelden van verrukking! Als de huisdieren doodgingen, bleef er nog iets van ze over, een plukje van hun harige lijf, zoveel meer dan een tekening ooit zou kunnen overbrengen. Op verloren momenten tussen overwinningen en nederlagen had Edouart dit bijzondere talent voor haarportretten uitgebreid, en nu kwam hij op het idee om het in de Londense kranten te adverteren.

> De heer A. Edouart heeft de eer de Edelen te melden dat hij zojuist uit Frankrijk is gearriveerd met vele ontwerpen in Haar, van een soort dat tot dusverre onbekend was, en waarvan hij de enige Uitvinder is. Vijftien jaar studie hebben hem in staat gesteld de fijnste Gravures te imiteren. Aangezien zijn werk nooit eerder is vertoond aan het publiek in enig land, vraagt hij liefhebbers van de Fijne Kunsten hem te vereren met een bezoek opdat ze zich een idee kunnen vormen van de verfijning en Schoonheid van zijn prestaties.

Zouden zij dit doen, dan bood Edouart niet alleen portretten van huisdieren aan, maar ook gelijkenissen van zijn klanten gemaakt van hun eigen lokken, evenals, mochten ze dat op prijs stellen, treffende emblemen en ontwerpen, zelfs afbeeldingen van schepen en hele landschappen. Er was geen wonder dat zijn schaar niet kon bewerkstelligen. Een aantal van Edouarts haarmodellen hebben de twintigste eeuw gehaald, waaronder een bijzonder schattige van Tartar de Ierse terriër. Een inventaris vermeldt ook zijn inspanningen met paarden en een 'oude man', en een toneeltje met belastingboten die een smokkelaar achtervolgen. In dit land, waar de kunst van de 'schim' (het heette nog geen silhouet) de portretmarkt enorm had vergroot, zozeer dat iedereen die een minuut van zijn tijd en een shilling uit zijn beurs kon missen een gelijkenis van zichzelf kon krijgen, was kennelijk behoefte aan iets nieuws. Je portret laten maken van je eigen haar kwam hier zeker aan tegemoet, maar Edouarts zorgvuldigheid – hij kloofde letterlijk haar voor het fijne werk – betekende dat het proces veel langduriger was en de prijs wat hoger lag om een goed resultaat te verkrijgen.

Edouart kon zich in elk geval net bedruipen door zijn ongewone kunst overal waar mogelijk tentoon te stellen, een beetje als een kermisattractie. Het was op zijn hoogst een leven van de hand in de tand. In 1825 stierf zijn vrouw Emilie, en toen hij om troost te zoeken tijd doorbracht bij vrienden in Cheltenham, toonde men hem schimmen die gemaakt waren met mechanische middelen, misschien met de prosopographus, die een staaf over het gezicht en het lichaam van het model liet gaan en vervolgens de omtrek op papier reproduceerde. Gegrepen door een 'gematigde passie' pakte Edouart een schaar en knipte ter plekke, uit de vrije hand, wit papier, waarna hij het resultaat zwart maakte met roet uit een snuiter. De portretten waren zo indrukwekkend en zo razendsnel gemaakt dat Edouart in de profielhandel ging en een thuisatelier opende in de Colonnade van Cheltenham.

Edouart bleef uit de vrije hand wit papier knippen dat hij vervolgens zwart maakte, maar een jaar later kwam er geprepareerd zwart papier en karton op de markt dat geschikt was voor silhouetten en nam zijn nieuwe carrière plotseling een spectaculaire vlucht. Hij reisde het hele land door, naar Gloucester en Liverpool en Londen, maar in Schotland werd hij een veelbesproken sensatie. In Princes Street in Edinburgh deelde hij een huis met een societykleermaker en een miniaturist die ook wat silhouetwerk deed. Maar Edouarts verbluffende schaar was hét onderwerp van gesprek. Sir Walter Scott (met zijn hond Spice, die zit te bedelen), leden van de koninklijke familie, Charles x, de afgezette Bourbonkoning van Frankrijk met familie en hofhouding in ballingschap, evenals geestelijken, zakenlui en professoren – allemaal poseerden ze voor hem, want het kostte tenslotte zo weinig van hun tijd en de resultaten waren zo aangenaam. Edouart tilde de hele silhouetkunst ver boven de gewone schaduwbeelden uit zoals ze gemaakt werden door de 'schimmenmannen'. Hij beklaagde zich over hun lage status in een *Treatise* over zijn kunst die in 1835 werd gepubliceerd. Edouart kon groepen doen, gearrangeerd als een reliëf of in de ruimte met gebruik van perspectief: spelende kinderen, mannen die elkaar begroeten op straat, genretaferelen als een boze vrouw die haar vuist schudt naar haar man de kolensjouwer; klassieke theatermomenten met acteurs als Sarah Siddons, kinderen die een dwerg pesten en ten slotte Niccolò Paganini tijdens een recital in Edinburgh in oktober 1832: 'De Signor was zeer vergenoegd toen ik het hem aanbood en verzekerde me tegelijkertijd dat dit de eerste gelijkenis van hem was die geen karikatuur was.'

De indrukwekkendste silhouetten van Edouart zijn zo bezield dat ze lijken op de cellen of frames die filmstroken worden als je ze snel achter elkaar bekijkt. De silhouetten die hij knipte van Charles Simeon weten precies de veranderende lichaamstaal te vangen van de berucht theatrale prediker. Er zat ook een element van zendingsachtige vastbeslotenheid in Edouarts vrijehandstijl, geboren uit zijn verzet tegen de stroom mechanische vindingen op de markt die hij halsstarrig weigerde te erkennen als dingen waarmee je kunst kon scheppen. In zijn reclame pochte hij dat met zijn methode 'de Passies, en bijzonderheden van het Karakter, tot leven worden gebracht, in een stijl die niet eerder is gewaagd door enige andere Kunstenaar', en een van zijn recensenten was het met hem eens dat hij 'erin [was] geslaagd de trekken te portretteren met welhaast microscopische nauwkeurigheid en onfeilbare getrouwheid... terwijl hij elk aspect van het voorkomen een uitdrukking meegeeft waarin elke stemming of gedachte... van ernst of humor, diepe beschouwing of vrolijke zin... voor het oog worden verbeeld'.

Aan het eind van zijn eerste verblijf in Edinburgh in 1832 had Edouart vijfenveertigduizend silhouetten gemaakt! Vijfduizend daarvan werden geëxposeerd in Holyrood Palace in Edinburgh. Hij had het officiële stempel gekregen van George IV, die dol was op dit soort dingen, en maakte er later, in de jaren dertig in Ierland, nog zesduizend. Op een expositie in Dublin werden een paar van de bijzonderste stukken getoond, die ver uitstegen boven zijn portretkunst om den brode: schimmenspelen en levendige taferelen, de Koninklijke Beurs in Glasgow, een compagnie infanterie, Jesus College in Cambridge bij maanlicht, 'een Moordenaar', 'een Nachtmerrie', zijn eigen kamers in Londen bevolkt door beroemdheden, een schaakpartij, bijeenkomsten van Ierse bisschoppen – van Dromore,

Sir Walter Scott, door Augustin Edouart, 1830–1831

De familie Beveridge, door Augustin Edouart, 1832

Sarah Siddons, Niccolò Paganini en Tyrone Power als Dr O'Toole in 'The Irish Tutor', door Augustin Edouart, 1832

Charles Simeon, door Augustin Edouart, 1828

Mrs Siddons the Celebrated Tragedian   Tyrone Power Esqr   Tyrone Power Esqr
Celebrated Irish Comedian   the Irish Tutor   Glasgow 18th Augt 1833

Augt Edouart fecit 1828.

van Raphoe, het hele stel, en een verleidelijk raadselachtige afbeelding van een mooie vrouw met het bijschrift: 'Kent u mij?'

Onvermijdelijk begon het land waar vermaak en kunst elkaar ontmoetten te roepen, en daar ging Edouart, de Atlantische Oceaan over, en opende een atelier op Broadway 114 in New York. De volgende tien jaar reisde hij door de Republiek, van Columbus in Ohio naar Columbia in South Carolina, en overal daartussenin. In 1849, misschien niet toevallig tegelijk met de oprichting van de tweede Republiek, pakte hij zijn spullen om terug te gaan naar Frankrijk, waar hij de rest van zijn jaren hoopte door te brengen. Maar zijn stoomschip, de Oneida, kwam in een zware storm terecht en liep op de rotsen van Vazon, bij Guernsey. Edouart overleefde het, maar de overgrote meerderheid van zijn silhouetten ging verloren bij de schipbreuk. De twaalfduizend die de ramp overleefden – een voortreffelijk aantal, en het resultaat van zijn gewoonte om duplicaten te maken – werd geschonken aan de familie Lukis, die voor de geestelijk en lichamelijk gestrande kunstenaar zorgde. Hij woonde de rest van zijn leven in het stadje Guînes in het noordelijke departement Pas de Calais. Van 1849 tot zijn dood in 1861 kwam er echter geen silhouet meer bij.

De schimmenkunst was bij lange na niet dood. Het was tenslotte, meer dan enig ander genre dat ooit was uitgevonden, bij uitstek de portretkunst van het volk: in een mum van tijd gewrocht en voor weinig geld verkrijgbaar. Een enkele van de vroeg-achttiende-eeuwse beoefenaars, zoals de grote pionier John Miers, had met de 'vlekken' die hij in zijn laatste jaren maakte, verbluffend tere expressieve effecten bereikt in het afbeelden van haarstijlen, wimpers, ruches van de kraag, gestrikte linten aan het eind van een vlecht, die allemaal zuiver schilderkunstig waren. Vele anderen werden in hun tijd bewonderd om het feit dat ze oogloze beelden wisten te maken die toch, zoals over die van Edouart werd gezegd, in staat waren emotie uit te drukken. Maar tegen de tijd dat de Oneida ten onder ging op de rotsen van het Kanaaleiland, was er een nieuw medium op komst dat een revolutie teweeg zou brengen in het wezen van het portret.

Henry Philip Hope, door Augustin Edouart, 1829

4

Maatjes

Edinburgh 1843. De oude stad heeft honger. De huurkazernes grommen van de armoede. Zelfs erwten en haver en peuken kosten penny's die velen niet hebben. In heel Schotland lopen mannen te baliekluiven; tienduizend werklozen in Paisley alleen al. Elke ochtend zijn er de broodmagere en wanhopige mensen, mannen en vrouwen met holle ogen, koters met benen als pijpenstelen, krom en broos, die in de rij staan bij de deur van de werkhuizen en wanhopig graag binnengelaten willen worden. Honger strijkt als een klapwiekende kraai neer in de straten van Newcastle, York, Manchester, Leeds, Birmingham, Bristol en Londen, en pikt naar de armen. De oude stad loopt ervan over omdat de welgestelden naar de nieuwe stad zijn verhuisd. De kasseienstraatjes onder het kasteel en eromheen zitten vol gezinnen van wie de opa's van de Highlands en de eilanden naar de stad waren gekomen en zich nog net in leven hadden kunnen houden door te werken aan weefgetouwen die nu stil zijn gevallen omdat de handel is ontwricht.

Er is nog een heel andere ontwrichting waar iedereen de mond van vol heeft. Die ontwrichting is een ruzie, een schisma geworden, in de Church of Scotland. De oorzaak was het recht dat landheren en rentmeesters, pachtheren en andere eigenaren van predikantsplaatsen opeisten om dominees te benoemen. Dit recht was nooit betwist, maar nu verhieven dappere, felle stemmen zich daartegen, met het argument dat er niet dat soort eigendomsrecht zou moeten bestaan in de Kerk, dat het eigenlijk een belediging was voor de heiligheid van die Kerk. De woede van Thomas Chalmers en vele anderen die hiervan overtuigd waren, was zo groot dat ze niet langer in een Kerk wilden blijven die deze schande gedoogde. Bij de opening van de algemene vergadering las de moderator zelf een verklaring voor, waarop zo'n vierhonderd medepredikanten zich uit hun bank verhieven en, net als de Covenanters, de calvinistische opstandelingen van weleer, het laffe decorum verbraken (zij het dat er minder met stoelen werd gegooid). Ze marcheerden door de straten van Edinburgh, drie aan drie, als een rivier van in het zwart geklede rechtschapen verontwaardiging, naar de oude Tanfield Hall, waar ze een plechtige 'Act of

Demission' tekenden: hun verklaring dat ze uit predikantsplaatsen in de geknechte Schotse Nationale Kerk vertrokken naar de nieuwe Vrije Kerk van Schotland die hun staat van echte genade zou zijn. Het was niet gering waar ze aan begonnen. Ze werden nu verstoten, samen met hun gezinnen, van wat voedsel voor hun ziel en, van directer belang, voor hun lichaam was geweest, door zich te onderwerpen aan het oordeel van de Heer die, baden ze, met mildheid op hun daad van zelfreiniging zou neerkijken, zoals Hij ook had gedaan met de profeten van Israël en de Verlosser zelf.

Een van de mensen die dit zagen gebeuren, was de schilder David Octavius Hill. Zijn specialiteit was landschappen, puur en fris en eenvoudig, het koele licht van Caledonia. Maar Hill, begin veertig, was diep getroffen, zo ontroerd dat hij het moment van *Demission* wilde vastleggen op een groot schilderij dat generaties later in één adem genoemd zou worden met *De school van Athene* of *De Nachtwacht*. Op hetzelfde ogenblik dat hij besloot dat de wedergeboorte van christelijk Schotland zijn levenswerk moest worden, besefte hij hoe intimiderend zo'n taak was: honderden portretten. Bepaalde mensen uitkiezen was een grove schending van de principes van vrijheid en broederschap die de dissenters juist tot hun daad hadden aangezet. De onmogelijkheid van het werk drukte als een molensteen op zijn schouders, zelfs toen hij de prominenter goddelijke helden begon te schetsen – in de eerste plaats Chalmers.

Een antwoord was nabij. Een van Hills vrienden was sir David Brewster, de vooraanstaande scheikundige op St Salvator's College in St Andrews, voor veel mensen een angstaanjagende figuur die op de onschuldigste toenadering nog zou reageren met een grom of een tirade zonder enige aanleiding, tot ontsteltenis van de mensen die hadden gevraagd hoe laat het was of zo. Maar als het ging over optische zaken, dan begon sir Davids geduchte gezicht te glimmen van een vriendelijk licht. De laatste tijd vond hij niets boeiender dan de inspanningen van zijn goede vriend Henry Fox Talbot om fotografische beelden die aan zonlicht waren blootgesteld te reproduceren op papier dat behandeld was met zilvernitraat, een procedé dat hij vier jaar daarvoor, in 1839, aan de wereld bekend had gemaakt. Het was hetzelfde jaar waarin een rivaliserende pionier, Louis Daguerre, zijn eigen fotografische beelden had laten zien, vastgelegd op koperen platen, tot grote verwondering van het publiek en de kunstwereld in het bijzonder. De daguerreotypen waren uitzonderlijk mooi, maar konden niet in veelvoud worden gereproduceerd. De papieren negatieven van Fox Talbot konden een oneindige hoeveelheid afdrukken genereren, maar naast de prachtig vastgelegde details van Daguerre leken ze primitief en vaag. Bovendien duurde het exorbitant lang om een opname te maken, omdat de momenten dat het licht geschikt was onvoorspelbaar waren in Groot-Brittannië. Maar Brewster ontdekte gefascineerd dat zijn vriend in Wiltshire niet lang geleden zijn procedé had veranderd, op een manier die de potentie had papieren negatieven te maken die in elk opzicht superieur waren. In plaats van uren te wachten, zoals nodig was voordat het beeld op papier verscheen, doopte Fox Talbot het immanente beeld in een bad van galluszuur, waaruit – eureka! – met verbijsterende snelheid een fraai beeld werd ontwikkeld. De kwaliteit was zo goed dat de naam die Fox Talbot eraan gaf – 'calotype' ofwel 'mooi beeld' – geen ijdele opschepperij was.

David Brewster, een praktisch man, bedacht dat het dilemma van zijn vriend Hill om zijn grote, monumentale, dichtbevolkte historiestuk te schilderen opgelost zou kunnen worden als Hill zou kunnen beschikken over foto's van de Demissioners, vooral omdat ze zich zeer binnenkort weer zouden verspreiden, terug naar waar ze vandaan kwamen, om nieuwe predikantsplaatsen te bezetten voor de Free Church. Zulke fotografische 'schetsen', die maar een fractie van de tijd kostten die nodig was voor formele tekeningen, konden dan bijeengebracht worden in een compositie voor Hills grote schilderij. Bovendien stelde Brewster iemand voor die directe praktische hulp kon bieden. Een van zijn collega's aan St Andrews, John Adamson, een goede en bekende chemicus, was zelf bedreven geraakt in het maken van calotypen. Er waren er al een paar van opvallend goede kwaliteit gemaakt van verschillende (sombere) gebouwen van St Andrews – in de laatste jaren voor de wederopleving van de stad als hoofdstad van het golfspel. Op zijn beurt had John Adamson zijn jongere broer Robert, ook een chemicus, zij het een beginneling, ingewijd in de mysteriën van dit wonderbaarlijke nieuwe handwerk, of zouden we het een kunst kunnen noemen? Als Hill het een goed voorstel zou vinden, kon Robert naar Edinburgh komen en konden ze samen kijken of er calotypen van de dominees konden worden gemaakt. En wie weet wat nog meer? Andere gebeurtenissen die de moeite waard waren om in zilvernitraat vast te leggen? Het bouwen van het monument voor Walter Scott door hun vriend George Meikle Kemp, de gezinnen van hun helden Burns en Scott, topografische beelden van de stad zelf met een aantal aanzienlijke bewoners voor de muren van het kasteel, of op Princes Street?

Robert Adamson was in 1843 pas eenentwintig. Hij had het in zich om de zoveelste grote Schotse ingenieur te worden: de gepassioneerde nieuwsgierigheid naar alles wat met mechanica of bouw te maken had,

een scherpe, analytische geest. Wat hij echter niet had, was het fysieke gestel voor een inspannend leven tussen vuur en ijzer. Maar de stille plechtigheid van calotypografie, het alchemistische verschijnen van beelden,
was Adamsons moderne revelatie. Toen hij in Edinburgh kwam, gingen
Hill en hij onmiddellijk een samenwerking aan die heel belangrijk zou zijn
in de Britse geschiedenis: de vonk van de schilderkunst en de destilleer-
kolf van de wetenschap, het oog voor menselijkheid en de geest om zo'n
beeld te laten beklijven. Maar eigenlijk had de samenwerking van Hill en
Adamson nooit zulk schitterend werk kunnen opleveren als ze niet allebei
een deel van het talent van de ander hadden gehad.

Ze begonnen aan hun taak. Dominees poseerden. Chalmers zelf werd
gefotografeerd in een klassieke predikende houding, met een arm hoog
uitgestrekt in een krachtig gebaar: zo hoog en, ondanks de relatieve snelheid waarmee het beeld was genomen, zo langdurig dat zijn arm gesteund
moest worden door een beugel aan de muur. Er werden foto's gemaakt van
geanimeerde gesprekken. Het werkte allemaal. Anderen poseerden voor
hen: George Meikle Kemp, samen met zijn al flink vorderende gotische
monument voor Walter Scott; een portret van David Octavius Hill zelf,
knap en vriendelijk, en, dramatischer, van de blinde Ierse harpist Patrick
Byrne, die die zomer naar Edinburgh was gekomen en wiens romantische
optredens bijna evenveel ophef hadden veroorzaakt als de scheuring in de
kerk van Schotland zelf.

Er kwam ook een portret van Hugh Miller, net als Meikle een auto-
didactisch wonderkind, een steenhouwer die geoloog was geworden,
schrijver van The Old Red Sandstone, waarin hij, ondanks zijn evangelische
christendom, betoogde dat de aarde ongelooflijk oud was en door ontelbare, inmiddels uitgestorven soorten bewoond was geweest.

Miller werd gefotografeerd op de grote begraafplaats op Calton Hill
waar de ongelovige David Hume rustte, en David Octavius Hill betrok
Rock House, aan de overkant. Adamson en hij werden beiden getroffen
door het samengaan van Oudheid en moderniteit, verleden en heden,
wat de diepste werkelijkheid van het Schotland van hun tijd was, gonzend
van vernieuwing en experimenten, al een eeuw lang, en toch zo rijk aan
pijnlijke en roemvolle herinneringen.

Veel van wat ze zagen in het Edinburgh van rond 1840 vonden ze onaangenaam en verontrustend: de sloppenwijken en krotten van de oude
stad, doortrokken van ziekte en wrede armoede, kinderen met misvormde lichamen, dronkenlappen en hoeren, dieven en schurken. Maar ze
zouden niet worden als Friedrich Engels in Manchester, of als Elizabeth

Ierse harpspeler (Patrick Byrne), door David Octavius Hill en Robert Adamson, 1843-1848

Gaskell, en zich met hun geest en kunst inzetten om al deze groezeligheid en wanhoop aanschouwelijk weer te geven: de slachtoffers van de industriële muil, verslonden en weer uitgespuugd zoals de cyclus van de handel oplegde. In plaats daarvan besloten ze samen een alternatieve werkende wereld vast te leggen, een plek waar alles al eeuwen hetzelfde ging.

De Adamsons hadden al minstens één calotype gemaakt van de troosteloze haven van St Andrews, met vissers bij hun boten. Maar er was iets veel dichterbij, ongeveer een kilometer van Calton Hill, dat veel pittoresker mogelijkheden bood: Newhaven. Waar ze werkten en woonden, konden Hill en Adamson nauwelijks om de visvrouwen uit Newhaven heen, die elke dag opnieuw hun enorme loodzware manden vol schelvis, haring, kabeljauw en oesters de heuvel op sjouwden naar de stad: een enorme krachtsinspanning. Zelfs van binnen in Rock House zullen ze gehoord hebben hoe de jonge vrouwen hun vis uitventten, gekleed in hun gestreepte geel-met-blauwe rokken die bol stonden van zoveel onderrokken dat ze hun last bijna verdubbelden.

Er was al discussie over geweest of het heruitvinden van het dorp misschien het antwoord was op de kwalen van de industriële stad: het soort gemeenschappen waaruit tijdens de Landoorlog op de Highlands de herders en keuterboeren verdreven waren. Waren er in die dorpen geen uitgebreide families die elkaar in zware tijden ondersteunden? Was er geen sterke en welwillende Kerk om de zonden waartoe de armen werden verleid te beteugelen en te corrigeren?

In 1819 had Thomas Chalmers, die de moderator van de Free Church zou worden, al een dergelijk experiment in sociaal herstel in gang gezet in een van de armste wijken van Glasgow. Hij weerde de conventionele armenzorg en hun bestuurders en vestigde een onafhankelijk systeem van pastorale zorg, georganiseerd door dekens en ouderlingen die probeerden de microwereld van wederzijdse burenhulp te herstellen die naar hun idee had bestaan voordat de sloppenwijken van het machinetijdperk ontstonden. In dezelfde geest was er een andere vriend van David Octavius Hill, George Bell, die zich beijverde voor het herstellen van stedelijke boerenbedrijfjes op braakliggend land in de stad (een programma dat nu ook weer van de plank is gehaald in een aantal verwoeste voormalige industriële gebieden van de Rust Belt in Amerika).

Ook met de beste wil van de wereld waren de kansen dat zulke goedwillende sociale projecten zouden slagen in het hart van industrialiserend Schotland zeer gering. Maar toen Hill en Adamson gingen kijken in Newhaven, dachten ze dat ze hier een plek hadden gevonden die op wondere

Naar huis van de markt, door David Octavius Hill en Robert Adamson,
1843-1848

wijze was ontsnapt aan de verpletterende morele en sociale verwoesting van de industriële wereld. Het punt was dat Newhaven weliswaar geen paradijselijke plek was, maar welvarend zou blijven zolang de grote stad een kilometer verderop steeds meer inwoners kreeg. Edinburgh had dagelijks vis nodig, veel vis. De 'korte lijn' voor het ondiepe water had lange netten met duizenden haakjes om jonge kabeljauw, schelvis en wijting te vangen, terwijl de 'lange lijn' in het diepe water kabeljauw, makreel en grote scholen haring ving. Om die laatste schat te vangen, voer de vloot van Newhaven twee keer per jaar 200 mijl naar het noorden, in de buurt van Wick, terwijl veel vrouwen meegingen om de vis schoon te maken en te roken. Er waren gevaren. Aanhoudend slecht weer kon averij aanrichten op de kleine boten of ze naar de kelder jagen. In die zware tijden gingen er levens verloren en stegen de prijzen. Door de veranderde roep die ze hoorden op Calton Hill, gaven Hill en Adamson een van hun foto's de titel 'Het is geen vis die u koopt, het zijn mensenlevens'. Er waren te veel wezen in Newhaven. De fotografen troffen een van hen, een kleine jongen, met de broek van zijn dode vader aan, vele maten te groot, opgehouden door provisorische bretels, een enorm indringend beeld. Ze noemden de foto 'De broek van zijn vader'.

Wanneer een vader als Sandy Linton tegen zijn boot leunt, terwijl zijn drie zoontjes op blote voeten onder de boeg zitten, een met een grijns naar de camera, de andere twee onverschillig, is er een ongemakkelijke mengeling van vader-en-zoonbravoure met het gevoel van onzekerheid dat de kop moet hebben opgestoken elke keer dat de boten uitvoeren in een woelige nacht.

De authenticiteit van de foto's komt in de eerste plaats voort uit de sterke indruk dat de vissers, van beide geslachten en alle leeftijden, zelf bepaalden hoe er geposeerd werd, met dezelfde fermheid als waarmee ze de kost verdienden. Sommigen vonden het duidelijk leuk om voor de camera gezichten te trekken, anderen daagden hem uit. John Liston, een van de drie vissers die kameraadschappelijk tegen elkaar aan leunen, staat er brutaal bij met zijn hoge hoed, het ene been in de vieze broek over het andere geslagen, terwijl de lichaamstaal van de strenge Alexander Rutherford een en al over elkaar geslagen armen en confronterende blik is.

Zonder veel hulp van zijn kant maakten Hill en Adamson van Johns broer Willie Liston, die zorgvuldig bezig is de lijn met de scherpe kant van een mossel schoon te maken, een van de romantische helden van de negentiende-eeuwse kunst: de schaduw van de rand van zijn hoed over het voorhoofd boven zijn knappe gezicht, de kleren die gedragen worden

Sandy Linton, zijn boot en zijn zoontjes, door David Octavius Hill en Robert
Adamson, 1843-1848
Vissers op de kust (Alexander Rutherford, William Ramsay, John Liston), door
David Octavius Hill en Robert Adamson, 1843-1848

met de vrijmoedigheid van een aantrekkelijke man – de geknoopte halsdoek, de zachte jas en overjas met de dubbele rij knopen. Er is geen beeld
– zeker geen schilderij uit de negentiende eeuw – dat er zo goed in slaagt
om van de gereserveerde kracht en volharding van de werkende man zoiets moois te maken als deze calotype.

Het zijn niet de mannen van Newhaven die centraal staan op de calotypen van Hill en Adamson. De mannen gingen 's nachts uit vissen
en hadden 's ochtends hun slaap nodig, en moesten dan weer weg, dus
veel van de beelden die door de fotografen zijn gemaakt werden omzichtig gezocht en misschien met tegenzin toegestaan. Al snel zagen Hill en
Adamson wie de ware plechtankers van de gemeenschap waren: de vrouwen. Ze werkten aan één stuk door, om de netten schoon te maken en
te boeten, de vis te ontweien en te zouten of te roken, de vangst naar de
stad te zeulen, voor het kleine grut te zorgen. Fanny Kemble, de actrice
die vaak in Edinburgh speelde en zowel David Octavius Hill als de vissers
kende, schreef: 'Ik had altijd de indruk dat de vrouwen een zo groot aandeel in de strijd om het bestaan leverden als de ijverigste voorvechter voor
de rechten van haar sekse maar zou kunnen wensen.' Als een van hen een
ramp overkwam, of als ze alleen maar een zware tijd had, konden ze op
elkaar vertrouwen. Ze noemden deze zusterschap 'maatjes', een bodemloze bron van hulp, steun en roddelend vermaak. Geen enkele schilder
uit die tijd wist de werkende vrouwen in al hun ruwe en aantrekkelijke
menselijkheid zo goed te treffen als de chemicus en de schilder met hun
camera. Millet maakte van zijn boerenvrouwen klodderige monumenten,
Degas maakte van zijn danseressen en prostituees voorwerpen van zwe-
terig lonken, en bij hun Britse tegenhangers waren vrouwen de personificaties van morele stellingname, theatrale aanstellerij of erotische fixaties.

Net als schilders oefenen Hill en Robert Adamson hun ogen en hun
lens op de jonge vrouwen. Er verschijnt nu en dan een weduwe of een
oude vrouw, luisterend naar de bezoekende prediker James Fairbairn,
of breeduit zittend voor de deur van een loods. Maar op veel foto's zijn
het de meisjes die centraal staan: gevangen in de volle schoonheid van
hun onverschilligheid voor de fotografen met hun lichtbak. Een van hen,
Jeanie Wilson, een echte schoonheid, verschijnt steeds opnieuw, des te
fascinerender omdat ze in haar werk is verdiept. Jeanie Wilson en Annie
Linton moeten genomen worden zoals ze zijn, met hun paar haringen en
oesters, alleen bezig met elkaar, en niet met ons. Zelfs wanneer ze Hill
en Adamson een soort pose gunde, had Jeanie andere dingen om aan te
denken. Op een andere foto staat ze met opgerolde mouwen, leunend op

de schouder van haar zusje, hand op de heup, maar niet om de mannen die naar haar kijken te behagen, en met neergeslagen ogen. Het was weer een lange dag. Soms blijven de maatjes ook niet stilstaan voor de lens, ze lopen plagerig op straat, sommigen op blote voeten, sommigen niet, van achteren belicht en wazig, sommige met een klein kind: bloeiend zusterschap. Van de vijf vrouwen op een andere vriendschappelijke opname neemt er maar een de moeite om in de camera te kijken, en ook niet erg vriendelijk. Bij een andere hartverscheurende foto, van een jonge moeder met haar baby, is het beeld bewogen alsof de moeder haar kind wiegde, of Hill en Adamson zelf onzeker waren of ze niet onbetamelijk binnendrongen in haar broze leven.

Het was ook opvallend dat het, toen *The Fishermen and Women of the Firth of Forth* als fotoboek werd uitgegeven – ván de armen, maar niet vóór de armen, want het album, vooral gecombineerd met de architectuurfoto's van Hill en Adamson, was behoorlijk prijzig –, de vrouwen waren die de aandacht trokken. John Brown, een vriend van Hill en recensent voor de krant van de Free Church, de *Witness*, prees de 'bewonderenswaardige' foto's de hemel in, vooral 'die schone, mollige, frisse, aantrekkelijke stevige vissersvrouwen... even ontspannen, vrijmoedig, met volle boezem en brede heupen, als een Griekse matrone'. Een van degenen die de calotypen en de vrouwen die ze uitbeeldden het luidst aanprezen was Elizabeth Rigby, die zelf voor Hill en Adamson had geposeerd in Rock House. Rigby was Engelse, maar had de Duitse opvoeding gehad die de meest ambitieuze ouders in die tijd hun begaafde kinderen gaven, en was in 1842 naar Edinburgh gekomen, een jaar eerder dan Robert Adamson, met haar moeder Anne, die weduwe was. Ze maakte als essayist en criticus al snel deel uit van het culturele leven van de stad, en zou met haar vriendin Anna Jameson (die ook werd gefotografeerd door Hill en Adamson) een van de welsprekendste en invloedrijkste stemmen in de Britse kunstkritiek worden. Hoewel ze vaak op een schokkende manier de geneugten van het ongetrouwde leven aanprees, trouwde Elizabeth toch in 1849, een jaar na het voortijdige overlijden van Robert Adamson, met Charles Eastlake, een schilder en criticus die, nadat hij geridderd was, hoofd van de Royal Academy, hoofd van de Royal Photographic Society en in 1855 directeur van de National Gallery werd. Twee jaar later was Elizabeth Eastlake op eigen kracht heel invloedrijk geworden en schreef ze

◄ *Willie Liston*, door David Octavius Hill en Robert Adamson, 1843-1848

een beroemd essay over fotografie dat heel ontmoedigend, in het licht van haar eerdere enthousiasme voor het grote werk van Hill en Adamson, de fotografie afzwakte tot de status van het visueel vastleggen van feiten, het documentaire werk waar ware kunst op neerkeek. Dit was zeker niet hoe ze het tien jaar eerder in Schotland had gevoeld.

Inmiddels had David Octavius Hill, getroffen door de vroege dood van zijn partner Adamson, de fotografie helemaal opgegeven. Er volgden nog vele anderen, met de ambitie om de sociale werkelijkheid van victoriaanse steden vast te leggen, maar nooit meer met het onschuldige oog en de oprechte ongepolijstheid die de twee mannen naar het vissersdorp aan de Firth of Forth hadden gebracht. In plaats daarvan zwoegde Hill verder aan het werk waar het allemaal mee was begonnen – het grote doek dat de kerkscheuring moest herdenken en een star en overbevolkt monster werd. Maar een jaar voordat lady Eastlake haar gedachten over de relatie tussen kunst en fotografie noteerde, zou Anna Jameson, de onontkoombare autoriteit op het gebied van kunstverzamelingen in Europa en schrijfster van de eerste generatie gidsen voor Europese musea, die ook voor hen had geposeerd in Rock House, haar *Communion of Labour* publiceren, waarin ze het samengaan bezong van 'liefde en arbeid', zoals ze dat noemde, dat ondanks alles bleef bestaan bij vrouwen in weinig hoopvolle instellingen als gevangenissen en werkhuizen. Misschien herinnerde Jameson zich de visvrouwen van Newhaven met meer sympathie dan lady Eastlake, of zag ze in elk geval dat fotograferen, als het niet neerbuigend wordt gedaan, gunstig zou kunnen zijn voor de vrouwenzaak, als de foto's tenminste gemaakt werden door vrouwen.

Christina Livingstone was zeker niet de eerste professionele vrouwelijke fotograaf in Groot-Brittannië. Julia Margaret Cameron was terecht beroemd geworden doordat ze het pessimisme van Elizabeth Eastlake weerlegde en de fotoportretkunst niet alleen verhief tot het niveau van de schilderkunst, maar verder dan dat, tot verbeeldingsvolle expressie. Clementina, lady Hawarden, was weliswaar niet echt professioneel, maar had zichzelf en haar dochters gebruikt voor een serie fascinerende experimenten met de manier waarop vrouwen elkaar en zichzelf zagen, vaak in de spiegel, soms in elkaars ogen; spelletjes en scherpe vragen die dapper en diepgaand zijn, zoals alles wat Virginia Woolf op papier heeft gezet.

◄ *Jeanie Wilson en Annie Linton*, door David Octavius Hill en Robert Adamson, 1843-1848

Zusjes, door David Octavius Hill en Robert Adamson, 1843-1848
Vissersvrouwen (Een straatje in Newhaven), door David Octavius Hill
en Robert Adamson, 1843-1848

Vissersmeisjes (Grace Ramsay en vier onbekende vissersvrouwen),
door David Octavius Hill en Robert Adamson, 1843-1848
Vissersmeisje en kind, door David Octavius Hill en Robert Adamson, 1843-1848

Elizabeth, lady Eastlake, door David Octavius Hill en Robert Adamson,
1843-1848
Anna Brownell Jameson, door David Octavius Hill en Robert Adamson,
1843-1848

Dit was niet Christina's wereld, Christina's geest of Christina's werk, maar net als Cameron en Clementina Hawarden was ze toch een voorloper, de eerste Britse vrouwelijke persfotograaf, en ze deed het bovendien omdat het moest. Ze kwam van de Schotse laaglanden als dochter van een laarzenmaker die naar Chelsea was verhuisd om rijk en beroemd te worden. Op haar zevenentwintigste trouwde ze met Albert Broom, een ijzerhandelaar, maar toen zijn zaak in 1903 failliet ging, leende de veertigjarige vrouw en moeder een boxcamera en begon een heel ander leven. Christina had niet alleen een scherp oog voor mogelijkheden, maar was ook het zakelijke brein van de familie, en ze maakte zulke vaardige, vriendelijke foto's van de koninklijke garde dat ze deel werd van het sociale leven rond Buckingham Palace, en in elk geval een kiosk kon openen waar ze prentbriefkaarten en goedkope afdrukken van haar foto's aan het publiek kon verkopen. Ze was in feite de eerste verkoper die zich specialiseerde in dit soort Britse 'toeristische' foto's, en werd zelfs de officiële fotograaf van de roeiwedstrijd tussen Oxford en Cambridge, van de koninklijke garde en van modieuze en ceremoniële paardenrennen. Koning Edward VII en de koningin hadden gehoord van 'Mevrouw Albert Broom' zoals ze zich na de dood van haar man in 1912 professioneel noemde.

Inmiddels had Christina zich op een heel ander onderwerp gestort: de suffragettes. In mei 1909 werd er een Vrouwententoonstelling gehouden in de Prince's Skating Rink, een chique schaatsbaan in Knightsbridge, een ruimte van 75 meter lang. Ogenschijnlijk (en opzettelijk) leek de tentoonstelling gewoon de uitvergroting van een dorpsbazaar – een uitstalling van al het gebruikelijke werk waar vrouwen traditioneel mee in verband werden gebracht: gebak en confituren, cake en koekjes, borduurwerk, hoeden en bloemschikken. Hoewel ze de fotograaf was van zulke gelegenheden, zou dat voor Christina geen reden zijn geweest om foto's te maken van de expositie. Als nieuwsfotografe had ze al prachtige opnames gemaakt van een suffragettemars van de Embankment naar Albert Hall in juni 1908, en nu, een jaar later, wist ze dat de Vrouwententoonstelling een keerpunt in de Britse geschiedenis was. De expositie was georganiseerd door de Women's Social and Political Union (de WSPU, de leidende suffragettevereniging), en werd gehouden om fondsen te werven. Elk van de vijftig stalletjes had zich verplicht niet minder dan honderd pond aan goederen te leveren, en uiteindelijk bracht de tentoonstelling vijfduizend pond op voor de zaak die Emmeline Pankhurst (het onderwerp van een van de mooiste portretten die Christine maakte) in haar inleidende brochure beschreef als 'de heerlijkste beweging die de wereld ooit heeft

Christina Broom met haar camera, door Winifred Broom, 1910

Clementina Maude, Princes Gardens 5, door lady Clementina Hawarden,
1863-1864

Mevrouw Albert Broom en de roeiers van de Oxford Boat Race in 1938,
door Winifred Margaret Broom, 1938
De Vrouwententoonstelling, door Christina Broom, 1909

Emmeline Pankhurst, door Christina Broom, tussen 1910 en 1920
Christabel Pankhurst op de Vrouwententoonstelling, door Christina Broom, 1909

*Suffragettedemonstratie in Hyde Park (Emmeline Pethick-Lawrence,
Dame Christabel Pankhurst, Sylvia Pankhurst en Emily Davison),
door Christina Broom, 1910*

gekend, een beweging om die helft van het menselijk ras die altijd onderworpen is geweest te bevrijden en vrouwen de kracht te geven hun eigen
redding op politiek, sociaal en industrieel terrein te verwezenlijken'.

In de lente van 1909 hadden Emmeline en haar dochter Christabel
(prachtig en informeel gefotografeerd door Christina) in de gevangenis
gezeten wegens het verstoren van politieke bijeenkomsten van de Liberale Partij. Toch was het verrassend om tussen de stalletjes die suffra-
gettelinten en -insignes in hun kleuren (wit voor zuiverheid, paars voor
vorstelijke waardigheid, groen voor hoop) verkochten, een kopie van
een gevangeniscel aan te treffen die de discriminatie en vernedering liet
zien waaraan vrouwen werden onderworpen, zelfs als ze achter de tralies
zaten. Rond de namaakcel stonden rijen elegante vrouwen met hun flamboyante hoeden te wachten op een rondleiding en een praatje van suffragettes die persoonlijke ervaring hadden.

Het was een heikel moment voor Christina Livingstone. Ze moest haar
brood verdienen in de mannenwereld, inclusief de koninklijke familie en
de machtige heren, maar ze was duidelijk ook een oprechte sympathisant.
In 1910 legde ze als fotograaf de grote mars door Londen vast die eindigde in een massabijeenkomst in Hyde Park. Ze fotografeerde de Pankhursts en hun leidende kameraden, zoals Emily Wilding Davison, die zou
omkomen onder de hoeven van het koninklijke paard tijdens de Derby
van 1913, en Kitty Marion, de actrice die de gevaarlijkste activiste van allemaal werd. Voor het laatst was Christina in staat foto's te maken die de
suffragettes portretteerden als vrouwen die alleen vredige demonstraties
voor de goede zaak beoogden.

Dit veranderde na de verkiezingen van 1910. De Pankhursts en hun zus-
ters-kameraden werden regelmatig in de gevangenis gegooid, en wanneer
ze in hongerstaking gingen, werden ze op wrede wijze met geweld gevoed.
Een 'kat en muis'-wet gaf de regering de kans de hongerstaaksters vrij te
laten tot ze fysiek hersteld waren voordat ze weer werden opgesloten.
Door deze steeds systematischer onderdrukking begon de WSPU zelf ook
een veel agressievere koers te varen, die liep van zelfmoord en tactieken
van zelfopoffering tot een campagne om anderen te schaden. Brandstich-
ting was het uitverkoren wapen, maar de gekozen plekken waren uiterst
gevaarlijk. In 1912 probeerden Mary Leigh, Gladys Evans, Lizzie Baker en
Mabel Capper het Theatre Royal in Dublin in brand te steken tijdens een
uitverkochte matinee, door granaten met kruit dicht bij het podium te verbergen en benzine en brandende lucifers naar die brandstof te gooien. Het
voornaamste doelwit was premier Herbert Asquith, naar wie een suffraget-

Surveillancefoto's van militante suffragettes (Margaret Scott, Olive Leared, Margaret McFarlane, Mary Wyan, Annie Bell, Jane Short, Gertrude Mary Ansell, Maud Brindley, Verity Oates, Evelyn Manesta), door onbekende fotograaf, strafbladregister, 1914
Surveillancefoto's van militante suffragettes (Mary Raleigh Richardson, Lilian Lenton, Kitty Marion, Lillian Forrester, Miss Johansen, Clara Giveen, Jennie Baines en Miriam Pratt), door onbekende fotograaf, strafbladregister, 1914

te diezelfde ochtend al een bijl had gegooid. Postbrandbommen werden al even dodelijk toen er fosfor in de ronde brievenbussen werd gegooid met de bedoeling postbodes die de post kwamen ophalen in brand te zetten, wat in ten minste drie gevallen lukte. Elk instituut dat volgens de WSPU bij uitstek heilig was voor de ambtelijke en vooral mannelijke wereld, mocht aangevallen worden. Het theepaviljoen en het tropische-orchideeënhuis in Kew Gardens werden gebombardeerd; op het nippertje werd een bom ontdekt voor de Bank of England; een andere ging af in het Royal Astronomical Observatory in Edinburgh. De bom in het Lyceum Theatre in Taunton was beschilderd met de leuzen 'STEMMEN VOOR VROUWEN', 'RECHTER PAS OP!' en 'MARTELAREN VAN DE WET'.

Christina nam geen foto's meer van de suffragettes, maar iemand anders deed dat wel. In 1913 kocht de minister van Binnenlandse Zaken, Reginald McKenna, voor de somma van zeven pond, zes shilling en elf pence voor zijn departement een elf-inch Ross telecentrische lens, de eerste langeafstandslens die gemaakt werd in Groot-Brittannië, en waarop net een jaar daarvoor patent was genomen. Tijdens topoverleg tussen de Londense politie en het ministerie van Binnenlandse Zaken in de lente van 1912 werd besloten dat er, omdat de WSPU een terreurorganisatie was geworden, een soort preventieve surveillance vereist was om bedreiging van openbare instituten die ze leken te prefereren af te wenden. Een fotodossier, de eerste registratie van bewakingssurveillance, moest worden samengesteld terwijl de vrouwen achter slot en grendel zaten. Er werd natuurlijk van uitgegaan dat geen van de suffragettes de fotografen ter wille zou zijn door lang genoeg stil te zitten om hun foto te laten maken. Sommigen vertrokken hun gezicht tot een grimas, in de hoop de foto nutteloos te maken als identificatie. Aanvankelijk waren pogingen om politiefoto's te maken al even onbruikbaar. Eén opmerkelijke afdruk werd bewerkt, zodat in plaats van de arm van de agent die de recalcitrante suffragette in een nekklem hield niets dreigenders te zien was dan een sjaal.

Vandaar de Ross-lens. Buiten de Holloway-gevangenis zou de fotograaf van Binnenlandse Zaken die voor deze geheime surveillance was ingehuurd, een zekere A. Barrett, in een dichte auto wachten tot hij de kans kreeg om foto's te maken van vrouwen tijdens het luchten op de binnenplaats van de gevangenis. Stukje bij beetje groeide dit fotosurveillancedossier van de 'wilde katten' zoals de militante suffragettes genoemd werden, in de code die de autoriteiten nu gebruikten. Er werden exemplaren uitgedeeld aan instituten die bedreigd werden, zoals de Tower of Londen, waar een aanslag was gepleegd op de kroonjuwelen.

CRIMINAL RECORD OFFICE,

NEW SCOTLAND YARD, S.W.,

24th April, 1914.

MEMORANDUM.

Special attention is drawn to the undermentioned SUFFRAGETTES, who have committed damage to public art treasures, and who may at any time again endeavour to perpetrate similar outrages.

Mary Richardson (S/168429), age 31, height 5ft. 5½in., complexion pale, hair and eyes brown.

Damaged, with a chopper, a valuable oil painting in the National Gallery and has several times been convicted of breaking valuable plate glass windows.

At the present time is out of prison, but is required to stand her trial for arson.

MARY RICHARDSON.

CATHERINE WILSON.

Catherine Wilson (5753-14), age 31, height 5ft. 1in., complexion sallow, hair brown, eyes grey.

Is now out of prison, but is required to stand her trial for maliciously damaging, with a chopper, exhibits in the British Museum. Has been twice convicted of breaking plate glass windows and once for being found on enclosed premises for an unlawful purpose—found in the House of Commons in male attire with a riding whip in her coat pocket.

Boven aan de lijst nieuwe doelwitten stonden de openbare musea van London. Het feit dat ze vaak vol naakten hingen die, zo redeneerden de suffragettes, grotendeels waren geschapen door mannen voor het genot van hun eigen sekse, en dat deze kwijlende uitbuiting ten onrechte onder het mom van een beroep op de Onvergankelijke Schoonheid werd getoond, gaf de nieuwe aanslagen een zekere logica. Kitty Marion, die een deel van haar succes juist te danken had aan dit soort gegluur, schreef later in haar autobiografie dat ze 'steeds meer walgde van de strijd om het bestaan in commerciële termen van seks... ik zette mijn tanden op elkaar en besloot dat ik op een of andere manier wilde vechten tegen deze lage economische en seksuele heerschappij over vrouwen'. Dat kunstkenners schilderijen en beelden van vrouwen vaak kostbaarder leken te vinden dan echte vrouwen, was alleen maar olie op het vuur. Toen ze terecht moest staan omdat ze in maart 1914 de *Venus voor de spiegel* van Velázquez in de National Gallery met een bijl had bewerkt, rechtvaardigde Mary Richardson haar vandalisme met de woorden: 'Ik heb getracht het schilderij van de mooiste vrouw in de mythologische geschiedenis te vernietigen als protest tegen vernietiging door de regering van mevrouw Pankhurst, die het mooiste personage in de moderne geschiedenis is. Gerechtigheid is net zozeer een zaak van schoonheid als kleur en lijn op doek.'

De politie en Binnenlandse Zaken hadden tijdens hun top in 1912 al besloten dat de suppoosten in musea versterking moesten krijgen van agenten in burger die zich tussen het publiek begaven. Noch deze tactiek, noch het verschaffen van fotodossiers aan musea kon voorkomen dat er een golf van aanslagen volgde op kunstwerken die soms willekeurig gekozen waren of, zoals in het geval van de Giovanni Bellini's in de National Gallery en een Egyptische mummie in het British Museum, om redenen die niet werden onthuld. Mogelijk werd Hubert von Herkomers portret van de hertog van Wellington in Manchester gekozen vanwege de reputatie van de IJzeren Hertog als een mannelijke held (omdat zijn onstuitbare rokkenjagen minder bekend was), maar John Singer Sargents portret van Henry James was een tamelijk verbijsterende keuze, gegeven de alom bekende steun van de schrijver aan de vrouwenrechten.

Een tijdlang was de bedreiging van de kunst zo groot dat zowel het British Museum als de National Gallery de deuren sloot. Hierdoor werd de

◄ *Mary Raleigh Richardson en Catherine Wilson*, door onbekende fotograaf, strafbladregister, 1914

Emmeline Pankhursts arrestatie bij Buckingham Palace, door onbekende fotograaf, 21 mei 1914
Kroonprins Edward (later hertog van Windsor en koning Edward VIII), door Christina Broom, 1914

National Portrait Gallery, inmiddels aan het eind van St Martin's Lane, de lieveling van het gedwarsboomde museumbezoekende publiek. Het personeel had al foto's gekregen van de meest waarschijnlijke verdachten, die ze moesten raadplegen wanneer ze verdacht gedrag ontwaarden. Op 16 juli 1914 was een van de suppoosten verbaasd over een vrouw die ongewoon verdiept leek in het portret van Thomas Carlyle door John Everett Millais. Achteraf zei hij dat hij verbaasd was maar had besloten dat het grondige onderzoek van het werk door de vrouw betekende dat ze een Amerikaanse was. Toen ze de volgende dag terugkwam, veranderde hij van mening omdat geen enkele Amerikaanse, zei hij, twee dagen achter elkaar de sixpence entree zou hebben betaald.

Maar wat haar gespannen aandacht betekende, vroeg de suppoost zich niet af. Hij zou het snel ontdekken toen Margaret Gibb, die zichzelf de schuilnaam Anne Hunt had gegeven, een vleesmes uit haar blouse haalde, het glas dat voor het schilderij zat brak, waarbij ze zich ernstig verwondde, en het gehate gezicht van voorhoofd tot baard verminkte. Ze stopte pas toen een kunststudente die had zitten schetsen haar tegen de grond werkte tot er assistentie kwam. Toen ze de volgende dag voor de rechtbank verscheen, terwijl het bloed nog uit een wond 'langs de zijkant van de beklaagdenbank droop', zoals de *Daily Telegraph* verlekkerd schreef, legde Margaret/Anne op de manier van Mary Richardson uit dat 'leven' veel kostbaarder was dan kunst, omdat je altijd nieuwe kunstwerken kon krijgen, maar dat het leven van vrouwen als mevrouw Pankhurst, dat langzaam in de gevangenis werd uitgedoofd, niet vervangen kon worden.

Negentien dagen eerder waren een Oostenrijkse aartshertog en zijn vrouw doodgeschoten in Sarajevo. Twee weken nadat Margaret/Anne voor de rechter was verschenen, was de wereld in oorlog. De WSPU schortte voorlopig haar campagne op, in de hoop dat deze daad van loyaliteit erkend zou worden door het toekennen van het stemrecht dat maar op zich liet wachten. Dit kwam pas in 1928, en toen nog onvolledig.

Nu had mevrouw Albert Broom een nieuw onderwerp. De Ierse en Schotse gardes die ze had gefotografeerd, hadden hun gala-uniformen verwisseld voor legergroen, en ze legde hen vast wanneer ze naar Vlaanderen vertrokken met een lach op hun gezicht. Toen de kroonprins het 3e bataljon grenadiers in hun trainingskamp in Wimbledon Common bezocht, moest ze hier ook een foto van maken. '*Goodbye-ee, goodbye-ee/ Wipe the tear, baby dear, from your eye-ee.*' Ze ging naar de gewone soldaten. Een van haar ontroerendste foto's is die van de 'Bermondsey B'hoys', een van de groepen kameraden, vrienden en buren die bij elkaar bleven

Soldaten van het Household Battalion die naar het front vertrekken,
door Christina Broom, 1916

in de compagnie waar ze bij ingedeeld waren, in dit geval de grenadiers. En toen de gewonden begonnen terug te komen naar het vaderland en in maart 1916 op de thee mochten bij de koning en de koningin in Buckingham Palace, was Christina er natuurlijk ook, en ze maakte foto's van de lange tafels, de mannen allemaal met een medaille om hun nek en een spierwit verband om hun hoofd.

Cheeeeese. Ze doen hun best om te glimlachen voor mevrouw Albert Broom. Maar dat lukt er niet veel.

Laten we ons kisten? NEE!

5

De roemlozen van Groot-Brittannië

Pak al je zorgen in je plunjezak
en fluit, fluit, fluit
Aan alle moeilijkheden heb je lak
fluit man en 't is uit
Waarom zou je treuren
het helpt je niet vooruit
Dus... pak al je zorgen in je plunjezak
En fluit, fluit, fluit.

Maar hoe kun je fluiten als je geen mond meer hebt?

Met zijn diepliggende, half geloken ogen die hem het aanzien van een ouwe kraai gaven, keek Henry Tonks, ofwel De Tonk, ofwel de Terreur van de Slade School of Fine Art, naar de mismaakten die naar het Cambridge Military Hospital in Aldershot werden gebracht. Niemand hier had gedacht dat het grote offensief bij de Somme makkelijk zou zijn. Het ziekenhuis had opdracht gekregen zich op het ergste voor te bereiden. Er waren speciale zalen ingericht voor mannen die gewond waren aan hun ogen, gezicht en hoofd. Er waren tweehonderd extra bedden voor hen gebracht. Maar toen de eerste groep aankwam, bleken het er tweeduizend te zijn, die allemaal onder hun verband verschrikkelijk verminkt waren: ontbrekende oren, neuzen, hele kaken, gapende oogkassen, stukken schedel die weggeblazen waren. Het was een 'gruwelkamer', schreef Tonks, en zijn gebruikelijke koelbloedigheid wankelde even. Hij bleef ze toch tekenen, want het was 'uitstekende oefening'.

Het jaar 1916 was weer een wrede honingzoete zomer, die leek op de zomer van twee jaar daarvoor, toen mannen zoals deze uit de rekruteringsbureaus gemarcheerd kwamen, fluitend en roepend, zwaaiend naar de meisjes, terwijl ze hun laatste bierboeren lieten dreunen. Nu waren de ongelukkigen teruggekomen naar Aldershot. Ze hadden tenminste nog de benen om te dansen als die rotoorlog voorbij was. Maar niet het gezicht, dat was het probleem.

Het ziekenhuis – Italiaanse neorenaissance compleet met Engelse campanile – stond op een heuveltje. Vanuit de ramen op de eerste verdieping kon Tonks uitkijken over Hampshire, het Engeland van de heimweedromen en affiches van de spoorwegen: koeien, decoratief verspreid, de zware kronen van oude eiken die heen en weer zwaaiden als dikke trage dansers wanneer de wind opstak. Als hij wegliep van de stapel baksteen, kon Tonks' haviksneus de geur van fluitenkruid in de weilanden en koeienvlaaien op de paden opsnuiven, allebei beter dan ether en bleek. De landschapschilderkunst was begonnen in Vlaanderen: het vlakke land, de vochtige lucht, de vruchtbare kleigrond. Nu was het Golgotha, een oogst van beenderen. Daar ergens waren zijn studenten van de Slade, een heel regiment Tonklings. Ze zouden niet veel hebben aan zijn tekenlessen: wat zou de ongelooflijk begaafde, hoog van de toren blazende Orpen, die naar hij had gehoord tot oorlogskunstenaar was gebombardeerd, ook al had de Ier zich schaamteloos verbroederd met de Ierse nationalisten, bijdragen aan de oorlogsinspanningen, God mocht het weten; de nukkige Mash, die hij heel goed kende, was niet dol geweest op zijn lessen; Christopher Nevinson, nog zo iemand die de opdracht had gekregen de hel af te beelden op een formaat dat je kon inlijsten – wat had het voor zin? Gertler, zo lichtgeraakt, die lui, maar zo talentvol; gekke Spencer – Christus sta de soldaten bij die voor hem moesten zorgen. Nou, hij hoopte vurig dat hij nooit een van hen huilend op een brancard binnengebracht zou zien worden in dit onbeschrijflijk ellendige oord, zelfs niet de onmogelijke John – dat zou hij niet willen, die belachelijke, extravagante man: had zich bij de Canadezen naar binnen geflikflooid, mocht kennelijk zijn wulpse bakkenbaarden houden, de enige in het hele leger als je de koning niet meetelde, en zijn zusje, de trieste non, nog steeds in Frankrijk, wegkwijnend doordat de schaamteloze ouwe bok Rodin de benen had genomen naar Engeland zodra de verre dreun van geweren zijn ochtendchocola verstoorde, en vervolgens, nog idioter, met zijn oude kale kop quasi-vroom gebogen in Rome zat, waar hij meende zijn patriottische plicht te vervullen door de zure paus Benedictus XV te schetsen voor een borstbeeld, alsof het iemand wat kon schelen. Moge Gods zegen rusten op de alpinisten en de sappeurs, de Coldstream-garde en de jagers. Zij zouden in elk geval meer nut hebben dan kunst.

Aan het begin van de oorlog had Henry Tonks zich afgevraagd hoe hij zou kunnen helpen zonder zichzelf belachelijk te maken of de boel nog meer te verpesten dan al het geval was. Hij was al in de vijftig. Van actieve dienst kon geen sprake zijn, maar er zou een manier moeten zijn om zijn medische ervaring nuttig te maken. Het was lang geleden dat hij het menselijk lichaam had behandeld, maar er waren dingen die je nooit vergat. Dus diepte Henry Tonks zijn andere kunst op en ontdekte, tot zijn verrassing, dat die nog niet vergeten was. Het potlood en het lancet waren meer verwant dan je zou denken. Geconfronteerd met de angst voor de eerste streek vroegen ze allebei om snelle handigheid en kalme vastberadenheid. Nu de jonge mannen vertrokken waren van de Slade en een aantal van de vrouwen ook, om verpleegster te worden, merkte Tonks dat hij niet meer naar eer en geweten over contouren en modelleren kon blijven praten. Een van zijn voormalige studenten, Kathleen Bruce, zoals ze toen heette, vertelde hem over een ziekenhuis dat in het oosten van Frankrijk zou worden opgericht om de gewonden van het Franse 3e leger op te nemen, die het zwaar te verduren hadden gehad tijdens het Duitse offensief (en hun eigen tegenaanval) in de Champagne en het Forêt d'Argonne. Tegen het einde van 1914 was duidelijk geworden dat het debacle van 1870, toen de Duitse troepen dwars door het Franse leger naar Parijs sneden, niet herhaald mocht worden, en ook dat de prijs onvoorstelbaar hoog was geweest. Er was veel gezegd en geschreven over een chronisch tekort aan ziekenhuisbedden en spoedeisende zorg voor de gewonden van dat front.

Tonks kende een paar van de mensen die erbij betrokken waren, zoals de zusjes Bromley-Martin, die een praktische uiting van een medische entente cordiale wilden zien, vandaar het ziekenhuis. Zoals te verwachten was, wantrouwden zowel het Britse Rode Kruis als het ministerie van Oorlog elk goedbedoeld initiatief van vrijwilligers die de mensen die echt wisten wat ze deden voor de voeten zouden lopen. Maar het voorstel werd gesteund door Arthur Stanley, parlementslid van Ormskirk, een van de beroemde Stanleys, baron Sheffield, victoriaans premier, afstammeling van de fatale schoonheid Venetia en neef van de volgende fatale schoonheid Venetia, die zeer intiem was met het toenmalige hoofd van de regering, de heer Asquith. Bovendien was Kathleen Bruce sinds haar dagen op de Slade de beroemdste weduwe van het land, omdat ze in 1908 getrouwd was met Robert Falcon Scott, die tijdens een poolexpeditie was overleden. Samen met de Stanleys wist ze de bureaucratie te verslaan en het *hôpital temporaire* kwam er.

Het Hôpital Temporaire d'Arc-en-Barrois opende zijn deuren in januari 1915, en Tonks was er om de eerste gruwelijk gewonden te verzorgen, samen met Britse verpleegsters die zo goed mogelijk hun schoolfrans oefenden. Hij was zelf oppasser. Het was hun duidelijk gemaakt dat de functie van de meeste burgervrijwilligers beperkt bleef tot oppasser of chauffeur van de paar gammele ambulances die de gewonden vervoerden van het stationnetje in Latrecey-Ormoy-sur-Aube, zo'n achttien kilometer verderop, over wegen en paden waarvan iedereen wenste dat ze beter bestraat waren. Het ziekenhuis zelf was een negentiende-eeuws kasteel dat, als een grappige speling van het lot, gebouwd was door afstammelingen van Nicolas de l'Hospital, hertog van Vitry, een van de maarschalken van Louis XIII. Het kasteel was verwoest tijdens de revolutie maar getrouw weer opgebouwd, compleet met mansardedak en trapgevels, en grote ramen waardoor het licht binnenviel over de huilende verminkten en verscheurden.

'De wonden zijn verschrikkelijk,' schreef Tonks naar een vriend thuis, 'en ikzelf zal in de toekomst tegen elke oorlog zijn.' Hoe kon je zelfs maar overwegen om van mannen te eisen dat ze zo zouden lijden als hij voor zijn ogen zag gebeuren? Hij had het beter kunnen verdragen als hij erop had kunnen vertrouwen dat de soldaten ook zouden genezen, maar de meeste wonden die hij zag raakten ontstoken, een doodvonnis voor de slachtoffers. Misschien net zo goed om zichzelf te helpen als iemand anders, greep Tonks naar zijn pastelboek en tekende een van de aangrijpendste beelden van de oorlog: *Infuus met zoutoplossing: een voorval in het Britse Rodekruisziekenhuis van Arc-en-Barrois, 1915.*

Hij duikt diep in het geheugen van de kunst – Mantegna, Rubens, Rembrandt – waardoor de getroffen poilu het gewijde krijgt van een dode Christus op een moderne kruisafname, zijn lichaam blauw van de brandwonden, een lok haar over zijn voorhoofd, de ogen gesloten terwijl een oppasser zijn hand vasthoudt, de arts zijn hoofd over zijn werk buigt en de verpleegster onbeweeglijk bij haar infuuspaal staat. Maar de patiënt is niet dood, integendeel. Tonks laat, in een kleine tekenkunstige krachttoer, de spieren strak staan van pijn en angst. De waskom op de voorgrond verbindt de hele compositie volgens de regels van Tonks. Maar bij het woord 'repoussoir' zou hij zijn gaan kokhalzen op het moment dat het bij hem opkwam.

Tonks' eigen geloof was al zwak en werd steeds zwakker. Hij werd overvallen door een gevoel van hulpeloosheid. Het feit dat Arc-en-Barrois een troetelproject was geworden voor mensen van het woord en de kunst hielp niet mee. De dichters John Masefield en Laurence Binyon waren er, en er zouden er meer volgen. Later dat jaar ging Tonks terug naar Engeland omdat hij de conflicten die in zijn eigen geest woedden niet meer kon verdragen. Hij kon beter in het leger dienen dan met nog meer vrijwilligers werken. Na wat gericht lobbyen werd hij honorair lui-

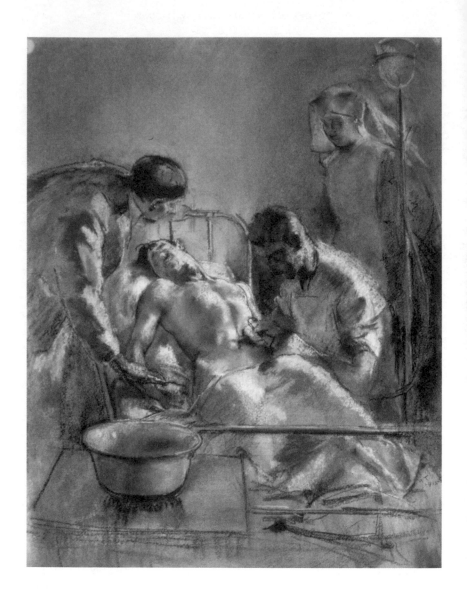

Infuus met zoutoplossing: een voorval in het Britse Rodekruisziekenhuis in Arc-en-Barrois, door Henry Tonks, 1915

tenant in het Royal Army Medical Corps, dat hem aanstelde in het Cambridge Hospital in Aldershot. Hier zag hij in 1916 dingen waarop zijn eigen opleiding als chirurg, zijn anatomische tekeningen en onderwijs aan medische studenten hem absoluut niet hadden voorbereid. Door de loopgravenoorlog, die werd onderbroken door zinloze charges, was het hoofd van soldaten, ondanks hun helm, blootgesteld aan geweervuur in het gezicht. De uitschotwonden waren enorm. Sommige granaten waren ontwikkeld om scherven te sproeien, met verwoestende gevolgen. Er werden magnesiumlonten in aangebracht, bedoeld om te ontbranden wanneer ze in weefsel terechtkwamen, wat resulteerde in het wegbranden van neuzen, ogen en wangen.

Er waren zeker zestigduizend van dit soort verwondingen tijdens de oorlog, en ze werden het slechtst behandeld: 'de eenzaamste tommy's', merkte de *Daily Mail* terecht op. De slachtoffers van hoofdwonden waren gewoon te gruwelijk om het publiek aan te doen, tenzij ze volledig verbonden waren 'als mummies', en zelfs dat werd voor burgers te griezelig geacht. Dus in tegenstelling tot degenen die een ledemaat hadden verloren en van protheses konden worden voorzien, werden degenen die in hun gezicht waren verwond niet snel uitgenodigd op theepartijtjes op het paleis waar ze konden worden geëerd en gefotografeerd als Britse helden. Harold Delf Gillies, de jonge Nieuw-Zeelander die hoofd chirurgie was van deze afdeling in Aldershot, schreef over 'mannen met halve gezichten, mannen die waren verbrand en verminkt tot de staat van dieren'.

Gillies was ongelukkig met de primitieve operaties, die voornamelijk bedoeld waren om infectie te voorkomen door de diepe wonden op een of andere manier te sluiten, en wilde ambitieuzere procedés uitproberen. Hij had gelezen wat Franse en Duitse chirurgen hadden weten te bereiken met systematischer aangezichtschirurgie. Hij werd hier misschien toe aangezet doordat hij van dichtbij het werk had gezien van sir William Arbuthnot Lane, die in het Great Ormond Street Hospital for Children baanbrekende technieken had ontwikkeld om gespleten verhemelten en bovenlippen chirurgisch te corrigeren, en de schroeven en het draad had ontwikkeld die nodig waren om de gezichtsstructuur te behouden terwijl de wonden genazen. Wat ook hielp was dat Lane heel streng was met medische hygiëne. Net als Lane en Tonks hechtte Gillies evenveel waarde aan het lot van de patiënt op de lange termijn als aan de onmiddellijke noodzaak van herstel. Wanneer hij zijn ronden liep, lette hij ook op de geestelijke en psychologische prognose van de arme drommels die hij onderzocht, en niet alleen of hij ze kon genezen tot een punt waarop ze zonder hulp konden ademen en eten. Wat hij wilde herstellen, behalve een oor, neus of mond, was het idee dat deze 'kapotte gargouilles' weer een plek konden krijgen in het gezelschap van mensen.

Toen hij ontdekte dat Henry Tonks al in het Cambridge Hospital werkte, benaderde Gillies hem onmiddellijk. Hij was ook een volleerd amateurkunstenaar, iemand die net als Tonks tekenles had gevolgd op een avondschool, en wist dus alles over de geduchte professor. Hij geloofde dat er een samenwerking mogelijk was. Zijn operaties, dacht hij, zouden niet alleen baat hebben bij voorbereidende tekeningen van bot- en spierreconstructie, maar ook bij precieze tekeningen van de schade aan het weefsel, zoals alleen een kunstenaar die kon zien en overbrengen. Omdat fotografie beperkt bleef tot een beschrijving van het oppervlak, en licht nodig had, was dat te mechanisch en te oppervlakkig om nuttig te kunnen zijn. Fotografie was bovendien monochroom en Gillies wilde een vaardige colorist om de modulaties van beschadigd weefsel te beschrijven, om door te kunnen dringen in dieptes en holtes. Met zijn unieke anatomische en artistieke beheersing van vlees en bot, was Tonks de enige die dergelijke beelden kon verschaffen. Zou hij erover na willen denken?

Tonks schrok misschien terug voor het voorstel, maar dat zal van korte duur zijn geweest. Wat hem gevraagd werd was niet om kunst te maken, niet op de manier die de Slade School eronder zou verstaan. Het was niet kunst omwille van de kunst, maar omwille van het leven. In het licht van deze nieuwe taak leek de voldoening die hij had gehad van *Infuus met zoutoplossing* weerzinwekkend gezocht. Maar hij zou nog steeds met pastel werken, wat traditioneel geacht werd te passen bij decoratieve onderwerpen. Pasteltekeningen waren zacht, dus mochten ze in zijn handen harde dingen doen: kerven, bijten en stikken; roze en goud zouden plaatsmaken voor bloedrood en de grauwe regenboog van kneuzingen. Veel wonden waren zo diep dat het niet mogelijk was chirurgie voor een bepaald geval heel nauwkeurig voor te bereiden zonder dat de chirurg handmatig de binnenkant onderzocht, met zijn vinger de precieze vorm van de holte en het verband met overgebleven bot en weefsel volgend.

Dit was iets wat Henry Tonks waardeerde. Op de Slade, vooral bij tekenen naar levend model, had hij altijd geprobeerd de tastzin bij de studenten te ontwikkelen. Het was een gave waarover alle grote meesters beschikten – Leonardo da Vinci, Titiaan, Rubens en Rembrandt –, die allemaal dankzij grondige anatomische studie in staat waren geweest aan de toeschouwer het driedimensionale gevoel over te brengen dat die met zijn vinger een torso, een ledemaat of een gezicht aanraakt. Behalve misschien in het geval van Rembrandt waren het meestal mooie hoofden en lichamen. Als kunst werd gedefinieerd door gehechtheid aan het ideaal, dan was wat hij op het punt stond te gaan doen geen kunst. Maar dat was natuurlijk juist de reden waarom hij zich er met hart en ziel in stortte, waarom hij eindelijk een toepassing voor zijn talenten had gevonden die hem niet tegenstond. Als hij vasthield aan een streng klinische beschrijving, zei hij tegen zichzelf, en zich onthield van elke mogelijkheid tot openbare vertoning (in godsnaam, nee), zouden de vijandelijkheden tussen esthetiek en ethiek die hem in Frankrijk dwars hadden gezeten opgeschort zijn. Tonks zette de tanden op elkaar, staalde zijn zenuwen en zijn handen, keek recht in de verminkte gezichten van de mannen en schiep wat hij beschouwde als antiportretten: gezichten in het gerundium, gevangen tussen rudiment en restauratie.

Moderne portretschilders, met name Lucian Freud, benadrukten vaak dat ze met hun verf niet het vlees weergaven maar het op een of andere manier máákten, een vergeeflijke waan die aanleiding gaf tot het pleisteren van dikke lagen, alsof deze scheppingsdaad alleen al door het gewicht van het pigment tot leven zou komen. Maar Henry Tonks en Harold Gillies maakten letterlijk gezichten, hun kunstvaardigheden haalden samen de verlorenen terug naar de wereld van de mens. Ze maakten iets uitzonderlijk moois omdat ze zo ijverig mogelijk probeerden dat niet te doen. Er was geen vrede voor de wereld, maar wel voor Henry Tonks.

Dat was allemaal goed en wel, maar wat vonden de verlorenen en gevondenen die er niets over te zeggen hadden van hun portret dat getekend werd in levende kleur, of van de chirurgie die beloofde weer een mens van hen te maken? Gillies had alle spiegels van de afdelingen verbannen, hoewel er vast wel werden binnengesmokkeld. Begrijpelijkerwijs leden de mannen onder een gevoel van schaamte over hun uiterlijk, als ze in bed lagen om te genezen voordat de plastische chirurgie kon worden uitgevoerd, ook al hadden ze niet de kans om te zien hoe gruwelijk ze eruitzagen. Moeders vielen soms flauw als ze zagen wat er van hun zoon was geworden. Vriendinnetjes lieten het afweten of werden door hun vriendje gewaarschuwd onder geen enkele voorwaarde naar Aldershot te komen tot ze te horen kregen dat het mocht. Ondanks de toewijding van de verpleegsters en Gillies zelf wanhoopten velen van hen eraan dat ze ooit weer als een gewoon mens behandeld zouden worden, iemand die over straat kon lopen zonder nageroepen te worden door kinderen die dachten dat ze een monster hadden gezien.

Een van deze mannen was soldaat Walter Ashworth van het 18e West

Portretten van soldaat Walter Ashworth, door Henry Tonks, 1916-1917

Yorkshire Regiment, de 'Bradford Pals'. Op 1 juli 1916 had het fluitsignaal geklonken in de linies van de Somme en waren de Pals de ladders opgeklommen, recht in een spervuur van de Duitsers. De meesten hadden het niet eens tot de frontlinie van hun eigen loopgraven gered. Walter was een van hen, maar hij was niet dood. Het grootste deel van zijn mond en kaak was weggeslagen, en in deze toestand arriveerde hij vier dagen later, op 5 juli, op Gillies' afdeling. Niet lang daarna tekende Henry Tonks Walter tijdens de voorbereiding voor het wassen van de vreselijke wond, met een niervormig bekken onder zijn kin. Ondanks de misvorming had Tonks de menselijkheid van Walter weten te bewaren in de naar boven gerichte blik van zijn blauwgrijze ogen, en het plukje haar op zijn voorhoofd.

Er waren vijf operaties nodig voordat Walter ontslagen kon worden. Uiteindelijk besloot Gillies dat een deel van zijn lippen moest worden opgeofferd zodat de wond en de littekens goed konden sluiten. Zo kreeg Walter een blijvende ondeugende uitdrukking die verontrustend grappig was maar volgens de chirurg 'niet echt onaardig'. Maar Walter had niet zoveel om over te glimlachen. Toen hij dienst nam bij de Pals, was hij verloofd met een meisje uit Cheadle, maar toen ze over zijn verwondingen hoorde, verbrak ze de verloving. Walter Ashworth nam zijn oude werk als kleermaker weer op in Bradford, en hield zich doof voor grappen over dichtnaaien. Maar ook hier werd hij met duidelijke ontzetting begroet, en naar de achterkamer van de winkel verbannen waar hij simpele klusjes mocht doen, om de klanten niet af te schrikken. De vernedering was een extra wond.

Dat was niet het eind van het verhaal. De verloofde had een vriendin, en de vriendin vond het zielig toen ze over de verbroken verloving hoorde en was boos over de schaamteloze manier, vond ze, waarop het was gebeurd. Ze schreef Walter toen hij nog in Aldershot lag en kwam hem opzoeken wanneer ze de kans kreeg. Ze vond zijn gekke glimlachje helemaal niet erg, helemaal niet. Ze werden verliefd en trouwden.

Omdat ze Walter misten, klaagden de klanten bij de kleermakerij in Bradford zo luid dat zijn werkgevers gedwongen waren om hem op te zoeken en te vragen, even goede vrienden, of hij niet terug wilde komen, maar dan vóór in de winkel natuurlijk. Walter piekerde er niet over, dank u feestelijk. In plaats daarvan voer hij met zijn vrouw de wereld over naar Australië, waar ze als butler en kokkin werkten voor een rijke schapenboer in New South Wales. De zon beviel de Ashworths, en Australië ook. Er waren genoeg jongens van het ANZAC, het Australian and New Zealand Army Corps, teruggekomen die er slechter aan toe waren, zodat

mensen geen grappig commentaar gaven en ook niet de straat oversta-
ken als ze hen aan zagen komen. Er kwam een dag dat dokter Gillies in
Australië was, misschien vanwege zijn boek over plastische chirurgie, en
Walter Ashworth tegenkwam, of misschien opzocht, en na de gebruikelijke plichtplegingen, die in dit geval echt gemeend waren, zijn oude patiënt
bekeek en zich hardop afvroeg of hij nog een poging zou wagen om het
werk te verbeteren.

Walter bedankte dokter Gillies maar zei nee, bedankt: hij en zijn vrouw
waren tenslotte gelukkig, en hij zou nooit vergeten wat de dokter voor
hem had gedaan toen hij dacht dat alle hoop verloren was. En dat was dat.
De Ashworths spaarden een aardig appeltje voor de dorst bij elkaar, genoeg om in Engeland, in Blackpool, een kleermakerij te kopen, en daar
sleten ze hun laatste dagen. Walters kleindochter zei dat zijn ademha-
ling nooit helemaal in orde was gekomen, dat hij een beetje last had van
verstopping van de luchtwegen, en er waren bepaalde dingen die hij niet
kon eten: Blackpool rock, bijvoorbeeld, was een soort snoep om te mij-
den. Maar ze waren weer terug onder hun eigen mensen, dus als het liedje
werd gezongen – Waarom zou je treuren het helpt je niet vooruit/ Dus...
pak al je zorgen in je plunjezak/ En fluit, fluit, fluit, kon Walter fluiten, en
dat deed hij ook.

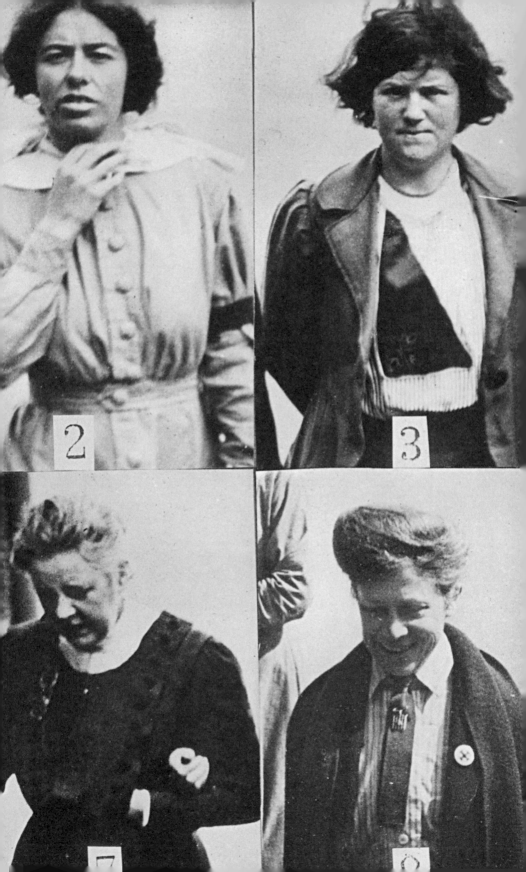

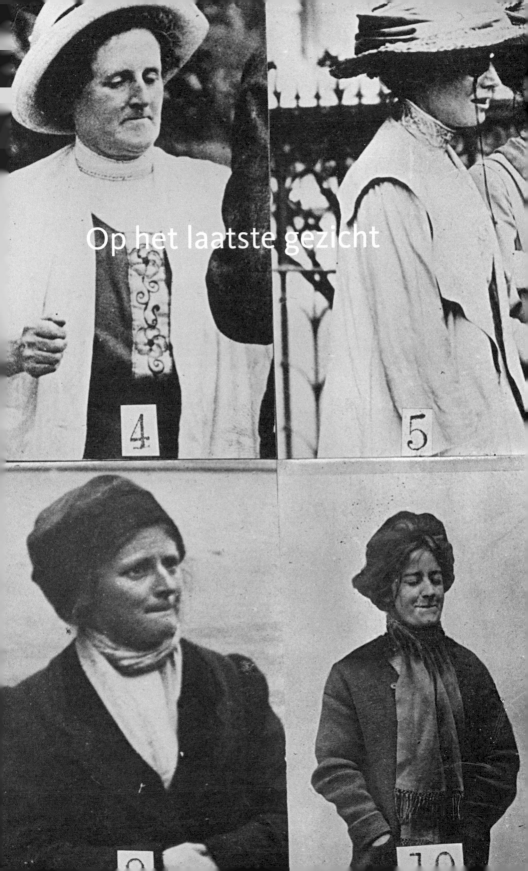

Op het laatste gezicht

Ruim twee eeuwen voor de Tinder-swipe en de Facebook-like was er de zak-Lavater. De zak-Lavater was ongeveer even groot als je smartphone en ontworpen om de ware aard van mensen die je in het dagelijks leven tegenkwam te decoderen. Vluchtige eerste indrukken van een gezicht – 'een open gelaat' en zo – waren niet langer genoeg. Het gezicht was een boek van morele kwaliteiten, en als het op de juiste manier werd gelezen met behulp van de *Physiognomische Fragmente zur Beförderung der Menschenkenntnisse und Menschenliebe* van dominee Lavater, zou je in staat zijn achter elk masker, hoe behendig het ook werd gedragen, door te dringen tot het authentieke individu. Of het nu ging om de kwalificaties van iemand die een betrekking zocht in je handelsfirma of je huishouden, de betrouwbaarheid van een toekomstige zakenpartner of de geschiktheid van een jongeman die om de hand van je dochter vroeg, de zak-Lavater zou je in staat stellen de facie te decoderen en een volgens de schrijver wetenschappelijk oordeel te vellen.

Johann Caspar Lavaters Fysionomie, uitgegeven in 1775, was het product van een cultuur die bezeten was van transparantie en oprechtheid en hun corrumperende tegenovergestelden, mode en gekunsteldheid. Zwitserland werd geacht het rijk der ware natuur te zijn, en Lavater was een Zwitserse zwingliaanse dominee die een versie van Jean-Jacques Rousseaus filosofie van de zuivere natuur in christelijke anatomie vertaalde. God had ieder individu in zijn schepping de gelaatstrekken gegeven die de waarheid over zijn morele karakter vertelden. Het enige wat nodig was om dit aan het licht te brengen was een opvoeding in de details van de fysionomie.

Het probleem was dat Lavaters vier delen, die in 1778 werden voltooid, te dik waren om dagelijks mee te slepen. Een gezicht onthouden en het vervolgens schetsen en daarna naar de bibliotheek gaan om de gelaatstrekken te controleren aan de hand van Lavaters geschreven profielen en typologische illustraties bracht het risico mee van slordige herinnering. Vandaar de pocketuitgave, die in een jaszak kon worden meegenomen en geraadpleegd wanneer er behoefte was aan een oordeel over een gezicht. De zak-lavateriaan hoefde zich alleen maar een paar minuten terug te trekken, de bladzijden door te bladeren naar afbeeldingen die min of meer een overeenkomst vertoonden om te zien wat de grote fysionomist te vertellen had. Leek de sollicitant op nummer IV? Als je op zoek was naar een rentmeester of klerk, leek dat veelbelovend, omdat 'in deze stevig gesloten mond, de rand van de lippen onzichtbaar, toewijding en regelmaat verborgen liggen. Het onderste gedeelte van het gezicht wijkt iets terug: teken van een discrete, bescheiden, ernstige en gereserveerde man... nooit zal hij tot poëtische verdichtsels overgaan of de grenzen der nauwgezette stiptheid overschrijden.' Des te beter, we hebben geen dichter nodig in de rekenkamer. Volgende! Aha, nummer X. Even kijken. 'Het voorhoofd duidt zowel op talent als op dwaasheid – dit mag op het eerste gezicht een tegenstelling lijken; maar dat de *sinus frontalis* in een punt eindigt – een bijna onfeilbaar teken van gekte – maakt de stelling weer minder paradoxaal. Een man met een dergelijk uiterlijk spreekt snel en incoherent, en is vaak afwezig, of in een diepe rêverie verzonken.' Niet waar je naar op zoek was. Maar hij was tenminste niet nummer XXVIII, bij wie de 'opvallende hoek van de neus' en 'de uitstekende en scherpe kin' duidden op een 'geslepen karakter', 'een gelaat dat we niet zonder weerzin kunnen aanzien'.

Hoewel er meer dan genoeg aanbevelenswaardige types in de lijst staan – XXXI bijvoorbeeld, 'een vrolijke, levendige man, snedigheid en epigram zijn zijn wapenen... de mond, met een klein kuiltje in het midden' of XXIX, bij wie 'het vooruitstekende bot van het oog' hem markeerde met het 'stempel van genialiteit' – was de algemene toon van de zak-Lavater sociaal verdedigend. Wanneer foto's in de plaats kwamen van lijngravures in werken die soms gepubliceerd werden door gepensioneerde politiechefs, bleef de toon voorzichtig. Om je een veilige weg te banen door de stedelijke jungle, die bevolkt was door geloofwaardige boeven en glimlachende rovers, moest je een geïnformeerde, praktische fysionoom zijn, maar ook, naar het schijnt, een pathonoom.

Men raakte er steeds meer van overtuigd dat een encyclopedie van gelaatstrekken, zelfs in talloze combinaties, geen rekening hield met de emotionele uitdrukkingen die het aanzien van mond en ogen en zelfs het hele uiterlijk veranderden. Die mobiele, veranderlijke werking van het gezicht wanneer iemand werd overmand door vreugde, angst, schaamte of zorg was het echte boek van de waarheid, en om dat te lezen moest de pathonoom, de analyticus van gezichtsuitdrukkingen, tot in de kleinste details weten wat de invloed van elke stemming was op de gezichtsspieren, de bloedtoevoer naar de wangen, de lippen, de snelle of langzame beweging van de ogen. En dat was omdat, hoe bedreven de sociale acteur ook was, de gewenste beheersing van het gezicht altijd zou worden overwonnen door onwillekeurige bewegingen die door een versterkte emotionele toestand werden veroorzaakt. Als je die bestudeerde, vooral de minuscule expressies die vluchtig over het uiterlijk van een persoon gleden, kreeg je vat op een waar portret van een individu.

En op dit punt voegde de pathonoom zich in een lange traditie van studies die waren bedoeld om aankomende kunstenaars, zowel historieschilders als portretschilders, een bibliotheek van emoties te verschaffen, en van de manier waarop die zich op de anatomie van het gezicht manifesteerden. *De humana physiognomonia* van Giambattista della Porta dat in 1586 uitkwam, was de eerste poging om een systematische inventaris van expressies te maken, en het kan geen toeval zijn dat Della Porta ook een cryptograaf was. Voor zeventiende-eeuwse schilders die zich specialiseerden in de expressie van sterke emotie, was het een onmisbaar naslagwerk, en de piepkleine etsen die de jonge Rembrandt maakte van gezichten die hij voor de spiegel trok, van woede, hilariteit en zo meer, waren zeker een poging om zijn eigen bibliotheek van zichtbaar gemaakte passies samen te stellen. Charles Le Brun, de hofkunstenaar van Louis XIV, vulde de literatuur aan, maar in de negentiende eeuw verdiepten wetenschappelijke analisten zich weer in een ander stokpaardje van Della Porta: overeenkomsten tussen dierlijke en menselijke expressie. Hij had een gevarieerd bestiarium geproduceerd van leeuwachtige gezichten, hondachtige gezichten, aapachtige gezichten enzovoort, en die beelden waren zo grappig dat ze vaak in moderne boeken werden gereproduceerd, ingevoegd in de zak-Lavater bijvoorbeeld.

De *Essays on the Anatomy and Philosophy of Expression* (1824) van Charles Bell breidden Lavaters compendium uit met de wetenschappelijke strengheid die voortkwam uit zijn werk als neuroloog, maar het was zijn christelijke overtuiging dat de mens zich van het dier onderscheidde door zijn gelaatsuitdrukking die ertoe leidde dat Charles Darwin zijn eigen *The Expression of the Emotions in Man and Animals* (1872) schreef, om min of meer het tegenovergestelde te zeggen. Met behulp van foto's gemaakt door Oscar Rejlander en anderen, en van gravures van honden, katten, chimpansees en zelfs kippen die waren vastgelegd op momenten van angst en territoriumdrift, voerde Darwins prachtige boek aan dat de emotionele expressie, net als de rest, was voortgekomen uit een evolutionair proces. Wie de complexiteit van de taal van het gezicht begrijpt,

begrijpt de mens als sociaal dier, aan het meest ontwikkelde uiteinde van een spectrum van beesten die allemaal hun eigen machinerie van spieren hadden die trilden en trokken al naar gelang de emoties die door hun zenuwstelsel gierden.

Al deze werken, van de primitieve en merkwaardige Della Porta tot de verfijnde taxonoom Darwin, vertaalden de vluchtige expressies van het menselijk gelaat – ogen die sinds Augustinus als 'vensters van de ziel' werden gezien, lippen die vochtig of droog werden al naar gelang de staat van angst of verlangen, wenkbrauwen die omhoog of omlaag gingen of fronsten afhankelijk van de stemming – in sociale en biologische gegevens. Van de mysteries van de passies, het gereedschap van de ambitieuze portretschilder of dichter, werd een kaart gemaakt met informatie die kon worden gesorteerd, gecodificeerd en geanalyseerd volgens wetenschappelijke principes. Het was maar een kleine stap van demystificatie naar doelgericht nuttig gebruik. Als je tegenwoordig naar boeken over gezichtsherkenning zoekt, vind je de enorme literatuur over de bedrading van de hersenen van pasgeborenen waarmee ik dit boek begon, of iets duisterders: een hele industrie gewijd aan het in kaart brengen van gelaatstrekken én hun expressieve variabelen ten gunste van de twee giganten die samen over onze hedendaagse wereld regeren – de veiligheidsstaat en de multinational.

Bedrijven als Visionics Corporation, Viisage en Miro houden zich bezig met het ontwerpen en leveren van technologie voor de groeiende (altijd groeiende) 'securitisatie' van identiteiten. Ofwel u en mij. Iemand bij Defensie heeft dat met galgenhumor FERET genoemd: Face Recognition Technology. Het heeft tot taak tussen oneindig veel gezichten te zoeken naar degenen die een of andere directe bedreiging vormen, met technieken die verfijnder zijn dan een agent die met een ballpoint in de hand even naar een paspoortfoto en dan naar een instapkaart kijkt. *Eye-Dentity*-procedures, zoals ze in de jaren negentig werden genoemd, zijn begonnen met het verzamelen van beelden van de complexe en unieke patronen van bloedvaten in het oog, die meestal werden aangevuld met elektronische scans van vingerafdrukken. Irisherkenningstechnologie is geavanceerder, maar deze FERET-technologieën zijn afhankelijk van overeenkomsten met een al bestaande database van eerdere verdachten. Nieuwelingen laten geen alarmbel rinkelen. De securitisatie van gezichten is nog steeds eerder in de fase van Lavater dan in die van Darwin. Men heeft erkend dat er om een instantportret van een dreiging te maken een Facial Action Coding System nodig is, ook wel bekend als Automated Facial Expression Analysis, dat zich kan richten op micro-gezichtsuitdruk-kingen die maar een fractie van een seconde duren, in de ogen, om de mond, in de lijnen op het voorhoofd, ongeacht wat de verraderlijke trek ook is of doet. Wanneer digitale systemen om gezichten te lezen dyna-misch geprogrammeerd worden, zal dit ook gebeuren totdat zelfs het meest geoefende pokergezicht (of vooral een pokergezicht) bij de check-in alarmbellen zal doen rinkelen.

In een iets minder paranoïde zin worden er door marketingmensen ge-zichtsdatabases ontwikkeld om gemeenschappen van klanten gebaseerd op gelijkenissen op te bouwen. Mensen met rood haar, een roomblanke huid, vage sproetjes en groene ogen, of indianen met bruine ogen en In-ca-neuzen, zouden dan automatisch kunnen worden gesorteerd in een aparte groep om toegepaste informatie te krijgen over de voorkeur voor een nagellakkleur, sieraden, theaterkaartjes, sportclubs of keuze voor lichte of zware lectuur.

Tegenover deze securitisatie van onze gezichten, of, in zo'n oxymoron waar marketingmensen dol op zijn, deze 'massa-individuatie', is het ver-leidelijk om het traditionele portret te zien staan of hangen als een laat-ste uitdaging, in staat om de kenmerken van menselijkheid vast te leggen op manieren die zelfs voor de meest geavanceerde digitale scanners niet toegankelijk zijn. Maar is het eigenlijk alleen een romance van doek en verf? In de handen van Rembrandt of, in de lange, rijke Britse beeldende cultuur, van iemand als Gwen John of George Romney, is dat ongetwij-feld waar. Jenny Savilles schilderijen van haarzelf en haar beweeglijke kinderen brengen veel scherper een beeld van menselijke vitaliteit over dan welke video ook. Maar in de tijd van Snapchat, waarin foto's vanzelf in een paar minuten verdwijnen en het aantal selfies dat op een appa-raat wordt opgeslagen strijdig is met een emotionele hiërarchie, moeten schilderijen of zelfs formele video's uitzonderlijk krachtig zijn om stand te kunnen houden. Gezichten in de betekenis die Jonathan Richardson of Samuel Parker zouden hebben herkend als dragers van de onuitwis-bare essentie van een karakter, zijn inwisselbaar geworden. Er kan aan worden 'gewerkt' om ze te veranderen, en ooit komt de dag dat plastische chirurgie even normaal is als de kapper. Genetische manipulatie van het embryo kan al de vacht en oogkleur van muizen en ratten bepalen, zou dan de dag nog ver zijn dat het mogelijk is te kiezen voor het gezicht van een baby uit een catalogus?

Omdat het vastleggen van de 'echte gelijkenis' in elk opzicht onmoge-lijk dreigt te worden, is het natuurlijk mogelijk dat portretkunst al nieuwe vormen voortbrengt die ons voorlopige uiterlijk weergeven. Avontuurlijk werk als Tom Phillips' portret van Susan Greenfield, dat beelden van haar hersenen met de tekeningen van de kunstenaar laat vervloeien, kan verschillende leeftijden, verschillende stemmingen en verschillende uitdrukkingen voorstellen, zodat de veranderende, beweeglijke vorm van gelaatstrekken iets meer vertegenwoordigt dan een moment dat op een of andere manier als symbolisch voor een heel leven moet worden opgevat.

Maar dit is eigenlijk allemaal te postmodern voor mij. Er is een aspect van de portretkunst, over de verhalen van het maken, die transactie tussen de partijen, ogen die elkaar aankijken, waarvan ik koppig blijf geloven dat het niet tot kale data kan worden teruggebracht. En er is nog iets wat me dwarszit en waar het idee en de praktijk van de portretkunst misschien tegen opgewassen zijn. We leven in een paradoxale tijd waarin een beeld wordt vastgelegd, waarna we erop neerkijken, want de neergeslagen blik neemt een absurd groot deel van onze dagelijkse routine in beslag. Hele micro-universa van geluiden en aanblikken zijn verzameld in een kleine machine, als een extensie van wat we aanzien voor de eigen verzameling voorkeuren die onze identiteit vormt. Als we niet allemaal Narcissus zijn, zijn we bijna allemaal Echo. We zijn nog nooit zo sterk via netwerken verbonden geweest, en toch zijn we nog nooit zo sterk gevangen geweest in solipsisme.

Dit zou de grote Joodse filosoof Emmanuel Levinas uiterst zorgwekkend hebben gevonden, omdat voor hem oogcontact, *face à face*, het begin van de ethiek was, de onmisbare staat van empathie, de mogelijkheid om de wereld te ervaren door meer dan onze eigen geïsoleerde persona. Het uitwisselen van blikken, de ontmoeting met de ander, was voor Levinas de fundamentele uitoefening van ons mens-zijn. Wat hem daarentegen niet zou verbazen is het fenomeen dat het kwaad een capuchon opzet voordat het in koelen bloede het leven van een andere mens neemt.

Ik heb vaak aan Levinas gedacht tijdens het schrijven van deze verhalen over oog-in-oogontmoetingen in de Britse kunst en geschiedenis, en ook aan losse flarden herinnering die, hoezeer je ook kunt twijfelen aan hun waarheidsgehalte, op een of andere manier voor mij nog steeds het visuele nagloeien van een moment zijn, ergens lang geleden, des te dierbaarder omdat de herinnering wankel en wazig wordt. Op een strand in de buurt van de Kursaal in Southend rond 1948 zette een grote man met een snor een driejarig jongetje op zijn schouders. De hoekige man, mijn grootvader Mark de koosjere slager, staat (tegen zijn gewoonte in) te glimmen van schalkse hartelijkheid. Het kleine kind, met een brede grijns van opwinding en blije angst op zijn vollemaansgezicht, ben ik. Maar het is het gezicht dat ontbreekt op de foto dat ik me nog heel helder herinner wanneer ik naar dit oude kiekje kijk: de uitdrukking op het gezicht van mijn vader toen hij opkeek van de horizontale zoeker van de Hasselblad. Het was de blik van een man die wist hoe je gelukkig moet zijn.

Lijst van illustraties

10-11 | *William Shakespeare*, toegeschreven aan John Taylor, olieverf op doek, ca. 1610. © National Portrait Gallery, Londen (NPG 1)

16 | *Inleydinge tot de Alghemeene Teyckenkonst*, door Willem Goeree, 1668. UB Heidelberg

19 | *Jonge vrouw en jonge man uit Al Fajoem, Egypte*. Links, © DEA Picture Library/Getty Images; rechts, © DEA/G. degli Orti/Getty Images

22-23 | *Oliver Cromwell*, door Robert Walker, olieverf op doek, ca. 1649. © National Portrait Gallery, Londen (NPG 536)

36 | *Winston Churchill, Kathleen Sutherland en Graham Sutherland*, door Elsbeth R. Juda, bromide contactplaat, 17 oktober 1954. © National Portrait Gallery, Londen (NPG x136052)

38 | *Winston Churchill*, door Graham Sutherland, olieverf op doek, 1954. © National Portrait Gallery, Londen (NPG 5332)

41 | *Winston Churchill*, door Graham Sutherland, olieverf op doek, 1954. © Nalatenschap van Winston S. Churchill; foto © Larry Burrows Collection. Het portret van sir Winston Churchill door Graham Sutherland is weergegeven met toestemming van de familie Churchill.

46 | *Muurschildering in Piccotts End*, eind vijftiende eeuw. © Oxford Film and Television Ltd, met toestemming van Karen Murphy en Alison Wright

53 | *Koning Henry VIII en koning Henry VII*, door Hans Holbein de Jongere, inkt en waterverf, ca. 1536-1537. © National Portrait Gallery, Londen (NPG 4027)

61 | *Koningin Elizabeth I, Het regenboogportret*, toegeschreven aan Isaac Oliver, ca. 1600. Hatfield House, Hertfordshire, UK/Bridgeman Images

62 | *Koningin Elizabeth I, Het regenboogportret*, toegeschreven aan Isaac Oliver (detail) ca. 1600. Hatfield House, Hertfordshire, UK/Bridgeman Images

64 | *Koningin Elizabeth I*, onbekende Engelse kunstenaar, olieverf op paneel, ca. 1600. © National Portrait Gallery, Londen (NPG 5175)

66 | *Charles I*, door Hubert Le Sueur. Foto © Dennis Gilbert/Bridgeman Images

71 | *Charles I met M. de St Antoine*, door sir Anthonie van Dyck, olieverf op doek, 1633. Royal Collection Trust/© Her Majesty Queen Elizabeth II 2015

76 | *Koning Charles I*, door Wenceslaus Hollar, ets, midden zeventiende eeuw. © National Portrait Gallery, Londen (NPG D26307)

79 | *Oliver Cromwell*, door Robert Walker, olieverf op doek, ca. 1649. © National Portrait Gallery, Londen (NPG 536)

80 | *Margaret Lemon*, door Samuel Cooper, ca. 1635. Fondation Custodia, Parijs

80 | *John Maitland, hertog van Lauderdale*, door Samuel Cooper, waterverf op velijn, 1664. © National Portrait Gallery, Londen (NPG 4198)

82 | *Miniatuur van Oliver Cromwell (onvoltooid)*, door Samuel Cooper, ca. 1650. Particuliere collectie/Bridgeman Images

86 | *Het jachtgevolg van burggraaf Weymouth: de hooggeboren John Spencer naast een jachtpaard dat wordt vastgehouden door een jongen*, door John Wootton, olieverf op doek, 1733-1736. © Tate, Londen 2015

90 | *John Locke*, naar sir Godfrey Kneller, olieverf op doek, 1670-1699. Lodge Park and Sherborne Estate, Gloucestershire, UK/National Trust Photographic Library/Bridgeman Images

97 | *Charles Fitzroy, 2e Hertog van Grafton*, door sir Godfrey Kneller, olieverf op doek, ca. 1703-1705. © National Portrait Gallery, Londen (NPG 3210)

98 | *William Congreve*, door sir Godfrey Kneller, olieverf op doek, 1709. © National Portrait Gallery, Londen (NPG 3199)

98 | *Sir Richard Steele*, door sir Godfrey Kneller, olieverf op doek, 1711. © National Portrait Gallery, Londen (NPG 3227)

98 | *Sir John Vanbrugh*, door sir Godfrey Kneller, olieverf op doek, ca. 1704-1710. © National Portrait Gallery, Londen (NPG 3231)

98 | *Jacob Tonson I*, door sir Godfrey Kneller, olieverf op doek, 1717. © National Portrait Gallery, Londen (NPG 3230)

100 | *De verraderlijke Patriot ontmaskerd (William Pulteney, 1e graaf van Bath)*, door onbekende kunstenaar, mezzotint, uitgegeven 1742. © National Portrait Gallery, Londen (NPG D9351)

100 | *William Pulteney, 1e Graaf van Bath*, door sir Godfrey Kneller, olieverf op doek, 1717. © National Portrait Gallery, Londen (NPG 3194)

104 | *De prentenwinkel Macaroni*, door Edward Topham, ets, 1772. © The Trustees of the British Museum

108 | *John Wilkes*, door William Hogarth, ingekleurde ets, 1763.
© National Portrait Gallery, Londen (NPG D1362)

110 | *De vrijheidsboom moet onmiddellijk worden geplant!*, door James Gillray, ingekleurde ets, 1797. © National Portrait Gallery, Londen (NPG D12598)

112 | *Het toppunt van Franse glorie; – Het toppunt van vrijheid*, door James Gillray, ingekleurde ets, 1793. © National Portrait Gallery, Londen (NPG D13014)

114 | *William Pitt*, door James Gillray, gravure, 1789. © National Portrait Gallery, Londen (NPG D4086)

114 | *William Pitt (Een uitgroeisel; – een Zwam; – alias – een paddenstoel op een mesthoop)*, door James Gillray, ingekleurde ets, 1791. © National Portrait Gallery, Londen (NPG D12435)

116 | *De Franse invasie; – of – John Bull die de parlevinkers bombardeert*, door James Gillray, ingekleurde ets, 1793. © National Portrait Gallery, Londen (NPG D13016)

117 | *Zonde, dood en de duivel*, door James Gillray, ingekleurde ets, 1792. © National Portrait Gallery, Londen (NPG D12458)

118 | *Heb meelij met de smarten van een arme blinde man*, door James Gillray, inkt op papier. © Fitzwilliam Museum, Cambridge

124 | *Koningin Victoria met de kroonprinses, de kroonprins, prinses Alice, prinses Helena en prins Alfred*, door Edward Kilburn, 1852. Royal Collection Trust/© Her Majesty Queen Elizabeth II 2015

126 | *Koningin Victoria en prins Albert*, door Roger Fenton, 1854. Royal Collection Trust/© Her Majesty Queen Elizabeth II 2015

128 | *Prins Albert van Saksen-Coburg en Gotha, koningin Victoria en hun kinderen*, door John Jabez Edwin Mayall, albumine carte de visite fotomontage, ca. 1861. © National Portrait Gallery, Londen (NPG AX9571)

128 | *Prins Albert van Saksen-Coburg en Gotha en koningin Victoria*, door John Jabez Edwin Mayall, ingekleurde albumine carte de visite, 1860. © National Portrait Gallery, Londen (NPG AX46703)

131 | *Koningin Victoria*, door Alexander Bassano, zilverbromietpapier, 1897. © National Portrait Gallery, Londen (NPG P1700(32))

137 | *Winston Churchill*, door Yousuf Karsh, bromide afdruk, 1941. © Karsh / Camera Press (NPG P1368)

138-139 | *Venetia, lady Digby*, door sir Anthonie van Dyck, olieverf op doek, ca. 1633-1634 © National Portrait Gallery, Londen (NPG 5727)

150 | *Venetia, lady Digby*, op haar sterfbed, door sir Anthonie van Dyck, olieverf op doek, 1633. Met toestemming van de Trustees van de Dulwich Picture Gallery

154 | *Sir Kenelm Digby*, door Peter Oliver, waterverf op velijn, 1627. © National Portrait Gallery, Londen (NPG 6274)

161 | *Sir Kenelm Digby*, door sir Anthonie van Dyck, olieverf op doek, ca. 1640. © National Portrait Gallery, Londen (NPG 486)

164 | *Venetia, lady Digby*, door sir Anthonie van Dyck, olieverf op doek, ca. 1633-1634 © National Portrait Gallery, Londen (NPG 5727)

166 | *Sir Kenelm Digby*, door Richard Gaywood, naar sir Anthonie van Dyck, ets, 1654. © National Portrait Gallery, Londen (NPG D16450)

170 | *Zelfportret*, door Richard Cosway, gewassen potlood, ca. 1790. © National Portrait Gallery, Londen (NPG 304)

174 | *Kroonprins George (later koning George IV)*, door Richard Cosway, waterverf op ivoor, ca. 1780-1782. © National Portrait Gallery, Londen (NPG 5890)

177 | *Mary Robinson (Perdita)*, door Thomas Gainsborough, olieverf op doek, 1781. © The Wallace Collection

180 | *Kroonprins George (later koning George IV)*, door Louis of Lewis Saillar (Sailliar), naar Richard Cosway, stippelgravure, 1787. © National Portrait Gallery, Londen (NPG D19038)

183 | *Maria Fitzherbert*, door sir Joshua Reynolds, olieverf op doek, ca. 1788. Met toestemming van de eigenaar; bruikleen van National Portrait Gallery, Londen; foto © National Portrait Gallery, Londen (NPG L162)

187 | *Het oog van kroonprins George (later koning George IV)*, door Richard Cosway, eind achttiende eeuw. Particuliere collectie; beeld © Oxford Film and Television Ltd

188 | *Richard Cosway en Maria Cosway*, door Richard Cosway, ets, 1784. © National Portrait Gallery, Londen (NPG D34151)

191 | *Thomas Jefferson*, door John Trumbull, olieverf op paneel, 1788. Particuliere collectie; foto © GraphicaArtis/Bridgeman Images

194 | *Uitzicht uit de ontbijtkamer van de heer Cosway, Pall Mall, met het portret van mevrouw Cosway*, door William Russell Birch, naar Richard Cosway en William Hodges, stippelgravure, 1789. © National Portrait Gallery, Londen (NPG D13728)

198 | *Mevrouw Cosway*, door Valentine Green, naar Maria Cosway, 1787. © De Trustees van het British Museum

201 | *Maria Cosway*, door Francesco Bartolozzi, naar Richard Cosway, gravure, 1780. © atg-images

202 | *Maria Cosway met haar dochter Louisa*, door Richard Cosway, krijt, ca. 1794. © akg-images/Quint&Lox

208 | *De dochters van de schilder jagen op een vlinder*, door Thomas Gainsborough, olieverf op doek, ca. 1756. © The National Gallery, Londen. Legaat Henry Vaughan, 1900

211 | *De dochters van de schilder met een kat*, door Thomas Gainsborough, olieverf op doek, ca. 1760-1761. © The National Gallery, Londen

217 | *Zelfportret*, door Thomas Gainsborough, olieverf op doek, ca. 1758-1759. © National Portrait Gallery, Londen (NPG 4446)

223 | *Alice Liddell,* door Charles Lutwidge Dodgson (Lewis Carroll), albumine carte de visite, 1870. © National Portrait Gallery, Londen, en het National Media Museum (deel van de Science Museum Group, Londen) (NPG P991(11))

225 | *Alice Liddell als bedelkind*, door Charles Lutwidge Dodgson (Lewis Carroll), 1858. Foto © Tallandier/Bridgeman Images

226 | *Pomona (Portret van Alice Liddell)*, door Julia Margaret Cameron, 1872. Royal Photographic Society/National Media Museum/SSPL

230 | *Jane Morris*, door John Robert Parsons, gekopieerd door Emery Walker Ltd, bromide afdruk, 1865. © National Portrait Gallery, Londen (NPG X137525, NPG X137526, NPG X137527, NPG X137528)

237 | *Waterwilg*, door Dante Gabriel Rossetti, olieverf op doek, 1871. Delaware Art Museum, Wilmington, USA/Samuel en Mary R. Bancroft Memorial/Bridgeman Images

240 | *Francis Bacon en Muriel Belcher*, door Peter Stark, bromide afdruk, 1975. © Peter Stark (NPG X1533)

244 | *Drieluik – Augustus 1972*, door Francis Bacon, 1972. © Nalatenschap Francis Bacon. Alle rechten voorbehouden. DACS 2015. Foto © Tate, Londen 2015

246 | *Yoko Ono en John Lennon*, door Annie Leibovitz, chromogene kleurenafdruk, 1980. © Annie Leibovitz/Contact Press Images (NPG P628)

251 | *Julia Stanley*, door Mark en Colleen Hayward, 1949. Redferns/ Getty Images

252-253 | *Emma, lady Hamilton*, door George Romney, olieverf op doek, ca. 1785. © National Portrait Gallery, Londen (NPG 294)

308 | *Kitty Fisher*, door Richard Purcell (alias Charles of Philip Corbutt), naar sir Joshua Reynolds, mezzotint, 1759. National Portrait Gallery, Londen (NPG D1953)

310 | *Miss Nelly O'Brien*, door sir Joshua Reynolds, olieverf op doek, ca. 1762-1764. © The Wallace Collection

310 | *De actrice Kitty Fisher als Danae*, door sir Joshua Reynolds, olieverf op doek, 1761. Gemäldegalerie, Berlin, Staatliche Museen zu Berlin. Foto: Jörg P. Anders © 2015. Foto Scala, Florence/BPK, Bildagentur für Kunst, Kultur und Geschichte, Berlijn

312 | *Kitty Fisher*, door Nathaniel Hone, olieverf op doek, 1765. © National Portrait Gallery, Londen (NPG 2354)

312 | *Kitty Fisher als Cleopatra*, door sir Joshua Reynolds, olieverf op doek, 1759. Legaat Iveagh, Kenwood House, Londen, UK/© Historic England/Bridgeman Images

319 | *Zelfportret*, door George Romney, olieverf op doek, 1784. © National Portrait Gallery, Londen (NPG 959)

322 | *Emma, lady Hamilton*, door George Romney, olieverf op doek, ca. 1785. © National Portrait Gallery, Londen (NPG 294)

322 | *Emma, lady Hamilton*, door George Romney, olieverf op doek, ca. 1785. © National Portrait Gallery, Londen (NPG 4448)

325 | *Horatio Nelson*, door sir William Beechey, olieverf op doek, 1800. © National Portrait Gallery, Londen (NPG 5798)

330 | *William Shakespeare*, toegeschreven aan John Taylor, olieverf op doek, ca. 1610. © National Portrait Gallery, Londen (NPG 1)

334 | *Interieur van de zuidvleugel met zittende sir George Scharf, South Kensington*, door onbekende fotograaf, 1885

337 | *William Wilberforce*, door sir Thomas Lawrence, olieverf op doek, 1828. © National Portrait Gallery, Londen (NPG 3)

340 | *Charlie Chaplin*, door Alexander ('Alick') Penrose Forbes Ritchie, kleurreliëf autotypie sigarettenplaatje, 1926. © National Portrait Gallery, Londen (NPG D2662)

340 | *David Lloyd George, 1e graaf Lloyd-George*, door Alexander ('Alick') Penrose Forbes Ritchie, kleurreliëf autotypie sigarettenplaatje, 1926. © National Portrait Gallery, Londen (NPG D2677)

340 | *Sir John ('Jack') Berry Hobbs*, door Alexander ('Alick') Penrose Forbes Ritchie, kleurreliëf autotypie sigarettenplaatje, 1926. © National Portrait Gallery, Londen (NPG D18017)

340 | *George Bernard Shaw*, door Alexander ('Alick') Penrose Forbes Ritchie, kleurreliëf autotypie sigarettenplaatje, 1926. © National Portrait Gallery, Londen (NPG D2686)

344-345 | *Zelfportret*, door Gwen John, olieverf op doek, ca. 1900. © National Portrait Gallery, Londen (NPG 4439)

351 | *Hotelkamer*, door Lucian Freud, olieverf op doek, 1954. Beaverbrook Art Gallery, Fredericton, N.B., Canada/© The Lucian Freud Archive/ Bridgeman Images

354 | *Zelfportret in een getijdenboek*, door William de Brailes, ca. 1240. © The British Library Board. Additioneel 49999 f. 43

356 | *Zelfportret in een psalter*, door William de Brailes, ca. 1240. © Fitzwilliam Museum, Cambridge, UK

359 | *Gerlach Flicke en Henry Strangwish*, door Gerlach Flicke, olieverf op papier of velijn op paneel, 1554. © National Portrait Gallery, Londen (NPG 6353)

361 | *Thomas Cranmer*, door Gerlach Flicke, olieverf op paneel, 1545-1546. © National Portrait Gallery, Londen (NPG 535)

362 | *Peter Carew*, door onbekende Engelse kunstenaar, naar Gerlach Flicke, olieverf op paneel, midden tot eind zestiende eeuw. Royal Collection Trust/© Her Majesty Queen Elizabeth II 2015

366 | *Zelfportret*, door Isaac Fuller, olieverf op doek, ca. 1670. © National Portrait Gallery, Londen (NPG 2104)

371 | *Koning Charles II en kolonel William Carlos (Careless) in de koninklijke eik*, door Isaac Fuller, olieverf op doek, ca. 1660. © National Portrait Gallery, Londen (NPG 5249)

371 | *Koning Charles II op het molenaarspaard van Humphrey Penderel*, door Isaac Fuller, olieverf op doek, ca. 1660. © National Portrait Gallery, Londen (NPG 5250)

374 | *Zelfportret*, door Jonathan Richardson, pen en potlood, 1736. © National Portrait Gallery, Londen (NPG 3023)

380 | *Zelfportret*, door Jonathan Richardson, zwart krijt gehoogd met wit op blauw papier, oktober 1735. © National Portrait Gallery, Londen (NPG 3779)

380 | *Zelfportret*, door of naar Jonathan Richardson, potlood op velijn, tussen 1730 en 1740. © National Portrait Gallery, Londen (NPG 1576d)

381 | *Zelfportret met stoffen muts*, door Jonathan Richardson de Oudere, zwart krijt gehoogd met wit krijt, ca. 1730-1735. Het J. Paul Getty Museum, Los Angeles. Digitaal beeld dankzij Getty's Open Content Program

381 | *Zelfportret*, door Jonathan Richardson de Oudere, zwart krijt, rood krijt en wit krijt op mediaanpapier, iets gestructureerd, blauw vergépapier, ca. 1733. Yale Center for British Art, Paul Mellon Collection

386 | *Zelfportret*, door Samuel Palmer, zwart krijt gehoogd met wit, op vaalgeel papier, 1826. © Ashmolean Museum, Universiteit van Oxford

395 | *William Blake*, kopie door John Linnell van een portret uit 1821, waterverf, 1861. © National Portrait Gallery, Londen (NPG 2146)

395 | *Zelfportret*, door William Blake, monochroom gewassen tekening, ca. 1802. Collectie van Robert N. Essick. © William Blake Archive. Met dank aan de eigenaar

395 | *De vallei vol graan*, door Samuel Palmer, pen en inkt met penseel, 1825. © Ashmolean Museum, Universiteit van Oxford, UK/Bridgeman Images

396 | *Samuel Palmer*, door George Richmond, waterverf en dekverf op ivoor, 1829. © National Portrait Gallery, Londen (NPG 2223)

396 | *Samuel Palmer*, door George Richmond, potlood, pen en inkt, ca. 1829. © National Portrait Gallery, Londen (NPG 2154)

396 | *Zelfportret*, door George Richmond, gouache op ivoor, 1830. © National Portrait Gallery, Londen (NPG 6586)

402 | *Slade School of Fine Art, klassenfoto*, door onbekende fotograaf, 1905. Met dank aan de Slade School of Fine Art. University College Londen

404 | *Henry Tonks*, door George Charles Beresford, halveplaat-glasnegatief, augustus 1902. © National Portrait Gallery, Londen (NPG x6600)

408 | *William Orpen, Augustus John, Gwen John, Albert Rutherston, lady Edna Clarke Hall, sir William Rothenstein, Alice Mary, lady Rothenstein en anderen* door onbekende fotograaf, bromide afdruk, april 1899. © National Portrait Gallery, Londen (NPG x38484)

411 | *Zelfportret*, door Gwen John, olieverf op doek, ca. 1900. © National Portrait Gallery, Londen (NPG 4439)

416 | *Zelfportret (Dame Laura Knight en Ella Louise Naper)*, door Dame Laura Knight, olieverf op doek, 1913. © Weergegeven met toestemming van de nalatenschap van Dame Laura Knight DBE RA, 2015. Alle rechten voorbehouden (NPG 4839)

423 | *Zelfportret*, door Gwen John, waterverf, 1905-1906. © Musée Rodin, Parijs (foto: Jean de Calan)

424 | *Zelfportret*, door Gwen John, olieverf op doek, 1902. © Tate, Londen 2015

428 | *Zelfportret*, door Gwen John, potlood op papier, ca. 1908, National Museum of Wales

431 | *Naakt meisje (Fenella Lovell)*, door Gwen John, olieverf op doek, 1909-1910. © Tate, Londen 2015

436 | *Het Laatste Wat Ik Tegen Je Zei is Laat Me Hier Niet Achter (I)*, door Tracey Emin, Epson afdruk, 2000. © Tracey Emin. Alle rechten voorbehouden, DACS 2015

436 | *Twee meisjes (Ishbel Myerscough en Chantal Joffe)*, door Ishbel Myerscough, olieverf op doek, 1991. © National Portrait Gallery, Londen (NPG 6959)

439 | *De moeders*, door Jenny Saville, olieverf op doek, 2011. Met dank aan de kunstenaar en Gagosian Gallery

440-441 | *Willie Liston*, door David Octavius Hill en Robert Adamson, calotype, 1843-1848. © National Portrait Gallery, Londen (NPG P6(217))

444 | *De Piss House Pub*, door Charlie Phillips, 1969. © Charlie Phillips/ www.nickyakehurst.com

447 | *Stel uit Notting Hill*, door Charlie Phillips, 1967. © Charlie Phillips/ www.nickyakehurst.com

450 | *Zuid-Afrikaanse danseressen in de Cue Club*, door Charlie Phillips, 1970. © Charlie Phillips/www.nickyakehurst.com

452 | *Een jonge zwarte (?Francis Barber)*, in de stijl van sir Joshua Reynolds, olieverf op doek, datum onbekend. © Tate, Londen 2015

454 | *Ayuba Suleiman Diallo (genaamd Job ben Solomon)*, door William Hoare, olieverf op doek, 1733. OM.762. Orientalist Museum, Doha (NPG L245)

458 | *Bill Richmond (een opvallende blik op Richmond)*, gemaakt en uitgegeven door Robert Dighton, ingekleurde ets, 1810. © National Portrait Gallery, Londen (NPG D10726)

458 | *Tom Molineaux*, door onbekende kunstenaar, Staffordshire figuurtje, ca. 1810-1815. © National Portrait Gallery, Londen (NPG 5813)

462 | *Ira Frederick Aldridge als Aäron in 'Titus Andronicus', John Tallis & Company*, naar William Paine, stippel- en lijngravure, ca. 1850. © National Portrait Gallery, Londen (NPG D17967)

464 | *Ira Frederick Aldridge*, naar James Northcote, olieverf op doek, ca. 1826. Particuliere collectie; in bruikleen in National Portrait Gallery, Londen (NPG L251)

466 | *The Analysis of Beauty*, door William Hogarth, 1753. The British Library Board 555.c.36 Titelplaat

471 | *John ('Jack') Broughton*, door William Hogarth, olieverf op doek, ca. 1730. Particuliere collectie (NPG L243)

472 | *Sarah Malcolm*, naar William Hogarth, mezzotint, 1733. © National Portrait Gallery, Londen (NPG D38165)

475 | *Simon Fraser, 11de baron Lovat*, door William Hogarth, ets, 1746. © National Portrait Gallery, Londen (NPG D1347)

476 | *Zelfportret (John Kay, door hemzelf getekend en gegraveerd)*, door John Kay, ets, 1786. © National Portrait Gallery, Londen (NPG D4970)

480 | *Jamie Duff*, door John Kay, ets, 1812. © National Portrait Gallery, Londen (NPG D32357)

480 | *Joseph Boruwłaski en Neil Fergusson*, door John Kay, ets, 1802. © National Portrait Gallery, Londen (NPG D16490)

480 | *William Wilson*, door John Kay, ets, 1815. © National Portrait Gallery, Londen (NPG D16495)

480 | *Alexander M'Kellar*, door John Kay, ets, 1803. © National Portrait Gallery, Londen (NPG D16496)

481 | *John Rae, Charles Oman en Hamilton Bell*, door John Kay, ets, 1792. © National Portrait Gallery, Londen (NPG D32339)

486 | *Sir Walter Scott*, door Augustin Edouart, silhouet, 1830-1831. © National Portrait Gallery, Londen (NPG 1638)

486 | *De familie Beveridge*, door Augustin Edouart, silhouet, 1832. © National Portrait Gallery, Londen (NPG D413)

487 | *Sarah Siddons, Niccolò Paganini en Tyrone Power als Dr O'Toole in 'The Irish Tutor'*, door Augustin Edouart, silhouet, 1832. © National Portrait Gallery, Londen (NPG D396)

487 | *Charles Simeon*, door Augustin Edouart, silhouet, 1828. © National Portrait Gallery, Londen (NPG D381)

489 | *Henry Philip Hope*, door Augustin Edouart, silhouet, 1829. © National Portrait Gallery, Londen (NPG D440)

494 | *Ierse harpspeler (Patrick Byrne)*, door David Octavius Hill en Robert Adamson, calotype, 1843-1848. © National Portrait Gallery, Londen (NPG P6(146))

496 | *Naar huis van de markt*, door David Octavius Hill en Robert Adamson, calotype, 1843-48. © National Portrait Gallery, Londen (NPG P6(216))

498 | *Sandy Linton, zijn boot en zijn zoontjes*, door David Octavius Hill en Robert Adamson, calotype, 1843-1848. © National Portrait Gallery, Londen (NPG P6(199))

498 | *Vissers op de kust (Alexander Rutherford, William Ramsay, John Liston)*, door David Octavius Hill en Robert Adamson, calotype, 1843–1848. © National Portrait Gallery, Londen (NPG P6(215))

500 | *Willie Liston*, door David Octavius Hill en Robert Adamson, calotype, 1843–1848. © National Portrait Gallery, Londen (NPG P6(217))

502 | *Jeanie Wilson en Annie Linton*, door David Octavius Hill en Robert Adamson, calotype, 1843–1848. © National Portrait Gallery, Londen (NPG P6(200))

504 | *Zusjes*, door David Octavius Hill en Robert Adamson, calotype, 1843–1848. © National Portrait Gallery, Londen (NPG P6(212))

504 | *Vissersvrouwen (Een straatje in Newhaven)*, door David Octavius Hill en Robert Adamson, calotype, 1843–1848. © National Portrait Gallery, Londen (NPG P6(209))

505 | *Vissersmeisjes (Grace Ramsay en vier onbekende vissersvrouwen)*, door David Octavius Hill en Robert Adamson, calotype, 1843–1848. © National Portrait Gallery, Londen (NPG P6(205))

505 | *Vissersmeisje en kind*, door David Octavius Hill en Robert Adamson, calotype, 1843–1848. © National Portrait Gallery, Londen

506 | *Elizabeth, lady Eastlake*, door David Octavius Hill en Robert Adamson, calotype, 1843–1848. © National Portrait Gallery, Londen (NPG P6(124))

506 | *Anna Brownell Jameson*, door David Octavius Hill en Robert Adamson, calotype, 1843–1848. © National Portrait Gallery, Londen (NPG P6(112))

508 | *Christina Broom met haar camera*, door Winifred Broom, 1910. © Museum of Londen

509 | *Clementina Maude, Princes Gardens 5*, door lady Clementina Hawarden, albumine afdruk van nat collodiumnegatief, ca. 1863–1864. © Victoria and Albert Museum, Londen

510 | *Mevrouw Albert Broom en de roeiers van de Oxford Boat Race in 1938*, door Winifred Margaret Broom, bromidedruk, 1938 (NPG x45461)

510 | *De Vrouwententoonstelling*, door Christina Broom, 1909. © Museum of Londen

511 | *Emmeline Pankhurst*, door Christina Broom, bromidedruk, tussen 1910 en 1920. © National Portrait Gallery, Londen (NPG x6194)

511 | *Christabel Pankhurst op de Vrouwententoonstelling*, door Christina Broom, 1909. © Museum of Londen

512 | *Suffragettedemonstratie in Hyde Park (Emmeline Pethick-Lawrence, Dame Christabel Pankhurst, Sylvia Pankhurst en Emily Davison)*, door

Christina Broom, roomkleurige velox afdruk, 1910. © National Portrait Gallery, Londen (NPG x17396)

514 | *Surveillancefoto's van militante suffragettes (Margaret Scott, Olive Leared, Margaret McFarlane, Mary Wyan, Annie Bell, Jane Short, Gertrude Mary Ansell, Maud Brindley, Verity Oates, Evelyn Manesta)*, door onbekende fotograaf, strafbladregister, zilverdruk op identificatie-formulier, 1914. © National Portrait Gallery, Londen (NPG x132846)

514 | *Surveillancefoto's van militante suffragettes (Mary Raleigh Richardson, Lilian Lenton, Kitty Marion, Lillian Forrester, Miss Johansen, Clara Giveen, Jennie Baines en Miriam Pratt*, door onbekende fotograaf, strafbladregister, zilverdruk op identificatieformulier, 1914. © National Portrait Gallery, Londen (NPG x132847)

517 | *Mary Raleigh Richardson en Catherine Wilson*, door onbekende fotograaf, strafbladregister memorandum, uitgegeven 24 april 1914. © National Portrait Gallery, Londen (NPG x136416)

518 | *Emmeline Pankhursts arrestatie bij Buckingham Palace*, door onbekende fotograaf, vintage afdruk, 21 mei 1914. © National Portrait Gallery, Londen (NPG x137689)

518 | *Kroonprins Edward (later hertog van Windsor en koning Edward VIII)*, door Christina Broom, halveplaat-glasnegatief, 1914. © National Portrait Gallery, Londen (NPG x277)

520 | *Soldaten van het Household Battalion die naar het front vertrekken*, door Christina Broom, 1916. © Museum of Londen

526 | *Infuus met zoutoplossing: een voorval in het Britse Rodekruisziekenhuis in Arc-en-Barrois*, 1915. © Imperial War Museum (Art. IWM ART 1918)

530 | *Portretten van soldaat Walter Ashworth, 1916-1917*, door Henry Tonks. © Hunterian Museum in het Royal College of Surgeons

534-535 | *Surveillancefoto's van militante suffragettes (Margaret Scott, Olive Leared, Margaret McFarlane, Mary Wyan, Annie Bell, Jane Short, Gertrude Mary Ansell, Maud Brindley, Verity Oates, Evelyn Manesta)*, door onbekende fotograaf, strafbladregister, zilverdruk op identificatiefor-mulier, 1914. © National Portrait Gallery, Londen (NPG x132846)

Selecte bibliografie

PORTRETKUNST

Brilliant, Richard, *Portraiture* (2001)

Cooper, Tarnya, and Sandy Nairne, *National Portrait Gallery: A Portrait of Britain* (2014)

Cumming, Laura, *A Face to the World: On Self-portraits* (2009)

Hall, James, *The Self-portrait: A Cultural History* (2014)

Lightfoot, Sara Lawrence, and Jessica Hoffmann David, *The Art and Science of Portraiture* (1997)

Piper, David, *The English Face*, Malcolm Roger (red.) (1992)

Pointon, Marcia, *Portrayal and the Search for Identity* (2013)

West, Shearer, *Portraiture* (2004)

Woodall, Joanna, *Portraiture: Facing the Subject* (1997)

OP HET EERSTE GEZICHT

ONDERZOEK NAAR GEZICHTSHERKENNING

Di Giorgio, Elisa, Irene Leo, Olivier Pascalis en Francesca Simion, 'Is the Face-perception System Human-specific at Birth?', *Developmental Psychology* (vol. 48, no. 4, juli 2012)

Farroni, Teresa, Mark H. Johnson, Enrica Menon, Luisa Zulian, Dino Faraguna en Gergely Csibra, 'Newborns' Preference for Face-relevant Stimuli: Effects of Contrast Polarity', *Proceedings of the National Academy of Scientists of the United States of America* (vol. 102, no. 47, nov. 2005)

Farzin, Faraz, Chuan Hou en Anthony M. Norcia, 'Piecing It Together: Infants' Neural Responses to Face and Object Structure', *Journal of Vision* (vol. 12, no. 6, dec. 2012)

Goren, Carolyn C., Merrill Sarty en Paul Y. K. Wu, 'Visual Following and Pattern Discrimination of Face-like Stimuli by Newborn Infants', *Pediatrics* (vol. 56, no. 4, okt. 1975)

Grossmann, Tobias, Mark H. Johnson, Sarah Lloyd-Fox, Anna Blasi, Fani Deligianni, Clare Elwell en Gergely Csibra, 'Early Cortical Specialization for Face-to-face Communication in Human Infants', *Proceedings of the Royal Society B: Biological Sciences* (dec. 2008)

Kanwisher, Nancy, and Galit Yovel, 'The Fusiform Face Area: A Cortical Region Specialized for the Perception of Faces', *Philosophical Transactions of the Royal Society B: Biological Sciences* (dec. 2006)

Kelly, David J., Paul C. Quinn, Alan M. Slater, Kang Lee, Alan Gibson, Michael Smith, Liezhong Ge en Olivier Pascalis, 'Three-month-olds, but Not Newborns, Prefer Faces of the Same Race', *Developmental Science* (vol. 8, issue 6, nov. 2005)

Pascalis, Olivier, Michelle de Haan en Charles A. Nelson, 'Is Face Processing Species-specific during the First Year of Life?' *Science* 17 (vol. 296, no. 5571, mei 2002)

Sacks, Oliver, 'Face-blind: Why are Some of us Terrible at Recognizing Faces?', *New Yorker* (30 aug. 2010)

Széll, Kate, 'Prosopagnosia: A Common Problem, Commonly Overlooked', Wellcome Trust blog (nov. 2014)

I MACHT

CHURCHILL

Berthoud, Roger, *Graham Sutherland: A Biography* (1982)

Gilbert, Martin, *Churchill: A Life* (1991)

–,*Winston S. Churchill: Vol. 8: Never Despair*, 1945–1965 (2013)

Hammer, Martin, *Bacon and Sutherland* (2005)

Hayes, John, *The Art of Graham Sutherland* (1980)

Portraits by Graham Sutherland (NPG exhibition catalogue), text by John Hayes (1977)

Purnell, Sonia, *First Lady: The Life and Wars of Clementine Churchill* (2015)

Tippett, Maria, *Portrait in Light and Shadow: The Life of Yousef Karsh* (2007)

PICCOTTS END EN PRE-REFORMATIE

Hamling, Tara, *Decorating the Godly Household: Religious Art in Post-Reformation Britain* (2010)

Rouse, E. Clive, 'Piccotts End: A Probable Medieval Guest House and Its Wall Paintings', *Hertfordshire Archaeology* (vol. 3, 1973)

–, 'Domestic Wall and Panel Paintings in Hertfordshire', *Archaeological Journal* (vol. 146, 1991)

ELIZABETH I

– Voor Cecil's draft proclamation zie: *Archaeologia: Or Miscellaneous Tracts Relating to Antiquity*, vol. 2

Allard, Sébastien, en Robert Rosenblum, *Citizens and Kings: Portraits in the Age of Revolution, 1760–1830* (2007)

Belsey, Andrew, en Catherine Belsey, 'Icons of Divinity: Portraits of Elizabeth I', *Renaissance Bodies*, Lucy Gent (red.) (1990)

Cooper, Tarnya, *Elizabeth I and Her People* (NPG-tentoonstellingscatalogus) (2013)

Frye, Susan, *Elizabeth I: The Competition for Representation* (1993)

Guy, John (red.), *The Reign of Elizabeth I: Court and Culture in the Last Decade* (1995)

Hackett, Helen, Virgin Mother, *Maiden Queen: Elizabeth I and the Cult of the Virgin Mary* (1995)

Hearn, Karen, *Marcus Gheeraerts II: Elizabethan Artist*, with a technical essay by Rica Jones (2002)

Howarth, David, *Images of Rule: Art and Politics in the English Renaissance, 1485–1649* (1997)

Levin, Carol, *The Heart and Stomach of a King: Elizabeth I and the Politics of Sex and Power* (1994)

Riehl, Anna, *The Face of Queenship: Early Modern Representations of Elizabeth I* (2010)

Strong, Roy, *The English Icon: Elizabethan and Jacobean Portraiture* (1969)

Yates, Frances, 'Queen Elizabeth as Astraea', *Journal of the Warburg and Courtauld Institutes* (vol. 10, 1947)

Koninklijke portretten

Albinson, Cassandra, Peter Funnell en Lucy Peltz (red.), *Thomas Lawrence: Regency Power and Brilliance* (2010)

Allard, Sébastien, en Robert Rosenblum, *Citizens and Kings: Portraits in the Age of Revolution, 1760-1830* (2007)

Ingamells, John, *Later Stuart Portraits, 1685-1714* (2009)

Moorhouse, Paul, *The Queen: Art and Image* (2011)

Scott, Jennifer, *The Royal Portrait: Image and Impact* (2010)

CHARLES I

Ball, R.M., 'On the Statue of King Charles at Charing Cross', *Antiquaries Journal* (67, 1987)

Brotton, Jerry, The Sale of the Late King's Goods (2007)

Corns, Thomas N., *The Royal Image: Representations of Charles I* (1999)

Denoon, D.G., 'The Statue of King Charles I at Charing Cross', *Transactions of the London and Middlesex Archaeological Society* (new series 6, 1933)

Esdaile, K.A., 'The Busts and Statues of Charles I', *Burlington Magazine* (vol. 91, no. 550, jan. 1949)

Hearn, Karen, *Van Dyck and Britain* (2009)

Howarth, David, *Images of Rule: Art and Politics in the English Renaissance, 1485-1649* (1997)

Knachel, P.A. (red.), *Eikon Basilike: The Portraiture of His Sacred Majesty in His Solitudes and Sufferings* (1966)

Lunger Knoppers, Laura, 'The Politics of Portraiture: Oliver Cromwell and Plain Style', *Renaissance Quarterly* (vol. 51, no. 4, winter 1998)

MacGregor, Arthur (red.), *The Late King's Goods* (1989)

Madan, Francis F., *A New Bibliography of the Eikon Basilike of Charles I* (1950)

Millar, Oliver, *Van Dyck in England* (1982)

Peacock, John, 'The Visual Image of Charles I', in Thomas Corns (red.), *The Royal Image: Representations of Charles I* (1999)

Sharpe, Kevin, *The Personal Rule of Charles I* (1992)

–, 'Van Dyck, The Royal Image and the Caroline Court', in zijn *Reading Authority and Representing Rule in Early Modern England* (2013)

Strong, Roy, *Van Dyck: Charles I on Horseback* (1972)

ACHTTIENDE-EEUWSE ARISTOCRATEN

Christie, Christopher, *The British Country House in the Eighteenth Century* (2000)

Perry, Gill, Kate Retford and Jordan Vibert, with Hannah Lyons (red.), *Placing Faces: The Portrait and the English Country House in the Long Eighteenth Century* (2013)

Retford, Kate, *The Art of Domestic Life: Family Portraiture in Eighteenth-century England* (2006)

Spencer, Charles, *The Spencer Family* (1999)

KIT CATS

Field, Ophelia, *The Kit Cat Club: Friends Who Imagined a Nation* (2009)

Lord Killanin, *Sir Godfrey Kneller and His Times, 1646-1723: Being a Review of English Portraiture of the Period* (1948)

Pointon, Marcia, *Hanging the Head: Portraiture and Social Formation in Eighteenth-century England* (1993)

Solkin, David, *Painting for Money: The Visual Arts and the Public Sphere in Eighteenth-century England* (1993)

Stewart, J. Douglas, *Sir Godfrey Kneller and the English Baroque Portrait* (1983)

GILLRAY

Banerji, Christiane, en Diana Donald (red. en vert.), *Gillray Observed: The Earliest Account of His Caricatures in London and Paris* (1999)

Hill, Draper, *Mr Gillray, The Caricaturist: A Biography* (1965)

Rauser, Amelia Faye, *Caricature Unmasked: Irony, Authenticity and Individualism in Eighteenth-century English Prints* (2008)

VICTORIA

Homans, Margaret, *Royal Representations: Queen Victoria and British Culture, 1837-1876* (1999)

Lyden, Anne M., *A Royal Passion: Queen Victoria and Photography* (2014)

Plunkett, John, *Queen Victoria: First Media Monarch* (2003)

Rappaport, Helen, *Magnificent Obsession: Victoria, Albert and the Death That Changed the Monarchy* (2011)

Taylor, Roger, 'Mr Fenton Explained Everything', in Gordon Baldwin (red.), *All the Mighty World: Photographs of Roger Fenton* (2004)

II LIEFDE

DE MAAGD VAN CORINTHE

Kenaan, Hagi, 'Tracing Shadows: Reflections on the Origin of Painting', in Christine B. Verzar en Gil Fischhof (red.), *Pictorial Languages and Their Meaning* (2006)

King, Shelley, 'Amelia Opie, The Maid of Corinth and the Origins of Art', *Eighteenth-century Studies* (vol. 37, zomer 2004)

Muecke, Frances, '"Taught by Love": The Origin of Painting Again', *Art Bulletin* (vol. 81, no. 2, juni 1999)

Pliny the Elder, *Natural History*, Book 35, 2

Rosenblum, Robert, 'The Origin of Painting: A Problem in the Iconography of Romantic Classicism', *Art Bulletin* (vol. 39, no. 4, dec. 1957)

Wolf, Gerhard, 'Ethnology: The Origins of Painting', *Anthropology and Aesthetics* (no. 36, herfst 1999)

VENETIA EN KENELM

Aubrey, John, 'Kenelm Digby' en 'Venetia Digby', *Aubrey's Brief Lives*, Oliver Lawson Dick (red.) (1962)

Bligh, E.W., *Sir Kenelm Digby and His Venetia* (1932)

Digby, Kenelm, 'A Discourse Concerning Vegetation of Plants', uitgesproken door Sir Kenelme Digby, op Gresham College (23 jan. 1660)

–, *The Closet of Sir Kenelm Digby Knight Opened*, Anne Macdonnell (red.) (2007)

Gabriele, Vittorio (red.), 'A New Digby Letter-book "In Praise of Venetia Digby"', *National Journal of Wales* (vol. 9, no. 2, 1955)

– (red.), *Loose Fantasies* (1968)

Martin, Michael, 'Hallowed Ground: Literature and the Encounter with God in Post-Reformation England, c. 1550–1704', PhD-thesis, Wayne State University (2012)

Nicolas, Nicholas Harris, *Sir Private Memoirs of Sir Kenelm Digby* (1827)

Nicoll, Allardyce, 'Sir Kenelm Digby, Poet, Philosopher and Pirate of the Restoration', *Johns Hopkins Alumni Magazine* (vol. 21, 1933)

Petersson, R.T., *Sir Kenelm Digby: The Ornament of England, 1603–1665* (1965)

Sumner, Ann (red.), *Death, Passion and Politics: Van Dyck's Portraits of Venetia Stanley and George Digby* (1995)

GEORGE EN MARIA

Aspinall, A. (red.), *The Correspondence of George, Prince of Wales. volume 1: 1770-1789* (1963)

Burnell, Carol, *Divided Affections: The Extraordinary Life of Maria Cosway: Celebrity Artist and Thomas Jefferson's Impossible Love* (2008)

Grootenboer, Hanneke, 'Treasuring the Gaze: Eye Miniature Portraits and the Intimacy of Vision', *Art Bulletin* (vol. 88, no. 3, sept. 2006)

Hadlow, Janice, *The Strangest Family* (2014)

Hall-Witt, Jennifer, *Fashionable Acts: Opera and Elite Culture in London, 1780-1880* (2007)

Kaminski, John (red.), *Jefferson in Love: The Love Letters between Thomas Jefferson and Maria Cosway* (1999)

Langdale, Charles, *Memoirs of Mrs Fitzherbert, With an Account of Her Marriage with HRH the Prince of Wales, Afterwards King George IV* (Cambridge Library Collection: British & Irish History, 17th & 18th centuries)

Munson, James, *Maria Fitzherbert: The Secret Wife of George IV* (2001)

Plumb, J.H., *The First Four Georges* (1956)

Pointon, Marcia, '"Surrounded with Brilliants": Miniature Portraits in Eighteenth-century England', *Art Bulletin* (vol. 83, no. 1, maart 2001)

Smith, E.A., *George IV* (1999)

MINIATUREN

Coombs, Katherine, *The Portrait Miniature in England* (1998)

Grootenboer, Hanneke, *Treasuring the Gaze: Intimate Vision in Late Eighteenth-century Eye Miniatures* (2013)

Jaffee Frank, Robin, *Love and Loss: American Portrait and Mourning Miniatures* (2000)

Lloyd, Stephen, en Kim Sloan, *The Intimate Portrait* (tentoonstellingscatalogus van National Gallery of Scotland) (2008)

Portrait Miniatures (tentoonstellingscatalogus van Cleveland Museum of Art) (1951)

DE COSWAYS

Burnell, Carol, *Divided Affections: The Extraordinary Life of Maria Cosway: Celebrity Artist and Thomas Jefferson's Impossible Love* (2008)

Lloyd, Stephen, *Richard Cosway* (English Portrait Miniaturists) (2005)

Lloyd, Stephen, Roy Porter en Aileen Ribeiro, *Richard and Maria Cosway: Regency Artists of Taste and Fashion* (1995)

Sloan, Kim, en Stephen Lloyd, *The Intimate Portrait: Drawings, Miniatures and Pastels from Ramsay to Lawrence* (2008)

Gainsborough Cormack, Malcolm, *The Paintings of Thomas Gainsborough* (1982)

Hayes, John, *Thomas Gainsborough* (1960)

–, *The Letters of Thomas Gainsborough* (2001)

Leca, Benedict, *Thomas Gainsborough and the Modern Woman* (1982)

Rosenthal, Michael, en Martin Myrone, *Thomas Gainsborough* (2003)

CHARLES DODGSON

Cohen, Morton, *Reflections in a Looking Glass: A Centennial Celebration of Lewis Carroll, Photographer* (1988)

Douglas-Fairhurst, Robert, *The Story of Alice: Lewis Carroll and the Secret History of Wonderland* (2014)

Higonnet, Anne, *Pictures of Innocence: The History and Crisis of Ideal Childhood* (1998)

Leach, Karoline, *In the Shadow of the Dreamchild: A New Understanding of Lewis Carroll* (1999)

Lebailly, Hugues, *Dodgson and the Victorian Cult of the Child: A Reassessment on the Hundredth Anniversary of 'Lewis Carroll''s Death* (1998)

Neumeister, Mirjam, *The Changing Face of Childhood: British Children's Portraits and Their Influence in Europe* (2007)

Pointon, Marcia, '"Charming Little Brats": Sir Thomas Lawrence's Portraits of Children', in Cassandra Albinson, Peter Funnell and Lucy Peltz (red.), *Thomas Lawrence: Regency Power and Brilliance* (2010)

Prose, Francine, *The Lives of the Muses* (2002)

Taylor, Roger, en Edward Wakeling, *Lewis Carroll, Photographer* (2002)

ROSSETTI EN JANE MORRIS

Curran, Stuart (red.), *The Cambridge Companion to British Romanticism* (1993)

De La Sizeranne, Robert, *The Pre-Raphaelites* (2014)

Fredeman, William E., *The Correspondence of Dante Gabriel Rossetti*, vols. II-V

MacCarthy, Fiona,*William Morris: A Life for Our Time* (2010)

McGann, Jerome J., *The Complete Writings and Pictures of Dante Gabriel Rossetti* (online)

Marsh, Jan, *Jane and May Morris: A Biographical Story, 1839-1938* (1986)

–, *Dante Gabriel Rossetti: A Biography* (1999)

Marsh, Jan, en Frank C. Sharp, *The Collected Letters of Jane Morris* (2013)

Prettejohn, Elizabeth (red.), *The Cambridge Companion to the Pre-Raphaelites* (2012)

Rodgers, David, *William Morris at Home* (1996)

Rossetti, Dante Gabriel, *The House of Life* (2014)

Thompson, E. P., *William Morris* (1955)

Tickner, Lisa, *Dante Gabriel Rossetti* (2003)

BACON

Deleuze, Gilles, *Francis Bacon: The Logic of Sensation* (Daniel W. Smith, vert.) (2003)

Gale, Matthew, en Chris Stephens (red.), *Francis Bacon: A Centenary Exhibition* (2008)

Peppiatt, Michael, *Francis Bacon: Anatomy of an Enigma* (2008)

Richardson, John, 'Bacon Agonistes', *New York Review of Books* (17 dec. 2009)

Sylvester, David, *The Brutality of Fact: Interviews with Francis Bacon* (1987)

Van Alphen, Ernst, *Francis Bacon and the Loss of Self* (1992)

III ROEM

ALGEMEEN

Braudy, Leo, *The Frenzy of Renown: Fame and Its History* (1997)

Conway, Alison Margaret, *Private Interests: Women, Portraiture and the Visual Culture of the English Novel, 1709-1791* (2001)

Cooper, Tarnya, *Searching for Shakespeare,* met essays van Marcia Pointon, James Shapiro en Stanley Wells (2006)

Crane, David, Stephen Hebron en Robert Woof, *Romantics and Revolutionaries: Regency Portraits from the National Portrait Gallery, London,* met een inleiding van Richard Holmes (2002)

Evans, Jules, *Philosophy for Life and Other Dangerous Situations* (2012)

Garland, Robert, *Celebrity in Antiquity* (2006)

Hardie, Philip, *Rumour and Renown: Representations of Fama in Western Literature* (2012)

Inglis, Fred, *A Short History of Celebrity* (2010)

Payne, Tom, *Fame: From the Bronze Age to Britney* (2009)

Rojek, Chris, *Celebrity* (2001)

DRAKE

Bawlf, Samuel, *The Secret Voyage of Sir Francis Drake, 1577-1580* (2003)

Cummins, John, *Francis Drake: The Lives of a Hero* (1995)

Hakluyt, Richard, *The Principal Navigations, Voyages, Traffiques and Discoveries of the English Nation 1589 and 1598,* 8 vols. (1907)

Kelsey, Harry, *Sir Francis Drake: The Queen's Pirate* (2000)

Sugden, John, *Sir Francis Drake* (2006)

Wathen, Bruce, *Sir Francis Drake: The Construction of a Hero* (2009)

STOWE EN THE TEMPLE OF BRITISH WORTHIES

Dixon Hunt, John (red.), 'The Gardens of Stowe' in *The English Garden* (vol. XVI, 1982)

Pope, Alexander, *An Epistle to the Earl of Burlington* (1732)

Robinson, John Martin, *Temples of Delight: Stowe Landscape Gardens* (1999)

Seeley, Benton, *A Description of the Gardens of Lord Viscount Cobham at Stow in Buckinghamshire* (1744 and subsequent editions)

GARRICK, ZOFFANY EN SIDDONS

Asleson, Robyn (red.), *Notorious Muse: The Actress in British Art and Culture*, 1776–1812 (1997)

Benedetti, Jean, *David Garrick and the Birth of Modern Theatre* (2001)

Bennett, Shelley, Mark Leonard, Shearer West en Robyn Asleson, *A Passion for Performance: Sarah Siddons and Her Portraitists* (1999)

Burnim, Kalman A., en Philip H. Highfill Jr., *John Bell: Parton of British Theatrical Portraitue: Catalog of the Theatrical Portraitue in His Editions of Bell's Shakespeare and Bell's British Theatre* (1997)

Kendall, Alan, *David Garrick: A Biography* (1985)

McPherson, Heather, 'Garrickomania: Art, Celebrity and the Imaging of Garrick' (http://old.folger.edu/template.cfm?cid=1465)

Perry, Gill, met Joseph Roach en Shearer West, *The First Actresses: Nell Gwyn to Sarah Siddons* (2011)

Postle, Martin, *Joshua Reynolds: The Creation of Celebrity* (2005)

– (red.), *Johan Zoffany RA: Society Observed* (2011)

Shawe-Taylor, Desmond, *Dramatic Art: Theatrical Paintings from the Garrick Club* (1997)

–, *Every Look Speaks: Portraits of David Garrick* (2003)

Treadwell, Penelope, *Johann Zoffany, Artist and Adventurer* (2009)

West, Shearer, *The Image of the Actor: Verbal and Visual Representation in the Age of Garrick and Kemble* (1991)

Worrall, David, *Celebrity, Performance, Reception: British Georgian Theatre as Social Assemblage* (2013)

KITTY FISHER EN REYNOLDS

Bleackley, Horace, *Ladies, Frail and Fair: Sketches of the Demi-monde during the Eighteenth Century* (1909)

Casanova, Giacomo, *History of My Life* (W. Trask, vert.) (vol. 12, 1970)

Conway, A., *Private Interests: Women, Portraiture and the Visual Culture of the English Novel, 1709–1791* (2001)

Crouch. K., 'The Public Lives of Actresses: Prostitutes or Ladies?', in E.H. Barker en E. Chalus (red.), *Gender in Eighteenth-century England* (1977)

Hallett, Mark, *Reynolds: Portraiture in Action* (2014)

Henderson, T., *Disorderly Women: Eighteenth-century London: Prostitution and Control in the Metropolis, 1730–1830* (1999)

McCreery, Cindy, *The Satirical Gaze: Prints of Women in Late-eighteenth-century England* (2004)

Manning, David, en Martin Postle, *Joshua Reynolds: A Complete Catalogue of His Paintings* (2000)

Pointon, Marcia, 'The Lives of Kitty Fisher', *British Journal of Eighteenth-century Studies* (vol. 27, 2004)

Postle, Martin, *Sir Joshua Reynolds* (1995)

Uglow, Jenny, *Joshua Reynolds: The Invention of Celebrity* (verwacht: 2017)

ROMNEY EN EMMA HAMILTON

Cross, David A., *A Striking Likeness: The Life of George Romney* (2000)

Fairburn, John, *Fairburn's 2nd Edition of the Funeral of Admiral Lord Nelson* (1806)

Fraser, Fiona, *Beloved Emma: The Life of Emma, Lady Hamilton* (2004)

Kidson, Alex, *George Romney, 1734-1802* (2002)

Williams, Kate, *England's Mistress: The Infamous Life of Emma Hamilton* (2006)

SHAKESPEARE EN CARLYLE

Cooper, Tarnya, *Searching for Shakespeare*, met essays door Marcia Pointon, James Shapiro en Stanley Wells (2006)

SIGARETTENPLAATJES

Ashley, Peter, *The Cigarette Papers: A Eulogy for the Cigarette Packet in Anecdote and Literature* (2012)

The Complete Catalogue of British Cigarette Cards, samengesteld door the London Cigarette Card Company (2015)

Cruse, A.J., *Cigarette Card Cavalcade: Including a Short History of Tobacco* (1958)

Hilton, Matthew, *Smoking in British Popular Culture, 1800-2000: Perfect Pleasures* (2000)

Tinkler, Penny, *Smoke Signals: Women, Smoking and Visual Culture in Britain* (2006)

Vaknin, Judy, *Smoke Signals: 100 Years of Tobacco Advertising* (2007)

IV ZELF

ALGEMEEN

Bakewell, Sarah, *How to Live: A Life of Montaigne in One Question and Twenty Attempts at an Answer* (2010)

Cumming, Laura, *A Face to the World: On Self-portraits* (2009)

De Girolami Cheney, Liana, Alicia Craig Faxon en Kathleen Lucey Russo, *Self-Portraits by Women Painters* (2009)

De Montaigne, Michel, *Essays* (1580)

Feather, Jessica, *Face to Face: Three Centuries of Artists' Self-portraits* (1994)

Goffman, Erving, *The Presentation of Self in Everyday Life* (1959)

Hall, James, *The Self-portrait: A Cultural History* (2014)

Rideal, Liz, *Mirror Mirror: Self-portraits by Women Artists* (2001)

Smith, Roger, 'Self-reflection and the Self', in Roy Porter (red.), *Rewriting the Self* (1997)

WILLIAM DE BRAILES

Camille, Michael, 'An Oxford University Textbook Illuminated by William de Brailes', *Burlington Magazine* (vol. 137, issue 1106, 1995)

De Brailes, William, *Leaves from a Psalter* (2012)

Donovan, Claire, *The De Brailes Hours: Shaping the Book of Hours in Thirteenth-century Oxford*, vol. 7 (1991)

GERLACH FLICKE

Bracher, Tricia, 'Partners-in-crime: A Reading of Gerlach Flicke's 1554 Prison Diptych', in *Word and Image: A Journal of Verbal/Visual Enquiry* (vol. 23, issue 2, 2007)

ISAAC FULLER

Liversidge, M.J.H., 'Prelude to the Baroque: Isaac Fuller at Oxford', *Oxoniensia* (vol. LVII, 1993)

Solkin, David H., 'Isaac Fuller's Escape of Charles II: A Restoration Tragicomedy', *Journal of the Warburg and Courtauld Institutes* (vol. 62, 1999)

JONATHAN RICHARDSON

Finsten, Jill, 'A Self-portrait by Jonathan Richardson', *The J. Paul Getty Museum Journal* (vol. 21, 1993)

Gibson-Wood, Carol, *Jonathan Richardson: Art Theorist of the Enlightenment* (2000)

–, 'Jonathan Richardson as a Draughtsman', *Master Drawings* (vol. 32:3, 1994)

Richardson, Jonathan (jr.), *The Works of Jonathan Richardson: consisting of I, The Theory of Painting, II Essay on the Art of Criticism so far as it relates to Painting, III, The Science of a Connoisseur* (1773)

SAMUEL PALMER

Butlin, Martin (red.), *Samuel Palmer's Sketchbook of 1824* (2005)

Campbell-Johnston, Rachel, *Mysterious Wisdom: The Life and Work of Samuel Palmer* (2011)

Harrison, Colin, *Samuel Palmer: Paintings and Drawings* (1998)

Lister, Raymond, *Samuel Palmer and the Ancients* (1983)

–, *Samuel Palmer: His Life and Art* (1987)

Palmer, Samuel, *The Parting Light: Selected Writings of Samuel Palmer*, Mark Abley (red.), 1985

Vaughan, William, Elizabeth E. Barker en Colin Harrison, *Samuel Palmer, 1805–1881: Vision and Landscape* (2005)

Wilcox, Timothy, *Samuel Palmer* (2005)

LAURA KNIGHT

Dunbar, Janet, *Laura Knight* (1975)

Gerrish Nunn, Pamela, 'Self-portrait by Laura Knight', *British Art Journal* (22 sept. 2007)

Knight, Laura, *Oil Paint and Grease Paint: Autobiography* (2015)

GWEN JOHN

John, Gwen, *Letters and Notebooks*, Ceridwen Lloyd-Morgan (red.) (2004)

Roe, Sue, *Gwen John* (2001)

Taubman, Mary, *Gwen John: The Artist and Her Work* (1985)

LUCIAN FREUD EN TRACEY EMIN

Dawson, David, *A Painter's Progress: A Portrait of Lucian Freud* (2014)

Debray, Cecile, et al., *Lucian Freud: The Studio* (2010)

Elliot, Patrick, en Schnabel, Julian *Tracey Emin: 20 Years* (2008)

Emin, Tracey, en Carl Freedman, *Tracey Emin: Works 1963-2006* (2006)

Feaver, William, *Lucian Freud* (2007)

Gowing, Lawrence, *Lucian Freud* (1984)

Howgate, Sarah, *Lucian Freud: Painting People* (2012)

–, *Lucian Freud: Portraits* (2012)

Hughes, Robert, *Lucian Freud: Paintings* (1988)

Jopling, Jay, *Tracey Emin* (1998)

Ruttlinger, Ines, en Eva Schmidt, *Lucian Freud und das Tier* (Kat. Museum für Gegenwartskunst Siegen) (2015)

Smee, Sebastian, en Richard Calvocoressi, *Lucian Freud on Paper* (2009)

Vaizey, Marina, en Nicholas James, *Lucian Freud: Mapping the Human* (2012)

V VOLK

Charlie Phillips Gilroy, Paul, en Stuart Hall, *Black Britain: A Photographic History* (2007)

Phillips, Charlie, en Mike Phillips, *Notting Hill in the Sixties* (1991)

Phillips, Trevor, *Windrush: The Irresistible Rise of Multi-racial Britain* (2009)

ZWARTE PORTRETKUNST IN GROOT-BRITTANNIË EN IRA ALDRIDGE

Black is Beautiful: Rubens to Dumas (tentoonstellingscatalogus, 2008)

Bluett, Thomas, *Some Memoirs of the Life of Job, the Son of Solomon, the High Priest of Boonda in Africa; Who was a Slave about Two Years in Maryland; and Afterwards being Brought to England, was Set Free, and Sent to His Native Land in the Year 1734* (1734)

Courtney, Krystyna Kujawinska, en Maria Lukowska (red.), *Ira Aldridge, 1807-1867: The Great Shakespearean Tragedian on the Bicentennial Anniversary of His Birth* (2009)

Egan, Pierce, *Boxiana, vol. III, From the Championship of Cribb to Spring's Challenge to All England* (1829)

Haydon, Benjamin Robert, *The Diary of Benjamin Robert Haydon, vol. 1, 1808-1813*, Willard Bissell Pope (red.) (1960-1963)

Honour, Hugh, *The Image of the Black in Western Art, vol. IV, From the American Revolution to World War I, (2) Black Models and White Myths* (1989)

Lindfors, Bernth, *Ira Aldridge: The African Roscius* (2007)

–, *Ira Aldridge: The Early Years, 1807-1833* (2011)

–, *Ira Aldridge: The Vagabond Years, 1833-1852* (2011)

–, *Ira Aldridge: Performing Shakespeare in Europe, 1852-1855* (2013)

Lugo-Ortiz, Agnes, en Angela Rosenthal (red.), *Slave Portraiture in the Atlantic World* (vol. 50, no. 2, 2015)

HOGARTH

Bindman, David, *Hogarth and His Times* (1997)

Dabydeen, David, *Hogarth's Blacks* (1985)

Hogarth, William, *The Analysis of Beauty* (1753)

Paulson, Ronald, *Hogarth: Art and Politics, 1750-1764* (1993)

Uglow, Jenny, *William Hogarth: A Life and a World* (1998)

SILHOUETTEN

Edouart, Augustin, *A Treatise on Silhouette Likenesses* (1835)

Hartley, Lucy, *Physiognomy and the Meaning of Expression in Nineteenth-century Culture* (2001)

Hickman, Peggy, *Silhouettes* (1971)

McKechnie, Sue, *British Silhouette Artists and Their Work, 1760-1860* (1979)

Pearl, Sharrona, *About Faces: Physiognomy in Nineteenth-century Britain* (2010)

Rutherford, Emma, *Silhouette: The Art of the Shadow* (2009)

JOHN KAY

Kay, John, *Kay's Originals Vol. 1* (http://edinburghbookshelf.org.uk/volume8/)

–, *Kay's Originals Vol. 2* (http://edinburghbookshelf.org.uk/volume9/)

Szatkowski, Sheila, *Capital Caricatures: A Selection of Etchings by John Kay* (2007)

HILL EN ADAMSON

Bruce, David, *Sun Pictures: The Hill-Adamson Calotypes* (1973)

Ford, Colin, *An Early Victorian Album: The Photographic Masterpieces (1843-1847) of David Octavius Hill and Robert Adamson* (1976)

Stevenson, Sara, *David Octavius Hill & Robert Adamson: A Catalogue of Their Calotypes in the Scottish National Portrait Gallery* (1981)

–, *Printed Light: The Scientific Art of William Henry Fox Talbot and David Octavius Hill with Robert Adamson* (1986)

–, *Hill and Adamson's 'The Fishermen and Women of the Firth of Forth'* (1991)

SUFFRAGETTES

Atkinson, Diane, *The Suffragettes in Pictures* (1996)

Davis, Mary, *Sylvia Pankhurst: A Life in Radical Politics* (1999)

Hamilton, Peter, en Roger Hargreaves, *Beautiful and the Damned: The Creation of Identity in Nineteenth-century Photography* (2001)

Marlow, Joyce (red.), *Votes for Women: The Virago Book of Suffragettes* (2001)

TONKS EN GILLIES

Biernoff, Suzannah, 'Flesh Poems: Henry Tonks and the Art of Surgery', *Visual Culture in Britain* (vol. 11 (1), 2010), pp. 25-47

Chambers, Emma, *Henry Tonks: Art and Surgery* (2002)

Freeman, Julian, 'Professor Tonks: War Artist', *Burlington Magazine* (vol. 127, 1 mei 1985)

Helmers, Marguerite, *Iconic Images of Wounded Soldiers by Henry Tonks* (2010)

Lennard, Debra, 'Censored Flesh: The Wounded Body as Unrepresentable in the Art of the First World War', *British Art Journal* (vol. 12, no. 2, herfst 2011)

Scotland, Thomas, en Steven Heys, *War Surgery, 1914-18* (2014)

Dankwoord

Als portretten een driehoeksverhouding zijn tussen model, kunstenaar en toeschouwer, is *Het gezicht van een wereldrijk* het resultaat van een vruchtbare driezijdige samenwerking tussen de National Portrait Gallery, Viking Penguin en Oxford Film and Television die de televisieserie voor BBC2 hebben gemaakt. Ik had het geluk onmisbare hulp te krijgen van alle drie de kanten van deze creatieve driehoek en het is een genoegen mijn dankbaarheid uit te drukken aan de drie groepen vrienden en collega's.

Het project om Britse portretten te bestuderen, met bijzondere aandacht voor de collectie van de National Portrait Gallery, was oorspronkelijk het idee van Will Hammond, die toen bij Viking werkte, en Sandy Nairne, de vorige directeur van het museum. Ze hebben me allervriendelijkst aangemoedigd om zowel de literaire als de televisiekant van het project op me te nemen. Bij de NPG heb ik leiding en stimulans gekregen – Tarnya Cooper, Lucy Peltz, Louise Stewart en het hele team curatoren en specialisten in verschillende perioden en media, en velen van hen waren zo vriendelijk hoofdstukken in het boek te lezen en suggesties en correcties voor te stellen. Rob Carr-Archer, Director of Trading, die het brein was achter het project in het museum, Lucy Peltz, die het werk op de tentoonstelling coördineerde, Pamela Jahn en onderdirecteur Pim Baxter, met wie ik de stimulerende ervaring deelde in de jury van het BP/NPG Portret van het Jaar te zitten, waren ook uitzonderlijk vriendelijk en gastvrij, net als Matthew Bailey en zijn team, en ook op de raarste uren van de dag. Nicholas Cullinan, de huidige directeur, ging met veel enthousiasme aan de slag om de tentoonstelling in het museum zo toegankelijk en vernieuwend mogelijk te maken, door een frisse benadering van opstelling en interactieve betrokkenheid. Mijn oprechte dank gaat ook uit naar de vakkundige collega's bij de afdelingen conservatie, collecties, archief, rechten, onderwijs, digitaal ontwerp, evenementen en communicatie en de vele anderen die geweldig hebben samengewerkt om de films, de tentoonstelling en het boek mogelijk te maken. Chris Webster in de Tate Britain was uitzonderlijk tolerant tijdens onze opnames laat in de avond.

Ik wil Megan McCall en Jacob Uecker van Christie's speciaal bedanken voor hun vriendelijke en gulle bereidheid om ons de portretten van Lucian Freud te laten filmen, en Jenny Saville en anderen in de Gagosian Gallery voor de manier waarop ze ons hebben bijgestaan in discussies over haar werk. Het was als altijd een grote vreugde om te werken met mijn vrienden en collega's van Oxford Film and Television. Geen schrijver-presentator kan zich een creatiever, guller (en vergevingsgezinder) stel collega's voorstellen, van wie ik voortdurend de kunst van televisiedocumentaires maken leer en die altijd open hebben gestaan voor mijn eigen soms, eh, onorthodoxe benadering. Bijzondere dank voor Rachel Shadick en Annie Lee; geniale regisseurs Matthew Hill en Francis Hanly; geluidsmannen Nick Reeks en Howard Peryer; enthousiaste shuttermaster van de opnames Alex Hudson; onze briljante onderzoekers Georgia Braham en Scarlet Moore. Julia Mair was altijd een inspirerende bron van gedegen onderzoek en creatieve ideeën van begin tot eind, en de kwaliteit van het project heeft veel te danken aan haar onverzettelijke wil om goede televisie te maken en krachtige verhalen te vertellen. Speciale dank voor de niet-aflatende perfectionist Naomi Lamb, die heroïsch het hoofd bood aan de onmogelijke presentator, en elke filmdag begon met verfrissend enthousiasme. *Het gezicht* is het vierde project van een eindeloze vreugdevolle samenwerking met mijn goede vrienden en partners in creativiteit bij Oxford Film and Television, maestro Nicolas Kent en de onovertroffen Charlotte Sacher, makkers en buddies, en het project is net zozeer hun werk als het mijne. Charlotte stuitte op een paar heel bijzondere verhalen en we hebben die samen ontwikkeld. En alsof ze niets beter te doen hadden, waren ze zo vriendelijk hoofdstukken van het boek te lezen, zelfs toen het schrijven het filmschema in de war schopte. Ik ben ook Mark Bell heel dankbaar, acquirerend redacteur kunst bij de BBC, en als altijd Janice Hadlow, voorheen controller van BBC2, en haar opvolger Kim Shillinglaw.

Viking was een genot om mee samen te werken aan *Het gezicht*: geduldig en flexibel bij een strak schema van tegelijkertijd schrijven en filmen, hartverwarmende steun bij het totstandkomen van het boek, inventief in het design. Daniel Crewe was een briljante uitgever-redacteur, alles wat een schrijver zich zou wensen, een echte creatieve partner in het project, en Venetia Butterfield en Joanna Prior hadden niet warmer kunnen zijn in hun enthousiasme. Ik ben ook Keith Taylor en James Blackman dankbaar voor het managen van het uitgeef- en productieproces; Sarah Day, voor scherpe correctie met een arendsoog; de onuitputtelijke en vindingrijke Caroline Wood en Rosalind McKever voor de research naar afbeeldingen;

Jenny Fry en Celeste Ward-Best voor hun tomeloze energie en ideeën voor de publiciteit en marketing; Chris Bentham en Claire Mason voor het prachtige ontwerp van het boek en Dan Franklin en Roy McMillan voor hun expertise in het maken van het audioboek.

Als altijd ben ik mijn agenten Rosemary Scoular aan de televisiekant en Michael Sissons en Caroline Michel aan de literaire kant heel dankbaar voor hun verbazende talent om het onmogelijke mogelijk te maken, voor hun oplettendheid tijdens het lezen van de lange hoofdstukken van het manuscript, voor de wijsheid van hun reacties en voor hun bodemloze edelmoedigheid, geduld (vooral dat), vriendelijkheid, voorkomendheid en vaak onverdiende liefde.

Jennifer Sonntag was als gewoonlijk vriendelijk en enthousiast, hielp met research in New York, en Griselda Murray Brown was een enorme steun in Londen en was ontzettend behulpzaam bij het uitpluizen van literatuur over gezichtsherkenning door kleine kinderen. Ik moet ook de staf van de London Library bedanken omdat ze van die tempel van literair geluk zo'n dankbare plek maken om te zwoegen op recalcitrant proza. Mijn collega's en studenten van het schrijfprogramma op de School of the Arts van Columbia University waren zo vriendelijk om me te helpen onderwijs te laten aansluiten bij de eisen van filmen en schrijven.

De leden van mijn lieve gezin – Ginny in de eerste plaats, en Chloe, Mike en Moses, Gabriel en Chieh – reageerden fantastisch als ik tijdens vakanties weer eens verdween om te schrijven, ijsberen, broeden, rondrennen en me over het algemeen schokkend te gedragen. Zolang hij zelfgemaakt eten kreeg, leek niets van dit al August Sunshine T-Box, die er altijd was, te deren; zozeer dat ik me nu moeilijk kan voorstellen dat ik ooit zonder hem zou schrijven.

Schrijven blijft (althans voor mij) een poging een band te krijgen met de lezer, en hoe meer ik het doe, hoe meer ik besef dat ik afhankelijk ben van mijn vrienden om het vol te houden. Laura Cumming en Hilary Fraser, die zelf zo welsprekend en inzichtelijk over kunst hebben geschreven, waren zo vriendelijk om te helpen met speciale problemen die zich voordeden in het boek. Maar veel goede vrienden hebben meer gedaan dan van ze verwacht kon worden om mijn op hol geslagen trein van ideeën min of meer op het juiste spoor te houden: Chloe Aridjis, Suzannah Lipscomb en Kate Williams van het ClioTrio; Clara Sanabras, Elena Narozanski, Julia Hobsbawm; mijn drie ouwe trouwe musketiers in historische uitbundigheid Celina Fox, Lisa Jardine en Stella Tillyard. Alice Sherwood was zo goed het hele manuscript te lezen en me aan te moedigen wanneer de klim angstaanjagend steil leek. Al tientallen jaren, te veel om te tellen, is Jan Dalley een rots van wijze geruststelling en zusterlijk gezond verstand geweest en dit boek is aan haar opgedragen met oprechte liefde en dank.

Register